Matthias Zimmer

PERSON UND ORDNUNG

Matthias Zimmer

PERSON UND ORDNUNG

Einführung in die Soziale Marktwirtschaft

HERDER

FREIBURG · BASEL · WIEN

Verlag Herder GmbH, Freiburg im Breisgau 2020

www.herder.de

Umschlaggestaltung: Verlag Herder
Umschlagmotiv: © Orbon Alija / iStock / Getty Images

Satz: Daniel Förster, Belgern
Herstellung: CPI Druckdienstleistungen GmbH,
Ferdinand-Jühlke-Straße 7, 99095 Erfurt
Printed in Germany

ISBN: 978-3-451-39984-8
ISBN E-Book: 978-3-451-81948-3

Inhalt

Vorwort

Bücher haben ihre Entstehungsgeschichte und ihr Anliegen. Zu der Entstehungsgeschichte dieses Buches gehört eine lange Zugehörigkeit im Ausschuss für Arbeit und Soziales des Deutschen Bundestages, die mich nicht nur mit praktischen Problemen der Arbeitswelt und der sozialen Sicherung konfrontiert hat, sondern mich auch immer wieder herausgefordert hat, mich mit den Grundlagen der Sozialen Marktwirtschaft zu beschäftigen. Was bedeutet es, wenn jemand von einem »ordnungspolitischen Sündenfall« spricht? Was steckt dahinter, wenn die Subsidiarität beschworen wird? Was unterscheidet die Rede von der »Solidarität« in den unterschiedlichen Parteien? Und überhaupt: Welche Rolle spielen Menschenbilder bei der Ausgestaltung einer Wirtschafts-, Arbeits- und Sozialordnung? Mit diesen Fragen habe ich mich immer wieder beschäftigt und dadurch nebenher die Klassiker des Ordoliberalismus ebenso gelesen wie die großen Künder der katholischen Soziallehre. Dabei sind mir drei Dinge klar geworden. Zum Ersten, dass an der Aussage, die Arbeitsmarkt- und Sozialpolitik sei die Königsdisziplin der Politik, etwas dran ist: nicht nur wegen der Vertracktheit der Materie, sondern auch der philosophischen Tiefe, die man in der Begründung der Menschenbilder finden kann. Zum Zweiten ist mir deutlich geworden, wie eng verzahnt Ordoliberalismus und Soziallehre sind, die ja beide für den sozialen Gestaltungsauftrag in der Union eine eminent wichtige Rolle spielen. Und schließlich drittens, wie stark sich doch die grundlegenden parteipolitischen Orientierungen schon in diesen Grundannahmen über Mensch und Gesellschaft unterscheiden, mehr noch: Wie stark diese Grundannahmen auch formbildend sind für das wirtschafts- und sozialpolitische Wollen. Von der Verwechselbarkeit von politischen Positionen in der heutigen Zeit auszugehen kann deshalb nur eine bedauerliche Folge mangelnder Information und nicht zureichenden Nachdenkens sein. Ich habe im Ausschuss bisweilen mit Freude festgestellt, dass diese These auch von klugen Politikern aus anderen Fraktionen geteilt wird.

Das Anliegen des Buches ist kein primär wissenschaftliches. Ich beabsichtige nicht, neue Erkenntnisse zu präsentieren oder ein Lehrbuch zu schreiben. Ich will aber aus den beiden Perspektiven, der wissenschaftlichen wie der politisch-praktischen Beschäftigung mit der Sozialen Marktwirtschaft, an das Thema selbst heranführen, und auch ein wenig von dem Enthusiasmus teilen, mit dem ich seit meinem Einzug in den Deutschen Bundestag dieses Feld beackere. Wenn es auf diese Weise auch ein wenig Einführung und Hinführung zu dem Thema bewirkt für interessierte Laien, angehende oder aktive Politiker oder schlicht Menschen, die sich fragen, wie denn Politik tickt, wäre der Zweck dieses Buches vollends erfüllt. Allerdings sei auch ein *caveat* hinzugefügt: Meine Betrachtung der Sozialen Marktwirtschaft ist eine aus der Sicht der Union, ich bin gewissermaßen Partei. Ich kann und will nicht für die Menschen- und Weltbilder anderer im Bundestag vertretener Parteien sprechen und wie sich diese Perspektiven auf ihre Sicht der Sozialen Marktwirtschaft auswirken. Ich werte und bewerte. Aber ich finde, dass dies eine lässliche Sünde ist, weil ja auch die Soziale Marktwirtschaft dadurch gekennzeichnet ist, dass sie den Mut zu Werturteilen hat.

Im Verlaufe des Schreibens fallen Dankesobligationen an. Da ist zunächst einmal der Dank an die Freunde in der CDA, der Christlich-Demokratischen Arbeitnehmerschaft, in der die Soziallehre der zentrale Bezugspunkt ist. Über die Jahre haben wir konstruktiv debattiert, gestritten, sozialpolitische Themenstellungen vermessen, aber auch viele gute Entscheidungen auf den Weg gebracht. Ein besonderer Dank geht an Karl Schiewerling, der als Leiter der Unionsarbeitsgruppe Arbeit und Soziales im Deutschen Bundestag zwischen 2009 und 2017 meine Ausflüge in die Tiefen des Grundsätzlichen nicht nur ertragen hat, sondern durch seine tiefe Verwurzelung in der Soziallehre dafür auch Verständnis hatte. Er hat mich, nach seinem Ausscheiden aus dem Deutschen Bundestag, als Vorsitzender der Stiftung Christlich-Soziale Politik in Königswinter ausdrücklich ermuntert und unterstützt, dieses Buch zu schreiben.

Der zweite Dank geht an die Kolleginnen und Kollegen im Ausschuss Arbeit und Soziales, die mich immer wieder durch ihre Sachkenntnis angeregt haben. Dabei hat sich gezeigt: Die Leidenschaft für die Themen trägt bisweilen über die Differenzen, die es naturgemäß zwischen den Fraktionen und manchmal auch innerhalb einer Fraktion gibt.

Mein dritter Dank geht an die Kolleginnen und Kollegen der Fraktion, die in der Wirtschaftspolitik zu Hause sind und sich stärker als ich der Tradition des Ordoliberalismus zugeneigt sehen. Mit ihnen hatte ich manche Debatte, die immer wieder aber in der Erkenntnis mündete: Die besten Momente hat die Union dann, wenn sie sich auf die Gemeinsamkeiten aus Ordoliberalismus und Soziallehre besinnt und nicht das Trennende hervorhebt.

Mein vierter Dank geht an all jene, die zu der Entstehung des Buches beigetragen haben, wissentlich oder unwissentlich. Da sind zunächst die Mitarbeiter, die mir immer wieder bei der Beschaffung von Lesestoff behilflich waren, Sachfragen recherchiert haben und dann auch eine kluge Auswahl getroffen haben: Felix Meier, Torsten Diessner und Julia Wandrey. Kevin Bornath und Dr. Steven Kunert waren wertvolle Sparringspartner. Steven und Torsten haben das Manuskript dann auch gelesen und zu seiner inhaltlichen und formalen Verbesserung beigetragen. Für dieses Vertrauen der offenen Ansprache meinen herzlichen Dank – und trotzdem habe ich mich bisweilen dickköpfig verhalten, was bedeutet: Die Unzulänglichkeiten gehen auf meine Kappe.

Zwei Freunde müssen noch separat gewürdigt werden. Prof. Dr. Hermann Ott war mein Bundestagskollege von 2009 bis 2013; wir haben zusammen in der Enquete-Kommission »Wachstum, Wohlstand und Lebensqualität« gearbeitet, lange auch in einer Arbeitsgruppe unter seiner Leitung. Nach seinem Ausscheiden aus dem Deutschen Bundestag haben sich der enge Kontakt und das Fachgespräch gehalten, ja, auch die Freundschaft; er konnte mit meiner abweichenden Meinung ebenso gut umgehen wie ich mit der seinen, und wir haben sehr häufig gemeinsamen Grund gefunden. Seiner intellektuellen (und darüber hinausgehenden) Freundschaft verdankt das Buch einiges. Es zeigt, dass auch über Parteigrenzen hinweg eine solche Freundschaft nicht nur möglich, sondern auch fruchtbar ist.

Älter noch ist die Freundschaft zu Prof. Dr. Dieter Haselbach, der mich für die Ordoliberalen begeistert hat. Seit den gemeinsamen Zeiten als DAAD-Dozenten in den 1990ern in Kanada pflegen wir den Austausch und die Freundschaft, die Lust am ironisch zugespitzten Streit ebenso wie das ernsthafte Ringen um das, was mit Sicherheit gesagt werden kann. Dieter hat Teile des Textes vorab gelesen und kommentiert; dafür bin ich ihm sehr dankbar.

Ich vermute allerdings: Beide, sowohl Hermann als auch Dieter, werden das, was ich hier geschrieben habe, mit einem leichten Kopfschütteln zur Kenntnis nehmen, weil es vom Ansatz und den Folgerungen her ihren eigenen Ansätzen eher weniger entspricht. Auf das weitere Gespräch mit ihnen freue ich mich deshalb ebenso wie auf das Gespräch mit denjenigen, denen es ähnlich geht. Immerhin gibt es auch einen Wettbewerb der Ideen, und ich bin überzeugt davon:

Die eigentümliche Mischung aus Ordoliberalismus und Soziallehre, die die Basis der Sozialen Marktwirtschaft bildet, ist eine wirkmächtige Idee, die sich nicht verstecken muss, sondern auch in der heutigen Zeit hoch wettbewerbsfähig ist.

Frankfurt am Main im September 2019

Matthias Zimmer

1 Einleitung

Die Soziale Marktwirtschaft ist hochpopulär, wenig umstritten. Sie ist mittlerweile Bestandteil der kollektiven DNS der Deutschen, gleichsam ein Mythos. Der Sozialen Marktwirtschaft verdanken wir nach den Zerstörungen des Zweiten Weltkriegs den staunenswerten wirtschaftlichen Aufschwung, wir verdanken ihr Jahrzehnte wirtschaftlicher Prosperität.[1] Als die DDR zusammenbrach und die Vereinigung Deutschlands vollzogen wurde, tat man dies auch unter Bezug auf die Erfahrungen in der Bundesrepublik in den Jahren des Wiederaufbaus. Das gleiche Rezept würde nun auch die neuen Länder zu wirtschaftlich blühenden Landschaften umgestalten.

Fragt man hingegen, was denn genau die Soziale Marktwirtschaft ausmacht, dann erhält man eine bunte Fülle von Antworten, die sich nur schwer unter einen Hut bringen lassen. Soziale Marktwirtschaft ist wie eine Projektionsfläche, auf der vieles abgespielt werden kann. Wir wissen häufig nur in der negativen Abgrenzung, was keine Soziale Marktwirtschaft ist: das amerikanische Wirtschaftssystem etwa, weil es zu wenig sozial ist, oder der Sozialismus, weil er den Markt knebelt und hemmt. Was also ist Soziale Marktwirtschaft und was zeichnet sie aus? Darauf will dieses Buch Antworten geben.

Schauen wir zunächst auf die Bestandteile des Begriffs Soziale Marktwirtschaft. Es geht zunächst um Wirtschaft, also um die Kulturleistung der menschlichen Daseinsvorsorge unter Bedingungen des Mangels. Wirtschaften muss man dort, wo kein Überfluss herrscht; das Paradies und das Schlaraffenland brauchen weder eine

Wirtschaft noch ökonomische Theorien, weil es keine Knappheit gibt. Wirtschaften bezieht sich auf Güter und Dienstleistungen, die zunächst der Daseinsvorsorge dienen. In einem späteren Stadium können die Wirtschaftsprozesse auch von der reinen Daseinsvorsorge entkoppelt sein. Dann geht es, abstrakt gesprochen, um die Befriedigung von Bedarfen, die mit Lebensstilen zu tun haben. Eine Kulturleistung ist Wirtschaft deshalb, weil der rationale Vollzug des Wirtschaftens an bestimmte Voraussetzungen gebunden ist: etwa an rechtliche Rahmenbedingungen und Garantien. Das bedeutet aber auch: Wirtschaft ist kein Schicksal, keine Naturgewalt, sondern ist ein von Menschen gemachter und gestalteter Prozess. Ein zweiter Punkt ist damit mitgedacht, aber nicht explizit ausgeführt: Die Wirtschaft, von der wir hier sprechen, ist eine geordnete Wirtschaft, die von Regeln und Konventionen ausgeht, die also im Wesentlichen friedlich organisiert ist.

Die Wirtschaft bedient sich des Marktes. Der Markt ist ein allgemeiner Begriff für einen realen oder virtuellen Ort, an dem Nachfrage und Angebot miteinander in Beziehung gebracht werden und der Austausch von Waren, Gütern und Dienstleistungen vonstattengeht – im Austausch gegen andere Waren, Güter und Dienstleistungen oder gegen Geld. Markt bedeutet also nicht »Kapitalismus« und Geld, sondern Märkte können auch als Austauschorte auf Naturalbasis organisiert sein.

Der dritte Bestandteil des Begriffs ist das Soziale. Das ist ein in der politischen Debatte häufig verwendeter, emotional hoch aufgeladener Begriff. Dabei spiegelt der Begriff des Sozialen zunächst nur ein Wesensmerkmal des Menschen wider. Thomas von Aquin hat, Aristoteles umdeutend, geschrieben, der Mensch sei ein politisches, also soziales Wesen. Er ist als ein soziales Wesen auf den Mitmenschen hin angelegt, er braucht den Mitmenschen, um seine Ziele zu verwirklichen, um sich zu entwickeln. Das sehen wir in der Kindheit, wo der Mensch ohne die Zuwendung anderer Menschen nicht leben könnte, das sehen wir im Alter, wenn der Mensch auf Hilfe angewiesen ist. Sozial bedeutet nichts anderes als eine Absage an den Menschen als

»gottlosen Selbstgott«, wie es Heinrich Heine einmal abschätzig formuliert hat, also an den Menschen, der keinen Bindungen unterliegt, sich seine eigene Welt schafft. Wir haben zwar als Menschen Freiheit, aber wir unterliegen auch Bindungen, die uns wesensmäßig sind. Daraus ergeben sich Verpflichtungen. Das ist mit dem Begriff des Sozialen hier gemeint.

Eine erste, allgemeine Antwort ist: Die Soziale Marktwirtschaft ist eine Wirtschaftsform, die sich von der freien Marktwirtschaft und der kollektivistischen Planwirtschaft gleichermaßen abgrenzt und auf der Grundlage der individuellen Freiheit den Markt normativ begründet einhegt und begrenzt. Deswegen geht es in diesem Buch auch nicht um ökonomische Theorien oder wirtschaftswissenschaftliche Zusammenhänge, sondern vielmehr um Menschenbilder, Werte, Ordnungen und Ordnungsprinzipien und die Konsequenzen daraus.

Eine erste Orientierung bietet bereits der Begriff: Warum »Soziale Marktwirtschaft« und nicht kleingeschrieben: »soziale Marktwirtschaft«? Hierfür gibt es viele Erklärungen: etwa, dass das Soziale genauso großgeschrieben werden soll wie die Marktwirtschaft. Das wäre ein Hinweis auf die Gleichwertigkeit dahinterstehender Ziele, nämlich der Freiheit in der Marktwirtschaft und der sozialen Sicherung. Eine zweite Erklärung wäre: Die Kleinschreibung unterstellt, dass es die Marktwirtschaft ist, die sozial ist; aber die soziale Sicherung erfolgt durch staatliches Handeln auf der Grundlage der Erträge, die erwirtschaftet werden. Auch daran ist ein wahrer Kern, wenngleich auch ein Teil der Vordenker der Sozialen Marktwirtschaft in eine andere Richtung argumentiert haben – dazu aber später. Ich übernehme die Großschreibung von demjenigen, der den Begriff geprägt hat, bevor das, was damit gemeint ist, in der Praxis umgesetzt war: Alfred Müller-Armack. Er war ein genialer Ökonom und Kultursoziologe und hat den Begriff 1946 erstmals verwendet. Was er mit der Großschreibung andeuten wollte, war: Diese Wirtschaftsordnung der Sozialen Marktwirtschaft ist eine Ordnung sui generis, also eine eigenständige Wirtschaftsordnung, die nicht lediglich aus der Mischung unterschiedlicher Wirtschaftsformen und

-stile zu verstehen ist. Die Soziale Marktwirtschaft ist ein Ordnungsmodell mit einer ganz eigenen Begründung und einem sehr eigenen Menschenbild. Müller-Armack hat dieses Menschenbild als »Sozialhumanismus« bezeichnet. Dies war für ihn eine soziale Ordnung, die »ihre Gestaltung auf die ganze Fülle der dem Menschen zugänglichen Werte richtet«.[2] Daran ist eines zunächst bemerkenswert: Müller-Armack spricht von einer »sozialen Ordnung«, nicht lediglich einer wirtschaftlichen. Das Wirtschaftliche ist vielmehr in das Soziale eingeordnet. Das war für Müller-Armack keine Beschreibung dessen, was er vorfand, sondern ein Rezept dafür, wie eine Wirtschaftsordnung anzulegen ist: nicht als Herrscherin über den Menschen, sondern als der Ort, an dem Menschen ihre Ziele verwirklichen. Das Soziale bezieht sich nämlich auch darauf, dass Wirtschaft immer ein sozialer Prozess ist. Es ist keine Naturkatastrophe, kein blindes Verhängnis, sondern immer ein von Menschen gemachter, also sozialer Prozess. Das bedeutet aber auch: Es sind Menschen, die die Regeln festlegen und die Grenzen dessen bestimmen, was die Wirtschaft ist. Gerade in Zeiten der Globalisierung ist es sinnvoll, daran bisweilen zu erinnern.

Darum soll es hier auch gehen, um Regeln, Grenzen, aber auch um Mittel und Wege in der Sozialen Marktwirtschaft. Nicht hingegen geht es um eine vollständige und umfassende Darstellung der Sozialen Marktwirtschaft in all ihren Facetten. Hierzu gibt es eine Fülle einschlägiger Literatur. Mir geht es in dieser Schrift um die exemplarische Darstellung der unterschiedlichen Ideen, die das Modell der Sozialen Marktwirtschaft speisen. Sie hat einführenden, keinen ausführlichen Charakter.

Will man ein Konzept und seine Entwicklungslinien verstehen, ist es sinnvoll, zum Ursprung zu gehen. Aus welcher Quelle oder welchen Quellen speist sich die Idee der Sozialen Marktwirtschaft? Eine häufige Interpretation lautet: Die Soziale Marktwirtschaft hat ihren Ursprung im Ordoliberalismus, also jener vornehmlich ökonomischen Schule, die den klassischen Liberalismus weiterentwickelt hat; die Debatten darüber gehen zurück bis in die Weimarer Republik.[3]

Mit dem Ordoliberalismus sind all diejenigen ökonomischen Denker verknüpft, denen der klassische Liberalismus die Freiheit auch in der Wirtschaft zu stark betont hat. Es bedarf, so die Grundidee, einer Ordnung der Märkte, damit die ökonomische Freiheit selbst nicht in die Unfreiheit führt. Damit zogen die Ordoliberalen die Konsequenzen nicht nur aus den Erfahrungen des 19. Jahrhunderts, sondern auch aus dem Niedergang der Weimarer Republik.

Der Ordoliberalismus ist eine Quelle der Sozialen Markwirtschaft. Aber es gibt noch eine weitere Quelle: die katholische Soziallehre. Die Soziallehre hatte ihre Initialzündung mit der Enzyklika *Rerum novarum* aus dem Jahr 1891. Darin prangerte Papst Leo XIII. die Verwerfungen der kapitalistischen Wirtschaftsordnung an und plädierte für eine Wirtschaftsordnung jenseits von Liberalismus und Sozialismus. Die darin entwickelten Grundideen wurden 1931 in der Enzyklika *Quadragesimo anno* durch Papst Pius XI. weiterentwickelt. Vor allem der Jesuit Oswald von Nell-Breuning, der maßgeblich die Enzyklika mit formuliert hatte, wurde einer der prominentesten Vertreter der katholischen Soziallehre in Deutschland. Mit der Neugründung der Union nach 1945 fanden die Ideen der Soziallehre nachhaltigen Eingang in die Programmatik der neuen Partei. Viele der Gründungsaufrufe sind vom Geist der Soziallehre durchtränkt; auch das berühmte Ahlener Programm der CDU von 1947 in der britischen Besatzungszone atmet noch ganz diesen Geist.

Ordoliberalismus und Soziallehre mögen in der Herkunft unterschiedlich gewesen sein, für die Soziale Marktwirtschaft waren diese beiden Quellen aber ein Glücksfall. Erst die Verknüpfung beider Denktraditionen hat die Soziale Marktwirtschaft zu einem durchschlagenden Erfolg gemacht. Diese These zu illustrieren ist ein Hauptanliegen dieses Buches. Dies erklärt auch den Titel des Buches. Die »Person« ist der Grundbaustein der Soziallehre. Das Menschenbild der Soziallehre grenzt sich damit vom Liberalismus ab, der den Menschen nur von der Freiheit her denkt, und von kollektivistischen Ideen, die den Menschen aus der Bindung her interpretieren. Die Personalität des Menschen ist in der Soziallehre konstitutiv für den

Aufbau der Gesellschaft, ja der gesellschaftliche Aufbau ist ganz in den Schutz der Personalität gestellt – damit auch der Bereich der Wirtschaft. Bei den Ordoliberalen steht der Begriff der »Ordnung« im Mittelpunkt, weniger ein einheitliches Menschenbild. Die Ordnung kann sich auf den Wettbewerb beziehen, die Märkte, aber auch die Gesellschaft insgesamt.

Um die genaue Klärung, was denn die Soziallehre und der Ordoliberalismus sind, geht es im zweiten Kapitel. Als sehr verkürzte Ausgangsthese sei hier formuliert: Ordoliberalismus ist die Theorie, die in der guten Ordnung des Marktes die Voraussetzung sieht, dass eine Marktwirtschaft fair und sozial ist. Gute Ordnung heißt: Der Staat stellt Regeln für den Wettbewerb auf und überwacht die Einhaltung dieser Regeln. Er stellt sicher, dass jeder Marktteilnehmer eine faire Zugangschance zum Markt hat. Er stellt auch sicher, dass bestimmte Bereiche vom Wettbewerb ausgenommen werden und dass nicht alles auf dem Markt gehandelt werden darf. Arbeitsschutz beispielsweise ist kein Element des Wettbewerbs, sondern verbindlicher Standard für alle; und es gibt gute Gründe, menschliche Organe nicht regulär auf dem Markt zu handeln. Sozial ist die Ordnung des Wettbewerbs deshalb, weil sie allen die Möglichkeit gibt, sich Wohlstand zu erarbeiten. Ordoliberalismus bedeutet also: Der Staat schafft Regeln, die der Markt aus sich heraus nicht hervorbringen kann. Er setzt dem Markt damit Grenzen, ermöglicht aber auch seine Funktionsfähigkeit.

Was ist Soziallehre? Sie ist der Versuch, eine Gesellschaftsordnung zu entwerfen, die der Personalität des Menschen entspricht. Der Mensch wird als Träger, Schöpfer und Ziel aller gesellschaftlichen Einrichtungen benannt. Das schließt auch die Wirtschaft mit ein. Sie hat dienende Funktion; der Mensch ist wichtiger als der Markt. Die Soziallehre entwirft Prinzipien, aus denen heraus Gesellschaft (und damit auch Wirtschaft) strukturiert wird: die Solidarität als horizontales, die Subsidiarität als vertikales Gestaltungsprinzip. Menschliches Handeln, auch in der Wirtschaft, bleibt an das Prinzip des Gemeinwohls gebunden. Die Soziallehre ist also umfassender als der

Ordoliberalismus, sie ist eine Lehre der sozialen Ordnung und der sozialen Prinzipien. Der Ordoliberalismus ist eine Lehre der Marktordnung und der Wettbewerbsprinzipien.

Wir werden sehen, dass dies eine Zuspitzung ist, eine idealtypische Darstellung im Sinne Max Webers und weniger eine differenzierte Beschreibung der Erscheinungsformen der Soziallehre und des Ordoliberalismus. Aber für eine erste Orientierung vermag diese holzschnittartige Darstellung hilfreich sein. Wichtig ist es festzuhalten: Der Ordoliberalismus ist keine in sich abgeschlossene Lehre, kein einheitliches Theoriegebäude. Die unterschiedlichen Denker, die unter den Begriff Ordoliberalismus zusammengefasst werden, haben sich untereinander widersprochen, sehr unterschiedliche Perspektiven eingenommen, waren aber in einem einig: dass der klassische Liberalismus des 19. Jahrhunderts fehlerhaft gewesen sei, dass es sich aber lohnt, die dem Liberalismus zugrunde liegende Prämisse vom Wert der Freiheit unter veränderten gesellschaftlichen und sozialen Bedingungen neu zu fassen.

Demgegenüber erscheint die Soziallehre stringenter und gleichzeitig weiter. Stringenter deshalb, weil die päpstlichen Enzykliken eine gewisse Verbindlichkeit haben. Sie werden zwar nicht als Glaubenswahrheiten verkündet, aber das alte Wort: Rom hat entschieden, die Debatte ist beendet, gilt natürlich auch hier. Häufig nehmen die Enzykliken Debatten auf, aber sie regen sie auch an, denkt man etwa an die Einführung des Begriffs der Subsidiarität in der Enzyklika *Quadragesimo anno* aus dem Jahr 1931. Weiter deshalb, weil die Soziallehre sich nicht auf die Wirtschaft beschränkt, sondern weit darüber hinausgreift; sie ist die Lehre der gerechten Gestaltung der Gesellschaft. Die Soziallehre hat einen größeren Kern als der Ordoliberalismus, weil sie sich nicht nur als wirtschaftliches Handlungsmodell, sondern als gesellschaftliches Ordnungsmodell versteht. Innerhalb dieses Ordnungsmodells ist die Wirtschaft ein Handlungsfeld – nicht den anderen übergeordnet, sondern Wirtschaft wird immer gesehen als auf menschliche Zwecke bezogen und in die Gesamtheit des menschlichen Zusammenlebens integriert.

Sicherlich gab und gibt es zwischen Ordoliberalismus und Soziallehre Gemeinsamkeiten, es gab und gibt aber auch scharf akzentuierte Konfliktlinien. Sich darüber Klarheit zu verschaffen ist keine nur intellektuelle Übung. Meine These ist: Die Entwicklung der Sozialen Marktwirtschaft hat von den Gemeinsamkeiten der beiden Konzepte ebenso profitiert wie von ihrem Spannungsverhältnis. Die Gemeinsamkeiten haben die Durchsetzung des Konzepts der Sozialen Marktwirtschaft befördert und tragen auch heute in sehr unterschiedlichen Milieus dazu bei, die Soziale Marktwirtschaft als Bezugspunkt wirtschafts- und sozialpolitischer Diskurse konsensfähig zu machen. Aber es war gerade das Spannungsverhältnis, das eine Weiterentwicklung der Sozialen Marktwirtschaft immer wieder ermöglicht und ihre andauernde Zukunftstauglichkeit garantiert hat.

Die Soziale Marktwirtschaft ist durch eine besondere Verknüpfung mit dem Kapitalismus gekennzeichnet, und dies ist Thema des dritten Kapitels. Sicherlich, es kann auch Marktwirtschaften ohne Kapitalismus geben, doch unsere ist das historische Resultat einer Vermählung mit dem Kapitalismus, oder besser: in einem sozial regulierten Rahmen. Nun ist der Begriff »Kapitalismus« in vieler Hinsicht aufgeladen, nicht zuletzt durch das Werk von Karl Marx, der den Kapitalismus als eine Übergangsperiode in der weltgeschichtlichen Entwicklung ansah und ihn wegen seiner offensichtlichen krassen sozialen Verwerfungen scharf kritisierte. Diese Kritik war berechtigt und Auslöser vielfältiger Reformbestrebungen, angefangen von den Bismarck'schen Sozialgesetzgebungen über die katholische Soziallehre bis hinein in die Gewerkschaften. Dem lag die Einsicht zugrunde, dass der Kapitalismus eben auch durchaus vorteilhafte Resultate hervorbringen konnte – wenn er nur vernünftig eingehegt und geordnet wird. Das war Thema auch der Ordoliberalen und mithin eine große Herausforderung für die politische Gestaltung in der Bundesrepublik. Heute ist eine neue, globale Herausforderung dazugekommen: Wie kann Kapitalismus mit Formen des Wachstums vereinbar gemacht werden, die die natürlichen Grenzen berücksichtigen und nicht alles dem Primat des Wachstums opfern? Wie kann sichergestellt werden, dass durch die Dynamik des Kapitalismus nicht neue, schroffe Formen der Ungleichheit entstehen? Unzweifelhaft hat der Kapitalismus positive Wirkungen gehabt, denken wir etwa an die deutliche Reduzierung der Menschen, die in absoluter Armut leben, und die Entwicklungsmöglichkeiten, die sich heute für die globale Menschheit eröffnen. Richtig ist aber auch, dass diese Dynamik die natürlichen Grenzen des Wachstums sprengt und damit zu einer Gefahr zu werden droht. Es wird eine Überlebensfrage der Menschheit werden, Formen des Wachstums zu finden, die mit der Permanenz menschlichen Lebens unter friedlichen Bedingungen auf unserem Planeten vereinbar sind.

Das vierte Kapitel ist den Grundlagen der Sozialen Marktwirtschaft gewidmet. Wenn es richtig ist, dass die Menschenwürde im Mittelpunkt auch des Wirtschaftens steht oder stehen soll, dann ergeben sich für Märkte eine Reihe von Beschränkungen. Einige sind offenkundig: Der Verkauf von Sklaven etwa (auch dafür gibt es einen Markt) ist mit der Idee einer Sozialen Marktwirtschaft nicht vereinbar. Ebenso gibt es Grenzen des Marktes, sowohl in dem, was marktfähig ist, als auch in dem, was nicht marktfähig ist. Dabei wird deutlich: Die Soziale Marktwirtschaft lebt nicht nur von den ordnungspolitischen Gesetzlichkeiten, sondern ist eine Wirtschaftsordnung im Rahmen einer bestehenden Rechtsordnung. Die Wertentscheidungen der Rechtsordnung durchtränken auch die Praxis der Sozialen Marktwirtschaft – ebenso im Übrigen wie kulturelle Entwicklungen, also gesellschaftliche und soziale Praxis.

Mit dem fünften Kapitel kommen wir zu den eigentlichen Grundprinzipien der Sozialen Marktwirtschaft, also denjenigen Ordnungsstrukturen, die der Ordoliberalismus als auch die Soziallehre zur Gestaltung von Wirtschaft (und Gesellschaft) bereitstellen. Subsidiarität, Solidarität, Eigentum, Wettbewerb, Risiko, Gerechtigkeit und Familie haben ihren spezifischen Stellenwert in den Wertvorstellungen von Ordoliberalismus und Soziallehre; sie sind manchmal kongruent, häufig aber nicht. Sie spielen aber insgesamt für das Selbstverständnis der Sozialen Marktwirtschaft eine entscheidende Rolle.

Das sechste Kapitel thematisiert einige Grundprobleme der Sozialen Marktwirtschaft, die immer wieder im politischen Raum debattiert werden. Wie viel Ungleichheit verträgt eine Gesellschaft, welche Bedeutung hat die Arbeit für die Lebenslage der Menschen? Darf sich eine moderne Gesellschaft Armut leisten? Wie weit darf sich die Schere zwischen Arm und Reich öffnen? Das wird in der politischen Arena sehr unterschiedlich beurteilt. Das Kapitel schließt mit einer exkursartigen Betrachtung über Sündenfälle und Grenzfälle, also bewussten Abweichungen von vernünftigen zu interessengetriebenen Gestaltungen und inneren Widersprüchen im System der Sozialen Marktwirtschaft selbst.

Die eigentümliche Mischung von Soziallehre und Ordoliberalismus als Grundrezept der Sozialen Marktwirtschaft war zunächst eine Art geistiges Eigentum der Union. Im Laufe der 1950er-Jahre hat sich auch die Sozialdemokratische Partei Deutschlands (SPD) den Ideen der Sozialen Marktwirtschaft angenähert und sie schließlich mit dem Godesberger Programm von 1959 auch offiziell als Grundlage der bundesdeutschen Politik akzeptiert, freilich mit einer durchaus eigenständigen sozialdemokratischen Note. Auch in der FDP und bei den Grünen bildet die Soziale Markwirtschaft den Referenzrahmen des politischen Selbstverständnisses. Das spricht, bei aller Eindeutigkeit der Grundprinzipien, für eine große Offenheit für unterschiedliche Interpretationen, die sich im Verlauf der Geschichte der Bundesrepublik auch immer wieder gezeigt haben. Diese deutlich zu machen ist Gegenstand des siebenten Kapitels, in welchem die wichtigsten Stationen der Entwicklung der Sozialen Marktwirtschaft dargestellt werden. Über die vergangenen siebzig Jahre gab es immer wieder große Meilensteine der Sozialen Marktwirtschaft, die die unterschiedlichen Zugänge widerspiegelten: vom Lastenausgleich über die Rentenreform bis zur Einführung des Mindestlohns. Soziale Marktwirtschaft heute ist nicht nur eine Idee, sondern gelebte und immer wieder neu verhandelte Wirklichkeit. Der innere Kompass der Sozialen Marktwirtschaft hat dabei immer wieder geholfen, auch neue Herausforderungen aus dem Menschen- und Gesellschaftsbild ihrer Grundlagen beantworten zu helfen.

Mit dem achten Kapitel unternehmen wir einen Blick in die Zukunft. Eine Reihe von neuen Entwicklungen gilt es zu meistern, an erster Stelle natürlich die Globalisierung mit den damit verbundenen Verwerfungen. Der Mensch, so scheint es, verträgt nur eine beschränkte Form der Globalisierung, er ist nicht im Globalen beheimatet. Hinzu kommen die Digitalisierung und ihr Einfluss auf die Arbeitswelt. Hier erahnen wir die künftigen Formen mehr, als wir sie bereits beschreiben können; deswegen ist vieles in diesem Zusammenhang auch spekulativ, unabgeschlossen. Spürbarer ist schon die Frage nach den Grenzen des Wachstums, die erstmals mit dem Bericht an den *Club of Rome* 1972 angesprochen worden sind. Hieran hat sich eine Unzahl an Untersuchungen, offiziellen Stellungnahmen und erneuten Untersuchungen bis auf den heutigen Tag angeschlossen; der Bundestag hat diesem Thema eine Enquete-Kommission gewidmet, die ebenfalls mit einem umfangreichen Gutachten abgeschlossen wurde.[4] Es gibt Grenzen des Wachstums, zumindest in der bisher praktizierten Form. Wie damit umzugehen ist, darauf haben Soziallehre und Ordoliberalismus durchaus unterschiedliche Antworten. Das gilt auch für die Gestaltung der Globalisierung und der damit einhergehenden Entwicklungen wie etwa neuen Formen der Arbeit. Globalisierung ist eine Frage wirtschaftlicher Fairness ebenso wie der Einhaltung der Menschenrechte und des Prinzips der Fernverantwortung; auch hier ist keine Blaupause zu erwarten, sondern Leitplanken, die sich aus den beiden Grundkonzepten der Sozialen Marktwirtschaft entwickeln lassen.

Der abschließende Ausblick fasst den Gang der Argumentation noch einmal zusammen und stellt ihn in einen größeren Zusammenhang. Wenn Wirtschaften ein Mittel für menschliche Zwecke ist – und darin waren und sind sich Ordoliberale und Vertreter der Soziallehre einig –, dann müssen die Wert- und Sinnhorizonte menschlicher Existenz in den Blick genommen werden. Warum wollen wir Wohlstand? Wie wollen wir leben? Damit bewegen wir uns von den engeren Fragestellungen der Wirtschaftsordnung weg in das Offene, Spekulative. Aber das ist Soziale Marktwirtschaft eben auch: eine Anfrage an uns selbst, wie wir leben wollen.

Es gibt einen bösen, gleichwohl treffenden Ausspruch des Dominikaners Jean Baptist Henri Lacordaire, wonach im Verhältnis zwischen den Armen und den Reichen es die Freiheit ist, die unterdrückt, und das Gesetz, das befreit.[5] Diese Kritik würde für die Soziale Marktwirtschaft nicht zutreffen. Sie verbindet Freiheit und Gerechtigkeit in immer wieder neu zu justierender Art und Weise. Das trägt in besonderer Weise zu ihrer Akzeptanz bei. Sie hat in den vergangenen Jahren eine besondere Flexibilität in der Art und Weise gezeigt, wie sie auf neue Herausforderungen reagiert und reagieren kann. Das trägt zu ihrer Effizienz bei. Und sie hat eine besondere Robustheit gezeigt, wenn ihre Grundlagen infrage gestellt worden sind. Das trägt zu ihrer Stabilität bei.[6] Und sie scheint mir das geeignete Mittel, um auf die beiden größten Herausforderungen des 21. Jahrhunderts zu reagieren: die Nachhaltigkeit und die internationale Gerechtigkeit. Insofern lohnt auch die Auseinandersetzung mit ihren Grundideen. Nur wer die Herkunft kennt, kann die Zukunft gewinnen.

2

Ordoliberalismus und katholische Soziallehre als Quellen der Sozialen Marktwirtschaft

Nach dem Ende des Zweiten Weltkriegs war Deutschland militärisch besiegt, moralisch am Boden und wirtschaftlich stark geschädigt. Der Nationalsozialismus hatte verbrannte Erde hinterlassen, in fast jeder Hinsicht. Deutschland hatte bedingungslos kapituliert und war auf die Gnade und das Wohlwollen der Siegermächte angewiesen. Die Verbrechen, die die Nationalsozialisten im Namen des deutschen Volkes begangen hatten, waren historisch ohne Vorbild und zerschmetterten das Selbstbild Deutschlands als einer Kulturnation. Der Bombenkrieg hatte die Infrastruktur zu einem nicht unwesentlichen Teil zerstört. Hinzu kamen Energie- und Versorgungsengpässe und eine hohe Anzahl an Vertriebenen und Flüchtlingen aus den deutschen Gebieten im Osten und der Sowjetischen Besatzungszone. Vor dem Krieg war der Lebensstandard Deutschlands in Europa einer der höchsten. Nach dem Krieg war er einer der niedrigsten. Politiker wie Churchill fürchteten, dass die Alliierten über Jahre für die Ernährung der deutschen Bevölkerung würden aufkommen müssen.

Diese verzweifelte Lage schlug sich auch nieder in den ersten politischen Verlautbarungen der von den Alliierten zugelassenen demokratischen Parteien. Die Christlich Demokratische Union war eine neue politische Kraft, die es so vor 1933 nicht gegeben hatte. Sie war aber die Partei, die nach 1949 die Geschicke Deutschlands bestimmen sollte. Sie entstand als Union, also Zusammenschluss von Katholiken und Protestanten, aber auch von Arbeitgebern und Gewerkschaftlern. Ein großer Teil der Gründungsgeneration hatte das Dritte Reich am Rand verbracht: im inneren Exil oder in der Opposition und im Widerstand zu Hitler. Entsprechend las sich auch das Pathos der Gründungsaufrufe zur Union, die die gottlose Regierung der Nationalsozialisten verdammte und einen neuen Geist der Politik, eine ethisch gebundene Politik, herbeisehnte. Der Berliner Gründungsaufruf vom 26. Juni 1945 sprach von einem »Trümmerhaufen sittlicher und materieller Werte« und forderte ein öffentliches Leben, das sich frei hält von Lüge, Massenwahn und Massenverhetzung.

Die Kölner Leitsätze vom Juni 1945 sprachen von Rassehochmut und nationalistischem Machtrausch, der über das deutsche Volk gekommen sei, und folgerten, die Rettung liege allein in der ehrlichen Besinnung auf die christlichen und abendländischen Werte, die das deutsche Volk einst beherrschten. Leo Schwering, der frühe Chronist der CDU, schrieb einmal von einem »Katakombengeist«, der die Gründergeneration einte: ein Geist, der in den Schutzkellern, in den Ruinen der zerstörten Städte, in den Diskussionskreisen des Untergrunds und den Konzentrationslagern entstand. Dieser Geist hatte, wie es Arcadius R. L. Gurland beschrieb, durchaus etwas vom Geist des Urchristentums an sich, das gleichsam aus den Katakomben entstieg, bereit, die Welt neu zu prägen.[1] Mit Blick auf die politische Dimension gab es Einigkeit: Eine Demokratie musste erstehen, eine Herrschaft des Volkes, der Würde des Menschen verpflichtet. Vor allem aber musste das Recht wieder zur Grundlage des Lebens werden, die Achtung der Menschenrechte ebenso wie eine unabhängige und freie Justiz. Für die Wirtschaft empfahlen die Gründungsaufrufe weitgehende staatsinterventionistische Maßnahmen bis hin zur Vergesellschaftung bestimmter Industrien. Dieser Notsozialismus der Nachkriegszeit suchte einen sozialen Ausgleich durch Umverteilung. Er konnte sich in Einklang sehen etwa mit der britischen Politik, die nach dem Beveridge Report von 1942 eine expansive Umverteilungspolitik betrieb; Ideen einer deutschen Labour-Politik waren folglich in der britischen Besatzungszone hochpopulär. Das firmierte bisweilen unter Begriffen wie »Christlicher Sozialismus« oder »Sozialismus aus christlicher Verantwortung«, aber natürlich nicht im realsozialistischen Sinn. Es war vielmehr ein in der unmittelbaren Nachkriegszeit beliebtes Schlagwort, mit dem eben nicht eine Nähe zur Sowjetunion oder dem Marxismus angedeutet werden sollte, sondern eine Grundströmung der katholischen Soziallehre benannt wurde, die in der Zeit der Not eine weitgehende Umverteilung und eine starke staatliche Lenkung der Wirtschaft einforderte. Ganz in diesem Kontext ist auch das berühmte Ahlener Programm der CDU in der britischen Besatzungszone aus dem Jahr 1947 zu verstehen. Fanalartig setzt es ein: »Das kapitalistische Wirtschaftssystem ist den staatlichen und sozialen Lebensinteressen des deutschen Volkes nicht gerecht geworden.« Eine Neuordnung der Wirtschaft von Grund auf sei notwendig, die auf das Ziel der Bedarfsdeckung des deutschen Volkes ausgerichtet sei.[2] Das Programm war auf die bevorstehenden Wahlen in der britischen Besatzungszone ausgerichtet. Es richtete sich gegen den Staatssozialismus der Nationalsozialisten ebenso wie gegen die Kartell- und Monopolbildungen in der Weimarer Republik und forderte eine echte Mitbestimmung der Arbeitnehmer. Der Begriff des christlichen Sozialismus wurde hier allerdings vermieden, obwohl er zwischen den Zeilen mit den Händen zu greifen war. Gerade in der britischen Besatzungszone fielen solche Forderungen auf fruchtbaren Boden, zumal Großbritannien selbst, mit der neuen Labour-Regierung seit 1945, eine expansive Sozialpolitik betrieb. Überdies war die wirtschaftliche Not in Deutschland überall spürbar; Bewirtschaftung schien zu dieser Zeit ein adäquates Mittel, den Mangel zu verwalten. Vielleicht war aber nun auch tatsächlich das Zeitalter der werktätigen Massen eingeläutet worden, gerade in Deutschland. In Berlin erklärte der CDU-Vorsitzende Jakob Kaiser in diesem Sinn, das bürgerliche Zeitalter sei beendet; man müsse zu einer Synthese von Ost und West kommen, einem Mittelweg also von amerikanischem Kapitalismus und sowjetischem Sozialismus. Deutschland müsse Brücke sein zwischen Ost und West und so die unterschiedlichen Weltanschauungen versöhnen, zur Synthese bringen. Dies schien für Kaiser auch ein kluger Weg, die Einheit Deutschlands zu erhalten.[3]

Doch es kam anders. Der Ost-West-Konflikt riss Deutschland auseinander. Sehr bald zeigte sich die Notwendigkeit, die westlichen Besatzungszonen zu stabilisieren. Der Marshall-Plan war eine Maßnahme, die Währungsreform eine zweite. Sie führte letztlich zur Blockade Berlins durch die Sowjetunion, zur Luftbrücke der Alliierten, die mit dieser unkonventionellen Maßnahme das freie Berlin über Monate ernährten. Politisch bedeutsam war der wirtschaftliche Zusammenschluss der amerikanischen und britischen Besatzungszone. Hier wurde der Wirtschaftsfachmann Ludwig Erhard zum Verantwortlichen für die Wirtschaftspolitik ernannt und verfügte die Aufhebung der Bewirtschaftung. Nach der Gründung der Bundesrepublik wurde er Wirtschaftsminister und zum Vater des sogenannten Wirtschaftswunders, also des schnellen und nachhaltigen ökonomischen Aufstiegs der Bundesrepublik. Seit 1949 wurde die wirtschaftliche Ordnung in der Bundesrepublik mit dem Begriff »Soziale Marktwirtschaft« belegt, einer Begriffsbildung von Alfred Müller-Armack. Mit diesem Begriff verknüpft sich der Gründungsmythos der Bundesrepublik, der Aufstieg aus der ökonomischen Zerstörung und der materiellen Deprivation.

Die Soziale Marktwirtschaft war in der Ausgestaltung eine recht einmalige Mischung aus den Ideen einer Gruppe von Ökonomen und Soziologen um Ludwig Erhard und den Traditionen der katholischen Soziallehre, die in den frühen programmatischen Verlautbarungen der Union prominent vertreten waren. Sie ergänzten sich in weiten Teilen, widersprachen sich aber auch; aus dieser Reibung entstanden fruchtbare Debatten, die den Verlauf der Innenausstattung der Sozialen Marktwirtschaft begleiteten.

Ordoliberalismus und Marktwirtschaft

Der Mythos der Sozialen Marktwirtschaft ist der Mythos von Ludwig Erhard. Er stand wie kein anderer für diese Form der Wirtschaft: Schon physiognomisch signalisierte er Erfolg und Wohlstand, und in den Bildern aus den 1950er-Jahren wird er häufig auch mit einer dicken Zigarre abgebildet. Man konnte sich wieder etwas leisten, und warum sollte man dies nicht zeigen? Das unterschied den jovial wirkenden Erhard von der eher asketischen Erscheinung des ersten Bundeskanzlers, Konrad Adenauer. Erhards erfolgsreichstes Buch trug den Titel »Wohlstand für alle«. Das Buch enthält keine ökonomische Theorie, aber Reflexionen aus der Praxis und nahm eine Ortsbestimmung der Sozialen Marktwirtschaft vor, nämlich weder Planwirtschaft noch freie Marktwirtschaft. Es lieferte aber auch ein Stichwort für das Ziel der Sozialen Marktwirtschaft, eben keine Spaltung von Arm und Reich, sondern eine ausreichende materielle Sicherung für jedermann. »Wohlstand für alle« – das wurde das große Versprechen der Sozialen Marktwirtschaft.

Die Grundideen Erhards waren nicht vom Himmel gefallen, sondern entstanden in einem Diskussionszusammenhang vieler durchaus unterschiedlicher Ökonomen schon in der Weimarer Republik. Was hatte die alte Ordnung von 1914 zerstört, was war die tiefere Ursache der großen wirtschaftlichen Krise von 1929/1930, die in Deutschland schließlich zum Nationalsozialismus führte? Das waren die großen Fragen, mit denen sich Ökonomen beschäftigten, die später unter dem Begriff ordoliberal oder neoliberal zusammengefasst worden sind. Wir verstehen heute unter »neoliberal« eine ökonomische Theorie, die auf Liberalisierung, Privatisierung und Deregulierung abzielt, doch das war nicht das Verständnis der Vordenker der Sozialen Marktwirtschaft. Der Begriff »neoliberal«, von Alexander Rüstow geprägt, bezeichnete eher diejenigen, die sich vom wirtschaftlichen Liberalismus des 19. Jahrhunderts abkehrten. So zumindest hatten es die Teilnehmer einer Konferenz in Paris im Jahr 1938 verstanden, die im Nachhinein als Geburtsstunde des Neoliberalismus betrachtet worden ist.[4] Die spätere Umdeutung des Begriffs »neoliberal« hat aber hier auch ihre Wurzeln. Friedrich A. von Hayek, der schon 1938 mit dabei war, entwickelte später als Kopf der Chicagoer Schule der Ökonomie ein einflussreiches ökonomisches Programm, das als Stichwortgeber der Wirtschaftspolitik von Ronald Reagan und Margaret Thatcher diente. Dieses Programm war »neoliberal« in einem anderen Sinn als 1938 angedacht, weil es stärker auf die Kräfte des Marktes setzte als die Begründer der Sozialen Marktwirtschaft und näher am ursprünglichen Liberalismus war, von dem sich die Neoliberalen ja gerade abwenden wollten.

Der Begriff Ordoliberalismus, der sich in Deutschland schließlich durchsetzte, knüpfte an eine einflussreiche Zeitschrift an, die zum Publikationsorgan der Neoliberalen vor allem in Deutschland wurde. Die Zeitschrift ORDO versammelte alle wichtigen Denker, auch die mehr randständigen, die zum Thema Wirtschaft und Gesellschaft aus liberaler Perspektive etwas zu sagen hatten. Der Anspruch war in dem Namen eingeschrieben: Es ging nicht nur um die Ordnung des Wettbewerbs als zentralem Anliegen der Ordoliberalen, sondern mit dem Namen wurde ganz bewusst auch an den Ordo-Gedanken aus der christlichen Tradition angeknüpft.[5] Ordnung wird hier nicht als eine lediglich organisatorische Befriedung verstanden, sondern als die Zusammenfügung von Teilen zu einem sinnvollen Ganzen; der Sinn konnte sich nur aus der Wesensbestimmung des Menschen ergeben, und die wiederum verwies auf ein religiös geprägtes Menschenbild.[6]

Die neue Schule des Liberalismus bestand aus sehr unterschiedlichen Denkern. Sehr vereinfacht ausgedrückt bestand sie aus drei Flügeln: der »Freiburger Schule« um den Ökonomen Walter Eucken, einem soziologisch orientierten Flügel, dem Alfred Müller-Armack, Alexander Rüstow und Wilhelm Röpke zuzuordnen waren, und einem freiheitlich-individualistischen Flügel, für den vor allem Friedrich A. von Hayek stand.

Der Österreicher von Hayek war der vielleicht radikalste Denker im Umfeld der Ordoliberalen. Sein bekanntestes Buch trug den

Titel »Der Weg zur Knechtschaft«. Es entstand während des Krieges in England und war ein unmittelbarer Erfolg; in den USA wurden die Thesen des Buches gar durch eine Kurzfassung im Readers Digest popularisiert.[7] Bis heute wird das Buch in den USA vor allem an Universitäten gelesen; es bietet eine scharf geschriebene Verteidigung des Marktes gegenüber allen Planungen und warnt vor der abschüssigen Rutschbahn in den Sozialismus – und diese Rutschbahn beginnt für Hayek mit jeglicher staatlicher Intervention in die Wirtschaft. Zwar müsse der Staat den rechtlichen Rahmen setzen und auch durchsetzen, vor allem durch ein funktionierendes Rechtssystem, ein Geldsystem, Eigentumsgarantien und Patentrechte. Aber jede darüber hinausgehende staatliche Intervention in die Wirtschaft lehnte er ab. Nur im Rahmen eines Systems, das auf Wettbewerb und Privateigentum gegründet sei, könne es auch eine Demokratie geben, so Hayek. Für ihn stand die Freiheit im Zentrum aller Werte, und das wird in dem »Weg zur Knechtschaft« systematisch ausbuchstabiert. Es ist ein manichäisches Weltbild, das hier vorgestellt wird, ein Weltbild, in der die Kräfte von Licht (Freiheit) und Finsternis (Sozialismus in allen Formen) unüberbrückbar voneinander geschieden sind. Deswegen gibt es für Hayek auch keinen »dritten Weg«: Mischformen gleiten unweigerlich zum Sozialismus ab.

Hayek, der 1931 als erster Ausländer eine Professur an der London School of Economics erhielt, war der Antipode zu John Maynard Keynes.[8] Dessen Modell einer Konjunktursteuerung war Hayek fremd; Keynes hatte aus der Großen Depression die Lehre gezogen, dass der Staat durch antizyklisches Ausgabeverhalten das Gleichgewicht in der Wirtschaft bewahren und vor Arbeitslosigkeit schützen könne. Hayek hingegen setzte mehr Vertrauen in den Markt. Dieser sei eine sich selbst generierende Ordnung, in der dem Geld eine zentrale Rolle als Kommunikationsmittel zur Festlegung von Preisen zukomme. Keynes' Theorie bestimmte über viele Jahrzehnte die wirtschaftlichen Strategien vieler Staaten. Hayek, der 1950 an die University of Chicago wechselte, kam erst später zu politischem Einfluss. Sein Lebenswerk wurde schließlich durch den Nobelpreis für

Wirtschaftswissenschaft gekrönt, den er 1974 zusammen mit Gunnar Myrdal erhielt.

Hayek schraubte sich durch seine späteren Arbeiten aus dem Kern der Ordoliberalen hinaus, bis hin zum Bruch.[9] Die spätere »Chicago School«, die von ihm und Milton Friedman geformt wurde, hatte mit dem deutschen Ordoliberalismus nichts mehr zu tun. Auch die spätere Zusammenarbeit mit dem chilenischen Diktator Pinochet trennte die Chicagoer von den deutschen Ordoliberalen; in Chile wurde ein ganzes Land der Schocktherapie der Ideen des amerikanisch geprägten Neoliberalismus unterzogen. Diese Grundideen spielten auch eine starke Rolle bei der Formulierung des Washingtoner Konsenses der Entwicklungspolitik der Weltbank und des Internationalen Währungsfonds. Dabei standen Deregulierung, Privatisierung und Liberalisierung prominent im Vordergrund, also die moderne neoliberale Variante des ökonomischen Denkens. Sicherlich spielte für die Entwicklung Hayeks auch das amerikanische Umfeld eine nicht unwesentliche Rolle, auch wenn er aus Chicago 1962 auf eine Professur nach Freiburg wechselte und dort Vorstandsmitglied des Walter-Eucken-Instituts wurde. Er blieb für die Soziale Marktwirtschaft eine provokante, produktive, aber inhaltlich randständige Figur.

Den Kern der sogenannten Freiburger Schule bildeten Walter Eucken (1891–1950) und die Juristen Franz Böhm (1895–1977) und Hans Großmann-Doerth (1894–1944).[10] Gemeinsam hatten sie ab 1936 die Schriftenreihe »Ordnung der Wirtschaft« herausgegeben; in der Einleitung zur ersten Schrift legten sie ihr Programm dar und damit den Grundstein zum Selbstverständnis der Freiburger Schule.[11] Grundlegend war eine Abkehr von den historischen Schulen der Rechtswissenschaft und der Nationalökonomie. Diese hatten das Recht und die Volkswirtschaft jeweils in ihren historischen Bezügen und Kontexten gesehen und sich damit dem Vorwurf ausgesetzt, relativistisch zu sein. Wie kann, so die drei Autoren, »der Geist die Tatsachen gestalten, wenn er sich selbst vor dem Gang der Tatsachen verneigt?«. Es musste also darum gehen, der wissenschaftlichen Vernunft als einer gestaltenden und objektiven Kraft wieder

Geltung zu verschaffen, damit die beiden Disziplinen – die Nationalökonomie und die Rechtswissenschaft – wieder ihren »gebührenden Platz im Leben der Nation einnehmen«. Fraglos ein ambitioniertes Programm, vorgetragen mit hohem Selbstvertrauen, und dies gerade in einer Zeit, in der die Machthaber an einer solchen Eigenständigkeit wissenschaftlicher Vernunft wenig Interesse hatten. Freilich, der Grundgedanke, nicht nur von den Einzelproblemen her zu denken, sondern das Ganze der Wirtschaftsverfassung in den Blick zu nehmen, blieb. So ordnete sich auch der Teilbereich der Rechtswissenschaft, dessen Anwendungsbereich die Wirtschaft betraf, der Wirtschaftsverfassung unter, wenn es etwa um Fragen des Konkursrechtes, der Patente oder des Kartellrechts ging. Diese Wirtschaftsverfassung als »politische Gesamtentscheidung über die Ordnung des nationalen Wirtschaftslebens« müsse dann auch der interpretatorische Rahmen der Gesetzesauslegung sein. Es ging also darum, Wirtschaft nicht nur als ein disparates Phänomen von Teilvorgängen zu betrachten, in denen Märkte, wirtschaftliche Interessen, staatliche Intervention und rechtliche Bestimmungen unabhängig voneinander betrachtet werden und existieren, sondern all dies in einen Ordnungszusammenhang zu bringen. Was aber sollte nun der Kern der Wirtschaftsverfassung sein, wie ihre Physiognomie bestimmt werden?

Die Freiburger Schule war sich darin einig, dass zu den Kernelementen einer Wirtschaftsverfassung das Prinzip des Wettbewerbs gehören müsse. Es war dann vor allem Walter Eucken, der dieses Prinzip näher ausbuchstabierte. Zunächst einmal unterschied Eucken zwei Wirtschaftstypen: die Verkehrswirtschaft und die Zentralverwaltungswirtschaft. Die Verkehrswirtschaft ist eine Koordinationsordnung, die Zentralverwaltungswirtschaft eine Subordinationsordnung. Sie unterscheiden sich wesentlich durch die Frage der Machtverteilung: Die Zentralverwaltungswirtschaft ist durch Konzentration der Macht gekennzeichnet, die Verkehrswirtschaft durch eine Diffusion der Macht. Idealerweise gibt es in einer Verkehrswirtschaft weder eine politische noch eine ökonomische Machtansammlung. Die politische wird dadurch verhindert, dass der Staat die Ordnung gestaltet, aber nicht die Prozesse lenkt; er gibt also die Spielregeln vor, ohne in die Spielzüge einzugreifen. Marktmacht wird dadurch verhindert, dass ein vollständiger Wettbewerb herrscht. Diesen Wettbewerb beschreibt Eucken mit seinen konstituierenden und regulierenden Prinzipien. Zu den konstituierenden Prinzipien gehören als erstes und zentrales Prinzip die Herstellung eines funktionsfähigen Preissystems vollständiger Konkurrenz; dies ist nach Eucken der strategische Punkt, auf den alle Kräfte konzentriert werden müssen.[12] Sechs weitere konstituierende Prinzipien bauen darauf auf: die Geldwertstabilität, offene Märkte, die Garantie des Eigentums, Vertragsfreiheit, die Vermeidung von Haftungsbeschränkungen sowie die Vorhersehbarkeit und Stetigkeit der Wirtschaftspolitik. Geldwertstabilität verhindert Marktverzerrungen durch Inflation oder Deflation, offene Märkte sind ein Mittel gegen Unternehmenskonzentrationen; Privateigentum ist eine Voraussetzung für Markt und Wettbewerb, Vertragsfreiheit ist die handlungsorientierte Erweiterung des Privateigentums. Haftung dient dazu, Rationalität und Vorsicht der Beteiligten in den Wirtschaftsprozess mit einzubeziehen, und die Vorhersehbarkeit der Wirtschaftspolitik ist erforderlich, um langfristige Investitionen berechenbar zu machen. Zu diesen konstitutiven kommen die regulierenden Prinzipien. Diese sah Eucken in einer wirksamen Monopolkontrolle, einer Internalisierung externer Kosten (Preise müssen also die wirklichen Kosten widerspiegeln und dürfen Kosten nicht auf die Allgemeinheit verlagern), einer Korrektur der primären Einkommensverteilung durch eine progressive Einkommenssteuer und in Vorkehrungen gegen eine anomale Angebotspolitik zum Beispiel auf Arbeitsmärkten, die zu einem Preisverfall führen.[13]

Eucken macht deutlich, dass diese Prinzipien aufeinander bezogen sind und eine Gesamtordnung darstellen; sie integrieren Politik, Recht und Wirtschaft auf diese Ordnung hin. Folglich müssen sich auch Verwaltungshandeln und die Rechtsprechung daran messen lassen, was sie zu dieser Ordnung beitragen und inwieweit sie diese Ordnung unterstützen. Die Ordnungsprinzipien der Wirtschaft müssen also mit den Ordnungsprinzipien anderer Ordnungen, vor allem des Staates, abgestimmt sein; der Versuch, kollidierende Ordnungen zu verwirklichen, ist zum Scheitern verurteilt.[14] Deswegen bedarf es noch ergänzender Prinzipien vor allem staatlicher Tätigkeit: Dazu gehören die Zurückhaltung bei konjunkturpolitischen Maßnahmen und das Prinzip der Hilfe zur Selbsthilfe; zu den explizit genannten staatspolitischen Prinzipien gehören die Begrenzung der Macht der Verbände (eine Lehre aus der Weimarer Republik) und die Beachtung des Prinzips der Subsidiarität bei der Übernahme neuer Aufgaben sowie der Vorrang der Ordnungspolitik vor der Ablaufpolitik.[15] Gleichzeitig ist eine solche Ordnung mit einer demokratischen Verfassung vereinbar, mehr noch: Wie in einem System kommunizierender Röhren verstärken sich Wirtschaftsordnung und Demokratie gegenseitig. Anders formuliert: Die Verkehrswirtschaft ist die der demokratischen Gesellschaft angemessene Wirtschaftsordnung. Vor allem aber steht sie in der Aufgabe, den Menschen das Leben nach ethischen Prinzipien zu ermöglichen.[16] Nicht nur deswegen war Eucken der Überzeugung, dass es durchaus Überschneidungen zur katholischen Soziallehre und der evangelischen Sozialethik gebe, vor allem mit Blick auf den Ordogedanken.[17] Die Kirchen waren aus seiner Sicht unverzichtbar für eine erfolgreiche Wirtschaftsordnung.

Eucken war in vielerlei Hinsicht prägend: für seine Mitstreiter wie Franz Böhm, der später selbst in die Politik ging und versuchte, die Grundprinzipien der Lehre Euckens zu implementieren; für Ludwig Erhard, der sich zu Euckens Lehre bekannte, aber auch für viele Schüler, die Euckens Gedankenwelt weitertrugen und weiterentwickelten. Hieraus entstand eine sehr spezifische deutsche ordnungspolitische Tradition, die für die Wirtschaftspolitik in Deutschland stilprägend geworden ist, betrachtet man beispielsweise die Bedeutung, die der Geldwertstabilität in Deutschland zugebilligt wird, oder das Denken in subsidiärer Ordnungspolitik. Eucken wurde zwar in andere Sprachen übersetzt, konnte aber nirgendwo eine ähnlich starke Wirkung entfalten wie in Deutschland.

Alexander Rüstow (1885–1963) war der vielleicht schillerndste Denker im Umfeld der Sozialen Marktwirtschaft. Seine Biografin sieht ihn als einen der letzten Universalhistoriker der Kulturkritik, der sowohl den Gegenentwurf zu den geschichtsphilosophischen Entwürfen von Karl Marx als auch von Oswald Spengler liefert.[18] Rüstow hatte Mathematik, Physik, klassische Philologie, Philosophie, Nationalökonomie und Recht studiert – eine heute kaum mehr denkbare Studienbreite. Prägend wurde für Rüstow der Nationalökonom und Soziologe Franz Oppenheimer (1864–1943), der selbst ein akademischer Exot war. Dieser hatte als Arzt begonnen, dann aber sozialpolitische Fragen für sich entdeckt und eine Promotion in Nationalökonomie angefertigt; 1919 wurde Oppenheimer der erste Professor für Soziologie an einer deutschen Universität, und zwar in Frankfurt am Main. Oppenheimers Arbeiten sind nicht eindeutig einer Schule zuzuordnen. Er vertrat einen »liberalen Sozialismus«, den er als eine Form des dritten Wegs zwischen Kapitalismus und Kommunismus ansah; Ludwig Erhard, der von Oppenheimer promoviert wurde, sah sich selbst ebenfalls in dieser Tradition. Er habe, so bekannte er später in einer Gedenkrede auf Oppenheimer, in seinem Arbeitszimmer nur ein einziges Bild aufgestellt, das seines Lehrers und väterlichen Freundes Franz Oppenheimer. Und Erhard fuhr fort, er würde sich glücklich schätzen, »wenn die Soziale Marktwirtschaft – so vollkommen oder so unvollkommen sie auch sein mag – weiter zeugen wird auch für das Werk, für den geistigen Ansatz der Gedanken und die Lehre von Franz Oppenheimer.«[19]

Ähnlich wie Oppenheimer blieb auch bei Rüstow zeitlebens eine kapitalismuskritische, ja antikapitalistische Grundeinstellung bestimmend.[20] Rüstow gehörte schon in der Weimarer Republik zu den Grenzgängern von Politik und Wissenschaft. Beruflich begann er als Referent im Reichswirtschaftsministerium und war dort unter anderem an der Ausarbeitung der Kartellverordnung von 1923 beteiligt. Ab 1924 leitete er die wirtschaftspolitische Abteilung des Dachverbands deutscher Maschinenbauunternehmen und war gegen Ende der Republik als Wirtschaftsminister im Gespräch. Nach der Machtergreifung der Nationalsozialisten ging Rüstow ins Exil in die Türkei; dort entstand sein monumentales Hauptwerk, die »Ortsbestimmung der Gegenwart«.[21] Der geistige Weg Rüstows in der Weimarer Republik führte ihn vom Sozialismus hin zum Liberalismus, dessen Erneuerung er zusammen mit Walter Eucken und Wilhelm Röpke anstrebte; seine Rede aus dem Jahr 1932 über »Freie Wirtschaft – Starker Staat« gehört neben Euckens Aufsatz über »Staatliche Strukturwandlungen und die Krise des Kapitalismus« aus dem gleichen Jahr zu den Gründungstexten des Ordoliberalismus.[22]

Die »Ortsbestimmung der Gegenwart« war zwar im Exil geschrieben, erschien aber in drei Bänden erst zwischen 1950 und 1957. In einem weiten historischen Blick ließ Rüstow die Entwicklung der Hochkulturen seit der letzten Eiszeit Revue passieren – nicht aller, sondern der europäischen. Zugrunde legte er das spannungsvolle Verhältnis von Herrschaft und Freiheit. In einer arbeitsteiligen Gesellschaft sei Herrschaft die Grundvoraussetzung von Stabilität; die Arbeitsteilung führe zu Fortschritt. Die Überlagerung einer Gesellschaft durch die Herrscher führe zu einer Steigerung des Kulturniveaus. Mit steigendem Kulturniveau wachse aber das Bedürfnis nach Freiheit. Die Ordnung der Herrschaft wirke immer mehr einengend. Ziel sei deshalb ein Ordnungsrahmen, in dem sich Macht begrenzt und ein Optimum an Freiheit ermöglicht wird.

Ein wenig ist man an Fukuyamas Theorie vom Ende der Geschichte erinnert, wenn die Spannung von Freiheit und Herrschaft auf einem näher zu bestimmenden Kulturniveau nun vollständig zugunsten der Freiheit aufgelöst werden kann. Die Überlagerung durch Herrschaft ist, wie es Rüstow ausdrückt, wie eine giftige Substanz, die zur Herstellung synthetischer Reaktionen notwendig ist, später aber vollständig ausgeschieden werden muss, damit das Endprodukt nicht mit dem Gift belastet ist.[23] Diese Möglichkeit sei nun erreicht, glaubt Rüstow: Die Bundesrepublik habe dazu die besten Voraussetzungen.[24]

Es wundert daher wenig, dass Rüstow, der 1949 aus dem türkischen Exil zurück nach Deutschland kam, zum »Festredner der Sozialen Marktwirtschaft«[25] avancierte. Die Nachfolge auf dem prestigeträchtigen Lehrstuhl von Alfred Weber in Heidelberg half dabei ebenso wie der Vorsitz der Arbeitsgemeinschaft Soziale Marktwirtschaft, den Rüstow 1955 übernahm. Rüstow wurde zu einem öffentlichen Intellektuellen. Seine Konzeption der »Vitalpolitik« versuchte, Antworten auf die Frage jenseits der Sozialpolitik zu geben. Dabei galt es, die Vitalsituation der Menschen in den Blick zu nehmen. Darunter verstand Rüstow das Lebensumfeld der Menschen, vor allem die negativen Begleitumstände von Industrialisierung, Vermassung und Verstädterung, jenen schädlichen Überlagerungen, die wir dem 19. Jahrhundert verdanken. Bei der Vitalpolitik ging es nicht um soziale Absicherung, sondern die Gestaltung des Lebensumfelds mit dem Ziel, die erneute Einwurzelung des Menschen in kleinräumige Strukturen und Gemeinschaften zu erleichtern, auch als Gegengewicht zu der Konkurrenzgesellschaft. Allerdings konnte die Vitalpolitik dann in Gegensatz geraten mit dem Prinzip des Wettbewerbs. Was, wenn zur kleinräumigen Gestaltung des Lebensraumes Schulen, Verwaltungseinheiten oder Krankenhäuser gehörten, die ortsnah erreichbar sein müssten? Das würde der Staat sicherlich noch organisieren können, mit erheblichem Mehraufwand, aber als staatliche Aufgabe. Was aber, wenn es um Apotheken geht, Bäcker oder Wirtshäuser? All dies sind für die Vitalpolitik vielleicht wichtige Randbedingungen, aber sie stehen im Wettbewerb und haben keine staatliche Existenzgarantie. So blieb vieles bei Rüstow vage und eher Wunschgedanke, auch verklärte Vision vergangener Zeit, und gerade darin glich er Wilhelm Röpke mehr als allen anderen Ordoliberalen.

Wilhelm Röpke (1899–1966) war als Akademiker erfolgreich, mehr noch aber als Publizist; kein anderer Publizist könne, so Hans-Peter Schwarz, »mit größerem Recht die geistige Vaterschaft der Bundesrepublik in Anspruch nehmen« als der Wahlschweizer Röpke.[26] Nach einer steilen akademischen Karriere verlor Röpke 1933 wegen seiner Gegnerschaft zum Nationalsozialismus seine Marburger Professur. Nach einer mehrjährigen Zwischenstation an der Universität in Istanbul ging er 1938 nach Genf, wo er neben seiner Lehrtätigkeit eine rege publizistische Tätigkeit entfaltete. In den Kriegsjahren entstanden seine wirkmächtigsten Werke, in denen er wichtige Grundlagen der Sozialen Marktwirtschaft vorbereitete.[27] Bei Röpke mischen sich Kulturkritik und ordnungspolitisches Denken. Mit Müller-Armack teilte er die Idee über den Reservenverzehr, über den Verlust sittlicher Substanz und gesellschaftlicher Kohäsion. Der Kapitalismus, die Marktwirtschaft, bedürfe deshalb starker Gegengewichte in der Gesellschaftspolitik, um die zerstörerische Dynamik einer nicht eingehegten marktwirtschaftlichen Ordnung zu kompensieren. Röpke geht aber noch einen Schritt weiter, wenn er sich gegen den »Kult des Kolossalen«[28] wendet, also sinnlose Größenüberschreitung von Betrieben und zentralistische Tendenzen. Es komme darauf an, das dem Menschen zuträgliche Maß nicht zu überschreiten, auch nicht in der Wirtschaft. Kritisch betrachtete Röpke auch die »Proletarisierung« der Gesellschaft, die Auflösung der traditionellen dezentralen Strukturen, angefangen mit der Familie. Staatliche Sozialpolitik sah er deshalb mit Skepsis, denn sie befördere die Auflösung dieser Strukturen. Gleichwohl waren seine Gegenrezepte häufig skurril, etwa wenn er empfahl, dass die Industriearbeiter zu Nebenerwerbsbauern werden sollten, weil dies helfe, konjunkturell bedingte Arbeitslosigkeit abzufedern. Röpkes Weltsicht war, wie es Kritiker ihm vorhielten, von der dezentral, kleinbäuerlich und kleingewerblich orientierten Wirtschaft in der Schweiz ebenso stark beeinflusst wie von dem dortigen Demokratieverständnis. Der Modernisierung der bundesrepublikanischen Gesellschaft nach dem Zweiten Weltkrieg stand er skeptisch gegenüber, mehr noch: Er wurde zunehmend zum »Kassandrarufer« der Sozialen Marktwirtschaft,[29] weil diese immer weniger in der Lage schien, sich gegenüber den organisierten Interessen durchzusetzen, und darüber hinaus der Kult des Konsums zu einer säkularen Ersatzreligion in der Bundesrepublik zu werden drohte. Die europäische Integration begleitete er kritisch, denn hier war aus seiner Sicht ein Zentralismus angelegt, der weit über föderale Lösungen hinauszugehen drohte.

Röpke ist mit seinem Plädoyer für das menschliche Maß, für kleinräumige und dezentrale Strukturen, bisweilen als Vorläufer grünen Selbstverständnisses gesehen worden. Das war er sicherlich nicht, wenn man seine Warnungen vor der Übergriffigkeit des modernen Staates mit sozialpolitischen Programmen in die Gesamtschau integriert. Auch seine Verteidigung der Totalitarismusidee ist aus dem Kontext der Zeit zu verstehen. Nicht nur von der politischen Ordnungsidee, sondern auch wirtschaftlich waren Kommunismus und Faschismus für Röpke Formen des Zentralismus und sie widersprachen seinem organischen Menschen- und Weltbild. In diesem Sinn war er ein Konservativer. Gleichzeitig mischen sich bei ihm liberales Menschenbild und sozialromantische Ordnungsvorstellungen auf frappante Weise, etwa, wenn er gegen die Folgen der Motorisierung der Gesellschaft anschreibt. Ebenso wie Alexander Rüstow schien seine Idealvorstellung einer Gesellschaft einem moderat technisierten Biedermeier zu entsprechen. Doch der Geist des Fortschritts, der Geist der Modernisierung war nicht mehr in die Flasche zu zwingen. Nun entfaltete das Wirtschaftswunder selbst eine Dynamik, die die bundesrepublikanische Gesellschaft modernisierte und sich von dem idealen Gesellschaftsbild Röpkes immer weiter entfernte. Als Röpke starb, wirkte er längst wie aus der Zeit gefallen – ob in die Vergangenheit oder die Zukunft, darüber mag man streiten.

Alfred Müller-Armack (1901–1978) hatte sich mit einer »Ökonomischen Theorie der Konjunkturpolitik« 1926 in Köln habilitiert. Seine Forschungen führten ihn von der reinen Nationalökonomie weit weg; er wurde 1940 Professor für Nationalökonomie und Kultursoziologie, insbesondere Religionssoziologie. Nach dem Krieg begann Müller-Armacks politische Karriere, die untrennbar mit Ludwig Erhard verbunden war. Er wurde 1947 Berater von Erhard, ein Jahr später Mitglied im Wissenschaftlichen Beirat des Frankfurter Wirtschaftsrats. Erhard berief ihn 1952 als Abteilungsleiter Grundsatzfragen in das Bundeswirtschaftsministerium, sechs Jahre später wurde er dort Staatssekretär mit Zuständigkeit für die Europäische Wirtschaftsgemeinschaft. Müller-Armack stand also im Zentrum der Gestaltung der Sozialen Marktwirtschaft, wie er auch ihre geistesgeschichtliche Fundierung formuliert hat.[30]

Dabei stand vor allem die Frage für Müller-Armack im Vordergrund, wie eine Gesellschaft zusammengehalten werden kann. In einem großen geistesgeschichtlichen Bogen bestimmt er die Lage seiner Zeit.[31] Zu den geschichtlichen Wachstumsringen gehöre die seit dem 19. Jahrhundert zu beobachtende Wendung hin zu einer durchsäkularisierten Massenkultur. Dies sei einhergegangen mit dem Verlust an sozialer Substanz, der Verleugnung innerer Gleichgewichtskräfte. Die Folge sei eine Vermassung des Menschen und ein Verlust an Sinnorientierung. Dieser wiederum habe zu »Idolbildungen« geführt, ein Begriff, mit dem Müller-Armack die Überhöhung von Volk, Rasse, Klasse, Liebe, Kunst, Jugend oder Freiheit kennzeichnet und so auch zu einem Teil den Nationalsozialismus erklärt. Die Idolbildungen betrachtet Müller-Armack als ein »religiöses Sinnphänomen in einer sich säkularisierenden Welt«,[32] Teile der menschlichen Existenz werden als Ganzes genommen und quasi-religiös überhöht. Gegen diese Partikularisierung des Denkens setzt Müller-Armack das Bemühen um eine neue Anthropologie, die den Menschen in seiner Gesamtheit ernst nimmt. Er spricht von einem »Sozialhumanismus«, der eine soziale Ordnung anstrebt, »die ihre Gestaltung auf die ganze Fülle der dem Menschen zugänglichen sozialen Werte richtet und sich bei Realisierung dieser Ziele jener indirekten und vielseitigen Verfahren bedient, durch die wir (…) uns befreien können von jener primitiven, niederdrückenden Enge, die uns aus den bisherigen Lenkungssystemen so trist und dürftig entgegenschlägt«.[33] Der Sozialhumanismus zielte also auf die Ganzheit des Menschen, auf seine vielfältigen Ziele; dem müsse, so Müller-Armack, auch eine Wirtschaftsordnung Rechnung tragen. Die Soziale Marktwirtschaft war für Müller-Armack deswegen auch eine »konstruktive Neuschöpfung«,[34] weil sie einen Ausgleich von Freiheit und Bindung ermöglichte und die Kräfte des Fortschritts gleichzeitig sozialen Zielen dienstbar zu machen in der Lage war.

Die Soziale Marktwirtschaft war für Müller-Armack eine instrumentelle Ordnung, die eingebunden war in die Hoffnung auf eine erneute Einbettung des Menschen in größere Sinnzusammenhänge, die den Menschen als Ganzes wieder in den Blick nahm, auch und gerade mit Blick auf die Transzendenz. Die Voraussetzungen schienen für Müller-Armack günstig. Die neuesten Erkenntnisse der Physik hätten den Glauben in den Positivismus, in die rein rationale und empirisch leistbare Erklärbarkeit der Welt, erschüttert. Überdies sei der Schock der Stunde null – und damit der Schock der Erkenntnis über die Menschheitsverbrechen – ein geschichtlicher Moment der Umkehr und der Rückbesinnung. Die Stunde null als ein Moment der christlichen *metanoiete*, der Umkehr,[35] der Bekehrung zu einem christlichen Leben: Diese Hoffnung von Müller-Armack hat sich nicht erfüllt, zu sehr waren Lebenswelt und christliche Botschaft schon auseinandergefallen. Die moderne Gesellschaft, auch die der Bundesrepublik Deutschland, konstituiert sich mit Verweis auf das christliche Menschenbild als einem, aber nicht einem ausschließlichen Identitätshorizont. Für Müller-Armack war dies zu wenig. Er musste aber konstatieren, dass der »endgültige Abbau jener sozialen Substanz, die aus der Vergangenheit her als festigendes Element im Gesellschaftsbau herüberragte«,[36] wohl nicht mehr aufzuhalten war. Was aber konnte das einigende Band sein, das nach der Überwindung der materiellen Not die Gesellschaft einte, ihr Sinn und Identität gab? Die Soziale Marktwirtschaft selbst konnte als Instrument diese Aufgabe nicht erfüllen. Müller-Armack plädierte in den späten 1950er-Jahren für eine zweite Phase der Sozialen Marktwirtschaft, in der stärker das Gemeinwohl in das Wirtschaftsleben integriert wird, nicht nur das bloße Wachstum die Wirtschaftspolitik bestimmt. Die zweite Phase der Sozialen Marktwirtschaft war für Müller-Armack eine »Wendung«; ging es bislang bei der Sozialen Marktwirtschaft um Wirtschaftspolitik, »wird es sich künftig darum handeln, die nunmehr durch diese Wirtschaftspolitik geschaffene wirtschaftliche Basis zum Fundament einer gesellschaftlichen Weiterentwicklung zu machen«.[37] Gemeint war damit, dass man sich nun daranmachte, die Umwelt des Menschen zu verbessern: die Umwelt bei der Arbeit durch besseren Schutz der Gesundheit, die Förderung qualitativ hochwertiger Berufe, die Förderung der Selbstständigkeit, eine neue, dem Menschen gemäße Raumordnung, die Sicherung der Währung und der Konjunktur, bessere Infrastruktur, aber auch saubere Umwelt – alles Stichworte, die auch heute noch eine Rolle spielen. Betrachtet man überdies die heutigen Debatten über die Grenzen des Wachstums, über Postwachstumsgesellschaften, die ökologischen Folgeschäden des Wirtschaftens oder die Schäden an Gesundheit und Lebensqualität, kommt man nicht umhin, die nachdauernde Aktualität der Gedanken Müller-Armacks zu betonen.[38]

Ludwig Erhard (1897–1977) stand zwischen Theorie und Praxis. Er war, wie ein Biograf anmerkt, kein originärer Denker, sondern fügte zusammen, was andere an Versatzstücken geliefert hatten – wohl aus dem Geist liberalen Denkens, aber nicht fundamentalistisch, sondern pragmatisch.[39] Erhard war, so würde man heute formulieren, ein Mann des zweiten Bildungswegs. Er studierte nach einer Lehre ohne Abitur an der Handelshochschule Nürnberg, um anschließend Betriebswirtschaft und Soziologie in Frankfurt zu studieren. Von 1925 bis 1942 arbeitete er beim Deutschen Wirtschaftsinstitut für Fertigwaren in Nürnberg, danach leitete er bis 1945 das von ihm begründete Institut für Industrieforschung. Erhard war an vielen Stellen schon mit Überlegungen zur Nachkriegswirtschaft befasst und erhielt nach 1945 die Gelegenheit, seine Ideen umzusetzen. 1948 wurde er Direktor der Verwaltung für Wirtschaft des Vereinigten Wirtschaftsgebiets der amerikanischen und britischen (später auch der französischen) Besatzungszonen. Von 1949 bis 1963 war er Wirtschaftsminister in den Kabinetten von Konrad Adenauer, dem er 1963 als Bundeskanzler nachfolgte. Erhard hat vor allem als Direktor der Wirtschaftsverwaltung die Weichen für die künftige wirtschaftliche Entwicklung der Bundesrepublik gestellt. Mit dem Leitsätzegesetz von 1948 hob er einen großen Teil der Preis- und Bewirtschaftungsvorschriften auf. Der Erfolg gab ihm recht, aber nur mittelfristig: Kurzfristig stiegen die Preise und die Anzahl der Arbeitslosen, sodass Erhard zeitweise der unpopulärste Politiker in Deutschland wurde. Erhard blieb aber standhaft und wurde später zum unbestrittenen Vater der Sozialen Marktwirtschaft und des Wirtschaftswunders. 1963 wurde er Bundeskanzler, gegen den Widerstand Adenauers; seine Amtszeit gilt als wenig erfolgreich. Im Jahr 1966 musste er zurücktreten, nachdem die FDP wegen einer milden Rezession und möglicher Steuererhöhungen aus der Regierung ausgeschieden war. Ironie der Geschichte: Erhard verdankte seinen Aufstieg und seine Popularität der Durchsetzung der Sozialen Marktwirtschaft; und eine Krise der Sozialen Marktwirtschaft besiegelte sein politisches Aus.

Die Väter der Sozialen Marktwirtschaft waren eine bunte Mischung an Charakteren und Persönlichkeiten, die sich untereinander zum Teil schon lange kannten. Erhard kannte Eucken persönlich und hatte auch seine Schriften rezipiert, ebenso die von Röpke. Vor allem Eucken hatte es ihm angetan mit seiner Betonung des Wettbewerbs und der Auflösung von Monopolen und Kartellen. Gerade die Frage des Wettbewerbs hatte er während des Krieges thematisiert; die Auflösung von Monopolen war schon zu Ende der Weimarer Republik ein wichtiges Thema bei dem schon erwähnten Aufsatz von Eucken zur Krise des Kapitalismus. Gleichzeitig empfand er die Vorstellung einer Wettbewerbsordnung reiner Konkurrenz als »akademisch und weltfremd«[40] und hatte wohl auch nicht im Sinn, seine Politik danach zu orientieren; Wettbewerb ja, aber nicht in der strengen, reinen Form, wie sie von Eucken formuliert worden war. Dazu war Erhard zu sehr Pragmatiker. Erhard hatte auch Röpke begeistert zur Kenntnis genommen; er habe die Gedanken aufgesaugt »wie die Wüste das befruchtende Wasser«, so Erhard später.[41]

Rüstow hatte schon als Lobbyist der Maschinenbauindustrie 1928 Röpke und Eucken angeregt, die besonderen Interessen seines Verbandes in Fragen der Konjunkturförderung zu unterstützen.[42] Umgekehrt hatte dann Röpke dafür gesorgt, dass Rüstow eine Berufung nach Istanbul erhielt. Müller-Armack war, wie Eucken, Mitglied in der Arbeitsgemeinschaft für Volkwirtschaftslehre der Klasse IV der Akademie für deutsches Recht; Erhard kannte er seit einem Treffen bei Wilhelm Vershofen 1941 in Nürnberg. Auf der schon erwähnten Konferenz 1938 in Paris zu Ehren von Walter Lippmann nahmen Hayek, Rüstow und Röpke teil. Neun Jahre später gründete Hayek die Mont Pèlerin Society als Knotenpunkt neoliberalen Denkens, der auch Eucken, Rüstow und Röpke angehörten; Erhard und Müller-Armack stießen später ebenfalls dazu.[43] Hayek gehörte von Anfang an zu den Mitherausgebern des ORDO-Jahrbuchs, war später Vorstandsmitglied des Walter-Eucken-Instituts und wechselte nach seinen Jahren in Chicago auf den Lehrstuhl von Eucken nach Freiburg; Müller-Armack wiederum wurde zum engen Mitarbeiter von Ludwig Erhard und begleitete die Soziale Marktwirtschaft auch publizistisch. Diese Beispiele mögen genügen, um anschaulich zu machen: Hier gab es ein Netzwerk an Denkern, die sich gegenseitig kannten, schätzten, beeinflussten, aber auch voneinander abgrenzten. Die Konzeptionen unterschieden sich dabei durchaus, etwa bei der Frage der Rolle des Staates in der Wirtschaft, dem Freihandel, dem Umgang mit Kartellen und Monopolen oder der Wertorientierung. Für Hayek beispielsweise bildete der Markt spontan eine Ordnung aus, während andere Ordoliberale die Bedingungen und den Rahmen zu definieren suchten, die den Markt einhegten und zu seiner Funktionsfähigkeit beitrugen. Für Hayek stand die Freiheit im Zentrum auch der wirtschaftlichen Grundwerte, Müller-Armack hingegen betonte, dass die Menschen unterschiedliche Ziele verfolgten und deshalb die Reduktion auf ein Ziel die Komplexität menschlichen Handelns unsachgemäß reduziere. Rüstow plädierte für eine sehr weitreichende, progressive Erbschaftssteuer, die von den übrigen Ordoliberalen abgelehnt wurde. Müller-Armack unterstützte eine staatliche Vollbeschäftigungspolitik, die anderen Ordoliberalen sahen das eher skeptisch. Die Ideen kleiner Einheiten und einer Verbäuerlichung der Industriearbeiter wurden von Röpke und Rüstow propagiert, spielten bei anderen Ordoliberalen aber keine Rolle. Die Reihe ließe sich fortführen. Auf die Gefahr einer unzulässigen Verallgemeinerung hin ist es gleichwohl sinnvoll, die unterschiedlichen Akzente und Schwerpunkte in drei Hauptgruppen einzuordnen: Für die soziologisch orientierten Ordoliberalen (Rüstow, Röpke und Müller-Armack) spielte die Einbindung des Menschen in die Gesellschaft eine wichtige Rolle. Für die wirtschaftlich orientierten Ordoliberalen (Eucken, Böhm) ging es um eine funktionierende Wettbewerbsordnung und ihre Voraussetzungen. Und der freiheitliche Zweig schließlich (Hayek) sah im Ordoliberalismus vor allem ein wirtschaftlich und anthropologisch fundiertes freiheitliches Gegenmodell zu jeder Form des Sozialismus.

Auch wenn sich die Ordoliberalen in vielen Punkten unterschieden, gab es eine Reihe von Grundübereinstimmungen, die es erlauben, sie als eine zusammenhängende Schule zu bezeichnen. Die Ordoliberalen waren von der Krisenerfahrung der Weimarer Republik geprägt und entwickelten daraus Grundlinien eines neuen Verständnisses von wirtschaftlichem Liberalismus. Eine erste Lehre war die Abkehr vom klassischen Liberalismus, von der Laisser-faire-Idee; nicht der schwache Staat des klassischen Liberalismus war das Vorbild, sondern der ordnende, der starke Staat, der die Spielregeln für die Wirtschaft festlegte. Wilhelm Röpke hat dies einmal so umschrieben: Nach der altliberalen Vorstellung sei der Wettbewerb ein Naturgewächs gewesen, nach der neuen liberalen Vorstellung sei er ein Kunstprodukt der Zivilisation, also gewissermaßen eine Kulturpflanze.[44]

Die zweite Lehre ergab sich aus einer Analyse des Scheiterns der Weimarer Republik. Walter Eucken hatte schon 1932 den entsprechenden Befund geliefert. Durch die enge Verflechtung mit der Wirtschaft sei die eigenständige Willensbildung des Staates unterhöhlt worden, auf dem seine Existenz beruhe, hatte Eucken beklagt.[45] Gemeint war, dass der Staat von der Wirtschaft für die Verfolgung eigener Interessen okkupiert worden war. Diese Übergriffe mussten dazu führen, dass mit der wirtschaftlichen Krise auch die Staatskrise heraufdämmerte. Für die Ordoliberalen war die Lehre aus der Weimarer Republik klar: Ein starker Staat musste über den Partikularinteressen stehen, auch über den wirtschaftlichen Interessen, musste aber gleichzeitig verbindliche Regeln setzen und für die Einhaltung der Regeln sorgen. Das war auch der Hintergrund der Debatten, die um den totalen Staat geführt wurden: Es ging nicht um Totalitarismus, sondern eine Trennung von Staat und Gesellschaft.[46]

Drittens grenzten sich die Ordoliberalen von allen Formen des Kollektivismus und der Planwirtschaft ab; dies war vor allem das Thema des Österreichers Hayek, wurde aber in den Grundlinien auch von anderen Ordoliberalen geteilt. Es war also Ergebnis der Erfahrungen mit dem Nationalsozialismus ebenso wie Abwehr der kommunistischen Ordnungsidee. Beide wurden als »Totalitarismus« gekennzeichnet. Dabei wurden Gemeinsamkeiten zwischen kommunistischen und faschistischen Ordnungsmodellen herausgearbeitet und beide der liberalen Demokratie entgegengestellt.

Viertens ging es den Ordoliberalen um eine Wirtschaftsordnung, die freiheitlich war, sich also auch und vor allem gegen die marktbeherrschende Stellung einzelner Akteure, gegen Kartelle und Monopole richtete. Überspitzt formuliert ist der Ordoliberale ein Gegner von Big Business und ein energischer Befürworter klein- und mittelständischer Unternehmen. Im Wettbewerb dieser Unternehmen sollten Innovation, Wachstum und Fortschritt generiert werden. Alles, was zu groß ist, ragte gewissermaßen aus der Wettbewerbsordnung hinaus und behauptete seine Marktstellung nicht mehr durch einen Vorsprung im Wettbewerb, sondern durch eine wettbewerbsferne Machtausübung, in der die Regeln des Marktes außer Kraft gesetzt waren.

Fünftens betonen die meisten Ordoliberalen auch immer wieder, dass die Wirtschaft kein autonomer Bereich ist, sondern auf gesellschaftliche Zwecke abzielt (und normativ auch abzielen soll). Wirtschaft ist also nicht ausschließlich wirtschaftlichen Rationalitäten unterworfen, sondern muss im Ganzen des gesellschaftlichen und politischen Umfelds bewertet werden. Dies sollte die Vereinbarkeit von Wirtschaft und demokratischer Ordnung stärken. Wirtschaft ist ein Mittel, kein Ziel; und vermutlich hätten sie auch vor jener Überhöhung der Sozialen Marktwirtschaft gewarnt, wie sie später als Gründungsmythos der Bundesrepublik Deutschland sich verfestigte und als unbefragte Blaupause für die Integration der fünf neuen Länder nach der Wiedervereinigung verwendet wurde. Blühende Landschaften entstehen selten durch die inbrünstige Wiederholung einmal erfolgreicher Konzepte. Als Mittel schien die Soziale Marktwirtschaft nicht ideologiefähig.

Die Ordoliberalen waren durch die Zeit geprägt und sie haben die Zeit geprägt. Die Herausforderung – die Formulierung eines liberalen Programms, das aus dem Scheitern des klassischen Liberalismus und der Weimarer Republik die richtigen Konsequenzen zog – blieb historisch verortbar. Zudem musste sich der Liberalismus wappnen gegen die antiliberalen Kräfte, die in Form des Faschismus und des Kommunismus diesen überrollt hatte. Michael Oakeshott hatte 1940 konstatiert, dass es dem Liberalismus offenbar an »geistiger Wehrhaftigkeit« gefehlt hatte, um die Kräfte, die ihn bedrohten, wirksam bekämpfen zu können.[47] Diesen Fehler sollten die Ordoliberalen nicht wiederholen. Ihr Weltbild war deshalb breiter, nicht von einem platten Ökonomismus gekennzeichnet. Die Ordoliberalen dachten über Institutionen und Regeln nach, die ihre Form des Liberalismus vereinbar mit der demokratischen Ordnung machte. Dabei erwies sich der Ordoliberalismus als in hohem Maße anpassungsfähig an veränderte und sich verändernde gesellschaftliche und soziale Strukturen. Aus diesem Grund ist er noch bis heute ein wichtiger Impulsgeber für die Soziale Marktwirtschaft.

Katholische Soziallehre und Personalität

Die zweite Strömung oder Hauptidee der Sozialen Marktwirtschaft ist die katholische Soziallehre.[48] Sie ist weniger das Resultat einzelner Ökonomen und Denker, sondern stützt sich auf drei Ebenen: die Arbeit der Laienorganisationen, die in die soziale Praxis gestellt sind, das kirchliche Lehramt, vor allem in Form der Sozialenzykliken, und schließlich die Ausarbeitungen der darauf spezialisierten Lehrstühle.[49] Diese drei Ebenen verschränken sich miteinander, befruchten sich gegenseitig: So geben Enzykliken inhaltliche Vorgaben, die von Lehrstühlen und Laien mit formuliert sind, öffnen damit gleichzeitig

Möglichkeitsräume für weitere Forschung und praktische Anwendung. Während also der Ordoliberalismus ein Netzwerk von Ökonomen war, die in einer bestimmten zeitgeschichtlichen Situation zu ähnlichen Überzeugungen kamen, hat die Soziallehre in der Verknüpfung von Theorie und sozialer Bewegung eher einen dynamischen Charakter, der hilft, auch neuen Herausforderungen aus dem Geist der Soziallehre heraus begegnen zu können. Die Soziallehre, so die Enzyklika *Sollicitudo rei socialis*, »ist keine Ideologie, sondern die genaue Formulierung der Ergebnisse einer sorgfältigen Reflexion über die komplexen Wirklichkeiten menschlicher Existenz in der Gesellschaft und auf internationaler Ebene, und dies im Licht des Glaubens und der kirchlichen Überlieferung«. (SRS, 41) Sie ist, so macht es die Enzyklika deutlich, Teil der Moraltheologie. Sie ist ein Gefüge offener Sätze, keine Glaubenswahrheit.

Die katholische Soziallehre ging in Deutschland bis Mitte des 19. Jahrhunderts zurück als sozialpolitischer Versuch, die Auswirkungen des Kapitalismus einzufangen und das Los der Arbeiter zu verbessern.[50] Im letzten Drittel des 19. Jahrhunderts entstanden katholische Selbsthilfevereine und Gewerkschaften mit vielen hunderttausend Mitgliedern; der Katholizismus wurde zu einer sozialen Bewegung, politisch unterstützt durch eine eigene katholische Partei, das Zentrum. In der Weimarer Republik war es vor allem der langjährige Arbeitsminister und Zentrumspolitiker Heinrich Brauns, der aus der Soziallehre heraus Strukturen begründete, die auch für die Bundesrepublik noch von Bedeutung sind: die eigenständige Arbeitsgerichtsbarkeit, ein Gesetz über Arbeitsvermittlung, ein modernes Fürsorgerecht, das nach dem Prinzip der Subsidiarität strukturiert war, ein Gesetz über Betriebsräte und ein Gesetz über die Allgemeinverbindlichkeit von Tarifverträgen. Die intellektuelle Fundierung der Soziallehre erfolgte durch die Enzyklika *Rerum novarum* von Papst Leo XIII. aus dem Jahr 1891 und die Enzyklika *Quadragesimo anno* von 1931, die wesentlich von dem deutschen Jesuiten Oswald von Nell-Breuning (1890–1991) formuliert wurde. Nell-Breuning war es auch, der nach dem Krieg zu einer der wichtigsten intellektuellen

Kräfte der Sozialpolitik in der Bundesrepublik wurde.[51] Für die Freunde von Geschichtstrivia: Er stammte aus der gleichen Stadt wie Karl Marx, nämlich Trier, und hat sogar am selben Gymnasium Abitur gemacht. Aber Nell-Breuning war natürlich nicht der einzige profilierte Vertreter der Soziallehre. Politisch wirkungsvoll wurden auch die Lehren der Dominikaner Eberhard Welty (1902–1965) und Laurentius Siemer (1888–1956), dem Hochschullehrer Nikolaus Monzel (1906–1960), dem Dominikaner und Freiburger Universitätslehrer Arthur F. Utz (1908–2001) und dem Jesuiten Gustav Gundlach (1892–1963).[52] Welty und Siemer gaben ab 1946 die Zeitschrift »Die neue Ordnung« heraus, die für das katholische Deutschland einflussreich wurde, Utz von 1949 bis 1953 die Zeitschrift »Politeia«, die sich sozialwissenschaftlichen Fragestellungen widmete; Utz leitete später (1966–1993) das Institut für Gesellschaftswissenschaften in Walberberg und war einer der Initiatoren der Päpstlichen Akademie für Sozialwissenschaften. Eine Sonderstellung als »Mitarchitekt der Sozialen Marktwirtschaft in der jungen Bundesrepublik Deutschland«[53] nimmt sicherlich der einflussreiche Wissenschaftler und spätere Kardinal Joseph Höffner (1906–1987) ein, der 1940 bei Walter Eucken in Freiburg promoviert worden war.[54]

Viele der in der politischen Verantwortlichkeit stehenden Politiker gerade aus der CDU hatten eine engere Anbindung an die katholische Kirche, als das heute vorstellbar wäre. Die CDU hatte sich zum einen auf den Ruinen der Zentrumspartei gegründet, einer katholischen Partei. Das geschah bewusst und in Anknüpfung an Stimmen bereits vor der Weimarer Republik, die in der Beschränkung auf das Katholische ein Hindernis für eine schlagkräftigere Repräsentation christlicher Interessen in der Politik gesehen hatten. Dem stand zu nicht unwesentlichen Teilen die Verschränkung von Krone und (protestantischem) Altar in der Kaiserzeit entgegen. Die Gründung der Union war deshalb – auch nach den Erfahrungen des Nationalsozialismus – der Wille, die christlichen Kräfte zu bündeln, freilich mit einem durchaus spürbaren katholischen Übergewicht.[55] Viele der nach 1945 in der Union maßgeblichen Politiker hatten enge

Beziehungen zur Kirche, waren durch die christliche Gewerkschaftsbewegung oder katholische Vorfeldorganisationen wie etwa den Kolpingverein oder die Katholische Arbeitnehmerbewegung geprägt; die Soziallehre fand hier überall einen Resonanzboden.

Will man das Gemeinsame der Soziallehre skizzieren, dann wäre es dies: Die Soziallehre hält gleichen Abstand sowohl zum Sozialismus als auch zum klassischen Liberalismus; beides sind, so Pius XII., Lehren, die mit dem Katholizismus nicht vereinbar sind. Die Soziallehre sieht nämlich den Menschen weder als rein gesellschaftliches Wesen (wie der Sozialismus) noch als bindungslose Monade wie der Liberalismus. Zentral für die Soziallehre ist die Sicht des Menschen als Person. Hinter dem Begriff der Personalität verbirgt sich eine umfassende Anthropologie. Der Mensch hat Würde, weil er als Gottes Ebenbild geschaffen ist. Er ist Geist in Leib, also ein duales Wesen. Er hat ein Gewissen, das ihn zu moralischen Entscheidungen befähigt, und Vernunft, sein Leben zu gestalten, auf die Zukunft hin zu entwerfen und in Übereinstimmung mit moralischen Vorgaben zu führen. Er ist zur Transzendenz fähig, dennoch in vielerlei Hinsicht aber ein Mängelwesen und als solches auf seine Mitmenschen angewiesen. Er ist von seinem Schöpfer in die Freiheit gestellt. Diese Freiheit kann durch sündhaftes Verhalten verfehlt werden, aber dennoch bleibt er in der Gnade Gottes. Aus der Personalität werden zwei Prinzipien abgeleitet, die die Gesellschaft strukturieren. Solidarität ist das horizontale Prinzip. Menschen sind aufeinander verwiesen und können sich nur im solidarischen Miteinander verwirklichen; Solidarität ist »die feste und beständige Entschlossenheit, sich für das Gemeinwohl einzusetzen, das heißt für das Wohl aller und eines jeden, weil wir alle für alle verantwortlich sind«. (SRS, 38) Solidarität heißt also, allen Menschen zu helfen, ihr Potenzial zu entwickeln. Es ist nicht nur ein Ordnungsprinzip, sondern auch eine soziale Tugend.

Subsidiarität ist das vertikale Ordnungsprinzip. Es ist die freiheitssichernde Struktur der Soziallehre. Die Grundidee ist das, was man häufig als »empowerment« bezeichnet. Der Staat hat den Menschen Hilfestellung zu leisten, wo sie selbst alleine etwas nicht mehr regeln können. Und Kompetenzen des Staates sind nur da legitim, wo dies der Fall ist. Subsidiarität ist also ein Kompetenzanmaßungsverbot und ein Hilfestellungsgebot. Der Mensch ist erst einmal auf sich und sein nahes soziales Umfeld gestellt, wie etwa seine Familie, seine Nachbarschaft, freiwillige Assoziationen gegenseitiger Hilfe. Der Staat muss diese Strukturen unterstützen und soll erst dann selbst tätig werden, wenn der Einzelne, die Familie oder die freiwilligen Assoziationen die damit verbundenen Aufgaben nicht mehr erfüllen können.

Schließlich das Gemeinwohl, vielleicht auch mit »sozialer Gerechtigkeit« übersetzbar. Gemeinwohl wird definiert als »Summe aller jener Bedingungen des gesellschaftlichen Lebens, die den einzelnen, den Familien und den gesellschaftlichen Gruppen ihre eigene Vervollkommnung voller und ungehindert zu erreichen gestattet. (GS, 74) Das Gemeinwohl ist also in den Dienst des Menschen gestellt: nicht des einzelnen Menschen, sondern aller Menschen in ihren sozialen Bezügen. Es ist also nicht die Summe des Wohls der Einzelnen, sondern eher eine sittliche Idee, die auch nicht durch eine unsichtbare Hand von selbst entsteht, sondern den moralisch gebundenen Horizont des Handelns bereits voraussetzt.

Die Soziallehre ist zweierlei. Sie ist zum einen Erkenntnis der gottgegebenen, unantastbaren Werte und Ordnungen, eine übergeschichtliche Kosmologie, in die der Mensch hineingestellt ist, gleichzeitig aber auch eine Lehre von der Geschichtlichkeit des Menschen, der wandelbaren gesellschaftlichen, wirtschaftlichen und sozialen Verhältnissen unterworfen ist.[56] Sie ist umfassend angelegt, also nicht nur als ein isoliertes Nachdenken über die Wirtschaft oder das Soziale; vielmehr werden die Lebensbereiche des Menschen insgesamt den Polen Personalität und Gemeinwohl zugeordnet. Die Wirtschaft spielt dabei keine dominierende Rolle, sondern ist Teilsystem im Ganzen der menschlichen Sinnerfüllung. Der Mensch steht im Mittelpunkt, alle Strukturen sind auf ihn hin geordnet. Das ist in *Gaudium et spes* in die apodiktische Feststellung gegossen, dass der Mensch »Urheber, Mittelpunkt und Ziel aller Wirtschaft« sei. (GS, 68)

Auch bei den Ordoliberalen – die durchweg Protestanten waren – spielten religiöse Überlegungen eine Rolle, am stärksten vermutlich bei Alfred Müller-Armack, der weniger ein klassischer Ökonom als ein christlich inspirierter Kultursoziologe war. Aber auch Wilhelm Röpke machte immer wieder deutlich, dass die wichtigen Fragen »Jenseits von Angebot und Nachfrage« liegen – so einer seiner Buchtitel. Marktwirtschaft war für Röpke eine notwendige, aber keine hinreichende Bedingung einer humanen Gesellschaft. Auch Ludwig Erhard zeigte sich in seinem Buch »Wohlstand für alle« solchen Überlegungen offen, fügte aber hinzu, dass dies außerhalb der Zuständigkeit des Wirtschaftsministers liege. Aber, um eine These zu formulieren: Es war eben die religiöse Grundierung, die für Ordoliberale und Soziallehre eine Synthese in Form der Sozialen Marktwirtschaft letztendlich möglich machte. Dabei wird man, überspitzt, formulieren können: Die Soziallehre ist eine Gesellschaftslehre, die auch die Wirtschaftsordnung einschließt; und die Ordoliberalen vertraten eine Wirtschaftslehre, die zur Ordnung, zur Befriedung der Gesellschaft beitragen sollte. Oder, um es mit den Worten von Wilfrid Schreiber noch stärker zu überzeichnen: Die Ordoliberalen betonten das »Gewusst-wie«, die Soziallehre das »Gewusst-was«.[57]

Konvergenzen und Divergenzen

Soziallehre und Ordoliberalismus waren sich einig in der Ablehnung von Kommunismus und Faschismus, in der Ablehnung aller die Würde des Menschen negierenden Ideologien, in der Ablehnung von Planwirtschaft. Der antitotalitäre Konsens beider Konzepte wurde prägend für die politische Kultur in Deutschland. Die Freiheit des Menschen musste sich auch im Wirtschaftsgeschehen manifestieren. Deshalb verteidigten beide auch den Begriff des Eigentums, wenn auch mit unterschiedlicher Begründung und vermutlich auch unterschiedlicher Reichweite. Gerade in der unmittelbaren Nachkriegszeit schienen Konzepte einer Umverteilung zur Linderung der allgegenwärtigen Not unumgänglich; so war zunächst auch der Begriff des Sozialismus attraktiv, freilich mit dem einschränkenden Adjektiv »christlich« und dadurch eben nicht in der Bedeutung, die Karl Marx dem Begriff des Sozialismus gegeben hat. Alle Vertreter der Soziallehre hätten, ebenso wie die Ordoliberalen, dem Diktum Max Schelers zugestimmt, dass es dem Christentum um ein individuell-substanzielles geistiges Sein gehe, während der marxistische Sozialismus antiindividualistisch ausgerichtet sei; deswegen könne ein Christ kein Sozialist (im Marx'schen Sinn) sein. Beide Lehren verstanden sich als eine Form der sozialen Irenik, der es um den Ausgleich, um die gesellschaftliche Friedensstiftung ging; damit verbunden war die Absage an jegliche Form des Klassenkampfs. Es ging nicht darum, im Konflikt von Kapital und Arbeit Position auf der einen oder anderen Seite zu beziehen, sondern um die Überwindung des Konflikts. Während die Sozialdemokraten sich noch in den Kategorien des Klassenkampfes positionierten, wollten Soziallehre und Ordoliberalismus diesen entschärfen, überwinden – auf betrieblicher und gesellschaftlicher Ebene.

Ordoliberalismus und Soziallehre lehnten jegliche Form einer innerweltlichen Heilslehre ab. Geschichte entwickelt sich nicht auf ein Ziel hin. Folglich können Politik und Wirtschaft nicht auf ein historisches Ziel hin ausgerichtet werden, auf eine Art irdisches Paradies, das es zu erreichen gilt. Die Geschichte ist offen und die menschlichen Ziele sind vielfältig; lediglich die Idee des Gemeinwohls als Verknüpfung individueller und gesellschaftlicher Wertestrukturen aus dem Naturrecht heraus galt beiden als zustimmungsfähig. Es kennzeichnet den sozialen Realismus beider Ordnungsmodelle, dass man den Menschen als offen für Gut und Böse ansah, aber darauf verzichtete, über die gesellschaftliche Erziehung des Menschen Persönlichkeitsformung zu betreiben.

Schließlich gilt es noch eine Teilübereinstimmung zu konstatieren. Was, wenn eine Wirtschaftsordnung eine ungleiche Verteilung hervorbringt, die die Grundlagen dieser Ordnung selbst gefährdet?

Sowohl der Ordoliberalismus als auch die Soziallehre waren einer Umverteilung grundsätzlich nicht abgeneigt, wenn auch in unterschiedlichen Graden. Der Ordoliberalismus befürwortete eine Ungleichheit der Einkommen und Vermögen aus der Funktion des Leistungsgedankens heraus; funktionslose Ungleichheiten wie etwa durch Vererbung von Vermögen oder durch Einkommenszahlungen, denen keine Leistung gegenüberstand, verteidigte er nicht. Auch die Soziallehre verteidigte Ungleichheiten durch unterschiedliche Leistungsmerkmale, war aber insgesamt stärker egalitär ausgerichtet, weil neben der Leistungsgerechtigkeit auch andere Formen der Gerechtigkeit eine Rolle spielten: distributive, kommutative und kontributive Gerechtigkeit, also Verteilung, Fairness in den Austausch- und Vertragsbeziehungen sowie Teilhabe.

Spannender und für die Formulierung der Sozialen Marktwirtschaft fruchtbarer waren die Differenzen, die sich zwischen beiden Lehren auftaten und die vor allem in den 1950er-Jahren von beiden Seiten mit großem Scharfsinn herausgearbeitet wurden.[58] Tatsächlich handlungsbestimmend wurden diese Konflikte in den seltensten Fällen. Ein erster Dissens war das unterschiedliche Verständnis von Freiheit. Die Soziallehre hatte häufig in eher polemischer Absicht argumentiert, dass der Liberalismus Bindungslosigkeit befördere und somit eine Gesellschaft in der Gefahr stehe, eine Ansammlung von nutzenorientierten Egoisten zu werden, und damit die Möglichkeit jeglicher Gesellschaft untergraben werde. Das traf sicherlich für den Ordoliberalismus nicht zu, weil er um die Bedeutung ethischer Bindungen wusste. Müller-Armack etwa betonte, man müsse Freiheit und Gebundenheit zu einem echten Ausgleich bringen. Nur fehlte es dem Ordoliberalismus an Mitteln, zur Entstehung solcher Bindungen beizutragen. Das ist bei den Ordoliberalen unter dem Stichwort »Substanzverzehr« diskutiert worden. Der Verfassungsjurist Ernst-Wolfgang Böckenförde hat daran anschließend das Theorem formuliert, dass der moderne Staat von Voraussetzungen lebe, die er selbst nicht reproduzieren kann. Das galt sicherlich nicht für die religiös gebundene demokratische Öffentlichkeit, also vor allem die Soziallehre. Der Unterschied war allerdings augenfällig. Für den Ordoliberalismus war Freiheit als Axiom gesetzt und damit so beliebig wie jede andere Setzung; für die Soziallehre entsprangen Freiheit und die damit einhergehende Bindung dem Schöpfungsakt selbst und waren damit tief in einem Glaubenssystem verwurzelt.

Eng damit verbunden war eine zweite Differenz: Anders als der Ordoliberalismus nahm die Soziallehre neben dem Menschen auch die Familie als Wirtschaftseinheit in den Blick. Ein Beispiel dafür war der Begriff des gerechten Lohns. Diesen hatte Leo XIII. schon 1891 gefordert – gemeint war ein Lohn, der einen Arbeiter und seine Familie ernährte und deshalb vom Arbeitgeber dem Arbeiter geschuldet war. Leo XIII. hatte dabei auf eine Konzeption von Adam Smith zurückgegriffen, der diesen gerechten Lohn schon in seinem »Wohlstand der Nationen« gefordert hatte. Der Mensch war für die Soziallehre zwar Wirtschaftssubjekt, aber eben nicht nur als Einzelner, sondern auch in seinen sozialen Bezügen. Damit war die Wirtschaft auch in die Erfüllungsmöglichkeit der sozialen Bezüge – vorrangig der Familie – gestellt. Wilhelm Röpke kam diesem Leitbild der Soziallehre vonseiten der Ordoliberalen am nächsten, ohne allerdings daraus die Konsequenz zu ziehen, das Wirtschaftsgeschehen an die Familie zu koppeln.

Eine weitere Differenz ergab sich aus dem Prinzip der Subsidiarität. Die Soziallehre favorisierte eine berufsständische Ordnung als Gliederungsprinzip der Wirtschaft; die Berufsstände wären dabei unabhängige Körperschaften des öffentlichen Rechts, die ein Recht auf Selbstbestimmung und Selbstverwaltung haben, gleichwohl aber auf das Gemeinwohl hingeordnet sind. Mit einer solchen Struktur gedachte die Soziallehre, die Klassengegensätze zu überwinden. Die einzelnen Berufsstände waren im Geist der »Dienstwilligkeit« auf das Ganze hin verpflichtet. Dies entsprach aus Sicht der Soziallehre sowohl den »natürlichen wie den gegenwärtigen Forderungen der ›Gesellschaft‹«.[59] Allerdings hatte die Vorstellung einer berufsständischen Ordnung in der Bundesrepublik keinerlei Umsetzungschance. Damit erledigte sich auch die Antwort der Soziallehre auf Kartelle und Monopole, für die in einer berufsständischen Ordnung kein Platz gewesen wäre.[60]

Eine dritte Differenz betraf das Verhältnis zu Wettbewerb und Konkurrenz. Die Soziallehre war auf Solidarität ausgerichtet und sah gerade in der Konkurrenz der Menschen untereinander eine Auflösung dieser Solidarität. Folglich blieb sie zunächst auch hinsichtlich der Idee der Wirtschaft als einer Wettbewerbsordnung ausgesprochen skeptisch. Wettbewerb schien die Übertragung der verwerflichen Annahmen des Darwinismus auf die Wirtschaftsordnung – nur der Stärkste, der Rücksichtsloseste überlebte. So hatte die Enzyklika *Quadragesimo anno* zwar die Idee des Wettbewerbs anerkannt, allerdings gefordert, diese müsse in »höhere und edle Kräfte« eingebunden sein, nämlich in soziale Gerechtigkeit und soziale Liebe. (QA, 88) Schaut man genauer hin, trifft die Kritik in *Quadragesimo anno* den freien Wettbewerb, den auch die Ordoliberalen kritisiert hatten. Damit schrumpften die Differenzen deutlich und wurden im Laufe der Jahre auch geringer. Die Grundaussage allerdings blieb: Wirtschaftliche Freiheit müsse in eine feste Rechtsordnung eingebunden sein, die sie in den Dienst der vollen menschlichen Freiheit stellt – und dies ist ethisch und religiös getränkt (vgl. CA, 42). Ein weiterer Kritikpunkt der Soziallehre betraf den wenig realistischen Charakter der von Eucken entworfenen Wettbewerbsordnung; sie sei, so das Verdikt von Oswald von Nell-Breuning, eine »neoliberale Utopie«, weit weg von der tatsächlichen Lebenswirklichkeit.[61]

Der vermutlich entscheidende Streitpunkt lag darin, dass der Wettbewerb zwar Angebot und Nachfrage in ein Gleichgewicht bringen konnte, aber nicht Angebot und Bedürfnis. Über die Bedürfnisse hingegen und wie diese zu bewerten sind, schwiegen sich die Ordoliberalen weitgehend aus – Nachfrage ist nämlich Bedarf, aber nicht Bedürfnis (vgl. hierzu Kap. 4). Die Soziallehre konnte sich ihrerseits gegen zwei Argumente nur schwerlich zur Wehr setzen: dass nämlich erstens eine geregelte Wettbewerbsordnung das Allokationsproblem am effizientesten löse, Ressourcen fair verteile und besser für eine Markttransparenz sorge als alle anderen Mittel; und dass zweitens eine funktionierende Wettbewerbsordnung die beste Garantie gegen Monopolbildungen und Machtkonzentrationen auf dem Markt sei. Tatsächlich war die Frage, wie man mit Monopolen umgehen sollte, einer der blinden Flecken der Soziallehre, nachdem eine berufsständische Ordnung ausschied; die Betonung der Ordnung des Wettbewerbs als Mittel einer der Demokratie angemessenen Wirtschaftsordnung war einer der starken Pluspunkte der ordoliberalen Gedankenwelt. Allerdings hat die Warnung der Soziallehre bis heute Relevanz: Wenn es zu einem Übersprung des Wettbewerbsgedankens in die Gesellschaft kommt, werden Solidarbeziehungen ausgedünnt, soziale Beziehungen finanzialisiert. Man kann sich durchaus fragen, ob dies in der Globalisierung nicht schon zu einem erheblichen Maß der Fall ist.

Das führt zu einem vierten Dissens, der eher einen blinden Fleck bei den Ordoliberalen markierte. Das Marktgeschehen unterlag für die Ordoliberalen einer bestimmten, wenn auch geregelten und eingehegten Rationalität. Diese Rationalität war in der Lage, über Preissignale Knappheiten zu regulieren, Markttransparenz herzustellen und die Ressourcen effizient zu verteilen. Freilich scheiterte das Modell, wenn man sich fragte, ob alle betriebswirtschaftlich wünschbaren Ergebnisse auch volkswirtschaftlich vorteilhaft sind. In einer Vielzahl von Fällen sind sie das offensichtlich nicht. Anders formuliert: Wie in einem Gefangenendilemma war das Modell der geregelten Wettbewerbsordnung zwar in der Lage, optimale Ergebnisse für einzelne Akteure darzustellen, aber keine Win-win-Situationen für mehrere Akteure und schon gar nicht volkswirtschaftlich schädliche externe Kosten zu verhindern. Ein gutes Beispiel dafür sind Umweltbelastungen, wenn sie nicht als Externalitäten eingerechnet werden,[62] oder betriebswirtschaftliche Entscheidungen, die zu einer höheren Arbeitslosigkeit führen oder zu gesundheitlichen Belastungen, die auf die Solidarsysteme abgewälzt werden. Dies zu verhindern bedarf es eines starken Staates, der Mitnahmeeffekte zulasten der Allgemeinheit regulativ unterbindet.

Ein fünfter Dissens tat sich erst später auf, ist aber heute von einiger Bedeutung. Wettbewerb bedeutet Innovation, Innovation führt zu Wachstum. Das Leitbild der Ordoliberalen war eine expandierende, wachsende Wirtschaft. Damit war dann auch das Problem des sozialen Ausgleichs gelöst. Ludwig Erhard sah in der Erhöhung des Lebensstandards weniger ein Verteilungs- als ein Produktivitätsproblem: Es gehe darum, das Sozialprodukt nicht zu dividieren, sondern zu multiplizieren.[63] Das sollte aber nicht für alle Zeiten gelten, denn Erhard war auch überzeugt, dass mit steigendem Wohlstand ein Punkt erreicht werde, an dem sich die Menschen fragen: Brauche ich nun mehr güterwirtschaftlichen Genuss oder ist es sinnvoll, ein bequemeres, ein freieres Leben zu führen und die postmateriellen Güter in den Blick zu nehmen? Freilich spielten diese Fragen Anfang der 1950er-Jahre keine Rolle. Die Ordoliberalen wussten, dass das Prinzip des Wettbewerbs und der Konkurrenz das nicht mehr einholbare Wachstum zur Folge haben könnte. Vor allem Hayek sah im Fortschritt und Wachstum gewissermaßen das Wirkungsgesetz moderner Gesellschaften. Er warnte, dass jede Gesellschaft, die in ihrer gegenwärtigen Struktur versteinere, unter ihren Stand absinken würde: »Ein Stehenbleiben im Denken und Handeln bedeutet Niedergang«, so Hayek.[64] Eine solche Fahrradfahrertheorie des Fortschritts – wer stehen bleibt, fällt – hat auch den Vorteil, dass die positiven Wirkungen sich verteilen. Nicht gleichmäßig, aber doch spürbar für jedermann; so wird aus Hayeks Fortschrittsbegriff auch eine moralische Notwendigkeit zur Verbesserung der Lebensverhältnisse derjenigen, die schlechter gestellt sind.

Die Soziallehre argumentierte eher defensiv mit dem Maß des Menschen – ein Topos, den auch Wilhelm Röpke teilte. Freilich, die planetarischen Grenzen des Wachstums lagen noch nicht offen. Erst die Debatte um die Grenzen des Wachstums machte einen tiefen Dissens zwischen katholischer Soziallehre und den Erben des Ordoliberalismus deutlich, der noch nicht aufgelöst ist. Die Frage ist: Werden Technikfolgen durch Folgetechnik beseitigt – so die Hoffnung der Erben des Ordoliberalismus – oder erfordern sie eine neue Form der Achtsamkeit und des Wirtschaftens, wie sie von Papst Franziskus in seiner Enzyklika *Laudato si'* umrissen worden ist. In jedem Fall: Für die Bewältigung der Herausforderungen, die mit den Grenzen des Wachstums zusammenhängen, geben Liberale und Vertreter der Soziallehre sehr unterschiedliche Antworten.[65]

Ein letzter Unterschied lag auf einer sehr grundsätzlichen Ebene. Der Liberalismus beruhe, so die Kritik, auf der Philosophie des Nominalismus.[66] Damit wird die große geistesgeschichtliche Keule bemüht, denn der Streit um den Nominalismus hatte schon die scholastische Philosophie ab dem 11. Jahrhundert beschäftigt. Vereinfacht ausgedrückt ging es um die Frage: Sind Begriffe, also abstrakte Denkfiguren, lediglich Bezeichnungen, oder kommt ihnen eine eigene Realität zu? Anders gefragt: Sind Begriffe wie Gerechtigkeit, Liebe, Tugend, Gnade oder auch Gott lediglich sprachliche Konventionen der Menschen, wie es die Nominalisten behaupteten, oder steht hinter diesen Begriffen eine eigene, objektive Realität? So jedenfalls sahen es die Realisten wie Albertus Magnus und Thomas von Aquin. Beide Seiten verwendeten erheblichen Scharfsinn und theologische Tiefe auf ihre Argumente. Der Vorwurf, in der Tradition des Nominalismus zu stehen, zielte somit auf die Frage der Werte ab. Sind Begriffe lediglich sprachliche Konventionen, dann ist ihre Bedeutung beliebig auffüllbar, von sprachlichen Übereinkünften abhängig; es gibt keinen Wesenskern des Begrifflichen. Nominalisten und ihre Nachfolger leugneten die Existenz einer eigenständigen Welt des Geistes, einer objektiven Wertewelt. Übrig bleibe ein Weltbild, das den Menschen zum Maß aller Dinge macht, so die Kritik. Dies sei zwar durchaus vereinbar mit der Philosophie der Aufklärung und dem modernen naturwissenschaftlichen Weltbild, es führe aber zu einer Entkernung des Person-Begriffs auf das bloß Individuelle, zu einer Egozentrik, die nicht mit dem Wesen der Person vereinbar sei. Die vom Einzelnen her konstruierten Freiheitsrechte lösten dann die Sozialethik auf. Der Liberalismus wäre mithin die Ursache des Problems des Substanzverzehrs in modernen Gesellschaften. Eine zweite Folge dieser nominalistischen Verirrung sei darin zu sehen, dass der Liberale das Gemeinwohl nur prozedural bestimmen könne, nicht aber als eigenständigen Wert begreife. Am Ende werde im Liberalismus die sittliche Ordnung individualistisch ausgehöhlt. Dies gelte auch für den Ordoliberalismus, der mit dem Liberalismus die philosophischen Grundlagen teile, ja mehr noch: der »in keiner einzigen wichtigen Grundfrage über das geistige Niveau der Aufklärungsphilosophie hinausgekommen ist – und übrigens auch nicht hinauskommen wollte«.[67] Von der philosophischen Fundierung her also nichts als neuer Wein in alten Schläuchen, der Grundfehler liege bereits im verfehlten Ansatz des Liberalismus und seiner Unfähigkeit, eine objektive Wertsphäre anzuerkennen.

Diese Kritik ist sicherlich auch vielen Ordoliberalen geläufig gewesen. Gerade die soziologisch orientierten unter ihnen waren sich des Problems der Einbettung des Menschen durchaus bewusst.[68] Freilich musste die philosophische Tiefendimension nicht durchschritten werden, um darauf zu antworten. Hayek konstatierte kühl, es sei ein albernes Missverständnis zu glauben, der Ordoliberalismus gehe von atomisierten Individuen und ihren Selbstinteressen aus und nicht vom Menschen als einem sozialen Wesen. Gleichwohl könne in einer komplexen Gesellschaft keiner um letzte Ziele wissen. Der Markt sei deshalb ein Mittel, unterschiedliche Präferenzen zu ordnen und so letztlich auch zu Ergebnissen beizutragen, auf die der Einzelne nicht abzielt.[69] Im Argumentationshorizont Hayeks spielte unausgesprochen eine Rolle, dass derjenige, der ein Gemeinwohl definiert, auch menschliche Freiheit einschränkt, während umgekehrt die Soziallehre davon ausging, dass man sinnvoll von einer solchen Freiheit nur in der Gebundenheit einer objektiven Werteordnung sprechen könne. Für das Verhältnis von Wirtschafts- und Sozialpolitik ergab sich hieraus aber ein beinahe unüberbrückbarer Gegensatz zwischen Ordoliberalen und der Soziallehre. Während die Ordoliberalen argumentierten, eine gute Wirtschaftspolitik sei die beste Sozialpolitik, argumentierten die Vertreter der Soziallehre, die Qualität einer Wirtschaftspolitik bemesse sich danach, was sie zu einer Gestaltung des sozialen Lebens in der Gesamtheit beitrage. Alexander Rüstow hätte diesen Gedanken, in dem sich das Grundanliegen der Vitalpolitik widerspiegelt, vermutlich geteilt, ebenso Wilhelm Röpke. Tatsächlich wirkmächtig geworden ist diese Differenz gleichwohl nicht, die pragmatischen Herausforderungen überwogen; nur selten wurden Differenzen ökonomischer Grundpositionen auf solchen Höhen philosophischer Abstraktion ausgetragen. Entscheidend war, was man aus einem solchen Befund folgerte, welche Rezepte man dagegen hatte. Hier allerdings waren die Antworten der Soziallehre ähnlich hilflos wie die der Ordoliberalen. Eine berufsständische Ordnung, wie sie die Soziallehre zur Einhegung wirtschaftlicher Dynamik (und vermutlich auch zur ökonomischen Einhausung des Menschen) vorsah, konkretisierte sich ebenso wenig wie die Vision einer kleinbäuerlich verwurzelten Industriearbeiterschaft mit Motorisierungssperre.

So zeigt sich, dass sich in der Union nicht nur Katholiken und Protestanten zusammenfanden, nicht nur Arbeitgeber und Arbeitnehmer, sondern auch Ordoliberale und Vertreter der Soziallehre, die in der praktischen Ausgestaltung der Sozialen Marktwirtschaft immer wieder miteinander rangen, die aber auch erfolgreich miteinander kooperierten, wenn es darum ging, die Gemeinsamkeiten herauszustellen oder einen Konsens zu finden. Diese produktive Reibung führte nicht zu Resultaten, die der Reinheit der Lehre der einen oder anderen Schule entsprach, aber doch zu tragfähigen Kompromissen in der Innenausstattung der Sozialen Marktwirtschaft. Hilfreich war hier, dass Soziallehre und Ordoliberalismus beide das Prinzip der Subsidiarität hochhielten: die Soziallehre als freiheitsbewahrendes Prinzip der Sozialordnung, die Ordoliberalen als Kompetenzanmaßungsverbot des Staats in der Wirtschaft. Zweitens trafen sich Ordoliberale und Soziallehre in der Sorge um die Einbettung des Menschen in die moderne Gesellschaft. Das begründete ein ähnlich gelagertes Verständnis über die Funktion von Institutionen in der Moderne. Dort, wo der normative Horizont des Einzelnen nicht mehr ausreicht, um die gesellschaftliche Kohäsion aus sich heraus zu erreichen, bedarf es der Institutionen, die den Menschen unterstützen und dem Handeln Richtung geben.[70] Drittens waren sich beide einig darin, dass es einen normativ gesättigten Begriff des Gemeinwohls gibt, der sich aber nicht automatisch ergibt, sondern der Institutionen bedarf; freilich war das Gemeinwohl bei den Ordoliberalen Resultat eines geordneten Marktes, in der Soziallehre verbunden mit den Entfaltungsmöglichkeiten aller Menschen. Die Grenzen waren hier, blickt man auf Ordoliberale wie Röpke, Rüstow oder Müller-Armack, durchaus fließend. Viertens durfte der Staat, auch darin waren beide Denkschulen einig, nicht mehr Beute der organisierten Interessen werden. Und schließlich führte der Erfolg zusammen, denn die Soziale Marktwirtschaft als Wettbewerbsordnung und ihre soziale Abstützung waren in einem Maß erfolgreich, das keiner vorhergesehen hatte.

3

Kapitalismus, Fortschritt und Marktwirtschaft

»Alles Ständische und Stehende verdampft, alles Heilige wird entweiht« – so haben Karl Marx und Friedrich Engels einmal die Wirkung des kapitalistischen Wirtschaftssystems beschrieben.[1] Man könnte darin fast eine gewisse Wehmut erkennen: Es ist eine wirtschaftliche Dynamik, die die Verhältnisse zum Tanzen bringt, alles durcheinanderwirbelt, bis nichts mehr gewiss ist. Der Mensch wird aus seiner Heimat herausgeschleudert, und Heimat kann hier vieles bedeuten: die Verwurzelung im Glauben, die Gebundenheit an eine Herkunftsregion, ja sogar die Stabilität sozialer Beziehungen wie Familien und Freundschaften. Der Befund von Marx ist immer noch aktuell. Er hat mit etwas zu tun, was die Marktwirtschaft dynamisiert, was sie wachsen lässt, was sie immer von Neuem umgestaltet. Es hat mit etwas zu tun, was Joseph Schumpeter mit dem Begriff der »produktiven Zerstörung«[2] umschrieben hat. Das hat auch mit dem Kapitalismus zu tun, aber nicht nur: Es ist eine Form des Denkens, die unser Leben bestimmt, ein Paradigma. Es prägt unsere Wirtschaft ebenso wie unsere Gesellschaft. Es ist ein spezifisch modernes Denken, das in der Idee des Fortschritts gründet, mit der Praxis des Kapitalismus und der Marktwirtschaft eine enge Beziehung eingegangen ist und die Idee des wirtschaftlichen Wachstums hervorgebracht hat.

Das Nachdenken über den Kapitalismus ist aus vielerlei Gründen belastet. Der Begriff schillert vieldeutig, er ist Beschreibung eines wirtschaftlichen Systems ebenso wie Anklage, Kampfbegriff ebenso wie Kennzeichnung eines bestimmten Mechanismus wirtschaftlichen Austauschs.[3] Der Marxismus hat die sozialen Defizite des Kapitalismus thematisiert und seine Folgen für den Zusammenhalt einer Gesellschaft. Und »Kapitalismus« ist für die Marxisten zu einem Kampfbegriff geworden: zur Kennzeichnung einer historischen Epoche, von der man sich abgrenzte und deren Auswüchse und Regelwerke durch den Sozialismus überwunden werden sollten.[4]

Gleichzeitig ist aber auch richtig, dass der Kapitalismus Wohlstand gebracht hat, nicht nur für eine kleine Schicht von bereits Wohlhabenden, sondern für breite Schichten der Bevölkerung. Wachstum und Wohlstandsentwicklung einer Gesellschaft sind unter dem Kapitalismus eng miteinander verschränkt; die Verdienste des Kapitalismus, die Befreiung der Menschen aus absoluter Armut und Deprivation, dürfen nicht unterschätzt werden. Der Wirtschaftshistoriker Werner Plumpe urteilt am Ende seiner umfassenden Geschichte des Kapitalismus: »Länder entkommen der Armutsfalle am ehesten, wenn sie sich auf stabile und klare kapitalistische Strukturen stützen können.«[5] Viele Indikatoren bestätigen das, etwa die deutliche Reduktion von Menschen, die in absoluter Armut leben (bei ansteigender Gesamtzahl der Weltbevölkerung), oder der Rückgang von Hunger und Unterernährung.

Die positiven Wirkungen des Kapitalismus sind früh erkannt worden; deswegen wurden die von Karl Marx beklagten Auswüchse und Verwerfungen des Kapitalismus seit der zweiten Hälfte des 19. Jahrhunderts sozialstaatlich und ordnungspolitisch temperiert, sodass die heutigen Formen der kapitalistischen Ordnungen in Europa kaum noch Ähnlichkeit haben mit der Praxis des Kapitalismus in der Mitte des 19. Jahrhunderts. Beginnend mit der Sozialgesetzgebung unter Bismarck über den berühmten Beveridge-Report im Vereinten Königreich, von den Hinweisen der katholischen Soziallehre und der Politik des reformerischen Flügels der sozialdemokratischen

Bewegung, von den durch die Gewerkschaften erstrittenen Verbesserungen im Arbeitsleben bis hin zu den ordoliberalen Vorstellungen der Begründer der Sozialen Marktwirtschaft: Die soziale Befriedung des Kapitalismus war das große Thema von Politik, Parteien, Kirchen und Gewerkschaften seit Mitte des 19. Jahrhunderts. Das ist, in unterschiedlichen Formen, auch durchaus gelungen. Kaum etwas verbindet den Kapitalismus heute mehr mit den sozialen Frontstellungen des 19. Jahrhunderts.

Allerdings haben sich neue Herausforderungen ergeben, und hier ist vor allem die ökologische Frage zu nennen. Überspitzt formuliert: Die soziale Frage im Kapitalismus ist durch die ökologische Frage abgelöst worden, in der das Soziale in neuem Gewand auch wieder vorscheint. Die spannende Frage ist: Kann der Kapitalismus die Lösung der Probleme sein, die er mit hervorgebracht hat? Lassen sich die ökologischen Herausforderungen auf der Basis und mit den Mitteln des Kapitalismus bewältigen? Schauen wir zunächst einmal etwas genauer, was sich hinter dem Begriff des Kapitalismus verbirgt – denn allzu häufig ist die Antwort auf diese Frage vorgeprägt durch ein spezifisches Verständnis darüber, was denn »Kapitalismus« meint.

Kapitalismus kann zweierlei bedeuten: Zum einen die schlichte Austauschbeziehung von Gütern und Geld, wobei ein Mehrwert, ein Profit entsteht. Das ist bei einem klassischen Naturaltausch nicht der Fall; hier entsteht kein Mehrwert, der dann auch noch bewahrt werden kann. Zweitens wird Kapitalismus auch zur Kennzeichnung eines Wirtschafts- und Gesellschaftssystems verwendet, das auf diesen basalen Austauschbeziehungen beruht und diese auch in ihrer sozialen Schichtung widerspiegelt. Eine kapitalistische Gesellschaft ist eine ungleiche Gesellschaft, weil sie unterschiedliche Zugänge zu Kapital widerspiegelt. Die soziale Schichtung ist in hohem Maß davon abhängig, wie der Zugang zu Kapital organisiert ist. Sie ist also nicht primär von Vorrechten der Geburt bestimmt,[6] auch nicht von dem Idealbild einer Gliederung nach unterschiedlichen Berufsständen, sondern von den Möglichkeiten, Kapital zu erwerben und zu besitzen.[7]

Die Austauschbeziehung von Geld und Gütern beruht auf zwei Voraussetzungen: der Existenz von Geld – was immer man darunter versteht – und dem Rechtsinstitut des Privateigentums. Ich kann kein Gut in einen Wirtschaftskreislauf einspeisen, wenn ich nicht der rechtmäßige Eigentümer bin. Geld vermehrt sich durch Zins oder Investition. Investieren kann ich in vieles: in ein Geschäftsmodell, in Aktien, in seltene Gemälde oder Weine. Dabei ist jede Investition eine Wette auf die Zukunft. Ich investiere das Geld in der Hoffnung, nicht nur den investierten Betrag wieder zu erwirtschaften, sondern einen Mehrwert zu haben, also mehr als das eingesetzte Geld wieder erlösen zu können. John Maynard Keynes hat genau deswegen Geld als »Verbindungsglied zwischen der Gegenwart und der Zukunft« bezeichnet.[8] Die Zukunft ist allerdings offen. Folglich stehen Investitionen häufig unter dem Risiko, einen Mehrwert nicht realisieren zu können oder das eingesetzte Geld gar zu verlieren. Deshalb gibt es einen engen Zusammenhang zwischen Risiko und Rendite, dem realisierten Mehrwert: Sichere Geldanlagen werfen weniger Rendite ab als spekulative. Es ist ein wenig wie beim Roulette: Wenn ich nur auf schwarze oder rote Farben setze, ist der Gewinn erheblich geringer als wenn ich nur auf eine Zahl setze und gewinne. Aber das Risiko ist auch erheblich höher.

Häufig werden Investitionen mithilfe von Krediten getätigt. Im Begriff des Kredits steckt das lateinische Wort »credo«: Ich glaube – nämlich, dass der Schuldner das geliehene Geld wieder zurückzahlen wird. Das Gegenstück zum Kredit ist das Sparguthaben. Der Bank wird Geld überantwortet, das sie als Kredit dann verleihen kann. Im Gegenzug erwartet der Sparer eine Zinsgutschrift, einen Mehrwert also auf das zur Verfügung gestellte Geld. Die Differenz von Kreditzins und Sparzins ist das eigentliche Geschäft einer Bank; sie lebt davon, dass der Kreditzins höher ist als der Sparzins und der Bank dann als Gewinn zufällt.[9] Das setzt allerdings voraus, dass Geld selbst nicht eine Ware ist, deren Wert dem volatilen Geschehen auf dem Markt unterworfen ist, sondern seinen Wert weitgehend behält. Nur so macht ein solches Geschäftsmodell Sinn. Geld ist nicht wie Zucker oder Pfeffer selbst eine Ware, sondern sein Wert wird durch den Staat garantiert.

Wir haben es also mit zwei ineinander verschränkten Wirtschaftskreisläufen zu tun: Zum einen der realwirtschaftlichen Investition, mit der Arbeitsplätze geschaffen, Maschinen angeschafft, Betriebe auf- und ausgebaut werden. Das passiert häufig mit geliehenem Geld als einer Wette auf die Zukunft; Gewinner sind sowohl die Bank (die für das geliehene Geld mehr Zinsen bekommt, als sie dem Sparer ausschütten muss) als auch der Investor, der auch nach Rückzahlung des höheren Zinses einen Gewinn auf das eingesetzte Geld erwirtschaften kann. Der zweite Kreislauf ist der reine Geldkreislauf von Sparen und Kredit. Er ist notwendig, um die realwirtschaftlichen Investitionen zu ermöglichen. Eine besondere Bedeutung hat in beiden Fällen der Zins: als Gebühr dafür, fremdes Kapital nutzen zu dürfen, und als Gebühr dafür, eigenes Kapital Fremden zur Nutzung zur Verfügung zu stellen. Historisch gesehen konnte sich der Kapitalismus und damit die Dynamik des Wachstums erst dann entwickeln, als das religiös begründete Verbot von Zinsnahme aufgeweicht und schließlich beseitigt wurde.[10] In Ländern, in denen dieses Verbot noch gilt, hat sich deshalb aus gutem Grund kein vollständig ausgeprägtes kapitalistisches Wirtschaftssystem etablieren können.

Die zweite Voraussetzung für den Mechanismus des Kapitalismus ist das Privateigentum. In religiös stärker geprägten Gesellschaften – auch im Christentum – gibt es im strengen Sinn kein Privateigentum, wie wir es heute kennen. Alles ist letztlich Gottes Eigentum, weil er die Welt geschaffen hat. Der Mensch hat allenfalls Nutzungsrechte, die aber an die göttliche Ordnung zurückgebunden bleiben; es sind Nutzungsrechte mit einem Vorbehalt. Deswegen war die Neubegründung des Eigentums durch den englischen Philosophen John Locke revolutionär: Er entwarf eine naturrechtlich begründete Argumentation, mit der der Mensch souveräner, also umfassender und alleiniger Eigentümer von Dingen werden konnte.[11] Diese Lehre von John Locke steht heute unangefochten im Zentrum der kapitalistischen Wirtschaftsordnung. Der »Besitzindividualismus«

(C. B. Macpherson) wurde zum Kennzeichen einer Eigentumsgesellschaft, in der auch die Früchte der Arbeit anderer gegen Zahlung von Entgelt Eigentum werden konnten. Genau die dadurch entstehende Zweiteilung der Gesellschaft in Arbeiter und Eigentümer wurde dann das große Thema der Kapitalismusanalyse von Karl Marx.

Kapitalismus als wirtschaftlicher Mechanismus beruht auf der gegenseitigen Durchdringung von Geld- und Realwirtschaft, der Akzeptanz des Zinses und der Herausbildung eines spezifischen Rechtsinstituts des Eigentums, das die alleinige und unbeschränkte Verfügungsgewalt über dieses Eigentum beinhaltet. Auf dieser Grundlage erst konnte sich der Kapitalismus als ein Wirtschafts- und Gesellschaftssystem entwickeln. Auch wenn die Ursprünge des Kapitalismus schon bis in das 15. Jahrhundert zurückreichen, kann doch von der Ausbildung des Kapitalismus als einem Wirtschafts- und Gesellschaftssystem im eigentlichen Sinn erst mit der Entwicklung moderner Staatlichkeit gesprochen werden. Das Mittelalter kannte keinen Kapitalismus; es ist eine spezifisch neuzeitliche Entwicklung.[12] Werner Sombart etwa, dessen vielbändiges Werk über den »modernen Kapitalismus« noch heute lesenswert ist, unterscheidet zwischen dem Vorkapitalismus, dem Frühkapitalismus und dem Hochkapitalismus.[13] Der Hochkapitalismus beginnt für Sombart im 19. Jahrhundert, während der Frühkapitalismus seinen Ausganspunkt zu Beginn des 16. Jahrhunderts hat. Der amerikanische Soziologe Immanuel Wallerstein spricht von einem kapitalistischen Weltsystem, das sich ab dem 16. Jahrhundert entwickelt habe.[14] Es ist ein Weltsystem insofern, als vom (europäischen) Zentrum her die Peripherien, also die Länder Afrikas, Asiens und Amerikas, in den Wirtschaftsprozess mit eingebunden werden – zunächst als abhängige Kolonien, später als zwar formal unabhängige, aber ökonomisch ungleiche und abhängige Wirtschaftspartner des europäischen und ab dem 20. Jahrhundert auch des amerikanischen Zentrums.[15]

Man hat diesen Prozess auch als die »Verwestlichung der Welt« bezeichnet, und das ist ein weiteres Kennzeichen des Kapitalismus. Er braucht auf der einen Seite den Staat, weil nur dieser das Herzstück des Kapitalismus, nämlich das Eigentum rechtlich absichern und garantieren kann, er ist aber seinem Wesen nach nicht auf einen Staat oder eine Gesellschaft beschränkt; er ist expansiv und potenziell universal. Mit der Globalisierung hat er nach dem Ende des Ost-West-Konflikts 1990 sein jetziges Stadium erreicht. Wie sich der Kapitalismus weiter entwickeln wird, kann man kaum vorhersagen. Aber zwei Dinge scheinen sicher: Die Wandlungen im Kapitalismus und des Kapitalismus, die ihn seit Anbeginn begleitet haben, werden auch weiterhin wirken; der Kapitalismus ist kein statisches, sondern ein dynamisches System. Und zweitens: Er ist nicht das Endziel der Geschichte, sondern eine historische Übergangserscheinung. Auch wenn es zu früh sein mag, das Aufkommen einer postkapitalistischen Ordnung zu verkünden,[16] wird sich auf lange Sicht eine solche Ordnung entwickeln, ob geplant oder ungeplant.

Warum aber hat der Kapitalismus einen solch schlechten Ruf? Einfach formuliert: Weil er nicht ein statisches System ist, das lediglich den Austausch von Gütern und Dienstleistungen ermöglicht, sondern ein dynamisches System, das Wachstum ermöglicht und hervorbringt.[17] Dieses Wachstum führt allerdings zu gesellschaftlichen Folgeschäden. Zum einen entsteht durch die besondere Form des Kapitalismus gesellschaftliche Ungleichheit, die den Bestand einer Gesellschaft selbst gefährden kann. Und zum anderen entstehen durch die Begleitumstände des Wachstums ökologische Folgeschäden, die den Bestand der Menschheit insgesamt gefährden können. Das Erste war das große Thema des 19. Jahrhunderts und der ersten Hälfte des 20. Jahrhunderts; das Zweite war und ist das große Thema seit Mitte des 20. Jahrhunderts.

Wachstum ist keine anthropologische Grundkonstante. Viele Kulturen kennen kein Wachstum, sondern wirtschaften in ökonomischen Zusammenhängen, die man als »Gleichgewichtsökonomien« beschreiben kann. Wachstum ist ein kulturelles Phänomen. Es ist weder universal noch notwendig, sondern zeitgebunden und von gesellschaftlichen Grundüberzeugungen abhängig. Diese Grundüberzeugungen können anderen Kulturen auch übergestülpt werden. Hier ist zunächst wichtig festzuhalten, worin diese Grundüberzeugungen bestehen:

Die Grundüberzeugung vom Eigenwert der Diesseitigkeit: Die Erde mag ein Jammertal sein, wie es einige Weltreligionen konstatieren, ein Ort der Mühsal und Plage, dem umso herrlicher die Verheißungen eines Lebens nach dem Tode gegenüberstehen oder die Erlösung aus den irdischen Verstrickungen. Die aus dieser Grunddisposition mögliche resignative Grundstimmung gegenüber allem Weltlichen, ja die Verachtung weltlicher Güter und die »weltflüchtige Askese« sind Hemmschuh einer ökonomischen Entwicklung, die auf einem Eigenwert der Diesseitigkeit beruht.[18] Die Idee des wirtschaftlichen Wachstums bricht mit diesen Formen von Weltflucht und schicksalsergebener Resignation. Sie will das Leben innerhalb der Welt verbessern, individuell wie kollektiv; in einer extremen Ausprägung negiert sie alles Jenseitige und gibt vor, die Bedingungen eines paradiesischen Lebens schon in dieser Welt schaffen zu können.

Die Grundüberzeugung von der Berechenbarkeit und Beherrschbarkeit der Natur: Wachstum ist ein Ausgreifen der Naturbeherrschung. Es setzt voraus, dass sich die Natur erkennen lässt und sich dem fragenden Menschen gewissermaßen öffnet. Natur ist ein abgegrenzter Bereich von Objekten; die Traumwelt gehört nicht dazu. Die Natur kann vermessen, gezählt, gewogen werden; sie wird unter die Maßstäbe des Menschen gezwungen. Sie verhält sich gleichförmig, ist also berechenbar. Erkenntnisse über die Natur gehören der Menschheit insgesamt, sind also kein Privatwissen oder religiöses Herrschaftswissen Einzelner. Die Erfassung der Natur ist nachvollziehbar, weil die naturwissenschaftlichen Erkenntnisse objektiv sind in einer doppelten Bedeutung. Zum einen geht es um intersubjektiv überprüfbare Ergebnisse; sie hängen nicht von dem jeweiligen Betrachter ab, sondern haben universale Geltung. Bei der Naturbeobachtung geht es also nicht um die Beschreibung von Einzelfällen, sondern um abstrakte, generalisierende Aussagen über die Natur. Zum anderen steht uns die Natur als ein Objekt unserer Forschungen und Untersuchungen gegenüber. Sie kann, wie es der englische Philosoph Francis

Bacon einmal mit drastischer Deutlichkeit formulierte, auf die Streckbank gelegt werden, wo man ihr ihre Geheimnisse entreißt.[19] Nicht Geheimnisvolles umgibt die Natur, sondern das nur Unerforschte. Wir sind grundsätzlich in der Lage, die Natur vollständig zu entdecken, ihre inneren Mechanismen zu entschlüsseln, ihre geheimen Baupläne aufzudecken. Dem penetrierenden Verstand des Menschen sind keine Grenzen gesetzt. Nicht nur die Natur zu erkennen vermag er, sondern sie auch für seine Zwecke zu manipulieren, auszunutzen, zu beherrschen. Anders als bei den Griechen kommt es aber nicht darauf an, zufällige und unverbundene Erkenntnisse über die Natur zu produzieren, sondern diese systematisch und aufeinander aufbauend voranzutreiben. Somit gibt es in der Berechenbarkeit und Beherrschbarkeit der Natur einen kumulativen Fortschritt. Spätere Erkenntnisse bauen auf früheren auf. Die Suche nach neuer Erkenntnis wird arbeitsteilig und systematisch vorangetrieben. Die daraus entstehenden Rückwirkungen auf die Gesellschaft werden hingenommen, auch wenn dadurch alte Gewissheiten infrage gestellt werden. Die gesellschaftliche Entwicklung erhält eine Dynamik, die durch die wissenschaftlichen Erkenntnisse angetrieben wird. Damit einher gehen auch unterschiedliche, dem Stand der Technik entsprechende wirtschaftliche Produktionsweisen, die wiederum gesellschaftlichen Wandel bedingen. Überspitzt formuliert: Die Dampfmaschine bringt die industrielle Gesellschaft hervor, der Computer die Informationsgesellschaft.

Die Grundüberzeugung von der besonderen Bedeutung des Einzelnen: Wir leben heute in einer Welt, die von der besonderen Bedeutung des Einzelnen und von seinen Rechten erfüllt ist. An der Wiege dessen, was wir Moderne nennen, stand die Entdeckung des Menschen als Mittelpunkt der Welt. Bei René Descartes, dem französischen Philosophen, wurde der Mensch zum Ausgangspunkt aller Erkenntnis. Keine göttliche Offenbarung, kein mythisches Wissen schafft Erkenntnis, sondern die Tätigkeit des Verstandes, der die Welt betrachtet. In der Erkenntnis erschafft der Mensch gewissermaßen die Welt. Sein Verstand ist dazu das Werkzeug. Descartes sieht darin keine Tätigkeit der wenigen Auserwählten, sondern eine Grundfähigkeit des Menschen. Der gesunde Verstand, so versichert er am Beginn seines Werkes über den richtigen Vernunftgebrauch, sei »die bestverteilte Sache der Welt«.[20] Jeder ist also befähigt, sein eigenes Urteil zu bilden; es bedarf nicht der klassischen weltlichen oder kirchlichen Autoritäten. Von diesem Gedanken führen direkte Wege zu den Ideen der amerikanischen und französischen Revolution, zu den Ideen der unveräußerlichen Menschenrechte, zu den Freiheitsrechten, die zu schützen Aufgabe des Staates ist. Der Mensch hat die Freiheit und das Recht, sein Leben zu gestalten. Diese Freisetzung kreativer Energien ist eine Grundlage moderner Gesellschaften. Die beengenden Korsette von Religion und Mythos, von Gesellschaftsstruktur und sozialer Herkunft brechen auf. Jeder ist seines Glückes Schmied, zumindest in der Theorie. Nicht die Gesellschaft oder die Religion bestimmt den Platz des Einzelnen in der Gesellschaft, sondern er selbst: durch Leistung, auf welchem Gebiet auch immer.[21] Privilegien der Geburt oder der Herkunft sind dem Grunde nach abgeschafft. Das führt zu einer Gesellschaftsstruktur mit hoher sozialer Mobilität – völlig entgegengesetzt den traditionellen Gesellschaften, in denen eine feste und möglichst unveränderliche soziale Struktur eine wichtige Rolle spielte. Der neugierige, der forschende, der innovative, der risikobereite, der unternehmerische Mensch wird zum Leitbild des modernen Menschen. Die Tugend des modernen Menschen liegt nicht mehr in der Gerechtigkeit oder der Mäßigung, sondern in seiner Tatkraft.[22]

Die Grundüberzeugung vom Wert der Arbeit und des Eigentums: Eine Gesellschaft, die die Arbeit verachtet oder nur insoweit anerkennt, wie sie für die Erhaltung des Einzelnen oder der Art unbedingt notwendig ist, ist keine dynamische Gesellschaft. Sie bringt eine statische, eine Gleichgewichtsökonomie hervor. Erst dann, wenn ich Arbeit über das unmittelbar Notwendige hinaus verrichte, kann ich Überschüsse erwirtschaften und diese auf dem Markt eintauschen. Damit wird die Grundlage für eine expansive, also wachsende Wirtschaft gelegt. In der ursprünglichen christlichen Tradition spielt die Arbeit zwar eine wichtige Rolle – sowohl Jesus wie alle seine Jünger haben einen Beruf ausgeübt –, doch die Haltung zur Arbeit blieb zwiespältig. Sie sollte nicht dazu dienen, Reichtümer anzuhäufen; eher ging ja bekanntlich ein Kamel durch ein Nadelöhr, als dass ein Reicher in den Himmel kam (Mt 19,24). Auch diente sie nicht als Selbstzweck, denn die Arbeit war durch den Ruhetag, der der Hinwendung zu Gott dienen sollte, unterbrochen.[23] Spätestens mit der Scholastik (und der Wiederentdeckung der griechischen Philosophie) war der Stellenwert des kontemplativen gegenüber dem tätigen Leben nicht nur wiederentdeckt, sondern auch wiederbelebt worden. Im Protestantismus bezog man sich auf die ursprüngliche Botschaft der Bibel: Arbeit galt als Mittun am Werk Gottes, war positiv besetzt. Mehr noch, der Mensch war von Gott in die Arbeit berufen; wohlgefälliges Leben zeichnete sich demnach nicht durch mönchische Askese oder Sittlichkeit aus, sondern in der Erfüllung der innerweltlichen Pflichten in der Arbeit.[24] Arbeit wurde damit gewissermaßen zu einem sittlichen Imperativ. Die Sicherung des Lebensunterhaltes blieb wichtig, trat aber hinter diesem Konzept der Arbeit als innerweltlicher Pflichterfüllung von Gottes Gebot zurück.[25] Arbeit wurde zum Gottes-Dienst, die Erfüllung dessen, wofür der Mensch ins Leben gestellt worden ist. Diese Auffassung setzte sich vor allem in der bürgerlichen Leistungsethik durch und wurde kulturell gestaltungsmächtig.

Ein zweiter Punkt kommt hinzu. Der englische Philosoph John Locke verband Arbeit mit der Rechtfertigung von Eigentum. Der Mensch ist nach Locke frei, und seine Arbeit ist sein Eigentum. Nach Locke entsteht Eigentum dadurch, dass der Mensch seine Arbeit mit Dingen mischt. Dort, wo er dies tut, erweitert er seinen Eigentumsbereich. Der Mensch kann seine Arbeit auch als Ware veräußern, etwa durch Lohnarbeit. Damit gehen die Früchte der Arbeit in den Besitz desjenigen über, der die Arbeit gekauft hat. In einer berühmten Passage schreibt Locke, dass der Torf, den mein Knecht gestochen hat, dann zu meinem Eigentum wird.[26] Eigentum entsteht durch Arbeit, durch Fleiß – und durch die Aneignung der Früchte fremder, aber gekaufter Arbeit.

Locke geht einen Schritt weiter, und dieser Schritt ist entscheidend. Es gibt eine natürliche Aneignungsschranke. Der Mensch darf sich nicht mehr aneignen, als er selbst nutzen kann, ohne dass es verdirbt. Nun aber kommt die Einführung des Geldes: Indem Geld ein Wert zuerkannt wird, können verderbliche Güter auch über den eigenen Gebrauch hinaus angeeignet und getauscht werden. Geld erlaubt die Anhäufung verderblicher Güter; der Anhäufung von Gütern sind also keine naturrechtlichen Grenzen mehr gesetzt. Durch Arbeit entsteht nicht nur Eigentum, sondern auch Reichtum – das ist der Gründungsmythos der bürgerlichen Eigentumsgesellschaft.

Die Grundüberzeugung von der Eigenständigkeit der Wirtschaft: Erst in der Neuzeit entwickelt sich die Wirtschaft als eigener, das heißt seinen eigenen Sachgesetzlichkeiten folgender Bereich des menschlichen Lebens. Noch bei Adam Smith, der als geistiger Stammvater des modernen Kapitalismus gilt, war die Wirtschaft ein Teil der Moralphilosophie. Sie war anderen Zwecken als dem reinen Gewinnstreben verpflichtet, war auf das Gemeinwohl ausgerichtet. Die staatliche Wirtschaft – denken wir an die Physiokraten oder die Merkantilisten – hatte eng umschriebene Ziele, die vor allem durch staatliche Intervention gefördert wurden. Am Beginn der Neuzeit stand eine Umwertung traditioneller Werte. Der amerikanische Soziologe und Volkswirt Albert O. Hirschmann hat dies einmal ausführlich analysiert.[27] Seiner Darstellung zufolge gelang es dem frühen Kapitalismus, die menschlichen Leidenschaften als Interessen umzudefinieren; aus einem Laster – nämlich seinen Leidenschaften nachzugehen – wurde das neutrale Interesse. Das war unverfänglich; es war gereinigt von den moralischen Kontexten. Die Sucht, mehr haben zu wollen, also die von Ovid schon erwähnte frevelhafte Habgier (*amor sceleratus habendi*) wurde zu einem bloßen Interesse, ohne erhobenen Zeigefinger. Geld verdienen zu wollen, ohne sich um das Heil zu kümmern oder das Gemeinwohl, war nicht mehr anrüchig. Die Nachwirkungen zeigen sich noch heute, wenn eine Marktkette mit dem Slogan wirbt: »Geiz ist geil«. Sehen wir einmal von dem darin enthaltenen gewöhnungsbedürftigen Jargon ab, so muss doch festgehalten werden: In der christlichen Tugendlehre sind Geiz und Habsucht Hauptlaster, die als Wurzeln der Todsünde gelten. Dies zeigt die Umwertung von Werten, die das kapitalistische Denken gegenüber einer religiös begründeten Sollensvorschrift bewirkt hat.

Die von allen Zwängen befreite Wirtschaft ist nur noch ihrer Eigengesetzlichkeit unterworfen. Die wird mit dem Bild des *Homo oeconomicus* treffend eingefangen: der wirtschaftende Mensch, der nur noch wirtschaftet, um Lust zu maximieren und Unlust zu minimieren, dem sämtliche moralischen Überlegungen fremd sind. Er glaubt, wenn er seinen eigenen Interessen nachgeht, sei dies insgesamt auch vorteilhaft für die Gemeinschaft. Es war schließlich Adam Smith, der davon gesprochen hatte, dass eine unsichtbare Hand die vielen wirtschaftlichen Akteure, die nur ihren Interessen verpflichtet sind, lenkt und das Gemeinwohl fördert. Egoistisch zu sein und lediglich den eigenen Interessen zu folgen war folglich gut für das Gemeinwohl. Diese Veredelung der Laster als Interessen und ihre Verknüpfung mit dem Gemeinwohl stand immer in Gefahr, auf andere Lebensbereiche außerhalb der Wirtschaft überzufließen. Am Ende stünde eine Marktgesellschaft, in der auch soziale Beziehungen nach den unpersönlichen Marktgesetzen organisiert werden – eine Schreckensvision, gegen die sich sowohl die Ordoliberalen als auch die Soziallehre wandten.

Noch ein zweiter Aspekt kommt hinzu: Die Eigenständigkeit der Wirtschaft führt dazu, dass Bedarfe befriedigt werden, aber Bedürfnisse manchmal nicht mehr. Die Wirtschaft, das Spiel von Angebot und Nachfrage, hat in sich kein Ziel, keine Moral. Es befriedigt alle Bedarfe, sofern sie nicht verboten werden. So ist der Organhandel verboten, ebenso der Handel mit seltenen Tieren. Diese Verbote kommen aber nicht aus dem Markt selbst heraus, sondern müssen vom Staat festgelegt werden. Für viele andere, vielleicht eigenartige, vielleicht skurrile Bedarfe, gibt es aber Märkte: für Pudelkosmetik ebenso wie für mit Blattgold versetzten Schaumwein, für militärische Devotionalien aus der Kaiserzeit ebenso wie für Chinesisch-Unterricht für Kleinstkinder. Andererseits gibt es aber gesellschaftliche Bedürfnisse, die vom Markt nicht gedeckt werden: Suppenküchen für Arme etwa oder Betreuung für mittellose alte Menschen. Der Markt setzt voraus, dass man die Mittel hat, Angebote bezahlen zu können. Wo dies nicht der Fall ist, werden Menschen ausgegrenzt.

Die Grundüberzeugung von der segensreichen Wirkung gesellschaftlicher Ungleichheit: Das führt zu einer letzten Grundüberzeugung, nämlich der vom Zusammenhang von sozialem Status und Leistung. Das Leistungsprinzip hat mit der bürgerlichen Gesellschaft die Zuordnung des sozialen Status aufgrund der Geburt weitgehend abgelöst. Die Gesellschaft ist dadurch dynamischer, offener, flexibler geworden. Die Herkunft determiniert nicht notwendig die Zukunft, zumindest in der Theorie. Unterschiede im sozialen Status entstehen aufgrund von Leistung. Diese Formen der gesellschaftlichen Ungleichheit werden akzeptiert, weil sie zugleich Anreiz bieten, sich selbst einen anderen sozialen Status zu erarbeiten – entweder durch die Arbeit der eigenen Hände oder durch ein Unternehmertum, das es erlaubt, sich mit einer Geschäftsidee die Erträge fremder Arbeit anzueignen. Die Grundüberzeugung, dass sich »Leistung lohnt« (beziehungsweise lohnen muss), gehört zum Grundkanon der modernen Gesellschaften. Und sie ist Anreiz für Innovation und Risiko, die wiederum den gesellschaftlichen und wirtschaftlichen Wandel treiben.

Fassen wir einmal zusammen: Erstens ist der Kapitalismus weit mehr als ein »System«, es ist eine kulturell und habituell tief verwurzelte Denkgewohnheit; er ist nichts, was dem Menschen gegenübersteht, sondern ein integraler Teil unseres Denkens und unseres Alltags.[28] Überspitzt formuliert: Der Kapitalismus, das sind wir. Zweitens: Wachstum setzt eine innerweltliche Rationalität voraus und eine strenge innerweltliche Kausalität, mit der Natur berechnet und für die menschlichen Zwecke nutzbar gemacht werden kann. Bis hierhin haben sich auch das liberaldemokratische und das sozialistische Wachstumssystem nicht unterschieden. Der real existierende Sozialismus ging aber nicht vom besonderen Wert des Einzelnen, vom Wert des Eigentums, von der Eigenständigkeit der Wirtschaft und den segensreichen Wirkungen der Ungleichheit aus. Im Sozialismus wird Wachstum geplant und gelenkt; der Staat entscheidet über die relevanten Kennziffern. Was wird hergestellt, wie viel davon, in welchen Ausprägungen? Das bedeutet im Umkehrschluss, dass mithilfe staatlicher Planung auch wirtschaftliche Schrumpfungsprozesse organisiert werden könnten. Die dadurch möglicherweise entstehenden Konflikte können in einem autoritären Regime anders verarbeitet werden als in einem demokratischen Beteiligungsmodell.

Gleichwohl hat ja das Schicksal des real existierenden Sozialismus gezeigt, dass die staatlich gelenkte Wirtschaft an einem Mangel an Innovation und Wachstum leidet, der sie gegenüber einer liberaldemokratisch formierten Wirtschaftsordnung in erhebliche Wettbewerbsnachteile bringt. Technik alleine reicht offenbar nicht aus, um eine dynamische Wachstumsgesellschaft zu begründen. Deswegen lohnt es, die Beziehungen von Kapitalismus, Technik und Konsum etwas genauer zu beleuchten, denn damit werden die drei wichtigsten Treiber des Wachstums benannt, die sich wechselseitig verstärken und unsere modernen Wachstumsgesellschaften prägen. Dabei geht es darum, skizzenhaft Wirkungszusammenhänge darzustellen, nicht um eine erschöpfende Darstellung von Kapitalismus, Technik und Konsum als solche.

Wir hatten argumentiert, dass es sinnvoll ist, zwischen dem Kapitalismus als wirtschaftlicher Praxis und als System zu unterscheiden. Als wirtschaftliche Praxis ist der Kapitalismus erheblich älter denn als System. Wir können sie schon im Handel in China und Arabien seit dem 1. Jahrhundert n. Chr. beobachten. Aber nur in Europa hat sich, beginnend mit dem 15. Jahrhundert, hieraus ein umfassendes, die Teilbereiche der Gesellschaft allmählich durchdringendes Gesamtsystem entwickelt, das dann wiederum in andere Teile der Welt ausgriff.[29] Der entwickelte Kapitalismus heute ist ohne die oben geschilderten Grundüberzeugungen kaum denkbar, mehr noch: Er hat diese Grundüberzeugungen global gesellschaftsfähig gemacht.

Der Kapitalismus lebt im Wesentlichen von den oben geschilderten Grundüberzeugungen. Ohne diese ginge es nicht. Und nur auf dieser Basis macht die Definition Sinn, die Joseph Schumpeter vorgeschlagen hat, nämlich Kapitalismus zu verstehen als eine Form privater Eigentumswirtschaft, »in der Innovationen mittels geliehenem Geld durchgeführt werden, was im Allgemeinen (…) Kreditschöpfung voraussetzt«.[30] Das führt uns zu einem ersten Wachstumstreiber: die Spekulation auf die Zukunft mittels Investition. Wenn ein Unternehmer investiert, dann tut er dies mit der Erwartung, dass er nicht nur seine Investition wieder erwirtschaftet, sondern ein Mehrwert daraus hervorgeht, der sein Risiko belohnt. Das kann er nur dann, wenn zu erwarten ist, dass er auf dem Markt die Dienstleistung oder das Produkt auch absetzen kann. Eine Investition in ein Produkt ohne Absatzchance wäre unsinnig. In aller Regel werden Investitionen nicht durch Eigenmittel vorgenommen, sondern durch Kredite. Diese Kredite sind nicht vollständig durch Ersparnisse anderer abgedeckt, sondern werden als Sichteinlagen neu geschöpft. Mit anderen Worten: Banken produzieren durch Kredite neues Geld.

Die Definition von Schumpeter schließt eine Lücke, die bei John Locke und seiner Begründung des Eigentums noch offen war. Warum sollte sich Geld vermehren, wenn ich mehr verderbliche Waren anhäufe? Schumpeters Antwort: Es ist mit der Anhäufung alleine nicht getan, es bedarf eines dynamischen Moments. Dieser Moment liegt in der Kreditaufnahme für eine Investition. Damit ist die Brücke von der Gegenwart in die Zukunft geschlagen. Investitionen in Innovationen sind ein entscheidender Wachstumstreiber. Doch gehen wir einen Schritt zurück: Was treibt die Innovationen? Es ist im Wesentlichen der freie, forschende Geist des Menschen, seine Neugier und sein Wille zur Welterschließung, die neue Techniken hervorbringen, die als Innovationen das Wachstum befördern. Schauen wir also auf die Technik und ihre Rolle in der Gesellschaft.

Wir leben in einer technischen Gesellschaft, einer Gesellschaft, in der alles machbar ist. Nichts ist mehr heilig oder geheimnisvoll, die Welt ist, wie es Max Weber einmal formulierte, entzaubert und dem forschenden und erforschenden Zugriff des Menschen und dem Zugriff seiner innerweltlichen Rationalität ausgeliefert. Es ist der Mensch, der neugierig ist, forscht, Zusammenhänge herstellt, neue Technologien entwickelt und naturwissenschaftliche Erkenntnisse formuliert, Entdeckungen macht, sich also an der Kumulation von Wissen und technischer Erkenntnis beteiligt. Dieses Argument erscheint wichtig, weil es durchaus auch Stimmen gibt, die von einer Eigenständigkeit des technischen Systems ausgehen und die These vertreten, die Technologie sei außer Kontrolle.[31] Wäre dies so, dann müssten wir tatsächlich alle Hoffnung fahren lassen, jemals die technologische Entwicklung steuern oder regulieren zu können. Wir wären wie Lemminge, die, erfüllt von einem dunklen Trieb, sich immer näher auf die Klippen des Untergangs zubewegen.

Eine solch fatalistische Interpretation ist überzogen. Überzogen ist aber auch die Ansicht, Technikfolgen könnten durch Folgetechnik überwunden werden. Das erinnert ein wenig an Richard Wagners mystische Oper Parsifal, in der nur der Speer, der die nicht heilende Wunde des jungen Gralskönig Amfortas schlug, diese auch heilen könne. Eine Amfortas-Ideologie technischen Fortschritts ist von einem geschichtsphilosophischen Optimismus beseelt, der dem Wunder der Transsubstantiation näher ist als der empirischen Erfahrung. Technik und technologische Entwicklung können durchaus gelenkt und reguliert werden, etwa durch Anreize oder Weichenstellungen der Forschungsförderung, manchmal braucht man aber auch schlicht Verbote.[32]

Wachstum entsteht nicht durch die Verfeinerung der Techniken der Kalligrafie oder des Klavierspiels, durch die Technik, den Zen-Bogen virtuos zu handhaben oder ein Gedicht zu interpretieren. Dadurch mag der Mensch persönlich wachsen und sich entwickeln, doch für die wirtschaftliche Welt hat dies häufig keine Konsequenzen. Wachstum entsteht durch Innovationen in der Organisation der Produktion oder durch neue Produkte selbst. Zum einen kann Technik dazu führen, bestehende Produktionsabläufe effizienter zu machen, zu vereinfachen, zu beschleunigen. Wie auch immer dies aussieht (bis hin zur Technik der Arbeitsorganisation): Das Ergebnis ist eine höhere Produktion in einer vorgegebenen Zeit. Zweitens führt Technik durch Innovation dazu, neue Produkte herstellen zu können.

Eine Erfindung bringt ein völlig neues Produkt hervor, ein altes wird verbessert, ergänzt, vereinfacht. Damit entstehen neue Absatzchancen auf dem Markt, ein Anreiz für Investitionen und damit wieder für neue Wertschöpfung und Wachstum. Nehmen wir einige Beispiele. Das erste ist die Arbeitsteilung an sich. Es macht einen erheblichen Unterschied, ob ein Einzelner ein Produkt herstellt und dabei jeden einzelnen Produktionsschritt selbst vollzieht oder ob die Produktion in unterschiedliche Teile aufgeteilt wird und jeder Arbeiter immer nur einen Produktionsschritt macht. Adam Smith hat dies am Beispiel der Stecknadel deutlich gemacht. Sie erfordere etwa 18 unterschiedliche Arbeitsgänge. Wenn jeder Arbeiter alle Arbeitsgänge jeweils selbst durchführe, sei die Produktivität niedrig; wenn jedoch jeder immer nur einen bestimmten Arbeitsgang verrichte, sei die Produktivität um ein Vielfaches höher.[33] Die Steigerung dieser Arbeitsteilung erfolgte mit der Erfindung des Fließbandes, in der das Produkt zum Arbeiter kommt. Die Produktionsschritte bleiben in genau festgelegte, aufeinanderfolgende Arbeitsprozesse aufgeteilt, bei denen die Arbeiter nur für jeweils einen bestimmten Arbeitsprozess verantwortlich sind. Die Weitergabe an die nächste Arbeitsstation erfolgt automatisch. Resultat in beiden Fällen: Erhöhung der Produktion, Senkung des Endpreises – und damit höhere Wettbewerbsfähigkeit – und höhere Löhne für die Beschäftigten.

Ein zweites Beispiel führt uns zu den technischen Innovationen. In den vergangenen 20 Jahren haben sich Mobiltelefone von einem teuren und unhandlichen Instrument der Kommunikation zu einem Massenphänomen entwickelt. Dafür verantwortlich sind die technischen Innovationen in der Speichermöglichkeit und die Möglichkeiten der Miniaturisierung, sodass heute die Anwendungen der Telefone weit über die klassische Kommunikation hinausgehen. Die rasante Entwicklung der Technologie in diesem Bereich hat dazu geführt, dass schon nach kurzer Zeit das neueste Modell technisch veraltet war und durch schnellere, leistungsfähigere und mitunter auch besser designte Modelle vom Markt verdrängt wurde. Das bringt den nächsten Treiber ins Zentrum der Aufmerksamkeit, den Konsum.

Märkte befriedigen Bedarfe, aber nicht unbedingt Bedürfnisse. Das ist aber das Kennzeichnen eines Marktes: Er unterwirft Angebote und Nachfrage einem Preissystem und sucht von sich aus ein dynamisches Gleichgewicht zwischen beiden. Es scheint dabei eine beinahe anthropologische Grundwahrheit zu sein, dass der Mensch weit über seine unmittelbaren Bedürfnisse hinaus konsumiert.[34] Wenn man für sich selbst einmal die Probe aufs Exempel macht, ist man überrascht. Wie viele Schuhe besitzen wir? Wie oft werfen wir Lebensmittel weg, weil wir zu viel gekauft haben? Wie viele Dinge besitzen wir, die wir uns in einer Anwandlung gekauft, aber nie genutzt haben? Kommt es vor, dass wir Geld für Dinge ausgeben, weil wir glauben, es sei für den eigenen sozialen Status wichtig?

Die traurige Wahrheit ist: Wir konsumieren eben auch, weil es für unseren sozialen Status wichtig ist – etwa die »richtigen« Klamotten zu haben, das »richtige« Handy, das »richtige« Auto. Wir konsumieren, weil die Werbung Bedürfnisse weckt, die wir sonst nicht hätten – dadurch etwa, dass uns ein erstrebenswerter Lebensstil suggeriert wird, zu dem ein Produkt notwendig dazugehört. Und wir wissen natürlich, dass das alles nicht nachhaltig ist. Andererseits: Immer nur Schwarzbrot, wenn die Süßwaren doch so verlockend sind – da mag das eine noch so gesund, das andere ungesund sein, besser schmeckt die Sünde![35] Dabei unterscheiden sich die Konsumgewohnheiten nach bestimmten Lebensstilen durchaus. Allerdings: Die Durchsetzung »vernünftiger« Konsummuster, also solcher, die auch nachhaltig sind, beißt sich mit den Grundregeln einer Marktwirtschaft, die auf der Befriedigung aller kaufkräftigen Bedarfe beruht.

Konsum ist also die andere Seite der Wachstumsgleichung: Kredit und Innovation auf der einen Seite, Konsum auf der anderen. Beide Seiten sind aufeinander verwiesen, und beide Seiten führen in ihrer Wechselwirkung zu einem dynamischen System, das uns bis in die tiefsten Ritzen unseres Lebens beeinflusst, bestimmt. Das böse Wort Max Webers vom »ehernen Gehäuse der Hörigkeit« hat hier seine Berechtigung. Die Grundidee unseres kapitalistischen Wirtschaftssystems war es, dass durch Märkte und Innovationen sich das Leben aller Menschen verbessert. Und das ist auch geschehen. Freilich um den Preis, dass dieses System nun nicht mehr nur Nützliches hervorbringt, sondern beginnt, den Menschen selbst zu verbiegen. Das ist kein Naturgesetz, denn wir haben es mit einem von Menschen gemachten System zu tun – allerdings einem sehr resistenten.

Unser auf Wachstum ausgerichtetes Wirtschaftssystem hat sich unter bestimmten Voraussetzungen historisch entwickelt. Wenig aber hat in der Geschichte dauerhaft Bestand. Selbst die bedeutendsten Erforscher des kapitalistischen Systems – Karl Marx, Max Weber und Joseph Schumpeter – waren davon überzeugt, der Kapitalismus würde früher oder später zugrunde gehen. Für Marx war der Kapitalismus dem Untergang geweiht, weil er einen sich zunehmend verschlimmernden Klassenkampf hervorbringen würde, an dem er eines Tages scheitern würde. Max Weber sah eine Erstarrung des Kapitalismus durch Bürokratie und Organisation voraus, und Joseph Schumpeter schließlich analysierte, dass der Kapitalismus seine eigenen sozialen Voraussetzungen untergraben und deshalb untergehen werde. Auch heute gibt es viele Stimmen, die das Ende des Kapitalismus voraussagen; Paul Mason etwa spricht von einem »Postkapitalismus«, der sich wesentlich aus den Entwicklungen der Informationsgesellschaft und der Gemeinwohlökonomie ergibt; der traditionelle Kapitalismus stoße damit an die Grenze seiner Anpassungsfähigkeit. Jeremy Rifkin sieht eine entstofflichte Wirtschaft am Horizont, die auch den Gemeingütern wieder mehr Raum geben wird und damit auch den traditionellen Kapitalismus überwindet.[36] Dies sind nur zwei Stimmen, die sich jüngst zu Wort gemeldet haben. Allerdings wird das Ende des Kapitalismus seit über 150 Jahren vorhergesagt, ohne dass sich der Kapitalismus um diese Voraussagen zu bekümmern scheint.

Alle Vorhersagen sind mit hohen Unsicherheiten belastet, bis auf eine: dass es weiterhin Wandel geben wird und das Wirtschaftssystem, das auf kapitalistischen Strukturen beruht, Ergebnis einer historischen Entwicklung ist. Die Wahrscheinlichkeit ist deshalb hoch, dass auch dieses System nur ein Übergang ist. In der historischen Rückschau haben wir sehr unterschiedliche Schlüsseltechnologien erlebt, die für besonders lange Wachstumszyklen verantwortlich waren und die Gesellschaften geprägt haben: die Dampfmaschine, Stahl und Eisenbahn, Elektrotechnik und Chemie, Petrochemie und Automobile, Informationstechnik. Die dazu gehörige Theorie hatte der russische Wissenschaftler Nikolai Kondratieff schon 1926 geliefert. Demnach gibt es lange Wellen der Konjunktur, die auf bestimmten Basisinnovationen beruhten. Diese Zyklen künden von den Wandlungen innerhalb des Kapitalismus, der eben keine historisch feste Größe ist, sondern sich entwickelt, anpasst, neu erfindet – und vielleicht auch eines Tages von der Bildfläche verschwindet. Vielleicht verschwindet dann auch das Phänomen des Wachstums von der Bildfläche, aber das wäre pure Spekulation. Bislang hat dieses System immer Wachstum hervorgebracht, und zwar durchaus mit positiven Gesamtergebnissen.

Kapitalismus ist keine Naturkatastrophe, sondern ein soziales System, das gelenkt, reguliert werden kann. Dazu können unterschiedlichste Akteure ihren Beitrag leisten: der Staat, die Märkte, der Einzelne selbst. Einige der Stellschrauben sind in diesem Kapitel bereits identifiziert worden: die Rolle der Technik, des Kapitals, der Lebensstile, der Konsumgewohnheiten, die Organisation der Arbeit und die zugrunde liegenden Überzeugungen. Jede einzelne der Stellschrauben kann Wachstum beeinflussen – kurz-, mittel- oder langfristig. Wir müssen es wollen und die richtigen Weichen stellen, aber mit einer Ahnung, einer Grundidee davon, wohin die Reise gehen soll. *Respice finem*, bedenke das Ende: Das muss in der Politik der Anspruch der Gestaltung sein, auch und gerade in der Gestaltung der wirtschaftlichen Rahmenbedingungen.

4

Grundlagen der Sozialen Marktwirtschaft

Die Soziale Marktwirtschaft beruht auf einer Reihe von Grundlagen, die häufig nicht explizit genannt, sondern vorausgesetzt werden. Dazu gehören die Menschenwürde und die daraus abgeleiteten Menschenrechte; dazu gehören Grenzen des Marktes, die sich zum einen aus den Menschenrechten ergeben, aber auch einen kulturell fließenden Aspekt haben, der immer wieder neu verhandelt wird. Und schließlich ist konstitutiv die Unterscheidung zwischen Bedarfen und Bedürfnissen, also Dingen, die auf dem Markt gehandelt werden können, und solchen, die nicht marktgängig sind, aber für den Zusammenhalt in einer Sozialen Marktwirtschaft trotzdem unverzichtbar sind.

Menschenwürde und Menschenrechte

Die Menschenwürde ist der nicht mehr hintergehbare Grundtatbestand des Politischen in Deutschland. Artikel 1 des Grundgesetzes stellt apodiktisch fest: »Die Würde des Menschen ist unantastbar.« Daraus ergibt sich die Aufgabe des Staates, ja seine Verpflichtung:

die Achtung und der Schutz der Menschenwürde. Es ist kein Zufall, dass die Menschenwürde den Auftakt bildet zu dem Grundrechtskatalog im Grundgesetz. Die Menschenwürde ist der Geltungsgrund der Menschenrechte. Sie ist der Quell, aus dem die Menschenrechte entspringen. Sie sind also mehr als lediglich rechtliche Setzungen, die beliebig sind. Sie sind vielmehr ohne die Menschenwürde als Begründungskontext nicht denkbar, wie immer ich die Menschenwürde selbst auch herleite.[1] Erst im zweiten Absatz kommt der Verfassungsgeber ins Spiel. Eben weil die Menschenwürde unantastbar ist und die staatliche Gemeinschaft sie zu schützen und zu respektieren hat, bekennt sich das deutsche Volk zu den unverletzlichen und unveräußerlichen Menschenrechten als Grundlage jeder menschlichen Gemeinschaft, des Friedens und der Gerechtigkeit in der Welt. Die Grundlage jeder menschlichen Gemeinschaft – und damit auch die Grundlage der Bundesrepublik Deutschland – sind also die Menschenrechte. Nicht der Schutz der Deutschen oder die Verteidigung ihrer Interessen, sondern allgemein und universal: die Menschenrechte. Deswegen normiert der dritte Absatz auch, dass die nachfolgend aufgeführten Grundrechte alle staatliche Gewalt als unmittelbar geltendes Recht binden. Dem Verfassungsgeber war dieser Grundgedanke so wichtig, dass er ihn in Artikel 79 Absatz 3 des Grundgesetzes mit einer »Ewigkeitsgarantie« verband: Eine Änderung des Grundgesetzes, in der die in Artikel 1 (und 20 GG) festgelegten Grundsätze berührt werden, ist danach unzulässig.

Eine solch starke Betonung der Menschenwürde erklärt sich sicherlich aus der Entstehungsgeschichte des Grundgesetzes. Der Terror des Dritten Reiches hatte jegliche Idee menschlicher Würde mit Füßen getreten und Menschenrechte negiert. In der unmittelbaren Nachkriegszeit war es auch diese Erfahrung, die zu der Allgemeinen Erklärung der Menschenrechte geführt hatte, die mittlerweile von allen Staaten anerkannt wird. Das Grundgesetz hat sich nicht nur bewusst für eine starke Grundlegung politischen Handelns in der Menschenwürde und den Menschenrechten entschieden, sondern auch die Verfassung völkerrechtsoffen formuliert. Deutschland, so die Botschaft des Grundgesetzes, ist sich seiner Verantwortung vor Gott und den Menschen bewusst – so jedenfalls die Eingangsformel der Präambel des Grundgesetzes. Die Verfassungsgeber haben aber auch formuliert, dass die allgemeinen Regeln des Völkerrechts Bestandteil des Bundesrechts sind und den Gesetzen vorgehen (Art. 25 GG). Auch damit soll der Anspruch der Präambel verwirklicht werden, dem Frieden in der Welt zu dienen.

Die besondere Betonung der Menschenwürde und der Menschenrechte spielt auch in der Gestaltung der Sozialen Marktwirtschaft eine besondere Rolle. Zunächst einmal ist festzuhalten, dass die meisten Grundrechte des nach Artikel 1 des Grundgesetzes folgenden Katalogs Menschenrechte im klassischen Sinn sind: Sie gelten für alle Menschen. Rechte, die an die deutsche Staatsbürgerschaft gekoppelt sind, sind wenige: Artikel 8 GG schränkt die Demonstrationsfreiheit auf Deutsche ein, Artikel 9 GG das Recht, Vereine und Gesellschaften zu bilden. Die Freizügigkeit im Bundesgebiet ist nur Deutschen vorbehalten (Art. 11 GG), ebenso die freie Berufswahl (Art. 12 GG). Das Recht auf Widerstand gegen diejenigen, die die demokratische Ordnung beseitigen wollen, steht ebenfalls nur den Deutschen zu (Art. 20 Absatz 4 GG). Alle übrigen Rechte: Freiheit, Gleichheit, körperliche Unversehrtheit, Eigentumsrechte, Freiheit des Glaubens und der Religionsausübung, Meinungsfreiheit, Schutz von Ehe und Familie, Unverletzlichkeit von Wohnung und Briefgeheimnis sind nicht nur auf die Deutschen beschränkt. Sie stehen allen Menschen zu, die sich unter deutscher staatlicher Jurisdiktion befinden.

Das bedeutet, dass auch große Teile der Sozialen Marktwirtschaft und der sozialen Sicherung in Deutschland von dem Gedanken der Menschenwürde und den Bestimmungen der Menschenrechte durchtränkt sind. Akteure in der Wirtschaft können sich nicht frei von menschenrechtlichen Verpflichtungen bewegen.[2] Diese sind zum Teil in Gesetzen normiert, die Unternehmen in Deutschland Regeln und Normen unterwerfen. Aber auch im transnationalen Verkehr werden Unternehmen mittlerweile stärker in die Pflicht genommen. Die Leitprinzipien der Vereinten Nationen für Wirtschaft und

Menschenrechte, 2011 vom UN-Menschenrechtsrat verabschiedet, sind hier ein erster Schritt.[3] Die Leitprinzipien sind rechtlich nicht verbindlich, gleichzeitig aber die wichtigsten international anerkannten Standards im Bereich Wirtschaft und Menschenrechte. Sie bestehen aus drei Säulen: der staatlichen Pflicht, Menschenrechte zu schützen – auch gegen Unternehmen; zweitens, der Verantwortung der Unternehmen, Menschenrechte zu achten, und drittens dem Zugang von Opfern von Menschenrechtsverletzungen zu Wiedergutmachung und Entschädigung. Die Staaten sind aufgefordert, nationale Aktionspläne zur Umsetzung der Prinzipien aufzulegen. Deutschland hat dies 2016 getan. Der Nationale Aktionsplan beschränkt sich zunächst auf Unternehmen mit mehr als 500 Mitarbeitern. Ziel ist es unter anderem, für die Bedeutung der Menschenrechte auch in den Wertschöpfungsketten zu sensibilisieren, Best-Practice-Beispiele im Bereich menschenrechtlicher Sorgfaltspflichten aufzuzeigen und kleinen und mittleren Unternehmen Unterstützung bei den umfassenden menschenrechtlichen Anforderungen zu gewähren. Sicherlich, die Unverbindlichkeit der Prinzipien war und ist Anlass zur Kritik; aber es scheint doch zumindest, dass sich, wenn auch langsam und zögerlich, menschenrechtliche Regime auch in der Wirtschaft etablieren. Ob sie erste Bausteine einer internationalen Sozialen Marktwirtschaft sind, wird sich zeigen; zumindest aber kann durch eine transnational agierende Öffentlichkeit ein Druck zur Einhaltung von Standards erzeugt werden. Dies könnte für Unternehmen ein Anreiz sein, auch mit Hinweis auf die Einhaltung aller menschenrechtlichen Standards Kunden zu werben.

Auf mittlere Sicht wird sich allerdings eine Durchsetzung der Menschenrechte auch in der Wirtschaft nur durch globale institutionelle Strukturen garantieren lassen. Dies scheint sich, unter Berücksichtigung des seit dem Westfälischen Frieden 1648 bestehenden, auf dem Prinzip der Souveränität der Staaten beruhenden und heute noch in seinen Grundstrukturen fortexistierenden internationalen Systems, nicht ohne Weiteres umsetzen zu lassen.[4] Gleichwohl nimmt der Handlungsdruck zu: Nicht nur die Beachtung und Durchsetzung der

Menschenrechte weltweit, sondern auch das unterschwellige Gewaltpotenzial zwischenstaatlicher Konflikte und die grenzüberschreitenden, sozialräumlich auseinanderfallenden ökologischen Schadensbeziehungen lassen ein System souveräner Staaten, die zueinander in einer anarchischen Selbsthilfebeziehung stehen, seltsam antiquiert erscheinen. Nicht zuletzt deshalb hat die Soziallehre schon seit Langem »für eine von allen anerkannte öffentliche Weltautorität« plädiert, die in der Lage ist, »für alle Sicherheit, Wahrung der Gerechtigkeit und die Achtung der Rechte zu gewährleisten«. (GS, 82) Damit verbinden sich auch weitreichende entwicklungspolitische Zielsetzungen: »Völker und Einzelpersonen hungern nach der eigenen Befreiung« (SRS, 46), nach voller Entwicklung, und damit nach der Überwindung jener Strukturen, die dies unmöglich machen oder erschweren.

Bei den Ordoliberalen finden sich wenige Aussagen zu diesem Themenbereich. Zu sehr waren sie auf die Ordnung der Wirtschaft fixiert, auf das Funktionieren eines Marktes, der eines Staates bedurfte. Bei Wilhelm Röpke finden sich einige Ausführungen zu einem Weltstaat, aber doch eher unter dem Vorzeichen der Konkurrenz kollektivistischer und freier Gesellschaften. Die die einzelstaatlichen Souveränitätsrechte aufhebende Weltstaatengemeinschaft wird, so formuliert er 1943, ein Traum bleiben, wenn auch kein schöner.[5] Die Skepsis überwiegt, das Bewusstsein für die Notwendigkeit internationaler Strukturen verschwindet hinter der grundsätzlichen Alternative Marktwirtschaft oder Kommandowirtschaft. Ganz anders der in liberaler (wiewohl nicht ordoliberaler) Tradition stehende Philosoph Otfried Höffe. Sein Entwurf einer komplementären, subsidiären und föderalen Weltrepublik gehört zu den ambitioniertesten Entwürfen einer Überwindung staatlicher Souveränität als letztbegründendem Kriterium globaler Organisation.[6] Höffes Argumentation wurzelt in der Vertragstheorie, also in den menschenrechtlich fundierten Begründungen von Staat und Gesellschaft. Die Souveränität als Lösung und Auflösung des Naturzustandes schafft einen neuen Naturzustand: den zwischen den souveränen Staaten. Höffe zeigt, dass dieser ebenfalls aufgelöst werden kann, weniger als utopische Träumerei denn als rechtsmoralisch gebotene Entwicklung, die in Ansätzen bereits erkennbar sei.

Die Menschenrechte sind auf internationaler Ebene wenig geschützt, auch im ökonomischen Bereich. Die Souveränität der Staaten ist die letztlich noch nicht hintergehbare Hürde dort, wo Staaten menschenrechtliche Schutzaufträge innerstaatlich nicht umsetzen. Somit hängen aber auch die wirtschaftlichen und sozialen Rechte in der internationalen Marktwirtschaft, in der globalisierten Welt, gewissermaßen in der Luft: Sie entfalten Wirkung in Staaten, die selbst eine normativ gebundene Wirtschaftsordnung mit einem demokratischen Rechtsstaat verknüpfen, greifen aber ins Leere, wo dies nicht der Fall ist. Noch, möchte man hinzufügen, denn gerade in diesen Bereichen hat es in den vergangenen Jahrzehnten etwa durch das Trilogverfahren der Internationalen Arbeitsorganisation (ILO), aber auch durch die Selbstverpflichtung großer multinationaler Firmen erhebliche Fortschritte gegeben. Richtig ist allerdings auch, dass das Maß des Schutzes der Menschenrechte international weit von dem entfernt ist, was etwa in der Bundesrepublik hinsichtlich des Schutzes von Arbeit und der sozialen Absicherung Standard ist.

Für die Systeme der sozialen Sicherung in der Bundesrepublik gilt: Sie sollen dazu beitragen, ein menschenwürdiges Dasein zu sichern.[7] Dieses Recht ist nicht auf Deutsche beschränkt; der Begriff »menschenwürdiges Dasein« weist zurück auf Artikel 1 des Grundgesetzes und den Schutz der menschlichen Würde. Nun wäre es ein Missverständnis, dieses als eine universale Einladung zu interpretieren. Die tatsächliche Gewährleistung von Sozialleistungen hängt von vielen Faktoren ab: dem Aufenthaltsstatus, der Rechtmäßigkeit des Aufenthalts in Deutschland und vielem mehr. So ist ein nach Deutschland kommender Tourist nicht berechtigt, Sozialleistungen zu empfangen. Bestimmte Sozialleistungen sind mit einer zeitlichen Sperrklausel versehen; sie können erst ab einer Mindestzeit des Aufenthalts in Deutschland geltend gemacht werden. Angehörige von Staaten der EU haben erweiterte Rechte, die sich aus der Freizügigkeit der Arbeitnehmer in Europa ergeben. Eine Sonderrolle spielt das

Asylbewerberleistungsgesetz; hier werden Leistungen zusammengefasst, die Menschen mit prekärem Aufenthaltsstatus zustehen, also Asylbewerbern oder Ausländern mit einer befristeten, zweckgebundenen Aufenthaltserlaubnis. Diese Leistungen sind ebenfalls nachrangig; wenn hinreichend eigenes Einkommen oder Vermögen vorhanden ist, ist zunächst dieses zur Bestreitung des Lebensunterhalts heranzuziehen. Erst mit der dauerhaften Verfestigung des Aufenthaltsrechts durch eine Aufenthaltserlaubnis können auch Leistungen der Sozialhilfe beziehungsweise der Grundsicherung für Arbeitssuchende in Anspruch genommen werden.

Das Bundesverfassungsgericht hat bestätigt, dass Leistungen zur Grundsicherung eine Verpflichtung des Staates sind, die sich aus dem Schutzauftrag der menschlichen Würde ableiten lassen.[8] Dabei verwendet das Verfassungsgericht den Begriff des soziokulturellen Existenzminimums. Dieses umfasst »die physische Existenz des Menschen, also Nahrung, Kleidung, Hausrat, Unterkunft, Heizung, Hygiene und Gesundheit, als auch die Sicherung der Möglichkeit zur Pflege zwischenmenschlicher Beziehungen und zu einem Mindestmaß an Teilhabe am gesellschaftlichen, kulturellen und politischen Leben (…), denn der Mensch als Person existiert notwendig in sozialen Bezügen«. Dieser Verweis auf den personalen Begriff des Menschen erlaubt es, die sozialen und kulturellen Beziehungen (und die Möglichkeit, diese auch zu leben und zu pflegen) als konstitutiv für das Existenzminimum zu definieren. Die Diskurse der Menschenrechte (und des Menschenbildes) durchdringen und bestimmen auch den Sozialstaat. Menschenrechte sind längst mehr als Abwehrrechte gegen staatliche Willkür. Sie begründen eben auch Ansprüche, und hier hat der Staat eine Gewährleistungsfunktion. Die Frage ist lediglich, ob diese bedingt oder unbedingt ist. Das Verfassungsgericht hat dem Gesetzgeber innerhalb der aufgetragenen Gewährleistungsfunktion aber einen Gestaltungsspielraum eingeräumt. Dies betrifft die Formen und den Umfang der Leistungserbringung ebenso wie den Kreis der Berechtigten. Hier sind es vor allem Ansprüche gegen den deutschen Staat aus dem Kreis der EU-Bürger, die immer wieder eine Neujustierung erfordern; die EU ist ein unvollendeter Bundesstaat mit rudimentären sozialpolitischen Kompetenzen, aber weitgehenden Rechten auf Freizügigkeit und Niederlassung. Es überrascht folglich nicht, wenn neben der (gewollten) Niederlassung als Arbeitnehmer auch Formen der nicht gewollten Niederlassung als Bezieher sozialer Leistungen die Wirklichkeit des Verhältnisses von Sozialstaat und Menschenrechten in der EU beziehungsweise in Deutschland prägen.

Grenzen des Marktes

Die Grenzen des Marktes zu thematisieren heißt zunächst einmal, über den Charakter der Beziehung von Wirtschaft, Staat und Gesellschaft zu sprechen. Auf dem Markt verwirklicht sich ökonomische Freiheit: die Freiheit nämlich, Verträge mit anderen Marktteilnehmern abzuschließen, etwa durch An- und Verkauf, durch Überlassung oder Einräumung von Nutzungsrechten, durch Teilhabe an Gütern und Dienstleistungen und vielem mehr. Das setzt zunächst einen Staat voraus, der einen Markt oder ein marktwirtschaftliches Segment gestattet und dem Wettbewerb eine wichtige Rolle einräumt. Das ist bei kollektivistisch organisierten Volkswirtschaften nur sehr eingeschränkt der Fall. Zwar existieren auch hier Märkte, sie sind aber entweder weitgehend und umfassend reguliert oder bewegen sich in einer unregulierten Schattenwelt. Freie Märkte und kollektivistische Planung sind nicht miteinander vereinbar. Umgekehrt gilt aber auch: Eine demokratische Ordnung ist mit einer Planwirtschaft nur schwer vorstellbar. Freie Märkte und freie, demokratisch strukturierte politische Ordnungen bedingen sich gegenseitig. Und ebenso, wie in der Politik Ordnungen und Grenzen des Politischen entscheidend für die Funktionsfähigkeit einer politischen Ordnung sind, ist dies auch für den Markt der Fall. Ohne Ordnung und ohne Grenzen kann kein Markt funktionieren.

Über Grenzen des Marktes zu sprechen kann dreierlei bedeuten: Es kann erstens heißen, dass dem Markt selbst Grenzen gesetzt werden in der Art und Weise, wie er den Wettbewerb organisiert. Der Markt kann nämlich aus sich heraus nicht die Bedingungen schaffen, die für sein Funktionieren notwendig sind. Hier wären einige naheliegende Bedingungen zu nennen: dass der Wettbewerb auf dem Markt mit friedlichen Mitteln ausgetragen wird und seine Grenzen im Strafrecht findet, dass Marktteilnehmer gleiche Zugangschancen haben, dass das Eigentum geschützt ist und Verträge eingehalten werden, dass es Regeln gibt, deren Einhaltung von einer neutralen Instanz überwacht und erzwungen werden. Zu diesen Regeln gehört beispielsweise, dass bestimmte Bereiche dem Wettbewerb entzogen sind: So könnte sich ein Wettbewerber Vorteile dadurch verschaffen, dass er Bestimmungen des Arbeitsschutzes ignoriert und damit Kosten spart, dass er seinen Mitarbeitern den Lohn vorenthält oder sie unter menschenunwürdigen Bedingungen arbeiten lässt, die ihm gegenüber Wettbewerbern, die dies nicht tun, einen Vorteil verschafft. Hier legt die Soziale Marktwirtschaft Wert darauf, dass der Wettbewerb geordnet verläuft, unter Einhaltung von Regeln. Auch im Wirtschaftsleben spielt die Würde des Menschen eine wichtige Rolle, und deswegen darf der Mensch mit seiner Arbeitskraft nicht als Ware, als bloßer Produktionsfaktor, betrachtet werden. Aufgabe des Staates ist es, seine Würde im Arbeitsprozess zu schützen und ihn nicht zu einem bloßen Mittel für wirtschaftliche Zwecke werden zu lassen. Das ist die Begründung für Regelungen zum Arbeitsschutz, für Mindeststandards im Arbeitsleben, angefangen von einer Mindestanzahl von Urlaubstagen bis hin zu einem Mindestlohn, den der Arbeitgeber dem Arbeitnehmer schuldet.

Zweitens kann es heißen, dass dem Markt in seiner Wirkung Grenzen gesetzt sind, die in seinem Wesen liegen, und deshalb der Staat diejenigen gewünschten sozialen Ziele verwirklicht, die der Markt nicht oder nur schwer verwirklichen kann. Das betrifft beispielsweise die Bereitstellung von Gütern, die nicht auf dem Markt gehandelt werden können oder sollen; hier kann der Staat als

Unternehmer einspringen und die notwendigen Güter bereitstellen. Darüber hinaus kann der Staat dies auch tun, wenn er eine gleichmäßige Verteilung mit bestimmten Gütern sicherstellen will oder Güter als hoheitliche Aufgabe ansieht, die er aus Gründen der Staatsräson nicht privatisieren will. Ein Beispiel für die gleichmäßige Verteilung mit bestimmten Gütern ist ein flächendeckendes Bildungsangebot. Hoheitliche Aufgaben nimmt der Staat etwa in der Landesverteidigung oder der inneren Sicherheit wahr. Diese beiden Bereiche sind auch von den klassischen Liberalen als Grundaufgabe des Staates angeführt worden. Äußere und innere Sicherheit aufrechtzuerhalten sind, ebenso wie schulische Bildung, wirtschaftlich wenig rentable Bereiche, auch wenn neuerdings die Grenzen fließend geworden sind. So gibt es neben den öffentlichen Schulen auch privat organisierte, es gibt Länder, in denen Haftanstalten privatisiert worden sind, und es gibt – gerade in den USA – auch private Sicherheitsdienste, die in bewaffneten Konflikten außerhalb der USA die Streitkräfte auch mit militärischer Gewalt unterstützen.

Ein zweites Beispiel ist die Vermögensverteilung. Der Markt selbst sorgt nicht für eine nach welchen Kriterien auch immer zu bemessene gerechte Verteilung; das ist Aufgabe der distributiven Gerechtigkeit, der der Staat über Steuern und Umverteilung nachkommt. Ziel ist es, eine ausgewogene Gesellschaftsstruktur zu erreichen. Das bedeutet nicht, dass der Staat auf das Ziel der Gleichheit verpflichtet ist. Aber es ist klug, die sozialen Unterschiede nicht so weit sich auseinanderentwickeln zu lassen, dass der Zusammenhalt der Gesellschaft insgesamt gefährdet ist. Das wusste schon Aristoteles, und auch in der Bibel wird die Folge einer ungehemmten ökonomischen Spaltung der Gesellschaft thematisiert.

Drittens können Grenzen des Marktes auch ganz grundlegend definiert werden, nämlich dahingehend, bestimmte Zugangsvoraussetzungen für den Markt zu definieren und bestimmte Güter und Dienstleistungen als nicht marktfähig zu erklären. In Deutschland ist die unbeschränkte Geschäftsfähigkeit erst mit der Volljährigkeit gegeben, damit auch der uneingeschränkte Marktzugang;

Sonderreglungen gibt es für Einschränkungen aufgrund psychischer Beeinträchtigungen. Vor der Volljährigkeit greifen unterschiedliche Abstufungen der Geschäftsfähigkeit; auch Verkaufsverbote bis zu einem bestimmten Alter beschränken den Markt, etwa beim Erwerb von Alkohol und Zigaretten. Spannender ist aber die Frage: Welche Güter darf ich auf den Markt bringen, welche nicht? Zweifellos ist der Marktmechanismus von Angebot und Nachfrage normativ blind, er eignet sich also für alle Transaktionen, nach denen eine Nachfrage besteht. Fraglich ist allerdings, ob der Staat die Frage, was gehandelt werden darf und was nicht, dem Markt überlassen soll oder sogar darf. Tatsächlich tut dies der Staat aus guten Gründen nicht. Zwar können Waffen unter bestimmten Bedingungen erworben werden, aber der Kauf und Verkauf von ABC-Waffen ist grundsätzlich verboten. Dieses Verbot wird auch durch internationale Verträge abgestützt. Der Kauf und Verkauf von Drogen im weitesten Sinn unterliegt gesellschaftlichen Änderungen. In den USA war Alkohol in den 1920er-Jahren verboten, heute wird darüber diskutiert, den Verkauf »weicher« Drogen zu legalisieren. Die Entscheidung, welche Drogen als marktfähig angesehen werden, ist Ergebnis eines gesellschaftlichen Aushandlungsprozesses, in dem unterschiedliche Faktoren eine Rolle spielen; Angebot und Nachfrage werden damit nicht auf null reduziert, sondern lediglich aus dem offiziellen Markt gedrängt.[9]

Verboten ist der Handel mit bestimmten Tierprodukten (aus Gründen des Artenschutzes)[10] oder mit bestimmten Pflanzen zum Schutz der heimischen Flora; bestimmte chemische Stoffe bedürfen entweder eines aufwändigen Genehmigungsverfahrens oder sind gänzlich verboten. Verbote gelten auch für bestimmte Dienstleistungen: So ist etwa in Deutschland die geschäftsmäßige Förderung der Selbsttötung strafrechtlich verboten, ebenso wie die Verleitung zu einer Falschaussage oder die Anstiftung zu einer Straftat. Das Strafgesetzbuch ist eine sicherlich harte, aber verständliche Schranke, die dem Markt auferlegt wird.

Schwieriger werden Fragen, die sich aus der Grundbedingung des Marktes selbst ergeben, nämlich dem Eigentumsrecht. In der liberalen Theorie wird das Eigentum zurückgeführt auf das Eigentum, das jeder Mensch an sich selbst hat. Der Mensch ist Eigentümer seines Körpers. Auf diesem recht banalen Satz beruht die Eigentumstheorie von John Locke. Wenn ich als Eigentümer meines Körpers meine Arbeit mit Dingen mische, werden diese zu meinem Eigentum. Ein bestechend einfacher Gedanke, der die Entstehung von Eigentum erklärt und vor allem legitimiert. Das, was als Eigentum in meinem Besitz ist, darf ich auf dem Markt anbieten. Wie sieht es aber mit dem Urgrund des Eigentums selbst aus, meinem Körper?

Fangen wir mit einem einfachen Beispiel an.[11] Der Handel mit menschlichen Organen erscheint uns als abscheulich und abstoßend. Teile des menschlichen Körpers zu verkaufen erinnert an die Shakespeare'sche Figur des Shylock, der verlangt, dem Schuldner im Falle des Verzugs der Rückzahlung eines Kredits ein Pfund Fleisch aus dem Leib schneiden zu dürfen. Ein solches Ansinnen empfinden wir als obszön. Gleichwohl ist heute der Handel mit Organen hoch attraktiv und lukrativ. Die Nachfrager sind Menschen, deren Leben daran hängt, ein verpflanzungsfähiges Organ zu erhalten, und die bereit sind, einen hohen Preis dafür zu bezahlen. Und sicherlich gibt es, gerade in armen Weltgegenden, Menschen, die bereit sind, sich als Organspender auf ein solches Geschäft einzulassen. Sie könnten damit sich selbst und ihre Familien aus Not und Elend befreien, vielleicht das Geld als Startkapital für eine eigenständige wirtschaftliche Existenz nutzen. Warum sollte der Staat sie daran hindern, wo es doch eine glückliche Fügung gibt, dass ein Marktteilnehmer etwas anzubieten hat, was der andere dringend braucht?[12]

Dieses Beispiel ist insofern informativ, weil wir nicht von vorneherein davon ausgehen können, dass es sich um ein ungleiches Geschäft handelt. Beide Seiten handeln aus Not heraus, der Zeitfaktor kann den Verkäufer sogar begünstigen und in eine bessere Verhandlungsposition bringen. Er hat gegebenenfalls die Zeit, die der Käufer nicht mehr hat. Und wenn wir das Prinzip der Vertragsfreiheit ernst nehmen, dürfte es ernsthaft gegen eine solche Übereinkunft keine Einwände geben. Man könnte auch argumentieren, dass der Verkäufer als Eigentümer seines Körpers jedes Recht hat, Teile davon zu verkaufen, so wie er jedes Recht hat, mit seinem Körper zu tun, was ihm beliebt, wenn er anderen dadurch nicht schadet. Dieses Argument akzeptieren wir ja insofern auch bereitwillig, als wir es jedem zugestehen, legale Drogen zu sich zu nehmen und seinen Körper zu ruinieren, solange er am Ende nicht der Gemeinschaft zur Last fällt. Erst diese Möglichkeit eröffnet eine legitime Intervention in ein solches Verhalten. Ebenso würden wir es zwar befremdlich, nicht aber als illegal empfinden, wenn jemand seinen Körper künstlich verändert oder sogar sich verstümmelt: von den milden Varianten der Schönheitsoperationen angefangen bis zu der Praxis einiger Kulturen, als Zeichen der Loyalität sich einen Finger abzuschneiden. Warum also tun wir uns bei der Frage des Organhandels so schwer?

Wir haben ja nichts gegen Organtransplantationen an sich; die finden statt, zumeist unter Anonymität von Spender und Empfänger und ohne begleitende finanzielle Transaktionen. Entscheidungskriterium für die Zuteilung an den Empfänger ist der Grad medizinischer Dringlichkeit und eine Gesamtbewertung, die auch die Lebensumstände des Empfängers mit einbeziehen kann. Wir haben auch nichts gegen den Verkauf von Körperteilen, beispielsweise von Haaren für einen Perückenhersteller. Hier kann ja zu Recht eingewendet werden, dass diese Transaktion einen anderen Charakter hat, weil Haare im Gegensatz zu einer Niere wieder nachwachsen. Ein Grenzfall schließlich ist der Verkauf von Organen, bei denen die Entnahme erst post mortem vereinbart wird; hier würden wir argumentieren, dass dies möglicherweise falsche Anreize setzt, könnten aber vom Grundsatz keinen Einwand erheben gegen die Zulässigkeit einer solchen Markttransaktion.

Die Beispiele ließen sich fortsetzen. Wie sieht es mit dem Verkauf von DNS aus? Darf ich als Frau meine Eizellen verkaufen – zumal der Verkauf von Samenzellen zur künstlichen Befruchtung heute weitgehend akzeptiert ist? Je weiter man differenziert, desto schwieriger ist die eigentlich banale Frage zu beantworten: Wenn ich davon ausgehe, dass mein Körper mir gehört, was darf ich dann unter welchen Bedingungen auf dem Markt anbieten?

Nehmen wir ein weiteres Beispiel, die Leihmutterschaft. Eine Familie wünscht sich dringend ein Kind, weil es ihnen zum familiären Glück fehlt. Allein, eine Schwangerschaft scheint unmöglich, aus medizinischen Gründen. Hier kann mit medizinischen Mitteln Abhilfe geschaffen werden: Durch eine künstliche Befruchtung im Reagenzglas, mit einer anschließenden Einsetzung der befruchteten Eizelle in den Körper einer anderen Frau. Diese fungiert als eine Art biologischer Brutkasten und übergibt nach der Geburt des Kindes dieses den biologischen Eltern – im Sinne der Herkunft von Ei- und Samenzelle, nicht im Sinne der biologisch natürlichen Austragung. Im Gegenzug erhält die Leihmutter eine großzügige finanzielle Kompensation. Die Eigentumsrechte sind hier klar: Sowohl Ei- als auch Samenzelle stammen von dem biologischen Vater beziehungsweise der Mutter, die Leihmutter ist lediglich das Gefäß zur Austragung, ein Mittel zum Zweck. Sie ist, hinsichtlich des Kindes, nicht die biologische Mutter, was damit zusammenhängt, dass der Akt der Zeugung menschlichen Lebens von der Austragung menschlichen Lebens durch technischen Fortschritt entkoppelt worden ist. Sie hat keinerlei Anspruch auf Mitsprache bei dem ausgetragenen Kind; all ihre Ansprüche sind durch eine finanzielle Transaktion abgegolten worden.

In einer gewissen Grauzone findet sich dagegen die Prostitution, der Austausch sexueller Handlungen gegen Bezahlung. Die Einstellungen hierzu haben sich in Deutschland mit der Zeit geändert. Die Rechtspraxis rund um die Welt ist sehr unterschiedlich: Von der regulierten Gestattung bis hin zum vollständigen Verbot mit Strafbewehrung reicht das Spektrum der Marktregulierung. Das Beispiel Prostitution zeigt sehr deutlich, wie sehr auch in demokratisch verfassten Staaten die Reichweite der Regulierung des Markts von den jeweils herrschenden gesellschaftlichen Leitvorstellungen abhängen kann – und wie sich diese aber auch über die Zeit ändern können.

Nehmen wir ein letztes Beispiel: Freiwillige Versklavung auf Zeit, ein eher historisches Phänomen. Indentur war eine freiwillige

Versklavung für eine bestimmte, festgelegte Zeit. Ausgangspunkt war ein Vertrag. Häufig diente er der Finanzierung der Auswanderung in die USA, sodass zeitweise ein großer Teil der Neuankömmlinge in irgendeiner Form Unfreie waren. Nach Ablauf der vertraglich festgelegten Zeit wurde das Indenturverhältnis gelöst, ohne weitere Rechtsfolgen. Für die Dauer der Indentur gab der »Arbeitnehmer« seine Vertragsfreiheit ebenso auf wie andere Freiheiten: Dauer der Arbeit, Umstände, Ort und vieles mehr bestimmte der »Arbeitgeber«. Diese Praxis wurde allerdings mit der Unabhängigkeit der USA aufgegeben.[13]

Die Indentur interessiert als historisches Vorbild aus einem Grund: in der Möglichkeit, auf dem Markt seine Freiheit für eine bestimmte Zeit zum Kauf anzubieten, um eine bestimmte Gegenleistung dafür zur erhalten. Es betraf also weniger die physische Integrität der Person – in Einzelfällen durch Misshandlung sicherlich auch –, sondern den freiwilligen und nicht kündbaren Verkauf von Lebenszeit als Ware. Nun würden wir dieses, die erbärmlichen Bedingungen amerikanischer Sklavenarbeiter vor Augen, sicherlich entrüstet ablehnen, doch wäre diese Ablehnung noch begründet, wenn sich der Arbeitgeber zu einer humanen, den jeweiligen Arbeitsgesetzen entsprechenden Behandlung der Person verpflichten würde, die in die Indentur einwilligt? Oder würden wir argumentieren, dass auch die freiwillige Knechtschaft unter besten Bedingungen mit der Würde des Menschen unvereinbar ist und damit auch nicht auf einem Markt gehandelt werden dürfe? Zeit ist ja, nach dem bekannten Diktum von Benjamin Franklin, Geld: Und Geld kann natürlich gehandelt werden, Zeit aber nur unter einschränkenden Bedingungen. Wir haben keinen Einwand, wenn Menschen ihre Arbeitskraft auf Zeit vertraglich verkaufen, in regulären Arbeitsverträgen oder Werkverträgen. Diese sind aber jederzeit kündbar und eben nicht, wie eine Indentur, unkündbar auf eine bestimmte Zeitspanne hin abgeschlossen.

Die wenigen Beispiele machen eines deutlich. Wenn ich einen Markt nur durch Prinzipien wie Vertragsfreiheit, Eigentum und vielleicht einige Funktionsprinzipien bestimmen lasse, reicht das nicht aus. Der von der Wissenschaft konzeptionierte *Homo oeconomicus*, der nur seinen Nutzen maximiert im Wege rationalen Handelns, dieser *Homo oeconomicus* könnte in einem solchen Markt funktionieren. Aber nicht der Mensch. Er ist nicht immer rational, er hat nicht immer nur seinen Nutzen im Sinn. Er hat auch altruistische Elemente, hilft ohne Gegenleistung seinem Nächsten. Er ist egoistisch und solidarisch, von Leidenschaften ebenso bestimmt wie durch seine Vernunft.[14] Jede Wesensbestimmung des Menschen hebt andere Aspekte hervor. Der Mensch ist: das nicht festgestellte Tier, ein arbeitendes Tier, ein soziales Wesen, ein spielendes Wesen, durch seine Freiheit bestimmt oder durch seine Fähigkeit zur Transzendenz. Tatsächlich hängen am Ende viele Grenzen, die wir dem Markt ziehen, damit zusammen, dass wir uns nicht nur als Nutzenmaximierer sehen. Wir wollen nicht, dass Organe auf dem Markt gehandelt werden, weil der Mensch dadurch zu einem Mittel wird; wir wollen es nicht, weil es unserem religiösen Grundverständnis widerspricht, in dem uns Gott diesen Körper gegeben hat. Wir machen einen Unterschied zwischen dem Verkauf eines Organs und der freiwilligen, unentgeltlichen Gabe, weil der Verkauf, die Reduzierung eines Organs auf eine Ware, auch den Spender reduziert, entwürdigt. Gleiches gilt für die Leihmutterschaft: Die ethischen Bedenken schwinden, wenn es eine unentgeltliche Leistung aus Liebe ist, sie verschwinden aber nicht, wenn wir religiös intoniert sind. Und schließlich finden wir die freiwillige Versklavung als Geschäftsmodell als völlig unvereinbar mit der menschlichen Würde, als unvereinbar mit den Menschenrechten. Die Grenzen des Marktes werden also nicht durch den Markt bestimmt, sondern durch vorherrschende Wertvorstellungen in einer Gesellschaft, die wir auch im Markt wiederfinden wollen. Diese können sich, wie wir am Beispiel der Prostitution oder der Zulassung von Drogen gesehen haben, durchaus ändern.

Unsere Werte können liberal begründet sein, humanistisch, christlich, aber sie begrenzen den Markt und den Wettbewerb. Wir wollen nicht, dass der Markt und seine Mechanismen die Gesellschaft prägen; wir wollen keine Marktgesellschaft. Und im Markt selbst finden wir Begrenzungen ebenfalls sinnvoll, in unterschiedlicher Reichweite, je nach unserem Menschenbild. Neben Bereichen, die in unserer Gesellschaft sehr einvernehmlich dem Markt und dem Wettbewerb entzogen sind, gibt es Bereiche, die sich durch die gesellschaftliche Entwicklung verändern. Wenn wir also über Grenzen der Märkte debattieren, dann debattieren wir über Menschenbilder: Was ist der Mensch, was soll er sein – und was kann und muss der Staat tun, um den Menschen in seinem Menschsein zu schützen und seine Entfaltung zu ermöglichen? Wir diskutieren also über Ziele, die der Mensch sich setzt, als Einzelner oder in einer Gesellschaft. Das ist der Sinn der Wirtschaftspolitik in einer Sozialen Marktwirtschaft.

Bedürfnisse und Bedarfe

Menschen haben viele Bedürfnisse. Elementare wie Sicherheit, Liebe, Geborgenheit, Nahrung; weniger elementare wie modische Kleidung, kulturelle Anregung etwa in einem Theater, einer Oper oder einer Ausstellung, das Bedürfnis nach Anerkennung, nach Wertschätzung einer Leistung, nach Selbstverwirklichung in der gelebten Kreativität, nach religiöser Erfüllung. Der amerikanische Psychologe Abraham Maslow hat diese Bedürfnisse einmal angeordnet, in eine Hierarchie gebracht. Diese Hierarchie hat die Form einer Pyramide. Ganz unten, am Sockel der Pyramide, finden sich die grundlegenden körperlichen Bedürfnisse. Wir müssen atmen, trinken, Nahrung zu uns nehmen, schlafen. Tun wir es nicht, löschen wir unser Leben aus. Dann kommen die Bedürfnisse nach Sicherheit: nach körperlicher Unversehrtheit, nach einem Dach über dem Kopf, nach einer sozialen Absicherung. Haben wir sie nicht, ist unser Leben gefährdet. Als Nächstes in der Pyramide kommen die sozialen Bedürfnisse. Wir wollen dazugehören: zu einer Familie, zu einer Gruppe, zu einem Freundeskreis, zu einem Partner oder einer Partnerin. Können wir diese Bedürfnisse nicht erfüllen, wird unser Leben einsam. Dann kommen die

Individualbedürfnisse: Wir wollen für das geschätzt werden, was wir sind, wir wollen Anerkennung für das, was wir können oder leisten, in den unterschiedlichsten Lebensbereichen. Werden diese Bedürfnisse erfüllt, erleben wir uns als volle Persönlichkeit; werden sie es nicht, verzweifeln wir am Leben. Und schließlich, an der Spitze der Pyramide, kommen die Kulturbedürfnisse: Wir wollen uns verwirklichen, wir öffnen uns für die Transzendenz, wir wollen unsere Ideen umsetzen, kreativ sein. Können wir das nicht, verliert das Leben eine Sinndimension.

Wenn wir sagen, der Markt ist der Ort, wo über die Befriedigung menschlicher Bedürfnisse verhandelt wird, ist eines klar: Nicht alle diese Bedürfnisse der Bedürfnispyramide sind marktgängig. Es macht wenig Sinn zu versuchen, Freunde zu kaufen – der Begriff der Freundschaft schließt die Käuflichkeit aus. Auch das Bedürfnis, zu schlafen, ist nicht markttauglich. Ebenso dürfte der Versuch, sich Anerkennung etwa als Vater oder als guter Handwerker anders zu verdienen als über eine gute Vaterschaft oder eine gute Leistung als Handwerker, nicht von Erfolg gekrönt sein. Im Gegenteil: Wir könnten uns dann nicht mehr sicher sein, ob die Anerkennung dem Geld oder der Leistung geschuldet ist, und das ist ebenfalls unbefriedigend.

Dort, wo Bedürfnisse auf dem Markt gehandelt werden können und die entsprechende Kaufkraft vorhanden ist, sprechen wir von Bedarfen. Sie sind der eigentliche Gegenstand der wirtschaftswissenschaftlichen Betrachtung: Sie bilden die Nachfrage auf dem Markt. Ein Bedürfnis wird also zum Bedarf, wenn die entsprechenden Mittel dafür vorhanden sind und auch der Entschluss, den Bedarf auf dem Markt zu decken: wenn ich also etwas kaufen will und kaufen kann. Bedarfe können Güter und Dienstleistungen sein, also ein Haarschnitt ebenso wie ein neues Auto. Habe ich einen Anbieter, kann ich den Bedarf befriedigen.

In einer Marktwirtschaft kann ich die unterschiedlichsten Bedarfe befriedigen – es gibt Regeln, die dies begrenzen, aber grundsätzlich sind der Fantasie wenig Grenzen gesetzt: Pudelkosmetik, seltene Speisen und Getränke, Bungeespringen, ein Ausflug in den Weltraum,

Gemälde alter Meister oder ein Trabbi als Stretchlimousine, all das findet in der Marktwirtschaft nicht nur Anbieter, sondern auch Käufer. Hier macht der Markt keine Vorschriften, er rechtet auch nicht mit erhobenem Zeigefinger. Wir selbst mögen den einen oder anderen Bedarf als seltsam empfinden, vielleicht sogar als moralisch anstößig; wir können uns eine Meinung bilden über die Menschen, die solche Bedarfe haben, allerdings bewegen sie sich mit ihren Bedarfen im Rahmen der Gesetze, und das ist alles, was den Markt selbst interessiert. Wir mögen uns zudem fragen, ob denn Wirtschaft auch dem Ziel dienen soll, selbst noch den ausgefallensten Wunsch als Bedarf zu erfüllen, doch dass Menschen unterschiedliche Ziele, Interessen und Wünsche haben, ergibt sich aus ihrer Freiheit, und es bedarf eines guten Grundes, diese Freiheit einzuschränken. Das ist ein Zustand, der uns etwas unbefriedigt lässt: Sollte es wirklich so sein, dass wir keine moralischen Regeln anerkennen, dass uns jeder Bedarf, wenn er nicht illegal ist, legitim ist, auch wenn er noch so obszön daherkommt? Ludwig Erhard jedenfalls war an dieser Stelle sehr bestimmt. Er stellte sich die Frage, ob denn das Glück der Menschen in immer mehr materiellem Wohlstand liege, in immer mehr Gütern; und ob die Zielsetzungen der Wirtschaftspolitik hier beinahe ewige Gesetze seien. Anders formuliert: Müssen wir immer mehr wachsen, immer mehr Güter und Dienstleistungen zur Verfügung haben? Das ist die Fragestellung der modernen Wachstumskritik, und Erhard hatte eine eindeutige Antwort darauf: Immer mehr materieller Wohlstand ist der falsche Weg. Wenn die Menschen in Deutschland die geistige und seelische Bereicherung als zunehmend wertvoll erachteten, müsse man auch zu einer Korrektur der Wirtschaftspolitik kommen.[15] Ganz ähnlich sah dies Wilhelm Röpke. Er kritisierte den »Kult des Lebensstandards«, der immer mehr das Leben der Menschen bestimme, aber letztendlich die Menschen nicht erfülle, nicht glücklich mache. Folglich sah er die eigentliche Gefahr in »leeren Seelen«, die dem Aufkommen des Totalitarismus eher Vorschub leisten würden als leere Mägen. »Das farbige Fernsehen, der zweite Wagen in der Familie, die zweite Fernsehleinwand im privaten Schwimmbad – gut, und was dann? Tröstlicherweise scheint der Augenblick heranzurücken, da die Menschen entdecken, was sie an Garten, Hausmusik, Büchern und Kinderaufzucht haben.«[16]

Wir mögen heute ein wenig schmunzeln über diese leicht krähwinklig anmutende Aussage, die 1958 niedergeschrieben worden ist. Sie ist aber in dem Menschenbild vieler Ordoliberaler auch tief verwurzelt. Die Wirtschaft ist eben keine Ordnung, die völlig anderen Gesetzmäßigkeiten unterliegt als alle anderen gesellschaftlichen Bereiche. Man kann den Menschen nicht auftrennen in einen obszön maßlosen Nutzenmaximierer im ökonomischen Bereich, einen vernünftigen, ausgewogen urteilenden Staatsbürger im politischen und einen fürsorglich und vorsorglich denkenden Familienvater im privaten Bereich. Aus gutem Grund haben die Ordoliberalen gesagt: Die unterschiedlichen Bereiche bilden eine Einheit. Das gilt auch für die Strukturen der Gestaltung: Eine demokratische Ordnung verträgt sich nicht mit einer Planwirtschaft, eine Diktatur nicht mit einer freien Marktwirtschaft.

Dass dies die Vertreter der Soziallehre ganz ähnlich gesehen haben und sehen, muss hier nicht näher ausgeführt werden. Der Mensch ist als transzendent angelegtes Wesen offen für die Unbegrenztheit des Seins, und schon daraus ergibt sich eine Verfehlung des menschlichen Lebens, wenn es nur im Materiellen aufzugehen wünschte. Es ist aber schon bemerkenswert, dass Zustimmung auch von anderen politischen Lagern kam und kommt: Die kritische Theorie der Frankfurter Schule mit Max Horkheimer und Theodor W. Adorno der politischen Linken hat hier ebenso scharfe Kritik geübt wie der intellektuelle Konservativismus etwa eines Hans Freyer. Das politische Vokabular war und ist unterschiedlich, aber die Grundintention gleich: dass es dem Wesen des Menschen nicht entspricht, sich selbst im Materiellen, in der Möglichkeit der Bedürfnisbefriedigung zu verlieren, sondern dass das Menschsein durch höhere Ansprüche gekennzeichnet ist. Es war aber auch die Befürchtung, der Verlust von Maß und Mitte könne den gesellschaftlichen Zusammenhalt destabilisieren. Und es war eine Absage an die Vision immerwährenden materiellen Wachstums, an die vollständige Umsetzung der marktwirtschaftlichen Möglichkeit, Bedarfe immer und jederzeit befriedigen zu können.

Alfred Müller-Armack hat in diesem Zusammenhang bisweilen von der Ordnung nach dem Maß des Menschen gesprochen; das ist eine Ordnung, die sowohl dem Wesen des Menschen entspricht als auch gemäß der Befriedigung seiner Bedürfnisse im weiteren Sinn angelegt ist. Dabei verkürzt Müller-Armack die Bedürfnisse nicht auf diejenigen, die als Bedarfe am Markt gedeckt werden können. Grundbedürfnisse sind für ihn materielle Güter, Gemeinschaft, Sicherheit und die Freiheit und Würde der Person. Sind diese ausreichend gedeckt, kommt es zur Notwendigkeit einer zweiten Phase der Sozialen Marktwirtschaft, die eher qualitativer Natur ist – einschließlich der Verbesserung der sozialen Raumstruktur und der Umweltbeziehungen.[17] Ähnliche Überlegungen finden sich auch bei Alexander Rüstow und Wilhelm Röpke – Marktwirtschaft, gerade auch die Soziale, ist eben mehr als die Befriedigung der Bedarfe auf dem Markt. Wenn der Mensch als ganzheitliches Wesen verstanden wird und nicht nur als *Homo oeconomicus*, dann muss jede Wirtschaftspolitik auch Gesellschaftspolitik sein. Es ist diese Grunderkenntnis, die, so hat es den Eindruck, bisweilen sowohl in der Wirtschaftswissenschaft als auch bei dem einen oder anderen Wirtschaftspolitiker in Vergessenheit geraten ist.

Der Zusammenhang mit der anfangs vorgestellten Bedürfnispyramide von Abraham Maslow ist naheliegend. Ein bestimmter Anteil der Grundbedürfnisse des Menschen kann über den Markt gedeckt werden, und es ist Aufgabe der Wirtschaftspolitik, dies auch zu ermöglichen. Aber jenseits dieser Grundbedürfnisse liegen Bedürfnisse des Menschen, die anders strukturiert sind. Dies macht ihn wesentlich als Menschen aus: sein Streben nach Gemeinschaft, nach Erfüllung und Sinn, nach Einheit mit seiner natürlichen Umwelt, nach Anerkennung, nach künstlerischem Ausdruck, nach seelischem Ausdruck. Müller-Armack hat dafür den sperrigen Begriff der zusätzlich lebensqualitäterhöhenden Güter geprägt; bei Alexander Rüstow wird der Begriff der »Vitalpolitik« eingeführt; dabei handelt es sich um eine qualitative Dimension der Politik, »die bewusst alles einbezieht, wovon das wirkliche Sichfühlen des Menschen, seine Zufriedenheit und sein Glück, abhängen, und die es sich zum Ziel setzt, die Voraussetzungen für ein lebenswertes und verteidigungswürdiges Leben zu schaffen«.[18]

Diese Aussagen zeigen die Einordnung des Marktes und der Wirtschaft in der Konzeption der Ordoliberalen: Der Markt adressiert wichtige, aber keineswegs die definierenden Dimensionen des Menschseins. Der mittelbare Charakter von Wirtschaft und Markt auf die Verwirklichung des Humanen im Menschen bleibt erhalten. Spätestens hier aber gilt es erneut einzuhaken. Denn die Verwirklichung des Menschseins hat eben auch zum Inhalt, dass zuvor die basalen Bedürfnisse des Menschen adressiert werden können. Der Markt kann aber nur diejenigen Bedürfnisse befriedigen, die als Bedarfe auftreten. Was passiert aber mit allen anderen Bedürfnissen des Menschen?

Wir haben gesehen, dass Bedarfe auf dem Markt der Nachfrage entsprechen und durch die Marktmechanismen auch gedeckt werden. Wir haben darüber hinaus gesehen, dass es eine Vielzahl von Bedürfnissen gibt, die nicht marktgängig sind: das Bedürfnis nach Liebe, nach Schlaf, nach Anerkennung. Freilich gibt es in der Zwischenzone von Bedürfnissen, die nicht marktfähig sind, und solchen, die Bedarfe werden, auch solche, die marktgängig wären, aber mangels Kaufkraft nicht realisiert werden können. Sie sind das eigentliche Problem einer Marktwirtschaft. Darunter finden sich zunächst Bedürfnisse, die sich aus der grundsätzlichen Hilfsbedürftigkeit des Menschen ergeben.

Kindererziehung und -betreuung, Pflege von Alten und Kranken: Das sind Bereiche, die bei entsprechenden finanziellen Mitteln auf dem Markt zu Bedarfen werden können. Häufig aber wird diese Arbeit entweder in Familien geleistet oder in anderen Hilfsstrukturen, die vom Staat finanziert werden. Gerade die in den Familien geleistete Arbeit ist von der traditionellen Lohnarbeit entkoppelt: Es ist Beziehungsarbeit im weitesten Sinn, entkoppelt von dem Leistungsaustausch auf dem Markt und auch weitgehend entkoppelt vom engen Zusammenhang von Lohnarbeit und sozialer Sicherung. Das trifft für die nicht in Familien geleistete Betreuungsarbeit nicht zu; sie wird in der Regel von sozialversicherungspflichtigen Beschäftigten geleistet, die in keinem unmittelbaren familiären Beziehungszusammenhang zu der zu betreuenden Person stehen, aber sich für die gleiche Arbeit doch besserstellen, sowohl hinsichtlich der Einkommenssituation als auch der sozialen Absicherung.[19]

Es gibt noch eine Reihe weiterer Bedürfnisse, die nur mit wenig Aussicht auf Erfolg auf dem Markt befriedigt werden können, weil »der Gewinn die Kosten niemals decken könnte«, wie Adam Smith in schöner Freimütigkeit schreibt.[20] Der schottische Moralphilosoph und Ökonom Adam Smith, der mit guten Gründen zu einem der Gründungsväter des modernen ökonomischen Denkens gehört, war nicht der Meinung, dass der Markt alles regeln könnte. Der Staat müsse für innere und äußere Sicherheit sorgen, für ein funktionierendes Justizsystem und er müsse Infrastruktur bereitstellen, etwa durch allgemeine Bildung und durch den Ausbau von Verkehrswegen. All das könne der Markt nicht aus sich heraus. Die »unsichtbare Hand«, die Umwandlung der vielen Einzelinteressen zu einem Wohl für alle, erforderte gesicherte Rahmenbedingungen. Dies konnte nur der Staat garantieren.

Heute würden wir, wenn wir an die gesicherten Rahmenbedingungen des Wirtschaftens denken, auch andere Bedürfnisse mit einkalkulieren: eine sozial stabile Infrastruktur, eine ökologisch intakte Umwelt, Frieden und Freiheit. Der Mensch ist ja nie nur losgelöstes Wirtschaftssubjekt, sondern wirtschaftet in gesellschaftlichen Bezügen, hat Ansprüche an seine Lebensgestaltung. Hier kann man überspitzt sagen: Je allgemeiner die Interessen, die Bedürfnisse sind, desto weniger können sie vom Markt befriedigt werden. Umgekehrt: Je spezieller ein Interesse oder Bedürfnis, desto größer die Chance, dass es als Bedarf am Markt befriedigt werden kann – in den Grenzen dessen, was legal und legitim ist. Aus dieser eigentümlichen Verschränkung von Bedürfnissen und Bedarfen entwickelte sich die ebenso eigentümliche Verschränkung von Markt und Staat. Sie ist heute erheblich weiter ausgeprägt als in der Zeit von Adam Smith, doch das Grundprinzip ist das gleiche: Der Staat garantiert den Funktionsmechanismus des Marktes. Im Gegenzug schöpft der Staat Mittel aus der marktwirtschaftlichen Tätigkeit ab, die Bedürfnisse befriedigen helfen, die nicht marktgängig sind. Schon alleine dieser Gedankengang macht deutlich: Wirtschaft und Märkte stehen nie alleine, sondern sind in ein Geflecht wechselseitiger Abhängigkeiten mit dem Staat und der Gesellschaft verknüpft – und ohne diese Abhängigkeiten könnten Staat, Wirtschaft und Gesellschaft heute auch nicht funktionieren.

Das macht alle Debatten über einen Rückbau des Staates oder gar Minimalstaatsideen, wie sie beispielsweise von Robert Nozick präsentiert worden sind, zu einem kuriosen Anachronismus.[21] Der moderne Staat hat sich in Teilsysteme und eine Vielzahl von Funktionen und Aufgaben ausdifferenziert; ihn auf die Aufgaben zu beschränken, die er unter Adam Smith hatte, würde nicht nur die Komplexität der heutigen Gesellschaft leugnen, sondern vermutlich auch der wirtschaftlichen Tätigkeit schweren Schaden zufügen. Die Gesellschaft heute ist eine andere als die 1776, dem Zeitpunkt des Erscheinens von Adam Smiths Hauptwerk: mit anderen Bedürfnissen, aber auch mit anderen Erwartungen an die Funktionsweise und die Leistungsfähigkeit von Staat und Wirtschaft. Vor allem aber haben die Menschen heute, anders als 1776, andere Ansprüche an die Lebensgestaltung und die Ziele, die sie der Lebensgestaltung zugrunde legen: Sie werden mit dem Begriff der zweiten Phase der Sozialen Marktwirtschaft treffend umschrieben. Ob in dieser zweiten Phase, der Phase der »Vitalpolitik«, eine Minimalstaatskonzeption trägt, mag zu Recht bezweifelt werden.

5

Grundprinzipien der Sozialen Marktwirtschaft

Grundprinzipien sind Strukturelemente, die für den Aufbau einer Ordnung von entscheidender Bedeutung sind. Hier sind die Grundprinzipien von Ordoliberalismus und Soziallehre nicht deckungsgleich, sie schließen sich allerdings auch gegenseitig nicht aus. Subsidiarität ist ein Schlüsselprinzip der Soziallehre, das auch im ordnungspolitischen Denken eine Rolle spielt. Eigentum wird sowohl von der Soziallehre als auch den Ordoliberalen anerkannt, wenn auch mit unterschiedlicher Akzentuierung. Mit den Prinzipien von Wettbewerb, Konkurrenz und Solidarität werden Spannungsfelder benannt, die in der Sozialen Marktwirtschaft immer wieder aufgetreten sind und auch weiterhin auftreten. Risiko und Verantwortung sind Grundprinzipien der Zurechenbarkeit vor allem unternehmerischer Tätigkeit; sie spielen vor allem in der ordoliberalen Debatte eine zentrale Rolle, sind aber auch in der Soziallehre anschlussfähig geworden. Das gesellschaftliche Ordnungsprinzip der Familie hat vor allem in der unmittelbaren Nachkriegszeit eine zentrale Rolle gespielt, wenngleich die Etablierung der Familie als einem ökonomischen Akteur an Grenzen stieß. Aber auch heute noch ist Familie zumindest in der Union ein zentraler gesellschaftspolitischer Baustein. Schließlich das regulative Prinzip der Gerechtigkeit mit seinen unterschiedlichen Facetten: Trotz der gelegentlichen Diskreditierung sozialer Gerechtigkeit als eines »quasi-religiösen Aberglaubens«[1] bleibt sie als Bezugspunkt für unterschiedliche Gerechtigkeitsdimensionen auch ein wichtiges Grundprinzip der Sozialen Marktwirtschaft.

Subsidiarität

Subsidiarität ist ein gesellschaftspolitisches Ordnungsprinzip. Die Ursprünge reichen zurück bis in die Zeit der Reformation, aber die prominenteste Ausprägung des Begriffs findet sich in der katholischen Soziallehre. So lautet der berühmte Absatz aus der Enzyklika *Quadragesimo anno* aus dem Jahr 1931, der die Subsidiarität als Ordnungsprinzip umschreibt: »Wenn es nämlich auch zutrifft, was ja die Geschichte deutlich bestätigt, dass unter den veränderten Verhältnissen manche Aufgaben, die früher leicht von kleineren Gemeinwesen geleistet wurden, nur mehr von großen bewältigt werden können, so muss doch allzeit unverrückbar jener höchst gewichtige sozialphilosophische Grundsatz festgehalten werden, an dem nicht zu rütteln noch zu deuteln ist: wie dasjenige, was der Einzelmensch aus eigener Initiative und mit seinen eigenen Kräften leisten kann, ihm nicht entzogen und der Gesellschaftstätigkeit zugewiesen werden darf, so verstößt es gegen die Gerechtigkeit, das, was die kleineren und untergeordneten Gemeinwesen leisten und zu einem guten Ende führen können, für die weitere und übergeordnete Gemeinschaft in Anspruch zu nehmen; zugleich ist es überaus nachteilig und verwirrt die ganze Gesellschaftsordnung. Jedwede Gesellschaftstätigkeit ist ja ihrem Wesen und Begriff nach subsidiär; sie soll die Glieder des Sozialkörpers unterstützen, darf sie aber niemals zerschlagen oder aufsaugen.« (QA, 79)

Diese etwas umständliche Beschreibung besagt, dass staatliche Tätigkeit nur nachrangig denkbar ist, wenn sie vom Einzelnen oder Teilen der Gemeinschaft erbracht werden kann. Subsidiarität schützt also die persönliche Freiheit und Autonomie, es schützt aber auch

Familien. Subsidiarität ist ein Kompetenzanmaßungsverbot des Staates. Es ist das vertikale Ordnungsprinzip einer Gesellschaft; es ist, wie es Christopher Sachße einmal formuliert hat, »ein Strukturprinzip für die Organisation des Volkslebens jenseits des Klassenkampfes«.[2]

Mit dem Prinzip der Subsidiarität hat die Kirche eine organische Antwort auf die Herausforderung der industriellen Moderne gefunden und sich gleichzeitig von den zentralistischen Strukturen eines monarchischen Absolutismus verabschiedet. Es war die Reaktion der Kirche auf die soziale Frage und auf das sozialistische Rezept, die soziale Lage durch einen Klassenkampf neu zu definieren. Zudem stellt das Prinzip der Subsidiarität ein Gegenmittel gegen die totalitären Ideologien des 20. Jahrhunderts bereit. Staatliche Tätigkeit findet ihre Legitimation in der Unterstützung der Glieder eines Sozialkörpers, nicht in ihrer Zerstörung. Das gilt auch und gerade für Familien: Totalitäre Regime brechen Familien zugunsten der totalitären Ideologie auf. Die Kinder werden gegen die Eltern, die Eltern gegen die Kinder ausgespielt. Demgegenüber stellt das Prinzip der Subsidiarität klar: Die jeweils höhere Handlungslegitimation liegt auf der jeweils niedrigeren Ebene. Das gilt für den Staatsaufbau, vor allem aber die Ordnung der Gesellschaft. Der Einzelne wird durch das Prinzip der Subsidiarität berechtigt, aber auch verpflichtet. Gleiches gilt für Familien. Sie sind besonders geschützt als wesentliche Bausteine einer Gesellschaft. Staatliche Regelungskompetenz in der Familie besteht nur in ganz eng umrissenen Feldern. Der Innenraum des familiären Lebens ist grundsätzlich staatsfern. Gleichzeitig haben aber die untergeordneten Gemeinwesen auch ein Anrecht auf Hilfe vom Staat. Der Staat ist also nicht Nothelfer in Fällen, in denen es gar nicht anders geht, sondern es gibt eine aktive Verpflichtung zur Ertüchtigung subsidiärer Strukturen. Mit anderen Worten: Subsidiarität ist nicht nur ein Zuständigkeitsprinzip, sondern auch ein Rechtsprinzip.[3]

Das Prinzip der Subsidiarität ist in modernen Gesellschaften notwendiger denn je, denn moderne Gesellschaften sind Massengesellschaften, die überdies über ein hohes Maß an räumlicher und sozialer Flexibilität verfügen. Was es früher an stabilen räumlichen und sozialen Strukturen gab, verflüssigt sich in der modernen Gesellschaft; der planende, unterstützende, begleitende, der fürsorgende Staat bekommt einen höheren Stellenwert. Die Lebensrisiken werden auf die gesamtgesellschaftliche Ebene verlagert; alte Stützmechanismen wie Zünfte, Stände oder die Familie konnten diese Aufgabe in der Zeit der beginnenden Industrialisierung mit seinen völlig neuartigen Produktionsbeziehungen nicht mehr erfüllen. Diese Erkenntnis stand am Beginn des modernen Sozialstaats. Umso wichtiger ist es, dass nicht ein allumfassender, ein allgegenwärtiger Staat entsteht, der die individuelle Freiheit im Namen umfassender Planung und Vorausschau erstickt. Deswegen ist Subsidiarität zunächst ein Prinzip der Machtbegrenzung und darüber hinaus ein Prinzip der Ermächtigung: Machtbegrenzung durch Kompetenzvermutung in der jeweils kleineren gesellschaftlichen Einheit, Ermächtigung der Person und ihres sozialen Umfelds, ein Optimum an Freiheit zu leben und dafür auch Verantwortung zu übernehmen.

Subsidiarität erwies sich deshalb als erfolgreich, weil es eine Lücke in der ordoliberalen Weltsicht schloss; nun konnte relativ bequem ein Kriterium angegeben werden, wann es der staatlichen Initiative (auch im Markt) bedurfte und wann nicht. Hier ergänzten sich Ordoliberalismus und Soziallehre, auch wenn es in der praktischen Ausgestaltung durchaus kontroverse Debatten gab. Die Soziallehre nutzte das Prinzip der Subsidiarität in besonderer Weise zur Förderung der Familien; dies führte zu ersten großen Debatten in den 1950er-Jahren und ist auch heute noch ein kontroverser Dauerbrenner.

Eine große Rolle spielte das Thema Subsidiarität auch bei den Fragen von Mindeststandards im Arbeitsmarkt, vor allem der Frage des Mindestlohns. Der Idee der Subsidiarität würde es entsprechen, diese Thematik weitgehend den Tarifpartnern zu überlassen, also Arbeitgebern und Gewerkschaften. Aber gerade beim Mindestlohn hat sich gezeigt, dass die Tarifpartner zunehmend nicht mehr in der Lage waren, eine untere Lohnhöhe allgemeinverbindlich zu regeln. Deshalb war am Ende der Staat aufgefordert, eine Lösung zu finden.

Subsidiarität soll Solidarität so organisieren, dass sich Personalität entwickeln kann. Dabei ist Subsidiarität immer auf das Gemeinwohl bezogen – weniger auf das Gemeinwohl als der Summe aller in einer Gesellschaft vereinigten Werte als vielmehr auf die Bedingungen, die dem Menschen die volle Entfaltung der Werte ermöglichen. Gemeinwohl ist also auf die Entfaltung der Person bezogen und nicht Ausdruck eines ethischen Höchstwertes, der eine Gemeinschaft über die Person stellt.[4] Das ist die innovative Seite des Prinzips der Subsidiarität: Das Gemeinwohl wird nicht primär inhaltlich gedeutet, sondern ist Resultat gerechter, den Menschen ertüchtigender Strukturen: Aus zentralistischen Strukturen kann keine Gerechtigkeit entstehen, die Voraussetzung dafür ist die Subsidiarität.

Subsidiär geprägt war auch die Gestalt des frühen Sozialstaats. Die soziale Frage und die als besonders drängend empfundene Absicherung von Arbeitern und ihren Familien wurden nicht durch staatliche Programme erledigt, sondern durch eine Versicherungslösung. So entstanden zunächst die Systeme der Sozialversicherung bei Krankheit (1883), bei Unfall (1884) und bei Alter und Invalidität (1889). Später kamen zwei weitere große Versicherungssysteme hinzu: die Arbeitslosenversicherung (1927) und die Pflegeversicherung (1995). Neben dieser staatlichen Organisation des Sozialen entstanden in drei Bereichen subsidiäre Strukturen, die ebenfalls wichtig für die sozialpolitische Landschaft wurden. Das betraf zunächst die Vielzahl von katholischen Vereinen, die zunächst lokale und regionale Bedeutung hatten. Sie schlossen sich zum Teil zu nationalen Sammlungsbewegungen zusammen, die eine Reihe – auch sozialer – Aufgaben wahrnahmen. Gleichzeitig bildeten sich Assoziationen der Selbsthilfe, vor allem Konsum- und Wohnungsgenossenschaften, aber auch Kreditgenossenschaften, die stärker im gewerblichen Bereich tätig waren. Der dritte Bereich war die gewerkschaftliche Organisation. Die Gewerkschaften im Kaiserreich entstanden aus unterschiedlichen Gründungskontexten. Neben der Anerkennung als Tarifparteien strebten sie aber auch eine Verbesserung der Lage der Arbeiter an, nicht zuletzt durch Organisationen der Selbsthilfe;

diese betrafen beispielsweise die Zahlung von Krankenbeihilfen und Sterbegeld oder die Gewährung von unentgeltlichem Rechtsschutz. Anders formuliert: Nicht die Großformation des Klassenkampfs zwischen Arbeit und Kapital war bestimmend, sondern die Selbstorganisation der gesellschaftlichen Kräfte in der bürgerlichen Gesellschaft.

Diese Entwicklungslinien wurden in der Weimarer Republik verstärkt. Der Staat übernahm die Verantwortung für die soziale Sicherung seiner Bürger, und die katholische Soziallehre rückte in das Zentrum der politischen Gestaltung, vor allem in Gestalt des langjährigen Arbeitsministers Heinrich Brauns.[5] Die freien Träger der Wohlfahrt entwickelten sich zu großen Massenorganisationen.

In der Bundesrepublik wurde die Idee der Subsidiarität als Gegengewicht zu einer umfassenden wohlfahrtsstaatlichen Aufgabenzuschreibung des Staates gesehen. Zwar firmierte die Bundesrepublik laut Grundgesetz als ein demokratischer und sozialer Bundesstaat (Art. 20 Absatz 1 GG), aber um die Frage der Ausgestaltung des Sozialstaatsgebotes gab es kontroverse Debatten. Beobachtern war nicht entgangen, dass die relative Offenheit des Sozialstaatsgebotes auch eine umfassende Umgestaltung der wirtschaftlichen und sozialen Verhältnisse zuließ.[6] Das Gespenst des allumfassenden Versorgungsstaats ist deshalb nicht selten von Vertretern der Union beschworen worden, um die grundsätzlichen Alternativen deutlich zu machen. Das Sozialstaatsgebot konnte auch als Ermächtigung des Staates verstanden werden, durch umfangreiche soziale Programme soziale Sicherheit zu garantieren. Davon aber wollte die Union nichts wissen. Am Ende eines solchen Weges stehe, so Ludwig Erhard, »der soziale Untertan und die bevormundete Garantierung der materiellen Sicherheit durch einen allmächtigen Staat, aber in gleicher Weise auch die Lähmung des wirtschaftlichen Fortschritts in Freiheit«.[7] In eine ähnliche Kerbe schlug auch Konrad Adenauer in seiner Regierungserklärung 1957. Den Bundestagswahlkampf hatte die CDU unter dem Schlachtruf »Keine Experimente!« geführt, und Adenauer erklärte sehr deutlich, was er damit meinte: »Die Bundesregierung ist entschlossen, den Gedanken der Selbsthilfe und privaten Initiative in jeder Weise zu fördern und das Abgleiten in einen totalen Versorgungsstaat, der früher oder später den Wohlstand vernichten würde, zu verhindern.«[8] Aus diesen beiden Zitaten wird deutlich, wie damals die grundsätzlichen Alternativen gesehen wurden: Auf der einen Seite Eigeninitiative, Subsidiarität, Wohlstand; auf der anderen Seite bevormundende Betreuung, Zentralismus, Stillstand. Dahinter stand sicherlich auch – wir befinden uns in einer Hochphase des Kalten Krieges und des Systemgegensatzes von Sozialismus und freier Welt – die Furcht vor sozialistischen Ideen, aber weniger in Form des real existierenden Sozialismus, sondern einer schleichenden Aushöhlung von Freiheitsrechten im Namen wohlfahrtsstaatlicher Sicherung. Der Subsidiarität als Ordnungsprinzip sollte hier eine freiheitssichernde Wirkung zukommen.

Die Reichweite dieser Debatte zeigte sich auch bei der gesetzlichen Neuregelung der Sozial- und Jugendhilfe Anfang der 1960er-Jahre. Sie enthielt eine Klausel, die neben der Pflicht zur Unterstützung der freien Wohlfahrtspflege eine sogenannte Funktionssperre enthielt: Öffentliche Träger sollten neue Einrichtungen nicht schaffen, wo geeignete Träger der freien Wohlfahrtspflege bereits existierten oder möglicherweise erst geschaffen werden können. Hieran entzündete sich nicht nur eine heftige öffentliche Debatte, sondern auch eine Klage vor dem Bundesverfassungsgericht, die allerdings als unbegründet zurückgewiesen wurde.[9] Das Sozialstaatsprinzip, so das Bundesverfassungsgericht, verpflichte zwar den Staat, für eine gerechte Sozialordnung zu sorgen, es besage jedoch nicht, dass dies nur durch behördliche Maßnahmen erfolgen dürfe; vielmehr stehe es dem Staat auch frei, private Wohlfahrtsorganisationen zur Mithilfe vorzusehen.[10] Dies war keineswegs nur eine Debatte aus den 1960er-Jahren. Als 1994 das Pflegeversicherungsgesetz geschaffen wurde, hat man unmissverständlich festgelegt, dass freigemeinnützige und private Träger Vorrang gegenüber öffentlichen Trägern haben (§ 11 Abs. 2 SGB XI). Auch hier gibt es also eine Vorfahrt für die nichtöffentlichen Träger.

Freilich, hier spielten die Interessen von großen freien Trägern der Sozialhilfe eher eine Rolle als die Frage einer durchgängig subsidiären Struktur der Gesellschaft, aber die Sperrklausel zeigte doch, wie weit das Subsidiaritätsprinzip, offensiv ausgelegt, den Wesensgehalt gemeindlicher Selbstverwaltung überwölben konnte.[11] Im Ergebnis allerdings bedeutete die Sperrklausel keine Eindämmung der öffentlichen Sozialpolitik, die in den darauf folgenden Jahren eine spürbare Ausdehnung erfuhr. Gleichwohl zeigte hier das Subsidiaritätsprinzip eine ordnungspolitische Gestaltungskraft, die bis heute anhält. Gegenwärtig sind es auch die großen Träger der Wohlfahrt, die von dem Prinzip der Subsidiarität profitieren: Caritas, Diakonie, Paritätischer Wohlfahrtsverband und viele andere. Sie fügen sich zu einer Trägerlandschaft, die in dieser Form vermutlich einmalig in Europa ist und eine Vielzahl von Aufgaben wahrnimmt: von der Kinderbetreuung über die Behindertenhilfe bis hin zur Eingliederung in Arbeit. Dennoch ist die Kritik an der Eigendynamik sozial tätiger Großorganisationen nicht völlig unberechtigt. Sie leben einerseits von den Zuständen, an deren Beseitigung sie mit staatlicher Unterstützung mitwirken; Kritiker behaupten deshalb, weniger die Beseitigung der Missstände sei im Interesse der sozial tätigen Großorganisationen als vielmehr ihre Verwaltung. Der Vorwurf, die Wohlfahrtsverbände stünden »auf den Schultern der Schwachen«,[12] ist nicht ganz abwegig, zumal ja auch im Prozess der Gesetzgebung diese Verbände eng eingebunden sind und ihre Interessen wahren können. Sicher ist auch, dass der größte dieser Verbände – die Caritas – mittlerweile der größte Arbeitgeber in Deutschland ist. Alleine die Caritas und das Diakonische Werk zusammengenommen beschäftigen mehr als eine Million Mitarbeiter. Sie stellen damit nicht nur eine große soziale Infrastruktur zur Verfügung, sondern haben auch erhebliche »Marktmacht«. So stellte die Monopolkommission 1998 kritisch fest, dass sich die Strukturen zwischen den Wohlfahrtsverbänden und dem sozialen Versicherungssystem als »bilaterales Kartell« darstellten.[13] Eine stärkere Berücksichtigung freier und privater Träger und eine Steuerung über Zielvereinbarungen mit den Trägern seitens des Staates scheinen hier aber zu einer Entschärfung der Kritik geführt zu haben. Doch es bleibt festzuhalten: Die Wohlfahrtsverbände haben eine nach wie vor hohe Marktmacht, sind eng mit der Politik verschränkt und können in einzigartiger Weise über Öffentlichkeitsarbeit ihre eigenen Zuständigkeiten verteidigen und sich neue Wirkungsfelder erschließen.

Ein zweiter Blick auf die Subsidiarität führt uns von den Rechten zu den Pflichten. Nach dem Prinzip der Subsidiarität gibt es auch eine Verpflichtung zur Eigenhilfe, bevor Fremdhilfe in Anspruch genommen werden kann. So hieß es im alten Bundessozialhilfegesetz eindeutig: »Sozialhilfe erhält nicht, wer sich selbst helfen kann oder wer die erforderliche Hilfe von anderen, besonders von Angehörigen oder von Trägern anderer Sozialleistungen, erhält.«[14] Diese Regelung ist wortgleich in das Sozialgesetzbuch XII übernommen worden, das heute die Sozialhilfe regelt. In der Grundsicherung für Arbeitssuchende ist der Sachverhalt komplizierter. Hier gilt nach § 9 Absatz 1, dass hilfebedürftig nur ist, »wer seinen Lebensunterhalt nicht oder nicht ausreichend aus dem zu berücksichtigenden Einkommen oder Vermögen sichern kann und die erforderliche Hilfe nicht von anderen, insbesondere von Angehörigen oder Trägern anderer Sozialleistungen, erhält«. Das Gesetz enthält dann auch detaillierte Bestimmungen darüber, was als Einkommen und Vermögen angerechnet wird und was nicht. Damit werden sozialstaatliche Aufgaben vonseiten des Gebers wie des Nehmers rechtfertigungspflichtig. Dort, wo genügend Eigenmittel zur Verfügung stehen, muss und darf der Staat nicht tätig werden. Er kann Zuwendungen auch von einer Mitfinanzierung abhängig machen. So können beispielsweise Kinder für die Pflegeaufwendungen ihrer Eltern, sofern diese von der öffentlichen Hand getragen werden, zur Mitfinanzierung verpflichtet werden, freilich im Rahmen großzügiger Freigrenzen. Leistungen etwa der Sozialhilfe oder der Hilfe nach SGB II werden dann nicht gewährt, wenn andere Einkommen oder ausreichend Vermögen vorhanden ist. Das gilt auch für das Einkommen eines Ehepartners: Ist hier genügend Haushaltseinkommen vorhanden, gibt es keinen Anspruch auf Unterhalt gegenüber dem Staat. Die Struktur der Hilfesysteme im

SGB II führt auch dazu, dass familienpolitische Leistungen auf den Bedarfssatz angerechnet werden. Kindergeld beispielsweise reduziert den Anspruch auf Leistungen deshalb, weil über die Leistungen nach dem SGB II lediglich das soziokulturelle Minimum abzudecken ist.

Kontrovers debattiert worden ist diese Nachrangigkeit von Sozialleistungen im Fall der sogenannten Zwangsverrentungen. Dies betrifft ältere Arbeitssuchende, die in der Grundsicherung (SGB II) sind. Wenn ihr zu erwartender Rentenanspruch über der Grundsicherung liegt, kann auch gegen den Willen der Arbeitssuchenden ein Antrag auf Frühverrentung gestellt werden. Die Logik dahinter ist: Auch gegenüber einem Rentenanspruch sind Sozialleistungen nachrangig. Der Arbeitssuchende muss zunächst die ihm selbst zur Verfügung stehenden Mittel ausschöpfen, bevor er die Gemeinschaft in die Mitverantwortung nimmt. Der Rentenanspruch gilt hier als ein Eigentumstitel, also als vorrangige Quelle für die Bestreitung des Lebensunterhaltes, und muss deshalb bei Vorliegen der Voraussetzungen vorrangig in Anspruch genommen werden – auch unter Inkaufnahme von Rentenabschlägen.

Viel Scharfsinn hat der Gesetzgeber auf die Frage verwendet, wie in einer Welt sich ändernder persönlicher Sozialbeziehungen im Nahbereich Einstandspflichten begründet werden können. Unproblematisch ist es zweifellos bei der klassischen Ehe. Sie begründet Rechte und Pflichten und wirkt sich auch auf die Hilfestellungspflicht des Staates aus. Vereinfacht formuliert: Verdient einer der Ehepartner genügend Geld, kann der andere nicht mit Sozialleistungen nach SGB II oder SGB XII rechnen. Um auch die Lebensformen zu erfassen, in denen Partnerschaften außerhalb einer klassischen Ehe gelebt werden, hat der Gesetzgeber den schönen Begriff der »Bedarfsgemeinschaft« geprägt. Damit will man Formen des eheähnlichen Zusammenlebens erfassen und dem Prinzip der Subsidiarität unterwerfen. Der Gedanke dahinter ist: Wenn eine eheähnliche Gemeinschaft gemeinsam wirtschaftet, muss sie auch füreinander einstehen. Ansonsten könnte es einen Anreiz geben, zum Bezug sozialstaatlicher Leistungen eine Ehe zu vermeiden, auch wenn objektiv keine

Bedürftigkeit vorliegt. Hier scheint das Prinzip der Subsidiarität an eine Grenze zu geraten. Zwar versucht der Gesetzgeber anhand bestimmter Kriterien die Vermutung zu erhärten, dass ein wechselseitiger Wille, füreinander einzustehen und Verantwortung füreinander zu tragen, besteht; doch in der Praxis stößt die Überprüfung dieser Kriterien häufig an ihre Grenzen. Die Grenzziehung zwischen einer Bedarfsgemeinschaft im Sinne des Sozialgesetzbuches und einer bloßen Wohngemeinschaft mit Hilfen auf Gegenseitigkeit (wie sie sich zunehmend auch als Formen des Zusammenlebens entwickeln) ist nicht immer trennscharf.[15]

Dies zeigt, wie schwierig das Prinzip der Subsidiarität manchmal in der Praxis ist. Ein zweites Beispiel mag das verdeutlichen: die Frage eines öffentlich geförderten Arbeitsmarktes. In der Politik gibt es sehr unterschiedliche Vorstellungen darüber, inwieweit der Staat für die Beschaffung von Arbeit für den Einzelnen zuständig ist; folglich unterscheiden sich auch Strategien, um mit dem Problem der Langzeitarbeitslosigkeit umzugehen. Darauf soll hier nicht eingegangen werden. Es gibt gute Gründe, gerade bei Langzeitarbeitslosen eine Form der Arbeit zu finanzieren. Dazu gehören die Aufrechterhaltung einer geregelten Tagesstruktur, ein sozial stabilisierendes Umfeld am Arbeitsplatz und vielleicht auch die Anerkennung durch und über Arbeit; all dies mag hilfreich sein, auf dem regulären Arbeitsmarkt wieder Fuß zu fassen. Über die Frage aber, welche Formen der Arbeit sinnvoll sind, gibt es auch aus Gründen der Subsidiarität Streit. Für die einen kommt nur eine Arbeit infrage, die marktnah organisiert ist; es nutzt wenig, so das Argument, marktferne Arbeit zu organisieren, gerade dann, wenn das Ziel die Integration in den ersten Arbeitsmarkt ist. Solche Arbeitsgelegenheiten sind ein fester Bestandteil des Instrumentenkastens zur Wiedereingliederung von Langzeitarbeitslosen. Die anderen bestehen darauf, dass die angebotenen Arbeitsgelegenheiten zusätzlich sind, im öffentlichen Interesse liegen und wettbewerbsneutral sind – überdies auch nachrangig gegenüber einer regulären Vermittlung in Arbeit oder einer Qualifizierung. Unschwer erkennt man hier eine Variante der Sperrklausel, wie sie oben angesprochen worden ist. Der Staat soll keine wirtschaftliche Tätigkeit ausüben oder finanzieren, die von privaten Anbietern ebenso gemacht werden kann. Das hat dazu geführt, dass teilweise kuriose Arbeitsgelegenheiten gefördert wurden. Aber Puzzle zusammenzulegen, um damit die Vollständigkeit zu überprüfen, ist keine sinnstiftende Arbeit.

Aber auch die Alternativen sind mitunter ordnungspolitisch wenig erfreulich und sinnvoll. Die Förderung von Arbeiten, die auch von Privaten erledigt werden können, führt zu Verdrängungseffekten. Damit werden dann Arbeitsplätze in der privaten Wirtschaft gefährdet, auch wenn diese Arbeitsplätze von öffentlichen Aufträgen abhängig sind. Aus anderen Gründen umstritten ist die Schaffung von öffentlich geförderter Beschäftigung dort, wo dem Staat für eine reguläre Beschäftigung das Geld fehlt. Es kann sinnvoll sein, beispielsweise Hausmeister an Schulen einzustellen, damit dort kleinere Reparaturen zeitnah erledigt werden können und auch ein verlässlicher Ansprechpartner für die Infrastruktur einer Einrichtung vorhanden ist. Der Einwand dagegen ist kein prinzipieller, sondern betrifft die Vorgehensweise: Wünschenswert wäre natürlich, dass dies im Rahmen eines regulären, nach Tarif bezahlten Arbeitsverhältnisses erfolgt und nicht nach den erheblich geringeren Sätzen einer öffentlich geförderten Beschäftigung, in der Arbeit beispielsweise durch die Umwandlung der Leistungen zur Grundsicherung in einen Lohn erfolgt. Andererseits: Arbeit zu finanzieren mag allemal besser sein, als Arbeitslosigkeit zu finanzieren, auch wenn damit ordnungspolitisch von der reinen Lehre abgewichen wird.

Die Frage, was »richtig« ist, soll hier nicht entschieden werden; hier ging es lediglich darum, die Auswirkungen des Prinzips der Subsidiarität als gesellschaftspolitisches Ordnungsprinzip aufzuzeigen und einige daraus entstehende Probleme zu skizzieren. Wie man solche Probleme angeht, wird nicht zuletzt von den allgemeinen politischen Rahmenbedingungen abhängen: In einer Wirtschaft, die von hoher Arbeitslosigkeit geprägt ist, werden andere Problemlösungen in den Vordergrund rücken als in einer Wirtschaft, die nahe an der Vollbeschäftigung steht. Es wird zweitens von den persönlichen weltanschaulichen Präferenzen abhängen, ob das Vertrauen in den Staat größer ist als das in den Einzelnen oder den Markt. Das Prinzip der Subsidiarität jedenfalls soll als Ordnungsprinzip den Einzelnen ertüchtigen und den Staat in seinen Zuständigkeiten auf Hilfestellungen beschränken. Doch stößt man in der Praxis immer wieder auf das Phänomen, dass sich Menschen nicht nach dem präferierten Menschenbild verhalten: dass sie wenig Wert auf individuelle Freiheit legen, solange sie auskömmlich (am besten durch die Gesellschaft) subventioniert werden. Für solche Fälle eine Lösung zu finden, ohne die Ansprüche der Subsidiarität vollends über Bord zu werfen, daran zeigt sich am Ende die kluge, am Menschen orientiere Anwendung abstrakter Prinzipien in der Lebenswirklichkeit.

Eigentum, Miteigentum, Mitbestimmung

Ohne Eigentum kein Markt, ohne Eigentum keine Leistung, ohne Eigentum keine Freiheit: Das ist, kurz formuliert, die liberale Tradition des Eigentums, die von John Locke formuliert wurde, aber schon in den Naturrechtsdebatten der Aufklärung wurzelte.[16] Diese liberale Eigentumsidee hat sich als wirkmächtig erwiesen; sie ist der Kern der Eigentumsgesellschaft. Auch die Soziallehre hat dieser Tradition Tribut gezollt. Freilich bleibt hier, bei aller Anerkennung des Eigentums, ein Vorbehalt, eine Einschränkung: Eigentum wird in der Soziallehre an das Gemeinwohl zurückgebunden. Die gemeinsame Nutznießung aller Güter ist das »Grundprinzip der gesamten sozialethischen Ordnung« (LE, 19); folglich ist das Privateigentum dem gemeinsamen Recht der Nutznießung untergeordnet. (LE, 14) Die gesamte Schöpfung ist für den Menschen da, dient seiner Entwicklung. Privateigentum ist nicht absolut und unantastbar, sondern steht in einer Zweckbestimmung. Aus dieser Zweckbestimmung heraus erhält es seine Legitimation. Überspitzt formuliert: Eigentum ist ein horizontaler Rechtstitel, aber kein vertikaler; im Verhältnis der Menschen zu Gott ist Letzterer der Obereigentümer.[17]

Freilich, in einem waren sich Ordoliberalismus und Soziallehre einig: Eigentum und Freiheit gehören zusammen, ebenso Eigentum und die Möglichkeit der Eigenentwicklung. Vor allem die Soziallehre drängte deshalb darauf, auch den unteren Einkommensschichten die Bildung von Eigentum zu ermöglichen. Hintergrund war dabei durchaus der Versuch, den Gegensatz von Kapital und Arbeit zu überwinden oder doch zumindest abzumildern, auch in den Betrieben selbst.

Den Gegensatz von Kapital und Arbeit konnte man überwinden, indem man die Arbeiter in den Betrieben mitbestimmen ließ – oder sie zu Miteigentümern machte. Beides wurde in der Soziallehre debattiert und bestimmte auch die politische Debatte. Miteigentum war eine der Forderungen des Ahlener Programms der CDU von 1947 gewesen; und Mitbestimmung, so hatte es eine Entschließung des Bochumer Katholikentags von 1949 festgestellt, war ein natürliches Recht in gottgewollter Ordnung. Freilich war wohl beides zusammen nicht zu haben, und hier zeigten sich auch die politischen Debattenlinien: Mitbeteiligung stieß auf Vorbehalte sowohl der Gewerkschaften wie auch der Unternehmer, Mitbestimmung hingegen war bei den Gewerkschaften populär.[18] Betriebliche und überbetriebliche Beteiligungsmodelle wurden diskutiert, die mittels Leistungs-, Kapital- oder Gewinnbeteiligung finanziert werden konnten, jeweils auch mit unterschiedlichen Zielrichtungen: Vermögensverteilung auf der einen, Vermögensbildung auf der anderen Seite. Die Zwecke der Vorschläge hingegen konnten sehr unterschiedlich sein: die Verhinderung der Konzentration wirtschaftlicher Macht, die Überbrückung des Konflikts von Kapital und Arbeit auf betrieblicher Ebene, die Entproletarisierung der Arbeiter und ihre Einhausung in der Demokratie durch Vermögensbildung, die breitere Verteilung der Vermögen als Voraussetzung einer stabilen Wirtschaftsdemokratie, aber auch die Abwehr sozialistischer Konzeptionen einer Vergemeinschaftung der Produktionsmittel oder die Stärkung gewerkschaftlicher Mitwirkungsrechte im Fall überbetrieblicher Fonds. Die von Ludwig Erhard formulierte Losung des »Wohlstands für alle« setzte notwendig voraus, dass auch die unteren Schichten von dem staunenswerten wirtschaftlichen Aufschwung profitierten, nicht nur durch höheren Konsum, sondern vor allem auch durch die Bildung von Vermögen und Eigentum. In der unionsinternen Auseinandersetzung zwischen Vertretern des Ordoliberalismus und der Soziallehre war Konsens, dass Vermögen und Eigentum Voraussetzung für Freiheit und Eigenverantwortung sind. Nur wurden diese Debatten zunehmend nicht im Kontext betrieblicher oder überbetrieblicher Beteiligungen geführt, sondern unabhängig davon. Als das kirchliche Lehramt dann in der Enzyklika *Mater et Magistra* im Jahr 1961 formulierte, es sei wünschenswert, »dass die Arbeiter in geeigneter Weise in den Mitbesitz an ihren Unternehmen hineinwachsen« (MM, 77), waren in Deutschland die Weichen bereits anders gestellt. Anstatt Mitbestimmung durch Mitbesitz lautete die Devise: Mitbestimmung im Betrieb und Vermögensbildung durch Sparförderung und Sozialversicherung.

Die Forderung nach Miteigentum war nicht neu, sondern spielte schon in den 1920er-Jahren eine wichtige Rolle für die Positionsbestimmung christlich-sozialer Politik. In der Situation nach dem Zweiten Weltkrieg war die Ausgangssituation eine andere. Zum einen hatte der Krieg ein Maß an Zerstörung mit sich gebracht, dass es zunächst galt, die dringendsten Bedürfnisse zu befriedigen. Darüber hinaus galt es, die Lehren aus der Weimarer Republik zu ziehen, auch im wirtschaftlichen und sozialen Bereich. Im wirtschaftlichen Bereich sollte eine Konzentration von wirtschaftlicher Macht vermieden werden, im sozialen Bereich die Beheimatung der Arbeiter in der neuen demokratischen Ordnung gewährleistet werden. Die soziale Funktion der Beheimatung des Arbeiters erschien den Ordoliberalen am ehesten gewährleistet durch ein starkes wirtschaftliches Wachstum, an dem die Arbeiter teilhaben sollten, den Ausbau der Sozialversicherungen und die Förderung von Eigentum. Die Christlichsozialen bevorzugten betriebliche beziehungsweise überbetriebliche Beteiligung, standen aber einer staatlichen Förderung von Vermögensbildung nicht ablehnend gegenüber.

Freilich bestand aber auch eine Übereinstimmung in wichtigen Fragen. Eine breite Eigentumsbildung wurde als wünschenswert für die Stabilität der politischen Ordnung angesehen, und auch in der freiheitsbegründenden Potenz des Eigentums war man sich einig; Eigentum schützte vor kollektivistischen Versuchungen. Darüber hinaus betonten die beide Konzeptionen die Selbstverantwortung des Einzelnen und den Spannungsbogen von Einzelnem und Gemeinwohl; dabei teilten weder die Soziallehre noch der Ordoliberalismus die Auffassung, dass sich das Gemeinwohl durch das Wirken einer unsichtbaren Hand beinahe naturwüchsig entwickele. Tatsächliche Differenzen gab es aber in der Frage des Miteigentums.

Seit Anfang der 1950er-Jahre hatte der Sozialflügel der Union das Thema auf die politische Tagesordnung gebracht. Karl Arnold etwa plädierte auf dem Parteitag der CDU 1950 für einen Investivlohn. Arnold berief sich ausdrücklich auf das Ahlener Programm von 1947, in dem die Beteiligung der Arbeitnehmer am Unternehmen als Ziel der CDU festgeschrieben worden war. Ein Investivlohn schien eine elegante Idee, um sowohl der Miteigentumsidee als auch der Möglichkeit der Selbstfinanzierung von Unternehmen gerecht zu werden, was angesichts dringend notwendiger Neuinvestitionen in der Frühphase der Sozialen Marktwirtschaft notwendig schien. Allerdings folgten dem bejubelten Grundsatzreferat von Arnold keine Taten, wesentlich auch den innerparteilichen Machtverhältnissen in der Union geschuldet.[19]

Im Wahlprogramm der CDU von 1953 taucht der Begriff »Miteigentum« zwar auf, aber eher aus wahltaktischen Gründen. Die Soziale Marktwirtschaft hatte für einen Aufschwung gesorgt, aber unter Vernachlässigung sozialpolitischer Maßnahmen. Die Union befürchtete, im Wahlkampf in die Defensive zu geraten, sollten SPD und Gewerkschaften die Wirtschaftsordnung unter Verweis auf die ungerechte Verteilung der Vermögen infrage stellen. Das Wahlergebnis 1953 sorgte hier nicht nur für Beruhigung, sondern beendete zunächst einmal auch die öffentlichen Debatten um ein Miteigentum in der Union.

Das bedeutete aber nicht, dass das Thema zu den Akten gelegt wurde. Anfang 1957 veröffentlichte die CDA, der Arbeitnehmerflügel der CDU, einen eigenen Gesetzentwurf zur Mitarbeiterbeteiligung.[20] Der Gesetzentwurf sah vor, dass in Betrieben ab 100 Mitarbeiter diese an den Erträgen der Unternehmen zu beteiligen seien. Dieses könne nach Maßgabe betrieblicher Vereinbarungen durch das Miteigentum am Kapital des Unternehmens, durch überbetriebliches Miteigentum oder in anderer geeigneter Form erfolgen. Die Miteigentumsanteile sollten an den Gewinnen und Verlusten des Unternehmens im Verhältnis zur Kapitalbeteiligung teilnehmen. Die Miteigentumsvereinbarungen sollten als Betriebsvereinbarungen oder in Tarifverträgen festgelegt werden. Clou des Gesetzentwurfes war die Einrichtung von Werksgenossenschaften; damit griff man eine Konzeption auf, die Matthias Erzberger zu Anfang der 1920er-Jahre formuliert hatte.[21] Dort, wo ein betriebliches Miteigentum gebildet wird, werden die Miteigentumsanteile treuhänderisch über eine Werksgenossenschaft verwaltet. Diese Werksgenossenschaft sollte von einer Vertreterversammlung (je nach Größe des Betriebs) und einem ehrenamtlich tätigen Vorstand vertreten werden; dies sollte auch die gerichtliche und außergerichtliche Vertretungsbefugnis umschließen. Die persönlichen und sächlichen Geschäftsbedürfnisse der Werksgenossenschaft sollten vom Unternehmen selbst getragen werden. Im Rahmen der Mitbestimmungsrechte sollten diese bei Kapitalgesellschaften unterhalb eines Anteils von 33,3 Prozent ruhen, bei den Betrieben der Montanindustrie unterhalb eines Anteils von 50 Prozent.

Der Gesetzentwurf überrascht noch heute durch die große konzeptionelle Klarheit und die Verbindung von Miteigentums- und Genossenschaftsidee. Allerdings bediente der Entwurf eine Reihe von Angstreflexen in der Wirtschaft und sah sich heftiger Kritik ausgesetzt. Das war einer der Gründe, warum der Gesetzentwurf noch in der Unionsfraktion begraben wurde und folglich eine Befassung im Deutschen Bundestag nicht erlebt hat.[22] Ludwig Erhard hatte zu den Kritikern gehört, aber auch insgesamt war die Resonanz innerhalb der CDU verhalten. Die Idee einer Werksgenossenschaft roch mittelstandsfeindlich und konnte im bevorstehenden Wahlkampf 1957 den wirtschaftsfreundlichen Kräften Munition gegen die Union liefern. Gleichzeitig scheute die Union aber die offene innerparteiliche Konfrontation, denn das Problem der Vermögensbildung war nach wie vor aktuell und sollte nicht auf offener Bühne debattiert werden.

Der Parteitag der CDU 1957 hatte unter dem Motto gestanden: »Wohlstand für alle – Eigentum für jeden«. Das Thema Eigentum und Vermögen stand also weiter auf der Tagesordnung, auch nach der Bundestagswahl. Es ging um nicht weniger als die zweite Phase der Sozialen Marktwirtschaft, um eine breite Streuung von Eigentum. Konrad Adenauer vermeldete in seiner Regierungserklärung nach seiner erneuten Wahl zum Bundeskanzler im Oktober 1957, dass eine Streuung von Eigentum in weitem Umfang nötig sei, um den Staatsbürgern Selbstgefühl und das Gefühl der Zugehörigkeit zum Volksganzen zu geben. Damit waren aber nicht Miteigentumsmodelle gemeint, sondern die Förderung des Sparens und der Eigentumsbildung. Das Leitmotiv hierzu hatte Ludwig Erhard schon 1956 ausgegeben, als er in einer Debatte im Deutschen Bundestag ausführte, dass Eigentum zu erwerben besser sei, als Miteigentum zu erwerben.[23] Die CDU-geführte Bundesregierung beschritt diesen Weg zunächst durch die Popularisierung des Aktienbesitzes für untere Einkommensschichten. Hierzu diente die Privatisierung industrieller Beteiligungen der Bundesregierung wie etwa bei VW und Preussag mit einer sozialen Stückelung, die auch Kleinstaktionäre ermöglichte. Diese in der öffentlichen Debatte bisweilen als »Volksaktie« bezeichnete Anlageform entsprach der liberalen Lehre einer breiten Vermögensverteilung ohne Sparzwang oder staatliche Umverteilung. Am Ende würde ein Volkskapitalismus stehen, eine Gesellschaft mit breiter Vermögensverteilung, eine Gesellschaft der Anleger. Dies blieb aber nicht die einzige sozialpolitische Initiative. Schon die Rentenreform 1957 hatte gezeigt, dass die Regierung auch in der sozialversicherungspflichtigen Absicherung neue Wege beschritt. Die Rente wurde nun nicht mehr Zuschuss zum Lebensunterhalt, sondern Lohnersatz zur Sicherung des

Lebensstandards. Das Kapitaldeckungsverfahren wurde zugunsten des Umlageverfahrens aufgegeben, die Rentenhöhe an die Bruttolohnentwicklung gekoppelt. Mit dem Sparprämiengesetz von 1959 wurde ein staatlicher Anreiz zum Sparen geschaffen, der sich hoher Beliebtheit erfreute, und mit der Kleinen Aktienrechtsreform von 1959 wurde eine Steuerbegünstigung für Belegschaftsaktien eingeführt.

Auf Initiative des Arbeitnehmerflügels der Union entstand 1961 das Vermögensbildungsgesetz. Nach diesem Gesetz blieben Zuwendungen des Arbeitgebers bis zu DM 312 im Jahr an den Arbeitnehmer von der Lohnsteuer und den Sozialversicherungsbeiträgen befreit, wenn sie als vermögenswirksame Leistungen bezahlt wurden. Der Arbeitnehmer konnte sich zwischen mehreren Anlagearten entscheiden: dem Sparprämiengesetz, dem Wohnungsbauprämiengesetz, der Anlage zum Bau, Erwerb oder Entschuldung von Wohneigentum, zum Erwerb von Aktien des Arbeitgebers zum Vorzugskurs oder im Betrieb des Arbeitgebers als Darlehen des Arbeitnehmers. In den letzten beiden Fällen war die Zustimmung des Arbeitgebers erforderlich. Die Vermögensbildung hatte also deutlich den Vorrang vor der Beteiligung – zumal dafür das Einverständnis des Arbeitgebers notwendig war. Das Gesetz erfüllte die Erwartungen nur begrenzt; erst die Novellierung der Förderung 1965 hatte eine höhere Durchschlagskraft und erlaubte auch die Förderung des Investivlohns.

Noch 1969 resümierte der damalige CDU-Bundesminister für Arbeit und Sozialordnung, Hans Katzer, man stehe in der Vermögensbildungspolitik trotz der Verbesserung der Regeln noch am Anfang. Der entscheidende Durchbruch müsse noch erzielt werden.[24] Der von einer CDU-Kommission unter Leitung von Fritz Burgbacher erarbeitete Plan eines gesetzlichen Beteiligungslohns sollte dies ändern. Er war im Vorfeld der Bundestagswahl 1969 erarbeitet worden und fand schließlich auch das Placet der Fraktion. Als Gesetzentwurf eingebracht wurde er freilich aus der Opposition heraus und damit mit überschaubarer, also keiner Wirkung.[25]

Im Rückblick zeigt sich, dass der Wohlstand für alle zwar durchaus Eigentum und Vermögen für alle als Zielvorstellung mit einbezog, aber keineswegs die Beteiligung und damit die Überbrückung von Arbeit und Kapital im Betrieb. Hier blieb es bei der Mitbestimmung. Die Union hätte aus ihrem Selbstverständnis heraus Vorreiter für weitergehende Initiativen sein können, denn die SPD lebte noch von der Idee einer sozialistischen Wirtschaft, der sowohl die Idee einer Eigentumsbildung in Arbeitnehmerhand als auch die Vorstellung der Überbrückung des Konflikts von Arbeit und Kapital im Betrieb suspekt war und in der der Staat bei der Wirtschaftslenkung eine wesentlich stärkere Rolle spielte. Die Vorschläge innerhalb der CDU für eine neue Form der Beteiligungskultur waren dabei keineswegs revolutionär. Sie bezogen sich auf die Beteiligung am Gewinn als Mittel, um zu einer gerechteren Vermögensverteilung zu kommen. Die hohen Wachstumsraten sollten nicht nur den Unternehmern, sondern auch den Arbeitnehmern zugutekommen, notfalls auch als Investivlohn. Die Alternative war eine expansive Lohnpolitik mit einer Verschärfung der Konfliktlinien von Arbeit und Kapital oder die Sozialisierung der Produktionsmittel, wie sie von der SPD noch bis 1959 präferiert wurde. In den Vorstellungen der Sozialpolitiker der Union überwog hingegen der partnerschaftliche Gedanke als Grundprinzip der Wirtschaftsbeziehungen zwischen Arbeit und Kapital auf der betrieblichen Ebene. Diese Chance hat die Union verpasst. Ludwig Erhard sah durchaus die Notwendigkeit einer Beheimatung der arbeitenden Menschen in der Gesellschaft und unterstützte den Erwerb von Eigentum und Vermögen bei Arbeitnehmern, aber eben nicht um den Preis des Eingriffs in die betriebliche Eigentumsstruktur. Seinem Weltbild entsprach weder der »soziale Untertan«, der von sozialistischer Umverteilung lebte, noch die Einschränkung der Verfügungs- und Direktionsgewalt von Eigentümern in ihren Betrieben durch Miteigentum. Sein Leitbild war der arbeitende Mensch, der durch Eigentum Eigenvorsorge treffen konnte und damit vom Staat unabhängig blieb, und der Unternehmer, der durch Investitionen Risiken einging, die er aber dann auch alleine zu verantworten hatte. Gleichwohl wird man konstatieren müssen, dass das Konzept der Arbeit, das in der Soziallehre einen zentralen Stellenwert hat und mithin das Verhältnis von Arbeit und Kapital in den Mittelpunkt rückt, bei den Ordoliberalen und vor allem bei Erhard eher unterbelichtet war; ihm fehlte wohl auch die Antenne, um die Anliegen der Soziallehre aufzunehmen.[26] Auch konnte er vermutlich dem Gedanken wenig abgewinnen, den Klassenkampf auf betrieblicher Ebene zu überwinden. Die Trennung von Kapital und Arbeit blieb für ihn auf der Eigentumsebene konstitutiv. Überspitzt formuliert: Wohlstand für alle – durch alles, nur nicht durch Beteiligung. Gleichwohl überrascht Erhard, wenn er auf die letzten Ziele seiner Vision der Sozialen Marktwirtschaft zu sprechen kommt: Da wird das ewige Wachstum infrage gestellt und mehr Freizeit, Besinnung, Muße und Erholung anempfohlen, freilich mit dem einschränkenden Hinweis, dass hier nicht mehr der Ökonom und der Wirtschaftsminister sprechen könne.[27] Das alles sind Vorstellungen, die heute unter der Überschrift einer postmateriellen Orientierung debattiert werden, unter veränderten Vorzeichen, doch immer noch im Gegensatz von Kapital und Arbeit.

Der Rückblick auf die Ära Adenauer zeigt die Zeitgebundenheit vieler Argumente in der Diskussion um Mitbeteiligung. Vermögensaufbau und die Entproletarisierung der Arbeiter spielen kaum noch eine Rolle. Auch sind die Fragen der Vermögensverteilung längst nicht mehr zentrale Begründung für eine Beteiligung der Mitarbeiter. Hierzu hat es andere Instrumente gegeben, die man im Rahmen der breiteren Vermögensstreuung eingesetzt hat – angesichts der tatsächlichen Ungleichheit der Vermögensverteilung allerdings wohl nur mit begrenztem Erfolg. Die Mitarbeiterbeteiligung ist bis heute ein Dauerbrenner. Die CDU sieht in ihr den »Ausdruck gelebter Sozialpartnerschaft«. Allerdings ist es in Deutschland bislang nicht gelungen, die Arbeitnehmerschaft in größerem Umfang am Produktivkapital zu beteiligen. Dies liegt vor allem an den ungünstigen steuerlichen und rechtlichen Rahmenbedingungen. Zwar taucht die Mitarbeiterbeteiligung immer wieder in den Wahlprogrammen der CDU auf, findet aber ebenso regelmäßig wenig oder keine Bestätigung in den Koalitionsverträgen. Längst schon ist die Idee der Mitarbeiterbeteiligung über die sozial- und vermögenspolitische Zielrichtung hinausgewachsen, die sie in den Sozialausschüssen ursprünglich einmal hatte. Sie ist nun auch Instrument der Mitarbeiterführung, der Unternehmenskultur, der Organisation der Unternehmensnachfolge, der Mitarbeiterbindung, Instrument auch der Stärkung der Eigenkapitalbasis in einem Unternehmen. Von Mitarbeiterkapitalbeteiligung können also Arbeitnehmer und Arbeitgeber profitieren, denn sie flankiert die Soziale Marktwirtschaft und steigert die Attraktivität des Wirtschaftsstandortes Deutschlands nachhaltig. Längst also hat die Mitarbeiterbeteiligung die Schützengräben der Auseinandersetzung von Ordoliberalen und Soziallehre überwunden; ein Blick auf die europäischen Nachbarstaaten zeigt, dass auch dort das Instrument der Mitarbeiterbeteiligung sich hoher Wertschätzung erfreut.[28]

Das gilt auch für die Mitbestimmung. Die Stärke der Mitbestimmung erweist sich im täglichen Miteinander, sie wird aber in Krisensituationen besonders augenfällig. Das Schreckgespenst, nicht mehr »Herr im eigenen Haus zu sein«, ist der Erkenntnis gewichen, dass Mitbestimmung sich auch »rechnet«. Dass hat sich besonders in der Finanzkrise nach 2008 gezeigt. Anders als in vielen anderen europäischen Staaten war es in der Folge der Finanzkrise nicht zu einer deutlichen Erhöhung der Arbeitslosigkeit gekommen. Überdies kam die deutsche Wirtschaft aus der Krise schneller und besser wieder heraus als andere Staaten. Beobachter führen dies maßgeblich auf die Rolle der Sozialpartnerschaft zurück.[29] Diese habe betriebliche Kurzarbeit ermöglicht und somit Arbeitsstellen gesichert; nach der Krise konnte der Aufwuchs der Arbeitsstunden aus der Kurzarbeit heraus geleistet werden. Es bedurfte also keiner Neueinstellungen und Einarbeitung. Zu diesen betrieblichen und tarifvertraglichen Flexibilisierungsinstrumenten kam eine deutliche Lohnmoderation der Gewerkschaften hinzu. Das Beschäftigungswunder basierte also auf der »Aktivierung alter Tugenden der Sozialpartnerschaft«.[30] Diese lassen sich freilich nicht umstandslos auf andere Länder übertragen, sondern müssen »gelebt« werden, im Alltag und der betrieblichen Praxis. Mit anderen Worten: Dort, wo der Konflikt von Kapital und Arbeit durch

Mitbestimmung (oder Miteigentum) temperiert oder überwunden ist, lassen sich auch durch neue Formen der Zusammenarbeit kreative Lösungen finden. Das ist in einem Zeitalter, das durch Umbrüche in der Arbeitswelt gekennzeichnet ist, wie es sie seit der Industriellen Revolution nicht mehr gegeben hat, nicht eben wenig. Die Mitbestimmung ist zu einem Teil unserer sozialen Identität geworden, zu einem Markenzeichen der Sozialen Marktwirtschaft. Sie ist das große Verdienst der Soziallehre und jener Reformer in den Gewerkschaften und der Sozialdemokratie, die eben nicht mehr im Klassenkampf bis zur betrieblichen Ebene die Grundeinstellung zum Wirtschaftssystem gesehen haben, sondern in einem partnerschaftlichen Miteinander. Gerade dies macht den Erfolg der Sozialen Marktwirtschaft augenfällig: Mitbestimmung (und Miteigentum) schaffen einen Kapitalismus, in dem der Antagonismus von Kapital und Arbeit zwar nicht aufgehoben, aber die antagonistischen Kräfte durch das Gebot der Kooperation auf ein gemeinsames Ziel hin umgelenkt sind.

Wettbewerb, Konkurrenz, Solidarität

Die Debatte um den Stellenwert von Wettbewerb, Konkurrenz und Solidarität zielte auf zwei Fragestellungen, die miteinander verschränkt sind. Die erste Fragestellung lautet: Welches ist die beste Möglichkeit, in den wirtschaftlichen Prozessen Ressourcen möglichst optimal zu nutzen, zuzuordnen und Vermachtungen in den Märkten zu verhindern? Hier lautet die Antwort, die vor allem Walter Eucken gegeben hat: durch einen Wettbewerb. Der Staat muss die Bedingungen für einen fairen Wettbewerb schaffen (Wettbewerbsordnung). Preise funktionieren als Knappheitssignale. Marktteilnehmer haben kein umfassendes Wissen, können aber aus den Preisen entsprechende Schlüsse für ihr eigenes Verhalten ziehen. Der Wettbewerb ist dann erfolgreich, wenn er Machtpositionen einzelner Akteure entgegenwirkt, Ressourcen optimal verteilt und als willkommenen

Nebeneffekt Innovationen anschiebt und damit auch Wachstum generiert. So in wenigen Worten die Grundidee der Ordoliberalen.

Die zweite Fragestellung lautet: Ist der hinter der Wettbewerbsordnung liegende Gedanke eines Wettstreits der Menschen, einer Konkurrenz untereinander, ein zutreffendes und angemessenes Menschenbild? Die katholische Soziallehre hat diese Frage verneint und darauf verwiesen, dass der Mensch immer schon auf den Mitmenschen hingeordnet ist, dass er zu seiner Seinserfüllung eher die Kooperation braucht, die Solidarität, und weniger die Konkurrenz und die Abgrenzung. Der Mensch ist ein soziales Wesen. Der Mensch ist nicht einfach ein beziehungsloses Geschöpf in einer Masse, sondern Person; die Summe der Personen ist die Gemeinschaft, die aber auch die Summe der sozialen Beziehungen umfasst und deshalb mehr ist als eine bloße Addition der Einzelteile. Das Ganze der Gemeinschaft und die Teile sind aufeinander bezogen und tragen füreinander Verantwortung. Aus dieser Wechselwirkung erhält der Begriff des Gemeinwohls seine normative Dimension. Daher galt und gilt für die Soziallehre: »Der Wettbewerb bedarf selbst des ordnenden Prinzips, und dieses ordnende Prinzip ist das Gemeinwohl.«[31]

Die liberale Lehre hat diese Frage ursprünglich bejaht, am deutlichsten in der Lehre von Thomas Hobbes, für den der Mensch ein egoistischer Nutzenmaximierer ist. Er kooperiert nur deshalb, weil er aus Vernunftgründen einsieht, dass er Vorteile aus dieser Kooperation hat. Ohne die Kooperation wäre im Naturzustand sein Leben miserabel, genauer: »einsam, armselig, ekelhaft, tierisch und kurz«, wie es Hobbes in einer berühmten Passage formuliert.[32] Der Naturzustand ist dabei für Hobbes jene rechtlose Situation, in der das Recht des Stärkeren gilt. Indem der Mensch bestimmte natürliche Rechte aufgibt, macht er den Weg frei für die Begründung von Herrschaft und Gesellschaft. Diese sind nicht mehr als ein zweckmäßiges Arrangement, um seine Rechte zu wahren, seine Freiheit, seine Chancen. Sie heben nicht die naturgegebene Grundsituation der Konkurrenz unter den Menschen auf, die bei Hobbes dramatisch zugespitzt ist als der Kampf aller gegen alle. Das wird auch dadurch deutlich, dass

Hobbes kein einigendes Band anerkennt etwa in Form eines Gemeinwohls: »Es gibt kein finis ultimus, d. h. letztes Ziel oder summum bonum, d. h. höchstes Gut, von welchem in den Schriften der Moralphilosophen immer die Rede ist.« Solche Ideen lehnt er autoritativ ab und fährt fort: »Glückseligkeit ist ein ständiges Fortschreiten des Verlangens von einem Gegenstand zum anderen.«[33] Für Hobbes ist der Mensch binär geprägt. Er bewegt sich (fast automatisch) zu etwas hin, weil er es anziehend findet, und von etwas weg, weil er es abstoßend findet. Anziehend sind Liebe, Begehren und Lust, abstoßend Schmerz, Abneigung und Furcht. Dies vollzieht sich in drei Dimensionen: als Erinnerung aus der Vergangenheit, als Wahrnehmung in der Gegenwart, als Erwartung für die Zukunft. Hobbes' Anthropologie ist eine einzige Beleidigung des Menschen als eines höheren Wesens. Sie entfaltet sich, dem Geschmack der Zeit gemäß, mit mathematischer Präzision, unter Ausschaltung von Moral und Ethik, von Religion und Glauben. Das war einerseits verständlich, denn Hobbes wollte dem Wüten des Bürgerkriegs seiner Zeit eine rein auf Vernunftgründen aufbauende Politikwissenschaft entgegensetzen: eine Wissenschaft des Friedens, in der die Leidenschaften des Menschen, die aus den Glaubenssystemen und Parteiungen stammten, überwunden werden konnten. Aber er tat es um einen furchtbaren Preis, nämlich der Erniedrigung des Menschen zu einem viehischen Wesen, das nur von Leidenschaften und Instinkten angetrieben wird und keine höheren Ziele kennt.

Diese Anthropologie erklärt, warum sich sowohl die Soziallehre als auch der Sozialismus und der Konservativismus mit dem Liberalismus so schwergetan haben: Es war diese Grundidee des Menschen als eines lediglich von Lust- und Unlusterwägungen getriebenen Tiers, das keine höheren Werte kennt und sich im eigentlichen Sinne asozial verhält. Die Ordoliberalen wussten um diese Klippe. Als gesellschaftspolitisches Leitbild kamen die Konkurrenz und der Wettbewerb nicht infrage, auch nicht als anthropologisches Grundverständnis. Deswegen beeilten sie sich auch, eine Übertragung des Hobbes'schen Modells auf den Markt einzuschränken. Auch hier sollte es keine sozialdarwinistische Auslese der Stärksten geben, sondern das Wettbewerbsmodell war gewissermaßen reflexiv: Es ermöglichte den Wettbewerb, indem es ihn begrenzte. Aus Sicht der Ordoliberalen war die Verzerrung von Märkten durch die Entstehung von Monopolen und Kartellen nichts anderes als eine Einschränkung des Wettbewerbs. Der Stärkere konnte auf den Märkten die Markteintrittschancen von Wettbewerbern manipulieren oder verhindern, er konnte die Marktdurchsetzungschancen kontrollieren. Der Markt glich hier mehr einem organisierten Beutezug einzelner Akteure. Regeln der Fairness, der Gerechtigkeit spielten keine Rolle. Auch nicht Prinzipien der Freiheit, denn es gab keine Schutzmechanismen auf dem Markt: Die Freiheit ohne Grenzen und ohne Ordnung untergrub die Möglichkeit der Freiheit schlechthin. Freiheit im Sinne eines Monopolisten, so hatte es Franz Böhm formuliert, ist die Freiheit, »sich den Wettbewerb vom Hals« zu schaffen.[34] Ist dieses einmal vollbracht, ist die Preisfindung einer Ware auf dem Markt kein Ergebnis mehr von Angebot und Nachfrage unter den Bedingungen der Konkurrenz, sondern kann von dem Monopolisten in beliebiger Art und Weise festgelegt werden. Der Preis spiegelt dann nicht mehr Knappheitsrelationen unter Bedingungen des Wettbewerbs wider, sondern wird von Monopolen und Kartellen verfälscht. Die Wettbewerbsordnung sollte deshalb so beschaffen sein, dass sie den kleinen Marktakteur vor der Macht des großen schützte.[35] Nicht vor dem Wettbewerb selbst, wohlgemerkt, sondern vor dem unechten Wettbewerb, der nicht durch marktkonforme Mittel ausgetragen wird und damit die Funktion von Preisen als Knappheitssignalen außer Kraft setzt. Diese Zivilisierung des Wettbewerbsgedankens war deshalb gegenüber der ursprünglichen liberalen Idee eines beinahe unbeschränkten Wettbewerbs ein Fortschritt.

Es blieb natürlich eine Schattenseite, und dies war das Ausscheiden eines Akteurs aus dem Markt, wenn er nicht mehr wettbewerbsfähig war. Was sich hier eher trocken und akademisch anhört, ist im Einzelfall ein hartes persönliches Schicksal. Es entwertet die Arbeit des Menschen und seinen Lebensentwurf, weil er unter das Prinzip der

Konkurrenz gestellt wird. Die Konkurrenz kann ihn reich machen, wenn er erfolgreich ist; sie scheidet ihn aber unbarmherzig aus, wenn er sich dieser Konkurrenz nicht mehr stellen kann. Er wird, sofern er keine andere Verwendung findet, ein Fall für die Sozialpolitik, die für das Marktversagen ebenso zuständig ist wie für den »roadkill« funktionierender Marktmechanismen.[36] Dieses konnte verschiedenste Formen annehmen: indem bestimmte Berufe nicht mehr benötigt wurden und es deshalb auch keinen Markt mehr dafür gab (etwa Schröter, Buchbinder, Böttcher, Wagner oder Weber),[37] indem sich selbst etablierte Firmen gegenüber einer neuen Innovationswelle nicht halten konnten (Kodak, Nokia, Dual, AOL, AEG), ganze Branchen im Zuge der Globalisierung sich verlagerten (so etwa die Textilbranche in Deutschland nach Asien), kleine Firmen durch große verdrängt wurden (etwa der Einzelhandel durch Internetplattformen wie Amazon) oder ganz banal eine auf den ersten Blick einleuchtende Geschäftsidee sich doch als weniger zugkräftig erwies als erhofft. Hinter jeder dieser Entwicklungen stehen individuelle Schicksale, steht teilweise auch die Zerstörung von Lebensentwürfen im Namen des Wettbewerbs; vermutlich war es auch das, was Joseph Schumpeter im Sinn hatte, als er von der »schöpferischen Zerstörung« sprach, die das Wesen einer kapitalistischen Entwicklung sei.[38] In einer Wettbewerbsordnung gehört das Scheitern ebenso dazu wie der Gewinn. Der Gewinn belohnt Lebensentwürfe, das Scheitern entwertet sie.

Die Ordoliberalen wussten auch um zwei weitere Klippen aus der Geistesgeschichte des Liberalismus. So hatte die Französische Revolution den neuen Menschen schaffen wollen, indem sie ihn aus allen sozialen Bezügen herausschnitt und die Fähigkeit des Menschen betonte, sich selbst zu modellieren, zu erfinden, und zwar unabhängig von Herkunft und kulturellen sowie sozialen Kontexten. Das war revolutionär, weil es die Herkunft nicht mehr als Zukunft postulierte, sondern Wege der sozialen Mobilität eröffnete. Das entsprach ganz dem Geist der Aufklärung: Der Mensch kann sein Schicksal nach Vernunftprinzipien selbst in die Hand nehmen: »Habe Mut, dich deines eigenen Verstandes zu bedienen!«, hatte Immanuel Kant formuliert, und dies sei auch der Wahlspruch der Aufklärung. Und John Locke hatte sekundiert, es sei ein Fehler, andere zum Vormund seiner Einfalt zu machen, um sich die peinliche Mühe des eigenen Nachdenkens zu ersparen.[39] Ererbte Privilegien waren entwertet, der soziale Status bestimmte sich nach Fleiß, Leistung und innovativem Denken, eben nach den Leitprinzipien der bürgerlichen Wirtschafts- und Gesellschaftsordnung. Soziale Unterschiede, so hatte es die Erklärung der Menschenrechte sehr deutlich gemacht, können nur auf dem gemeinen Nutzen beruhen, weil alle Menschen frei und gleich an Rechten geboren seien und es blieben.[40] Sehr schnell wurde allerdings bemerkt, dass dieses Menschenbild einen Preis hat, nämlich die Abwertung von Herkunft, Tradition, ja auch von Kultur und sozialen Beziehungen: Wenn der Mensch sich von seinen Bindungen befreien konnte, blieb er als nackter Vernunftmensch, rational kalkulierend, ein bloßer Selbstverwirklicher, für den nichts mehr galt, was nicht vor dem Tribunal der eigenen Vernunft bestätigt worden war. Aus dieser Erkenntnis entsprang die konservative Gegenwehr zum revolutionär-liberalen Menschenbild, meisterhaft formuliert vom Engländer Edmund Burke.[41]

In einer Streitschrift hat Armin Mohler dieses Grundverständnis noch einmal deutlich gemacht und in die heutige Zeit übersetzt: Das Individuum, wie es sich der Liberalismus vorstelle, so Mohler, gebe es nicht, »höchstens mitten in der Nacht, wenn er um drei Uhr aufwacht, alles um ihn herum reglos ist, alle Fäden zum Leben abgeschnitten, wenn selbst der Puls nur langsam schlägt – und er selbst das Gefühl hat, in nichts verwoben und verwickelt zu sein. In solchen Augenblicken fängt vielleicht alles Übel an.«[42] Das war immer schon der berechtigte Kern der Kritik am Liberalismus: dass er die sozialen Bezüge nicht sah, die Lebenszusammenhänge, in die der Mensch verstrickt ist, die ihn tragen und prägen – und auch nicht die normativen Bindungen. Der Terror, der der Revolution folgte, schien das zu bestätigen, und das böse Wort von Heinrich Heine über die »gottlosen Selbstgötter« mochte mit Berechtigung auch auf jene angewendet werden, die glaubten, durch die bloße Autonomie des Willens die

Welt gestalten zu können; freilich lag dies durchaus auch in der Anthropologie des Liberalismus und konnte auch von den Ordoliberalen nicht mehr aufgelöst werden – denn dort, wo sie Bindungen anerkannten, bewegten sie sich eher auf dem Boden christlicher Menschenbilder. Es war die Tragik des Liberalismus, dass der Substanzverzehr, den alle Ordoliberalen (vermutlich mit der Ausnahme Hayeks) vehement beklagten, ja eben erst durch den Liberalismus besorgt wurde. Das war (neben der Frage der Religionsfreiheit) auch der tiefere Grund, warum die Kirche gegen den Liberalismus im 19. Jahrhundert vehement opponiert hatte.[43] Die Auswirkungen dieser Frontstellung waren auch nach dem Zweiten Weltkrieg noch zu spüren.

Eine zweite Klippe war, dass ein solches Menschenbild beinahe unweigerlich auch zum Utilitarismus führen konnte, also zu jenen bloßen Nützlichkeitserwägungen, in denen der Mensch dem Menschen zum Mittel wird und das Wohlergehen einer Gesellschaft lediglich im größtmöglichen Glück der größtmöglichen Zahl bestand. So platt materialistisch wollten die Ordoliberalen nicht sein. Sie betonten vielmehr, dass ihr Liberalismus deutlich darüber hinausgehe. So formulierte Wilhelm Röpke, der Liberalismus sei humanistisch, weil er von einer über die materielle Existenz des Menschen hinausweisenden Dimension ausgehe; er sei personalistisch im Sinne der christlichen Lehre; er sei antiautoritär, weil er Herrschaft nur im Rahmen des Notwendigen anerkenne; er sei universalistisch, weil er sich der Übersteigerung von Patriotismus und Nationalismus widersetze, und er sei schließlich rationalistisch, indem er allen Menschen jene Vernunft zuschreibe, die letztlich über die Torheiten, Lügen und Bosheiten des Menschen richte.[44] Das war natürlich bequem vereinbar mit der Soziallehre: Der Humanismus fand sich dort wieder in der Fähigkeit des Menschen zur Transzendenz; die Personalität des Menschen ohnehin, und dem Antiautoritären entsprach die Subsidiarität als Kompetenzanmaßungsverbot; die Kirche verstand sich seit Paulus als universal, und für die Soziallehre war weniger die Vernunft als das Gewissen die Entscheidungsinstanz über menschliche Torheiten, Bosheiten und Lügen. Aber es war natürlich auch wohlfeil, denn

Röpke konnte nicht erklären, wie denn der Liberalismus solche Bindungen hervorbringe.

Die Kritik, der Liberalismus produziere lediglich bindungslose Wettbewerbsteilnehmer, blieb virulent. Zu unklar war der Sprung vom Ordoliberalismus als einem Ordnungsmodell für die Wirtschaft zu einem normativ gehaltreichen Menschenbild, zu unklar blieb der Sprung von der Freiheit als zentraler Wertekategorie zu einem Wertepluralismus, wie ihn dezidiert Alfred Müller-Armack vertrat. Sicherlich, in der Beschränkung des Wettbewerbs und der Konkurrenz auf die Wirtschaftsordnung hatten die Ordoliberalen ein valides Argument gegen die Vermachtung in Märkten, aber was war, wenn der Konkurrenzgedanke auf die Gesellschaft übersprang, aus der Marktwirtschaft also eine Marktgesellschaft wurde? Einfallstüren hierfür gab und gibt es genügend. Da der Wettbewerbsgedanke eng mit dem Leistungsgedanken zusammenhängt, ist es natürlich der einzelne Arbeitnehmer, der besonders in den Leistungsgedanken gestellt ist: Leistung bei Markteintritt durch den Nachweis besonderer Qualifikationen, Leistung auch im Betrieb durch die Erfüllung (oder Übererfüllung) von bestimmten Vorgaben, durch Maß- und Kennziffern, in denen Arbeit und Arbeitsleistung gemessen und vermessen werden. Mitarbeiter stehen in Unternehmen selbst in Leistungskonkurrenz untereinander, gerade dann, wenn es um beruflichen Aufstieg geht – häufig sind aber Teamwork und Kooperation notwendig, um optimale Resultate zu erzielen. In Schulen wird Leistung gemessen und in Benotungen festgehalten, das olympische Prinzip des »citius, altius, fortius« (schneller, höher, stärker) durchdringt nicht nur den Bereich des Sports, sondern auch andere Lebensbereiche. Mit dem Aufkommen des Neoliberalismus neuer Prägung wuchs die Gefahr, dass das Wettbewerbsprinzip auch als legitimes Prinzip in der Organisation der Gesellschaft Anwendung finden könnte.

Ganz im Überschwang neoliberaler Gefühle heißt es etwa im Grundsatzprogramm der CDU von 2007: »Wettbewerb hat für die CDU nicht nur in der Wirtschaft eine wichtige Funktion. Wir sind auch davon überzeugt, dass fairer Wettbewerb Menschen anspornt, das Beste aus ihren Fähigkeiten zu machen.« Das auch in den sozialen Beziehungen durchdeklinierte Konkurrenzdenken ist freilich wenig attraktiv aus Sicht einer solidarisch angelegten Anthropologie; die freie Persönlichkeit wird nicht im Wettbewerb geformt, und viele der besten Fähigkeiten der Menschen sind einem solchen Wettbewerb auch nicht zugänglich, mehr noch: Sie werden durch einen Wettbewerb im Keim erstickt. So bleibt als ein zwiespältiger Befund, dass nämlich das Konkurrenzprinzip als Marktprinzip an vielen Stellen in die Gesellschaft durchsickert und die Möglichkeit von gesellschaftlicher Solidarität untergräbt. Schulen sind nicht Orte des solidarischen Lernens, sondern der Wissensvermittlung unter Konkurrenzbedingungen. Dahin haben sich auch Universitäten entwickelt, insofern sie zunehmend nicht Stätten der Bildung, sondern der Ausbildung geworden sind.[45]

Das Spannungsverhältnis zwischen Konkurrenz, Wettbewerb und Leistungsgedanken einerseits und Sinnerfüllung und Solidarität andererseits zielt letztlich auf die Frage: Sind wir als Menschen egoistisch oder auf Kooperation hin angelegt? Vermutlich sind wir beides. Dem Liberalismus liegt eine – zumindest im ökonomischen Bereich – Enttabuisierung des Egoismus zugrunde. Die Botschaft lautet: Es ist nicht falsch, egoistisch zu sein, denn das produziert ökonomisch gesehen gute Resultate. In einer berühmten Stelle in seinem Buch über den »Wohlstand der Nationen« hat Adam Smith darauf hingewiesen, dass es weniger das Wohlwollen sei, dem wir die Produkte eines Bäckers, Metzgers oder Brauers verdanken, sondern ihrer Eigenliebe und dem Wahrnehmen ihres eigenen Vorteils: also dem Eigeninteresse, dem Egoismus. Tatsächlich liegt dem Erfolg der kapitalistisch basierten Wirtschaftsordnung ein Werteverständnis zugrunde, das der christlichen Tradition fremd war. Der amerikanische Soziologe und Volkswirt Albert O. Hirschmann hat dies einmal auf die Formel gebracht, dass Leidenschaften zu Interessen umdefiniert wurden.[46] Im Kern der verkehrswirtschaftlichen Ordnung der Ordoliberalen lag mithin der Versuch, die als Interessen verstandenen Leidenschaften zu kanalisieren, zu ordnen und für das Gemeinwohl nutzbar zu machen – freilich einem Gemeinwohl, das wiederum nur in materiellen Kategorien messbar war. Wenn Interessen und ihre Durchsetzung zum Kern des Freiheitsgedankens werden, dann wird die Natur des Menschen unzulässig verkürzt, mit Gefahr auch für jede gesellschaftliche Ordnung. Das haben konservativ gestimmte Autoren immer wieder betont und beklagt.[47]

Es bedarf ja nur weniger Beispiele, um eben auch jene Seite des Menschen zu betonen, die nicht nur interessegeleitet ist und mithin durch Modelle des *Homo oeconomicus* erklärbar. Der Mensch lebt zum Ersten nicht voraussetzungslos. Kein Manager habe sich als Baby jemals den Hintern selbst abgeputzt, hat Norbert Blüm einmal gegen diese Ideologie des autonomen Menschen geätzt, der gerade im Neoliberalismus allzu häufig mit dem wirklichen Menschen verwechselt wird. Die Pflege und Erziehung von Kindern bringen keine materiellen Vorteile, sondern tragen andere Belohnungen in sich. Gleiches gilt für ehrenamtliche Tätigkeit. Beispiele altruistischen Verhaltens gibt es zuhauf, in der Spendenbereitschaft angesichts fremden Unglücks ebenso wie in freiwilligen Diensten etwa im Rahmen eines sozialen Jahrs oder der Bundesfreiwilligendienste oder der Blutspende. Selbst im Kernbereich des Ökonomischen findet sich unökonomisches Verhalten, etwa, wenn Trinkgelder (also eine Überzahlung des geforderten Preises) auch dann gegeben werden, wenn man sich keinen Vorteil davon erhoffen kann. Egoismus ist also kein gewissermaßen in unsere Gene eingeschriebenes Programm, sondern nur ein Aspekt unseres Wesens als Menschen. Es gib aber eben auch andere, nämlich die Fähigkeit, zu lieben, für andere Sorge zu empfinden, Mitleid zu haben, solidarisch zu sein, helfen zu wollen, über unsere Interessen hinaus ethisches Handeln als Sorge um den Mitmenschen, die Gemeinschaft oder die natürliche Umwelt zu begründen.

Egoismus schließt Kooperation keineswegs aus, sondern kann Kooperation begründen. Nehmen wir das berühmte Gefangenendilemma, eine fiktive Situation aus der Spieltheorie. Zwei Gefangene, festgenommen aufgrund eines Verdachts, gemeinsam eine Straftat begangen zu haben, werden getrennt verhört, ohne Möglichkeit, miteinander zu kommunizieren. Gestehen beide, bekommen sie eine Strafe unterhalb der Höchststrafe. Gesteht nur einer, der andere aber nicht, bekommt der Geständige eine Kronzeugenregelung und geht frei aus, der Nichtgeständige bekommt die Höchststrafe. Leugnen beide, bekommen beide eine milde Strafe. Die optimale Strategie wäre es, zu leugnen; allerdings kann sich keiner der beiden darauf verlassen, dass der andere auch leugnet. Somit ist es besser, zu gestehen und die höhere Strafe hinzunehmen, die immer noch niedriger ist als die Höchststrafe. Das ist eine zwar weniger optimale Strategie, angesichts der Unsicherheit aber doch vernünftiger, als das Risiko einzugehen, in die Höchststrafenfalle zu laufen.

Das Gefangenendilemma gilt nur in einer bestimmten Entscheidungssituation und produziert für die Beteiligten suboptimale Resultate. Der amerikanische Wissenschaftler Robert Axelrod hat in einer berühmten Studie jedoch zeigen können: Wird diese Entscheidungssituation beliebig oft wiederholt und beide Gefangenen wissen um die jeweils vorherige Entscheidung des Gegenspielers, dann ist die beste Strategie, dem anderen einen Vertrauensvorschuss zu geben und so lange zu kooperieren, wie es der Gegenüber auch tut.[48] Das produziert in aller Regel bessere Ergebnisse als die rationale Strategie bei der einmaligen Anwendung des Dilemmas. Es gibt also eine Rationalität der Kooperation als Spielzug, wenn es zwischen den Beteiligten kein Vertrauen gibt; gibt es hingegen von Anfang an Vertrauen, ist das Gefangenendilemma auch kein Dilemma, denn dann wird immer die optimale Lösung erzielt.

Vertrauen ist eine gesellschaftliche Ressource, die durch Kooperation entsteht, aber nicht garantiert ist, eine Form des Kredits, der durch Kooperation abgezinst wird. Eine Form des Vertrauens ist beispielsweise das Bild des ehrbaren Kaufmanns, der schon mit seiner Reputation vertrauenswürdig ist: dass er ein gegebenes Wort hält, dass er Verträge einhält, dass er Maß und Mitte beachtet, nachhaltig wirtschaftet und nicht gegen die Interessen einer Gesellschaft, dass er Mitarbeiter und Kunden respektvoll behandelt, kurz: dass er durch sein verantwortungsvolles Verhalten auf dem Markt und in der Gesellschaft kreditwürdig ist.[49]

Vertrauen begünstigt Kooperation, und Kooperation begünstigt häufig eine beiderseitige Gewinnsituation, oder weniger ökonomisch ausgedrückt: einen beiderseitigen Vorteil. Dies allein könnte schon ein gutes Argument gegen Wettbewerb und Konkurrenz sein: Im Rahmen der Kooperation lassen sich Vorteile für beide Partner generieren, es sei denn, eine Ausgangsposition ist eindeutig ein Nullsummenspiel, in dem der Gewinn des einen der Verlust des anderen ist. Für die Ordoliberalen ist dies bereits das Einfallstor in eine Verzerrung des Wettbewerbs. Kooperation führt zu Absprachen, und diese schränken das idealtypische Bild des Wettbewerbs ein. Somit wären beispielsweise Genossenschaften, in denen sich Nachfrage am Markt bündelt und damit in der Lage ist, einen Einfluss auf die Preisgestaltung zu nehmen, illegitim, denn sie schränken durch ihre Nachfragemacht den Wettbewerb ein, der andere Preisergebnisse hervorrufen würde, wenn die Nachfrager einzeln auftreten. Wie aber würden wir die Situation beurteilen, wenn sich beispielsweise mehrere Kliniken zu einer Einkaufsgenossenschaft verbinden, um damit die Kosten im Gesundheitswesen zu senken durch eine gemeinsame Einkaufspolitik? Ist das noch mit den ordnungspolitischen Grundprinzipien des Ordoliberalismus zu vereinbaren? Sicherlich, die Einsparungen wären für die Versicherten von Vorteil, wenn sie weitergegeben werden, aber für die Anbieter wegen der geringeren Margen von Nachteil, mehr noch: Sie könnten sogar einzelne Anbieter vom Markt verdrängen. Kooperation beeinflusst immer Marktergebnisse und die Grenzziehung zur Ausübung unerlaubter Marktmacht ist fließend. Überspitzt formuliert: So wenig wir es verhindern können, dass Marktprinzipien von Wettbewerb, Leistungsdenken und Konkurrenz auch in die Gesellschaft einsickern, genauso wenig wird es möglich sein, die Ordnung der Wirtschaft gegen gesellschaftliche Ordnungsprinzipien wie Kooperation oder Solidarität abzugrenzen.

Gehen wir noch einen Schritt weiter und betrachten das Verhältnis von Wettbewerb und Solidarität. Hier war es ja immer die

Soziallehre, die eine schleichende Aushöhlung des Solidaritätsprinzips durch die Prinzipien von Wettbewerb und Konkurrenz als Menetekel an die Wand gemalt hat. Wenn allerdings sowohl der Egoismus als auch die soziale Natur des Menschen, die letztlich Voraussetzung für Solidarität ist, dem Menschen als wesensmäßig unterstellt werden, dann ist es doch eher unwahrscheinlich, dass ein Wesensprinzip zugunsten des anderen völlig ausgelöscht wird. Vielmehr kommt es darauf an, wie beide Prinzipien in Balance zueinander gebracht werden und konstitutiv für eine Wirtschaftsordnung werden, die sowohl effizient als auch fair ist. Dabei ist allerdings zu bedenken, dass der Begriff der Solidarität unterschiedliche Bedeutungsdimensionen hat, die wiederum zu sehr unterschiedlichen Resultaten führen.

Der christliche Begriff der Solidarität ist direkter Ausfluss der Sozialität des Menschen. Die katholische Soziallehre begreift sie als ein Prinzip der horizontalen Ordnung der Gesellschaft; freilich geht Solidarität als Solidarität unter den Menschen auch weit über die einzelne Gesellschaft hinaus und ist ein universaler Gestaltungsauftrag. Deswegen betont die Soziallehre auch immer die Doppelgesichtigkeit der Solidarität. Sie ist Sozialprinzip ebenso wie individuelle Tugend. Demgegenüber ist der aufklärerische Begriff der Solidarität ursprünglich nicht universal. David Hume beispielsweise konstatiert, Solidarität sei an den Nahbereich gebunden, also an überschaubare soziale Kreise.[50] Für die Vertragstheoretiker wie Thomas Hobbes und John Locke konnte Solidarität wenn überhaupt nur als Vertragsübereinkunft gelten; sie entsprach aber weder dem Naturrecht, noch war sie zwingender Bestandteil des Herrschaftsvertrags. Deswegen ist Solidarität bisweilen auch als Gegenpol zur Individualität interpretiert worden, als Ablehnung des liberalen Weltbildes; die römische Rechtsidee der Solidarität einer gesamtschuldnerischen Haftung jedenfalls spielte für die Aufklärung kaum eine Rolle. In der Französischen Revolution wurde der Begriff der »fraternité« populär, der in Deutschland mit »Brüderlichkeit« übersetzt worden ist. Friedrich Schillers jubelnde »Ode an die Freude«, dass nun alle Menschen Brüder werden, beschwor ein Ideal gegenseitiger Verbundenheit, dem aber der Aspekt der Hilfe in Not als institutionelle Vorkehrung fehlte. Aber die Französische Revolution brachte doch auch ein neues Verständnis von Solidarität im Sinne gegenseitiger Hilfe, die nun nicht mehr lediglich als christliche »caritas« oder als paternalistische Armenpolitik verstanden wurde, sondern als eine Solidarität unter Gleichen. Das war das eigentlich Neue. Es fehlte also der hierarchische Bezug ebenso wie der Aspekt der Mildtätigkeit, und tatsächlich ist in der verfassunggebenden Versammlung lange über die Unterstützung der Bedürftigen als einem Rechtsanspruch debattiert worden. So hieß es dann in Artikel 21 der Verfassung von 1793, dass die öffentliche Unterstützung »eine heilige Schuld« sei. Die Gesellschaft schulde ihren unglücklichen Mitbürgern den Unterhalt, »indem sie ihnen entweder Arbeit verschafft oder denen, die außerstande sind, zu arbeiten, die Mittel für ihr Dasein sichert«. Das war ein politisches Programm, mehr noch, ein Rechtsanspruch für gesellschaftliche Solidarität, der auch schon in den Beratungen der Erklärung der Menschen- und Bürgerrechte präsent war.[51] In der Verfassung von 1795 fehlte dieser Rechtsanspruch. Die generelle Unterstützung der »unglücklichen Mitbürger« hatte sich nicht nur als administrativ schwierig erwiesen, es fehlten offenbar auch die Mittel zur Finanzierung. Folgerichtig fehlte auch der berühmte Passus der Verfassung von 1793, dass das Ziel der Gesellschaft das allgemeine Glück sei. Nun beschränkte man sich in Artikel 1 darauf, die Rechte des Menschen in der Gesellschaft mit Freiheit, Gleichheit, Sicherheit und Eigentum zu fixieren. Eine Bestimmung über ein Recht auf Unterstützung fehlte. Wenig mehr als fünfzig Jahre später aber wurde die Idee erneut aufgenommen. Die französische Verfassung von 1848 stellte die französische Republik auf die Prinzipien von Freiheit, Gleichheit und Brüderlichkeit und bestimmte, dass durch brüderlichen Beistand die Existenz der bedürftigen Bürger zu sichern sei.

Brüderlichkeit zielte also auf genau jenes, was wir heute unter Solidarität verstehen. Sie hatte aber noch einen zusätzlichen Aspekt, der gerne übersehen wird: einen Appell an die Tiefenwirkung von Gefühlen der Gemeinschaft, der Zugehörigkeit. Das hatte Schiller ausgedrückt: Brüderlichkeit als Fanal der Zusammengehörigkeit, nicht als Vorbereitung für einen rechtlichen Rahmen des Sozialstaats. Brüderlichkeit trägt also als Begrifflichkeit noch die Dimension der besonderen Zusammengehörigkeit in sich, der sozialen Nähe; diese war mit dem Erlebnis der Revolution hergestellt, mit dem Bekenntnis zur Nation.[52] Brüderlichkeit ist eine Solidarität, die auf Ähnlichkeit beruht. Einige Autoren argumentieren, dass diese Ähnlichkeit (und damit die Möglichkeit der Identifikation und des »Mit-leidens« bei fremdem Unglück) eine der Wurzeln des Menschenrechtsdiskurses sei. Die Idee der Menschenrechte gründe somit nicht nur in den philosophischen Diskursen der Aufklärung, sondern auch einer geänderten Wahrnehmung, in der das Leiden des Mitmenschen als unerträglich empfunden und hieraus das Bedürfnis entstanden sei, ein solches Leid zu unterbinden.[53] Insofern haben Empfindungen der Nähe, der Gleichartigkeit und der Ähnlichkeit sicherlich zur Durchsetzung der Idee der Solidarität beigetragen. In modernen Verfassungsstaaten beruht sie allerdings auf Unterschiedlichkeit, auf Differenz.[54] Solidarität ist ein Rechtsanspruch, der weder universal ist noch auf Formen der »Brüderlichkeit« beschränkt wird.[55] Um es überspitzt zu formulieren: Die Solidarität als Rechtsbefehl gilt auch gegenüber Menschen, deren kulturelle Praktiken wir vielleicht nicht teilen oder die uns aus sonstigen Gründen unsympathisch sind. Was zählt, ist Berechtigung, die sich aus der Zugehörigkeit zu einem Rechtskreis ergibt.

Eine weitere Form der Solidarität, in der sich das Element der Brüderlichkeit widerspiegelt, ist die Kampfsolidarität der Arbeiterbewegung. Sie ist nicht inklusiv, sondern kämpferisch ausgelegt, es ist eine Solidarität innerhalb einer Klasse (nämlich der Proletarier), in der solidarisches Verhalten mobilisierende Wirkung gegen eine andere Klasse (die der Kapitalisten) stützen und entfalten sollte. Die Rationalität war wie folgt: Die ungleiche Machtverteilung auf dem Markt ließ zwischen den Anbietern von Arbeit und den Nachfragern keine symmetrischen Vertragsverhältnisse zu. Die Folge war eine schamlose Ausbeutung der Arbeitnehmer, die aus der Sicht von Marx ein eminent gesellschaftliches Folgeproblem hatte: Sie destabilisierte die Gesellschaft und machte sie reif für eine Revolution, in der am Ende die Gewalt, die von den Kapitalisten ausging, mit der Gewalt der proletarischen Revolution beantwortet werden würde. Dafür war aber notwendig, zwischen den Proletariern ein Bewusstsein ihrer gemeinsamen Lage zu erwecken, und ein Bewusstsein dafür, dass nur der solidarische Zusammenhalt bewirken kann, dass der Übergang vom Reich der Notwendigkeit (Kapitalismus) zum Reich der Freiheit (Sozialismus) auch gelingen kann. Man mag sich darüber streiten, ob in der neuen Ordnung dann die partielle Solidarität der Arbeiter durch eine universale Solidarität aller Gesellschaftsmitglieder ersetzt werden würde. Marx zumindest war davon auch deshalb überzeugt, weil die gesellschaftlichen Bedingungen der Produktion nun keine Entfremdung mehr zuließen und insofern alleine schon die Entwicklungschancen des Einzelnen in solidarischer Kooperation gesichert würden; freilich, auch bei Marx blieb Arbeit im Zentrum des Menschenbildes. Solidarität bedeutete für ihn, selbst in einer sozialistischen Gesellschaft, keineswegs die Aufhebung der Arbeit und die bedingungslose Alimentierung von Lebensentwürfen.[56]

Wir haben also drei unterschiedliche Formen der Solidarität vor uns: die christliche Variante, die sich sowohl als individuelle Tugend wie als Gestaltungsprinzip der Gesellschaft versteht; die Solidarität nach der Französischen Revolution, die einen Rechtsanspruch begründet, der sich entweder eng als Brüderlichkeit oder weiter als weiter Rechtsanspruch in einer ausdifferenzierten Gesellschaft manifestieren kann; und die Solidarität der Arbeiterbewegung, die unter den Bedingungen der kapitalistischen Moderne nur die Solidarität der Unterdrückten, der Proletarierer sein kann, dann aber international (und eben nicht universal). Lassen wir die letzte Dimension einmal außen vor, weil sie für die politische Wirklichkeit heute kaum noch eine Rolle spielt.[57] Die beiden anderen Dimensionen sind in den heutigen Debatten über Solidarität allerdings präsent. Solidarität ist eine Tugend, also eine Verhaltensdisposition, die aber nicht eingefordert werden kann. Sie zeigt sich in freiwilligen Leistungen, etwa bei der Betreuung von Flüchtlingen, bei der Blutspende, sie kann sich aber auch auf Märkten zeigen als ein »unökonomisches« Verhalten der Akteure: durch Spenden von Unternehmen an ökologische, kulturelle und soziale Zwecke, durch Abgabe von Produkten unter dem Marktpreis bei Notlagen oder Ähnliches; das passiert meist auch nicht zum Nachteil der Unternehmen, weil es das Image fördert, und dies ist heute mehr denn je ebenfalls ein Kriterium für den Erfolg auf dem Markt. Solidarität kann Bestandteil des Leitbildes des ehrbaren Kaufmanns sein, zumal die Ehre eben nicht (und nie) nur im Geldverdienen lag, sondern auch im solidarischen Verhalten in der Gesellschaft und in der Wirtschaft.

Solidarität ist zweitens ein gesellschaftliches Strukturprinzip, das mit dem Prinzip der Subsidiarität eine Einheit bildet. Subsidiarität schützt jene Freiheitsräume, innerhalb deren sich die als Gleiche anerkannten Gesellschaftsmitglieder auch institutionelle Strukturen der Solidarität aufbauen können. Sie tun dies, weil sie soziale Wesen sind; die Frage, ob die Strukturen der Solidarität freiwillig sind oder nicht, spielt dabei zunächst keine Rolle. Der Mensch ist auf den Menschen hingeordnet, der Andere ist Voraussetzung für die eigene Verwirklichung als Person. Nur gemeinsam und solidarisch lässt sich daher das Gemeinwohl verwirklichen.

Solidarität ist drittens eine Rechtsverpflichtung, die den Einzelnen verpflichtet. Solidarität ist in seiner Möglichkeit universal, in der Realität aber auf jeweils konkrete Rechtsgemeinschaften bezogen. Innerhalb dieser Rechtsgemeinschaften werden verbindliche Vorschriften erlassen, die Voraussetzungen und Leistungen solidarischer Hilfe bestimmen. Die Finanzierung erfolgt in der Regel über Steuern oder über Beiträge in privaten oder gesetzlichen Systemen der Sozialversicherung. Darüber hinaus können Pflichten der Solidarität aus dem internationalen Bereich durch Gesetzgebung in innerstaatliches Recht umgesetzt werden und somit den Rechtsraum der Solidarität auch über die nationalen Grenzen hinaus erweitern. Diese Form der Solidarität ist unabhängig von Sympathie und Zuneigung.

Die Wettbewerbsordnung des Ordoliberalismus ist rein prozedural. Sie braucht keine Normen und ethischen Regulative wie das

Leitbild des ehrbaren Kaufmanns, sondern spiegelt die Situation des Verlusts aller ethischen Normen wider. Überspitzt formuliert: Wettbewerb ist als Ordnungsmodell die Verfassung der Wirtschaft, wenn durch Substanzverzehr sonst keine normative Ordnung mehr gestaltbar ist. Das war vielen Ordoliberalen zu wenig, zumal ja das zugrunde liegende Modell von Konkurrenz auch in Gefahr stand, in die sozialen Beziehungen außerhalb des Marktes durchzusickern. Die Gefahr bestand, dass aus einer Marktwirtschaft eine Marktgesellschaft würde, in der soziale Beziehungen nur nach Nützlichkeit beurteilt werden. Deswegen legten die Ordoliberalen auch großen Wert darauf, dass es eine Welt jenseits von Angebot und Nachfrage gibt, in der die eigentlich für die menschliche Lebensführung wichtigen Fragen angesiedelt sind.

Letztlich lautet das Dilemma der Ordoliberalen: Entweder man war ein Liberaler, dann konnte man nicht erklären, woher der normative Kitt kommen sollte; oder man war der christlichen Tradition verpflichtet und gestaltete aus ihr heraus mit den Prinzipien der Wettbewerbsordnung den Markt, dann war man aber kein Liberaler.

Ordnungspolitik, gerade im Sinne Walter Euckens, war ein Zuwenig und Zuviel: zu wenig, weil es als instrumentelle Ordnung keinen Raum für die Erwägung normativer Fragen ließ, sondern lediglich die Mittel zum Zweck beschrieb. Mit dieser instrumentellen Ordnung sollten drei Ziele erreicht werden: Erstens sollte einer Vermachtung auf dem Markt entgegengewirkt werden. Zweitens sollten die einzelnen Wirtschaftspläne »mit einer zugleich zwingenden und sanften Gewalt aufeinander und auf die Wünsche des Bedarfs dergestalt (abgestimmt werden), dass der Reibungswiderstand asozialer Motive und Interessen auf ein beinahe mikroskopisches Mindestmaß herabgemindert wird«.[58] Und drittens sollten über den Wettbewerb knappe Güter und Ressourcen möglichst effizient verteilt werden. Eine solche Ordnung war zwar sinnvoll, aber zu wenig, um Antworten auf wichtige normative Fragen zu geben.

Es war aber gleichzeitig ein Zuviel, weil große Teile des Programms einer vollständigen Wettbewerbsordnung, wie sie Eucken vorschwebte, erst gar nicht oder nur unzureichend realisiert wurden. Weder entstand ein vernünftiges Kartellrecht, noch wurden externe Kosten eingepreist. Die noble Idee, der Staat könne über den organisierten Interessen stehen und Schiedsrichter im Wettbewerb sein, blieb genau das: eine noble Idee. Die Praxis der Gesetzgebungsprozesse wird auch heute von jenen organisierten Interessen bestimmt, die schon Anfang der 1930er-Jahre zum Ruf nach dem starken Staat geführt haben.

Das Resultat sind milliardenschwere Subventionen für nicht mehr wettbewerbsfähige Wirtschaftsbereiche, Ausnahmeregelungen, die mit den absurdesten Argumenten verteidigt werden,[59] fragwürdige Eingriffe in den Wettbewerb aufgrund höherwertiger Interessen, kurz: Es entsteht der Eindruck, Ordnungspolitik sei ein Kampfruf für Sonntagsreden, der in der Praxis des politischen Alltags und seiner wirklichen und scheinbaren Sachzwänge nur noch gedämpft sich Gehör verschaffen kann. Eucken hat immer betont, eine vollständige Umsetzung seiner ordnungspolitischen Grundideen sei unwahrscheinlich und vermutlich auch nicht praktikabel, denn das Leben richte sich selten nach Modellen und reinen Konzeptionen des Denkens. Das ist sicherlich richtig, und vermutlich manchmal nicht zu umgehen, zumal dann, wenn der Staat aus Gründen der Solidarität Kosten begleichen muss, die ihm dann entstehen, wenn er die ordnungspolitischen Grundsätze zu ernst nimmt.

Gerät die Automobilindustrie in die Krise, habe ich zwei Möglichkeiten: durch staatliche Intervention zu stützen oder die Folgekosten durch mehr Arbeitslosigkeit zu finanzieren. Ist der Kohlebergbau nicht mehr wettbewerbsfähig, kann man ordnungspolitisch reinen Gewissens der Zunahme der Arbeitslosigkeit und dem Zerfall sozialer Beziehungen in einer Region mit allen Folgeschäden zuschauen oder die Entscheidung treffen, durch Subventionierung einen sanften und sozial verträglichen Übergang zu gestalten.[60] Aus dieser Sicht erweist es sich als Glücksfall, dass die Soziale Marktwirtschaft eben nicht nur von ordnungspolitischen Erwägungen geleitet ist, sondern dass es ihr auch ernst ist mit den Themen Solidarität und Gemeinwohl, also den wichtigen Dimensionen menschlicher Existenz jenseits der Ordnungspolitik.

Exkurs: Grenzen der Solidarität

Solidarität als Ordnungsprinzip des Sozialen und als Rechtsverpflichtung gilt nicht unbedingt, sondern hat Grenzen und Begrenzungen.[61] In der Ausgestaltung hat Solidarität einen potenziell universalen Charakter. Nicht im Sinne einer unbedingten Hilfeverpflichtung für alle Menschen dieses Planeten und der Pflicht zur finanziell unterfütterten »Fernstenliebe«,[62] aber doch in dem Sinne, dass Solidarität kein exklusives Bürgerrecht ist. Das bedeutet: Grundsätzlich stehen Sozialleistungen auch Nichtdeutschen zur Verfügung, am augenfälligsten etwa in der Pflicht, Asylbewerber oder Flüchtlinge zu unterstützen. Auch hier gilt der Grundsatz, der im Sozialgesetzbuch formuliert wird: Die Hilfe hat etwas mit der Menschenwürde, dem Recht auf ein menschenwürdiges Leben, zu tun.

Nun bekommt aber nicht jeder Tourist oder jeder Durchreisende Hilfe vom deutschen Sozialstaat. Die Voraussetzung hierfür sind vielmehr ein bestimmter Aufenthaltsstatus und zum Teil auch eine gewisse Länge des Aufenthalts. So sind EU-Bürger, die kein Aufenthaltsrecht nach dem EU-Freizügigkeitsgesetz haben, von Leistungen nach dem SGB II ausgeschlossen; EU-Ausländer, die zur Arbeitssuche nach Deutschland kommen, können erst nach fünf Jahren solche Leistungen beantragen. All dies folgt dem Grundsatz, eine Einwanderung in die Sozialsysteme zu verhindern. Davon unberührt bleibt ein Recht auf Nothilfe, das allerdings einen anderen Charakter hat. Hieraus wird deutlich: Es gibt auf der einen Seite einen Anspruch auf soziale Hilfen auch für Nichtbürger, aber der Gesetzgeber hat hier einen Spielraum, um soziale Hilfen als Pull-Faktor der Migration deutlich einzugrenzen.

Spannender bei der Frage nach den Grenzen der Solidarität ist die Frage, ob Solidarität an Bedingungen geknüpft werden kann. Die Soziallehre hat dies immer bejaht, denn das Solidaritätsprinzip bedeutet, dass das Ganze der Gemeinschaft und die Glieder der Gemeinschaft zusammengehören und aufeinander angewiesen sind. Sie tragen deshalb füreinander Verantwortung im Charakter der gegenseitigen Verpflichtung.[63] Oswald von Nell-Breuning bezeichnet die Verschränkung von Einzelwohl und Gemeinwohl als »Gemeinverstrickung« und die normative Aussage, dass beide füreinander Verantwortung tragen, als »Gemeinverhaftung«.[64] Aus dem Befund der Gemeinverhaftung geht dann hervor, dass auch der Einzelne Verantwortung für die Gemeinschaft trägt und der Gemeinschaft gegenüber verpflichtet ist. Mit anderen Worten: Solidarität ist keine Einbahnstraße. Sie ist reziprok.[65] Deswegen regelt in einem allgemeinen Teil auch SGB I die Mitwirkungspflichten und sieht die Möglichkeit zur Versagung von Leistungen vor, wenn die Mitwirkungspflichten verletzt werden.

Es gibt keine unbedingte Pflicht zur Solidarität. In manchen Fällen mag die Fähigkeit zur Reziprozität eingeschränkt sein oder fehlen, aber Solidarität kann an Bedingungen geknüpft werden. Sie kann im Wege von Sanktionen eingeschränkt oder ausgesetzt werden. Solche Sanktionen greifen in das gesetzlich geschützte soziokulturelle Existenzminimum ein. Das bedarf einer Begründung.

Der moderne Staat gewährt soziale Leistungen nicht als karitative Einzelleistung, sondern als Rechtsanspruch. Er verzichtet darauf, die Leistungen nur als Darlehen zu gewähren, das dann zurückzuzahlen ist, wenn die Notlage überwunden ist. Er unterscheidet aber zwei Formen der Solidarität: die reziproke und die nicht reziproke. Die nicht reziproke Solidarität besteht im Verzicht auf Gegenleistungen, weil diese nicht erbracht werden können. Weder kann ich erwarten, dass der Zustand, der zur Hilfsbedürftigkeit geführt hat, überwunden werden kann (etwa bei schweren Behinderungen oder einer vollständigen Arbeitsunfähigkeit), noch kann eine darauf gerichtete Anstrengung verlangt werden. Anders ist es im Bereich der Leistungen nach

SGB II. Hier wird davon ausgegangen, dass eine Arbeitsfähigkeit besteht, der Einzelne also lediglich vorübergehend durch ungünstige Umstände daran gehindert ist, aus eigener Verantwortung seinen Lebensunterhalt zu bestreiten. Die solidarische Hilfe zielt auf Selbsthilfe ab, nicht auf Verstetigung. Das spiegelt sich auch in den Mitwirkungspflichten wider, dem also, was gefordert wird: alle Möglichkeiten zu nutzen, den Lebensunterhalt aus eigenen Mitteln und Kräften zu bestreiten. Dahinter steht das Prinzip der Subsidiarität. Der Einzelne hat dann keinen Anspruch auf Förderung, wenn er sie nicht braucht. Den Lebensunterhalt aus eigenen Mitteln und Kräften zu bestreiten legt dabei das Bild des selbstständigen Menschen zugrunde.

Deshalb wird mit dem Leistungsempfänger nach SGB II eine Zielvereinbarung abgeschlossen, die ihn auch über Rechtsfolgen belehrt, wenn er den Bedingungen für die finanzielle Förderung nicht nachkommt. Diese Rechtsfolgen treten in der Regel nicht automatisch und sofort ein, sondern nach schriftlicher Belehrung. Dies folgt der Idee, dass auch der Empfänger von Leistungen eine Verantwortung hat und es kein Recht gibt, dauerhaft von einer Gemeinschaft alimentiert zu werden, wenn man sein Leben selbst finanzieren kann.

Nun argumentieren einige, es sei aus dem Gebot des Artikel 1 des Grundgesetzes heraus unzulässig, in das soziokulturelle Existenzminimum hinein Leistungen zu kürzen. Wäre dies richtig, dann wäre allerdings eine Leistung nach SGB II eine Form des bedingungslosen Grundeinkommens. Es wäre auch nicht an die Bereitschaft geknüpft, den Lebensunterhalt aus eigenen Kräften und Mitteln zu bestreiten, sondern wäre eine Subvention des Rechts auf Faulheit. Der Wille, sein eigenes Leben nicht selbstständig zu führen, sondern von der Gemeinschaft finanzieren lassen zu wollen, wäre aber der Sargnagel für gesellschaftliche Solidarität. Das Geld für eine solche solidarische Leistung wird nämlich auch von denjenigen erwirtschaftet, die selbst nur wenig mehr als den Regelsatz der Sozialleistung verdienen. Ihre Arbeit wird delegitimiert durch das anstrengungslose Leben derjenigen, die ohne Gegenleistung staatliche Transferzahlungen in etwa gleicher Höhe erhalten. Ihre Arbeit wird darüber hinaus entwertet, weil sie selbst natürlich (über den Arbeitsvertrag oder das Arbeitsrecht) ebenfalls Sanktionen ausgesetzt sind, wenn sie ihre Pflichten verletzen, etwa durch Lohnkürzungen bei unentschuldigten Fehlzeiten.

Gegen das Argument, man dürfe nicht in das soziokulturelle Existenzminimum kürzen, kann eingewendet werden, dass der Leistungsbezieher im Wissen um die Sanktionen auf die weitere volle Fortzahlung der Leistung verzichtet. Dafür kann es viele Gründe geben. Grundsätzlich aber kann keiner gezwungen werden, soziale Leistungen in Anspruch zu nehmen, auch wenn er einen Anspruch darauf hat. Das soziokulturelle Existenzminimum darf der Staat nicht erzwingen. Insofern sind Verhaltensweisen, die zu Sanktionen führen, auch als Willensäußerungen des Verzichts zu werten, zumal dann, wenn die Folgen mangelnder Mitwirkung vertraglich fixiert sind und darauf auch noch einmal deutlich hingewiesen wird.

Das Argument, man dürfe diejenigen, die unter 25 sind, nicht einem besonderen Sanktionsregime aussetzen, überzeugt ebenfalls nicht. Diese Altersgruppe wird in der Regel der Bedarfsgemeinschaft der Eltern zugerechnet und unterliegt besonderen Förderungen bei der Eingliederung in Ausbildung und Arbeit; überdies sind Jugendliche bis zu diesem Alter noch in anderen Formen privilegiert. Das begründet auch andere und schärfere Sanktionsmechanismen; gerade in dieser Altersgruppe ist die Wirkung von finanziellen Sanktionen als verhaltensändernde Maßnahmen hoch. Hier werden die Weichen für die weitere Lebensbiografie gestellt. Deswegen ist eine frühe, scharfe Intervention mit Blick auf die Gesamtbiografie auch gerechtfertigt.

Schließlich: Von der überwiegenden Zahl der Sanktionsbezieher wird die Wirkung der Sanktion auf das eigene Verhalten positiv eingeschätzt.[66] Dahinter darf man Einstellungen vermuten, die von der grundsätzlichen Legitimität von Sanktionen ausgehen und damit um ein tief verwurzeltes Wissen darüber, dass es in einer Gesellschaft auch eine Verantwortung gibt, wenn man Solidarität in Anspruch nimmt. Sicherlich, es gibt auch diejenigen, die der Meinung sind, der Staat schulde ihnen prinzipiell und ohne Bedingung eine öffentliche Unterstützung; dies ist allerdings ein einseitiges Aufkündigen der Gemeinverhaftung und wird in dieser Form in keiner staatlichen Gemeinschaft akzeptiert.

Sanktionen sind eine notwendige Begleiterscheinung einer bedingten Solidarität. Fehlen sie, führt dies zu einem anstrengungslosen bedingungslosen Grundeinkommen, das die Ressource der Solidarität in einer Gesellschaft insgesamt infrage stellt. Gerade die gesetzlich vorgeschriebene Solidarität lebt davon, dass sie auf eine definierte Gemeinschaft bezogen ist und nicht jederzeit universal ausgedehnt werden kann; dass sie den Befund der Gemeinverhaftung ernst nimmt und Reziprozitätserwartungen formuliert und notfalls erzwingt. Erst durch diese Grenzsetzungen kann sie auch identitätsstiftende Wirkung entfalten.

Risiko, Gewinn und Haftung

Sowohl die katholische Soziallehre als auch der Ordoliberalismus stehen dem Bild des Unternehmers positiv gegenüber, beide aber mit Bedingungen, die an die Tätigkeit des Unternehmers geknüpft sind. In der Soziallehre steht der ganze Mensch im Mittelpunkt; das gilt auch für den Unternehmer und seine Tätigkeit. Papst Johannes Paul II. hat in der Enzyklika *Centesimus annus* die Bedeutung des Unternehmertums gewürdigt: Viele Güter erforderten die Zusammenarbeit für dasselbe Ziel. Einen solchen Prozess zu organisieren sei eben auch eine der Quellen des Reichtums in der heutigen Gesellschaft; wesentlich zur Arbeit gehöre damit auch wirtschaftliche Initiative und Unternehmertum. (CA, 32) Der Mensch steht aber über den Institutionen, er ist auch wichtiger als das Unternehmen; das gilt auch für den Unternehmer selbst.[67] Joseph Höffner sieht im Unternehmer einen »Beruf« und ergänzt, Beruf sei stets Gnade, aber auch Appell an die Freiheit und Selbstverantwortung des Menschen. Beruf sei persönliche Lebensaufgabe, aber auch gesellschaftlicher Dienst.[68] Das Unternehmertum ist also in den Dienst des Gemeinwohls gestellt, in den Dienst am Menschen; darin besteht die fundamentale Zweckbestimmung des Produktionsprozesses. (GS, 64) Der Produktionsprozess ist kein Selbstzweck. Der Unternehmer ist gebunden als Mensch, der in der Verantwortung steht; das ist die Dimension persönlicher Tugend. Und er ist gebunden als Unternehmer in einer Wirtschaftsordnung; das betrifft nicht nur die Einhaltung von Recht und Gesetz, sondern auch die geschriebenen (und ungeschriebenen) Regeln guten Verhaltens. Es geht der Soziallehre also um die verantwortungsvolle Leitung eines Unternehmens im weitesten Sinn. In diesem Rahmen sind auch Gewinne legitim, denn sie sind ein Zeichen dafür, dass Produktionsfaktoren sachgemäß eingesetzt werden. (CA, 35)

Unternehmertum ist in der Soziallehre in den Rahmen verantwortlichen Handelns gestellt, und diese Verantwortung hat zwei Seiten. Auf der einen Seite sind Unternehmer Menschen, die durch ihr Tun und Handeln Arbeitsprozesse organisieren, von denen nicht nur die unmittelbar Beschäftigten, sondern auch die Gesellschaft insgesamt profitieren. Das geht aber nur, wenn auch die Verantwortung für das Handeln getragen wird: die Verantwortung gegenüber den Mitarbeitern, der Gesellschaft, gegenüber nachfolgenden Generationen. Hier hakt die ordoliberale Lehre ein und präzisiert: Sie stellt die Frage nach dem Zusammenhang von Verantwortung und Haftung. Verantwortung und Entscheidung gehören zusammen. Ein Unternehmer, so Wilhelm Röpke, der sich von den Launen und Risiken des Marktes befreien und sich in den sicheren Hafen von Planwirtschaft oder staatlich geschützter Kartelle flüchten wolle, mache sich selbst überflüssig.[69] Unternehmer gehen mit ihren Investitionen ein Risiko ein. Die Zukunft ist nicht berechenbar, und die Investition könnte verloren gehen, etwa durch ungünstige konjunkturelle Entwicklung, durch Naturkatastrophen, durch Veränderungen im Markt selbst und vieles andere. Kompensation für dieses Risiko ist der Gewinn, in dem sich zweierlei widerspiegelt: der Arbeitslohn für den Unternehmer selbst und die Risikoprämie für das eingegangene

Wagnis. Allerdings ist die Kehrseite ebenfalls völlig klar: Wer den Nutzen hat, muss auch den Schaden tragen. Walter Eucken sah im Haftungsprinzip eines der konstituierenden Prinzipien der Wettbewerbsordnung. Haftung erhöhe die Rationalität, Kontinuität und Eigenkontrolle des Handelns im Marktgeschehen, stabilisiere die gesamtwirtschaftlichen Abläufe und verbessere die Berechenbarkeit und Akzeptanz wettbewerblicher Marktprozesse.[70] Sie diene überdies dazu, Wagnisse und Risiken vorsichtig einzugehen und Kapital nicht zu verschleudern.

Das Bild des haftenden Unternehmers ist ein Idealbild, das auch einer idealen Wettbewerbsordnung entspricht. In der Realität gibt es vielfältige Möglichkeiten der Haftungsbeschränkung, etwa die Wirtschaftsform einer Gesellschaft mit beschränkter Haft, die von Eucken aber kritisch gesehen wurde. Die Legitimität von Gewinnen hängt für Eucken nicht zuletzt daran, dass es keine Haftungsüberwälzung auf Gläubiger oder die Allgemeinheit gibt. Damit vermeidet man ein sogenanntes *moral hazard*-Problem: nämlich Risiken einzugehen, weil man weiß, dass sie im Notfall von anderen getragen werden müssen. Darüber hinaus beuge eine weit verstandene, umfassende Haftung auch Konzentrationsprozessen vor. Ein Unternehmer werde sehr sorgfältig überlegen, ob er in die Haftung für Unternehmen einsteigt, die er erwirbt.[71] Für Eucken bedeutete Haftung, dass der Unternehmer für die Geschäftsführung verantwortlich ist; in einer Wettbewerbsordnung haftet die »herrschende Person«.[72]

Doch schon bei näherer Betrachtung der wirtschaftlichen Realität zeigt sich, dass die Frage der Haftung keineswegs einfach ist. Zunächst einmal ist das Bild des Unternehmers, der auch mit seinem Privatvermögen für die eingegangenen Risiken haftet, heute eher selten anzutreffen. Eine vollständige Haftung wird nicht selten durch Vermögensverlagerung auf Ehepartner oder Kinder vermieden. Komplizierte Firmen- und Beteiligungsstrukturen erschweren häufig die Antwort auf die Frage, wie viel Vermögen tatsächlich vorhanden ist. Die in Deutschland mögliche Eingrenzung der Haftung auf das Firmenvermögen hat zu der Aufgabe geführt, die Risikoverteilung von

Gläubiger und Gesellschaftern neu zu justieren. Und die Zulassung britischer »limited companies« erschwert zusätzlich den Gläubigerschutz zugunsten von Unternehmen, die zwar Risiken eingehen, aber ihre Haftung beschränkt haben.

Sicherlich, es gibt das wieder attraktiv gewordene Leitbild des »ehrbaren Kaufmanns«, das der Tatsache Rechnung trägt, dass Vertrauen in den Charakter eines Unternehmers eben auch Kapital ist.[73] Es betont neben der Eigenverantwortung des Unternehmers (kaufmännisches Urteilsvermögen, Wort halten, weltoffene und freiheitliche Orientierung) die Unternehmensverantwortung (Vorbildcharakter des Unternehmers, Verpflichtung zur Nachhaltigkeit) und die Verantwortung für Wirtschaft und Gesellschaft (das Prinzip Treue und Glauben, Verantwortung in und für die Gesellschaft übernehmen, Werte auch im internationalen Geschäft vertreten). Aber es ist eine Grundhaltung, die zu jenem Reservoir von Werthaltungen gehört, deren Verschwinden zugleich beklagt wird. Und doch gehört auch in der Sozialen Marktwirtschaft, zu ihrem reibungslosen Funktionieren, zur Legitimität der wirtschaftlichen Ordnung, ein Grundvertrauen in die Aufrichtigkeit und Ehrbarkeit der Akteure, das gerade durch das Bild des ehrbaren Kaufmanns unterstützt wird.[74] In wirtschaftlichen Prozessen bestimmen nicht nur nackte betriebswirtschaftliche Kennziffern das Handeln, sondern Psychologie oder Vertrauen; vielleicht sind es gerade solche Faktoren, die auch Wachstum unterstützen.[75]

Das Grundproblem in der Frage, wie Risiko und Haftung zusammenhängen, sind aber heute nicht die Unternehmer. In vielen spektakulären Fällen in der Bundesrepublik hat sich gezeigt, dass dieser Zusammenhang weitgehend funktioniert. Der größte Fall war 2012 der Konkurs des Drogerieunternehmens Schlecker mit über 52.000 Beschäftigten. Dieser Konkurs verschlang auch fast das gesamte Privatvermögen des Firmengründers Anton Schlecker, ein Teil dieses Privatvermögens wurde aber offensichtlich schon vorher anderweitig verteilt.[76] Durch kreative Gestaltung der Unternehmensstruktur, Übertragungen und andere Vermögens- und Betriebsverschiebungen wurde die vollständige Haftung hier umgangen. Das ist kein untypischer Fall; die sogenannte *asset protection* ist ein boomender Beratungszweig. Dabei geht es darum, Vermögenswerte nicht nur vor dem Zugriff der Steuer zu schützen, sondern auch im Fall einer Insolvenz noch ein finanzielles Polster zu haben, das gläubigerfest ist. Ein verständlicher Notausgang aus dem Leitbild eines verantwortlichen Unternehmers – aber eben aus Sicht der ordnungspolitischen Grundprinzipien ein ordnungspolitischer Sündenfall, der auch strafrechtliche Konsequenzen haben kann.[77]

Problematischer für die Legitimität der Sozialen Marktwirtschaft sind allerdings Unternehmensrisiken, für die keiner haftet. Auf diese hatte auch schon Eucken hingewiesen: Was, wenn es keine herrschende Person gibt, die Unternehmer aus eigener Kraft und eigenem Eigentum ist?[78] Hier sind die Firmenstrukturen angesprochen, in denen der Besitz der Firmenanteile breit gestreut ist (etwa in Form einer Aktiengesellschaft), oder Firmen, die von anderen Firmen als Mehrheitsaktionär beherrscht werden, ohne selbst prominent in Erscheinung zu treten. Eucken beklagt die Tendenz zur Beschränkung der Haftung und warnt, dass diese eine Tendenz zur Zentralverwaltungswirtschaft auslöse. Heute sehen wir diese Gefahren vielleicht deutlicher als je zuvor. Angestellte Manager wirtschaften anders, stehen auch unter einem anderen Druck. Sie gehen unter dem Druck von viertel- oder halbjährlichen Berichten Risiken ein, die ein herrschender Unternehmer nicht eingehen würde. Sie haften nicht mit eigenem Kapital, und selbst die in vielen Unternehmen eingeführten Prozesse des Risikomanagements (oder der *Corporate Social Responsibility*, also dem Leitbild des guten, gesellschaftlichen Werten folgenden Unternehmens) verhindern nicht, dass immer wieder unverantwortliche Risiken eingegangen werden, ja dass es selbst zu kriminellen Handlungen kommt. So war unter anderem die Deutsche Bank in rechtswidrige Manipulationen des Libor-Satzes verwickelt, eines Zinssatzes im Handel zwischen Banken; die Manipulation sollte helfen, Gewinne zu beeinflussen. Automobilfirmen waren in Deutschland führend darin, eine spezielle Software zu entwickeln, die Abgaswerte manipuliert. Auf dem dadurch entstandenen Schaden bleiben vermutlich die Verbraucher sitzen. Deutsche Banken haben über viele Jahre lang durch sogenannte Cum/Ex-Geschäfte den Staat um Steuern betrogen. Ein Untersuchungsausschuss des Deutschen Bundestages hat dies ausführlich belegt.[79] Am sichtbarsten haben die ordnungspolitischen Ermahnungen in der Bankenkrise versagt: Wie in einem entfesselten Casino-Kapitalismus haben angestellte Manager und Investmentbanker gezockt, in der Zuversicht, dass ihre Institutionen, wenn es schiefgeht, vom Steuerzahler gerettet werden – unter Mitnahme reichhaltiger Bonuszahlungen, die auch bei Totalversagen gezahlt wurden.[80] Das Zauberwort lautete: *Too big to fail*, also: Zu groß, um einfach pleitezugehen. Der Staat wurde eine Art letzter Ausfallbürge, in völliger Abkehr von allen Grundsätzen verantwortlichen Unternehmertums, ordnungspolitischen Denkens, sozialethischen Handlungsorientierungen: Die reine Gier, gepaart mit krimineller Energie und Tatkraft, hat die ordnungspolitischen Prinzipien ausgehebelt. Deshalb muss in einer funktionierenden Sozialen Markwirtschaft gelten: *Too big to fail* ist ebenso wenig eine Option wie *Too big to jail* (also zu groß für eine strafrechtliche Verantwortlichkeit). Die beschämenden Ereignisse der Finanzkrise ebenso wie der Dieselskandal haben gezeigt: Eucken hatte mit seinen Warnungen vor allzu großer ökonomischer Macht bei mangelnder Kontrolle völlig recht.

Augenblicklich scheint diese mangelnde Haftung eines der größten Probleme für die Akzeptanz der Sozialen Marktwirtschaft zu sein. Immer wieder geraten Unternehmen in Schieflage und rufen nach dem Staat als Retter in der Not – je größer das Unternehmen, desto höher die Wahrscheinlichkeit staatlicher Hilfe:

- Der Baukonzern Philipp Holzmann geriet aufgrund von Missmanagement 1999 in die Krise. Die Bundesregierung stellte Bürgschaften in Höhe von 275 Millionen DM bereit – das Geld wurde aber nicht aktiviert, weil es an weitere Bankenhilfen gebunden war; Holzmann meldete 2002 Insolvenz an.

- Der Speicherchiphersteller Quimonda geriet 2009 in die Krise. Eine geplante Bund-Länder-Bürgschaft über 280 Millionen Euro scheiterte lediglich daran, das Quimonda den erforderlichen Eigenanteil nicht aufbringen konnte.

- Für die Fluggesellschaft Air Berlin wurde 2017 eine Bundesbürgschaft von 150 Millionen Euro genehmigt. Nur etwa die Hälfte davon wurde weitgehend rückerstattet.

- Die Weiterexistenz der Wadan-Werften in Wismar und Rostock wurde durch Kredite und Bürgschaften des Bundes und des Landes Mecklenburg-Vorpommern in Höhe von 220 Millionen Euro abgestützt – vergeblich. Das war umso bedauerlicher, als die maroden DDR-Werften durch staatliche Zuschüsse in den 1990er-Jahren erst modernisiert worden waren.

Sehr viel dramatischer waren die staatlichen Rettungsaktionen bei der HSE Nordbank und der Hypo Real Estate. Hier waren die Verluste für den Steuerzahler erheblich höher: 21 Milliarden Euro bei der HRE und etwa 14 Milliarden Euro bei der Nordbank. Der Steuerzahler zahlt hier doppelt: zum einen für das Versagen von Managern in Form von Krediten, Bürgschaften oder gar Kosten einer Verstaatlichung. Überdies ist der Steuerzahler auch noch beteiligt, weil die Gehälter der Manager als Betriebsausgaben steuerlich abzugsfähig sind. Mit anderen Worten: Auch das Versagen der Manager wird noch steuerlich abzugsfähig gemacht. In vielen Fällen stehen überdies die Zahlungen an Manager in keinem Verhältnis zur Leistung und sprengen alle Verhältnismäßigkeit in Relation zu den Durchschnittsverdienern im gleichen Betrieb. Für das Gerechtigkeitsempfinden ist dies ein ebenso harter Schlag wie für die gerne genutzte Parole, dass sich Leistung lohnen müsse – zumal gerade bei den Managern es an festen Regeln fehlt, wie sich Leistung bemisst. Allzu häufig entsteht der Eindruck: Nicht Leistung, sondern reine hemmungslose Gier bestimmen nicht nur die Entlohnung von Managern, sondern auch die Art und Weise, wie sie mit ethischen Leitbildern umgehen. Der ehrbare Kaufmann ist hier so weit entfernt wie verantwortliches Handeln für das Gemeinwohl. In dieser Beurteilung, so scheint es, sind sich Soziallehre und ordnungspolitisches Denken weitgehend einig, ohne jedoch bislang die Kraft zu haben, diesen Missstand abzustellen. Dabei liegen die Ideen auf dem Tisch:

- Einführung einer Gemeinwohlökonomie mit einer Abkehr von der Grundphilosophie des Gewinns als oberstem Unternehmenswert. Dies ist sicherlich der am weitesten gehende Vorschlag, der einen Umbau des Wirtschaftssystems nach sich ziehen müsste; erste Ansätze dazu sind allerdings bereits in die Praxis umgesetzt.[81]

- Verschärfung der Haftungsregeln nach amerikanischem Vorbild: Hier haften die Unternehmen für fehlerhafte Produkte mit hohen Geldzahlungen. Die deutsche Grundphilosophie, über genaue Prüfverfahren vor Markteintritt eines Produkts Standards zu garantieren, müsste durch die Möglichkeit ergänzt werden, im Wege von Sammelklagen Unternehmen im Nachhinein für Fehler zur Verantwortung zu ziehen.[82]

- Den Eigentümern eines Unternehmens mag es vorbehalten bleiben, seinen Managern obszön hohe Gehälter zu zahlen – hier greift die Vertragsfreiheit, auch gegen jede ökonomische Rationalität. Die steuerliche Absetzbarkeit dieser Gehälter als Betriebsausgaben sollte allerdings gedeckelt werden.[83]

- Veränderung der Entgeltstrukturen für angestellte Manager: Zahlung von Boni nicht nach Prinzipien kurzfristiger Gewinnmaximierung, sondern nach den Prinzipien nachhaltigen Wirtschaftens. Dies ist allerdings keine regulative Aufgabe des Gesetzgebers, sondern von den Unternehmen und ihren Eigentümern selbst.

- Zerschlagung von Unternehmen, die als »too big to fail« klassifiziert werden, durch kartellrechtliche Maßnahmen – oder zumindest eine deutliche Verschärfung des Risikomanagements und die regulatorische Eindämmung möglicher Ansteckungsgefahren.

Das Verhältnis von Risiko, Gewinn und Verantwortung ist aus dem Gleichgewicht geraten; es ist eine ernste Bedrohung für die Legitimität einer Wirtschaftsordnung, gerade in Deutschland. Wenn Soziale Marktwirtschaft in ihrer ordnungspolitischen Seite ernst genommen werden will, kann Globalisierung als Entschuldigung für die Exzesse der Entlohnung und der Verantwortungslosigkeit nicht mehr akzeptiert werden; es braucht eine Balance zwischen Leistung und Entlohnung ebenso wie zwischen Risiko und Haftung.

Familie

Für die CDU spielt die Familie eine zentrale Rolle. Schon die Gründungsaufrufe der CDU machen das deutlich: Die Familie ist die »Grundlage der sozialen Lebensordnung«, die »Keimzelle des Staates«, ja mehr noch: »Ihr Lebensraum ist heilig«[84]. Diese Bekenntnisse zur Familie und ihrem zu schützenden Lebensraum hatten in der Zeit nach dem Nationalsozialismus zwei Quellen, eine zeitgebundene und eine nicht zeitgebundene. Aus der Zeit heraus erklärbar, aus der unmittelbar überstandenen Zeit des Nationalsozialismus, war das Bekenntnis zur Familie als einem geschützten Raum der Privatheit. Die Nationalsozialisten hatten diesen geschützten Raum untergraben, aufgelöst: Die Mobilisierung der Kinder gegen die Eltern durch die nationalsozialistischen Jugendorganisationen war ein mahnendes Beispiel. Die Ausführungen aus den Frankfurter Leitsätzen gaben eine Stimmung wider, die innerhalb der Union breite Zustimmung fand. Der Nationalsozialismus, hieß es dort, habe viel getan, um die

Familien auseinanderzureißen. Er habe die Autorität der Eltern wie den Gehorsam der Kinder untergraben. Die Jugend sei der Familie entfremdet worden, um sie der nationalsozialistischen Staatsvergottung und dem Imperialismus dienstbar zu machen. Mit der Parole, Jugend könne nur durch Jugend geführt werden, habe er die Jugend verführt und die Achtung der kirchlichen und elterlichen Autorität untergraben.

Tatsächlich war im Nationalsozialismus mit der Hitlerjugend und dem Bund Deutscher Mädel eine Staatsjugend entstanden, deren Ziel die Erziehung im Geiste des Nationalsozialismus war. Alle anderen Jugendverbände waren gleichgeschaltet beziehungsweise aufgelöst worden; seit 1939 galt sogar eine Jugenddienstpflicht. Nur wenige konnten sich dieser Pflicht entziehen; fast alle Jugendlichen waren davon erfasst. Im Gesetz über die Hitlerjugend aus dem Jahr 1936 hieß es, dass die gesamte deutsche Jugend außer in Elternhaus und Schule in der Hitlerjugend »körperlich, geistig und sittlich im Geiste des Nationalsozialismus zum Dienst am Volk und zur Volksgemeinschaft zu erziehen« sei. Vor diesem Hintergrund wird deutlich, warum die Unverletzlichkeit der Familie so wichtig wurde. Massenorganisationen für die Jugend mit einer Pflichtmitgliedschaft sind Zeichen einer totalitären Gesellschaft – der Schutz der Familie vor solchen staatlichen Übergriffen hingegen galt als Voraussetzung, die Freiheit zu bewahren.

In der Zeit nach dem Zusammenbruch des Dritten Reiches kam noch ein weiterer Aspekt hinzu, der die Debatten um die Familien prägte. Wenn alle staatlichen Strukturen, wenn alle gesellschaftliche Organisation zusammenbricht, dann bleibt immer noch die Familie, den Einzelnen aufzufangen. Die Familie war nach dem Zusammenbruch Notgemeinschaft ebenso wie das letzthin unzerstörbare, überzeitlich wirkende Grundelement der Gesellschaft. Alle elementaren Formen der Solidarität beginnen in der Familie.

Das sah die katholische Soziallehre ganz ähnlich, denn auch hier wurde und wird immer wieder auf die besondere Rolle und Bedeutung der Familie hingewiesen, die zu schützen Aufgabe einer subsidiären Gesellschaftsordnung ist. Nicht der Staat sei Voraussetzung für die Familie, sondern die Familie Voraussetzung für den Staat, schrieb etwa Eberhard Welty und folgerte daraus, dass es keiner Gemeinschaft mit noch so hehren und heiligen Zielen gestattet sei, »den Grundbestand der Familie anzugreifen und aus deren naturgemäßen Funktionen zu verdrängen.«[85] Der Staat wird bei Welty zum »Wächter des Naturrechts«,[86] indem er nicht nur gehalten ist, die notwendigen Mittel zur Unterstützung von Familien bereitzustellen, sondern auch einzugreifen, wenn die Familien ihre Pflicht gegenüber dem Naturrecht nicht erfüllen können.

Welche Rolle aber sollte die Familie in der Wirtschaftsordnung spielen? Als Produzenten und Konsumenten, als Arbeiter und Arbeitgeber geraten immer nur die einzelnen »Wirtschaftssubjekte« in den Blick, weniger die Familie. Die Familie ist, zumindest in der geschützten Grundstruktur, nicht marktgängig, sie ist kein eigentlicher Akteur der Wirtschaft. In der wirtschaftswissenschaftlichen Betrachtung zählt nur der Einzelne als Produzent, als Konsument, als rationaler Nutzenmaximierer. Und diese Verkürzung der Betrachtung hat sicherlich auch im klassischen Liberalismus eine Rolle gespielt, ja dadurch vielleicht sogar kollektivistischen Ideen Vorschub geleistet.[87] Bei den Ordoliberalen gerät zwar die Ganzheit des Menschen stärker in den Blick – und damit auch eine Offenheit für die Personalität des Menschen –, doch sind die ordoliberalen Gedankengänge nie mit einer naturrechtlich verbundenen Konzeption der Familie verknüpft worden. Allenfalls indirekt würde eine Soziale Marktwirtschaft hier hilfreich sein, nämlich darin, dass Soziale Marktwirtschaft offen für Ziele des Menschen ist. Darunter konnte man sicherlich auch die Organisation des Familienlebens fassen; es fehlt aber an systematischen Überlegungen, wie diese normative Seite des gesellschaftlichen Zusammenlebens in die ordoliberale Weltsicht integriert werden kann.

Zweifellos bilden Familien auch einen eminent wichtigen ökonomischen Faktor, wenngleich nicht im klassischen Sinn von Angebot und Nachfrage. Sie sind die Keimzellen der gesellschaftlichen Erneuerung. Hier werden Sozialisations- und Erziehungsleistungen erbracht, Begabungen und Talente gefördert, Werte sozialer, religiöser oder kultureller Art tradiert, soziales Verhalten eingeübt. Im Lebensvollzug entlasten Familien durch Pflege bei Krankheit, im Alter und bei Behinderung die Sozialkassen. Sie entlasten durch materielle Hilfe im Bedarfsfall die Systeme sozialer Mindestsicherung, sie sind überdies zentral für die Lebenszufriedenheit, haben positive Effekte auf die Gesundheit. Sie erbringen in der Erziehung der Kinder auch einen erheblichen Beitrag zur Fortexistenz einer Gesellschaft, sei es durch direkte materielle Leistungen oder durch den Verzicht auf Erwerbstätigkeit.[88] Gerade auch wegen dieser Funktionen – sowie der freiheitsschützenden Potenz von Familien – stehen Ehe und Familie unter dem besonderen Schutz des Grundgesetzes. Das Grundgesetz bekennt sich damit zu einem normativ gehaltvollen Begriff von Ehe und Familie. Sie sind nicht lediglich ökonomische Zugewinngemeinschaften, sondern Garanten für eine freiheitliche Gesellschaft und für elementare Formen von Solidarität. Familien sind darüber hinaus Quell jener normativen Orientierungen, die ein freiheitlich-demokratischer Staat aus sich selbst nicht mehr hervorbringen kann, auf deren Existenz er aber zwingend angewiesen ist, wenn die Gesellschaft zusammengehalten werden soll. Überspitzt formuliert: Familien sind die Überlebensbedingung von freiheitlich-demokratisch strukturierten, modernen Gesellschaften.

Damit ist Familienpolitik nicht lediglich Nothilfe, sondern unverzichtbarer Kern im vernünftigen Aufbau einer Gesellschaft; sie ist naturrechtlich begründete Ordnungspolitik. Mit ihr wird das Reservoir an sozialen, kulturellen und ethischen Werthaltungen geschützt, die die Gesellschaft zusammenhalten. Nun hat sich freilich das Familienbild der letzten Jahrzehnte in der Bundesrepublik deutlich gewandelt: Die traditionelle Rollenverteilung der frühen 1950er-Jahre existiert so nicht mehr, der Begriff der Familie hat sich etwa auch durch die Anerkennung gleichgeschlechtlicher Lebensgemeinschaften dynamisiert. Eine naturrechtliche Begründung der Familie erscheint in der heutigen Zeit anachronistisch, wenngleich die Kernfunktionen einer Einstands- und Verantwortungsgemeinschaft ebenso nach wie vor zum Kern des Familienverständnisses gehören wie die besondere Rolle der Familie für die Erziehung der Kinder. Man mag sich darüber streiten, ob durch die Ökonomisierung der Lebensstile und die Individualisierung der Lebensgestaltung das traditionelle Bild der Familie unterhöhlt, ausgehöhlt ist oder sich lediglich in neuem Gewand bewährt. Doch scheint nach wie vor richtig, dass ein an wirtschaftlichem Denken geschulter Liberalismus nicht in der Lage ist, Familien als gesellschaftliche Kernaufgabe systematisch in den Blick zu nehmen. Das zeigte sich beispielhaft an einem Aufsatz von Hans Willgerodt, der im Familienlastenausgleich die »bedingungslose Kapitulation« vor den Anti-Spar-Theorien sah und unkte, es gebe kein besseres Rezept, die bürgerliche Welt dem Kollektivismus auszuliefern.[89] Freilich, solche neoromantischen Vorstellungen eines treusorgenden Familienoberhauptes, dessen unbedingter Sparwille besser schien als jegliche sozialstaatliche Hilfestellung durch die Unterstützung der Familie oder gar einer Rente im Umlageverfahren, blieb auch bei den Ordoliberalen eine Minderheitenposition. Die besondere Betonung der Rolle von Familien in Gesellschaft und Wirtschaft bleibt das Verdienst der christlichen Sicht auf das gesellschaftliche Zusammenleben.

Das zeigte sich in der frühen Bundesrepublik auch in der Frage, wie Familien zu fördern sind. Anders als heute spielten dabei Krippen, Kindergärten oder Horte weniger eine Rolle; die Erziehung sollte in der Familie gewährleistet werden. Nur dort, »wo die Familie die Erziehungsaufgabe nicht oder nicht ganz erfüllen kann, haben die Kindertagesstätten oder ähnliche Einrichtungen das Recht, ergänzend für die Familie einzutreten«.[90] Damit war die Grundphilosophie der Familienpolitik intoniert. Freilich bedeutete dies auch, dass die Familien in die Lage versetzt werden mussten, die ihnen gestellte Aufgabe auch zu erfüllen. Hier entzündeten sich in der frühen Bundesrepublik heftige Debatten.[91] Wie konnte, wie sollte die Familie gefördert werden? Es dauerte bis 1954, bevor eine Lösung gesetzlich umgesetzt wurde: Das Kindergeldgesetz sah die Zahlung von Kindergeld ab dem dritten Kind vor. Die Grundidee des Kindergeldgesetzes war, dass ein »gerechter Lohn« eben einen Arbeiter und seine Familie – hier gedacht als Kleinfamilie mit zwei Kindern – ernähren können muss. Deswegen brauchte die staatliche Hilfestellung auch erst ab dem dritten Kind zu beginnen. Das entsprach der Tradition der katholischen Soziallehre, wie sie auch in der Enzyklika *Quadragesimo anno* aus dem Jahr 1931 formuliert worden war. Arbeit hat aus Sicht der Soziallehre nicht nur einen Individual-, sondern auch einen Sozialcharakter. Aus dieser Doppelnatur der Arbeit ergab sich, dass dem Arbeiter ein ausreichender Lohn zustehen musste, nicht alleine für sich, sondern auch für seine Familie. Zwar sei gegen eine Mithilfe der Familienangehörigen nichts einzuwenden, jedoch dürfe dies nicht zu einer Auflösung des traditionellen Bilds der Familie führen. Dass Hausfrauen und Mütter, so die Enzyklika in nicht zu überbietender Deutlichkeit, »wegen Unzulänglichkeit des väterlichen Arbeitsverdienstes zum Schaden ihres häuslichen Pflichtenkreises und besonders der Kindererziehung außerhäuslicher Erwerbsarbeit nachzugehen genötigt sind, ist ein schändlicher Mißbrauch, der, koste es, was es wolle, verschwinden muß«. (QA, 71) Die Soziallehre ließ sich hier also nicht nur von einem normativ fundierten Familienbild leiten, sondern erklärte die gerechte Entlohnung zu einer Angelegenheit des Gemeinwohls. So sah es das Kindergeldgesetz offensichtlich auch, denn es ging unausgesprochen von einem gerechten Lohn aus. Das Kindergeld für jedes weitere Kind wurde, folgerichtig, durch Familienausgleichskassen bereitgestellt, die sich ausschließlich durch Arbeitgeberbeiträge finanzierten. Unausgesprochenes Leitbild war hier tatsächlich auch, die Frauen von der Berufstätigkeit fernzuhalten, indem man ein auskömmliches Familieneinkommen garantierte. Freilich hatte sich gegenüber den frühen 1930er-Jahren die Praxis von Familie in Deutschland verändert, nicht zuletzt durch den Krieg. Zwar stellte der Soziologe Helmut Schelsky fest, dass sich nach den kriegsbedingten Gefährdungen der Familie diese wieder umfassend regeneriert und stabilisiert hatte. Doch das unbefragte patriarchale Leitbild der Familie geriet unter Druck und damit auch das Leitbild der reinen Hausfrauenehe. Die Anzahl der Frauen im Erwerbsleben stieg mit dem Wirtschaftswachstum deutlich an. Das hatte auch Auswirkungen auf die Kinderzahl: Mehr als zwei Kinder pro Familie blieben die Ausnahme.[92] In den späteren 1950er-Jahren kam deshalb nicht überraschend die Debatte auf, ob ein Kindergeld nicht ab dem zweiten Kind zu zahlen sei, was mit dem Kindergeldkassengesetz von 1961 umgesetzt wurde; drei Jahre später wurde durch eine Neufassung des Bundeskindergeldgesetzes die Finanzierung des Kindergelds als eine rein steuerfinanzierte Leistung ausgestaltet.

Angesichts der vielfältigen Probleme, die Finanzierung des Kindergelds durch die Wirtschaft selbst zu gestalten, war dies nur folgerichtig. So konnten etwa Arbeitnehmer in unteren Lohngruppen ein Kindergeld in Anspruch nehmen, aber Kleinlandwirte, Gewerbetreibende oder kleine Selbstständige nicht. Nicht jedes Kind war damit gleich viel »wert« und nicht jede Familie erhielt die notwendige Unterstützung. Auch nutzten die Steuerfreibeträge denjenigen wenig, die ohnehin wenig Einkommen hatten. Unter Gerechtigkeitsgesichtspunkten konnte man durchaus die Debatte führen, ob denn ein Generaldirektor ebenso viel Kindergeld für seine Kinder bekommen müsse wie der bei ihm angestellte Lagerarbeiter für die seinen; freilich konnte hier darauf verwiesen werden, dass dem Staat jedes Kind gleich viel wert sei.

Im Rückblick erstaunt die implizite und explizite Überwälzung der Kosten der Kinder auf den Arbeitgeber; heute würde der Aspekt des reinen Leistungslohns sehr viel stärker im Vordergrund stehen. Es zeigt aber, wie stark in der Gründungsphase der Bundesrepublik Deutschland noch gesellschaftspolitische Erwartungen an die Wirtschaft wie selbstverständlich formuliert worden sind. In der Familienförderung trafen wirtschaftliche Logik und gesellschaftspolitische Ordnung hart aufeinander. Aus der Logik eines Marktsystems heraus konnten die Elemente der Familienförderung nur als systemfremd abgelehnt werden. Nahm man aber die Aussage ernst, dass die Familie ursprünglicher sei als der Staat, dann ergab sich geradezu eine Verpflichtung nicht nur zum Schutz, sondern auch der Förderung der Familien. Als besonders drückend wurde bisweilen empfunden, dass sich ohne eine besondere Förderung der Familien die Kinderlosen häufig ökonomisch deutlich besser stellten. Gerade diese Debatte, ob hier eine Bevölkerungsgruppe nur von den Leistungen einer anderen profitierte, bestimmte immer wieder die sozialpolitischen Frontstellungen. Das Bundesverfassungsgericht hat daraus mehrfach die Anforderung an die Politik formuliert, die Benachteiligungen der Familien abzubauen, etwa im Rentenbezug. Gerade die 1957 eingeführte dynamische Rente lebte ja in besonderer Weise vom Generationenvertrag und einem ausgeglichenen Verhältnis von Beitragszahlern, Rentenempfängern und zukünftigen Beitragszahlern; hier bekam die Familie eine für das Rentensystem und seine Stabilität zentrale Bedeutung, ohne dass die Erziehungsleistung zunächst auch in der Rente anerkannt wurde. Die Debatte, ob Familien für die gesellschaftlich und sozial notwendige Arbeit ausreichend gefördert werden, bestimmt immer wieder in unterschiedlichen Fragestellungen die Debatte. Oswald von Nell-Breuning jedenfalls meinte noch 1980 feststellen zu können, dass die sozialpolitisch doch so fortschrittliche Bundesrepublik mit Blick auf den Familienlastenausgleich »beklagenswert rückständig« sei.[93] Ähnliche Debatten werden freilich bis in die Gegenwart hinein immer wieder geführt.

Familienpolitik in ihrer unterschiedlichen Ausgestaltung ist und bleibt ein notwendiger Fremdkörper in einer rein liberal gedachten Wirtschaftsordnung. Unzweifelhaft erfüllen Familien auch ökonomisch berechenbare Aufgaben im Rahmen der Erziehung, der Pflege und der solidarischen Unterstützung. Heute kommt ein zweites Element dazu, das es so in den 1950er-Jahren nicht gegeben hat: die Ermöglichung von Erwerbstätigkeit durch die Bereitstellung einer Betreuungsinfrastruktur sowie die arbeitsrechtlichen Voraussetzungen, Kindererziehung oder Pflege auch leisten zu können. Familienpolitik hat sich geändert, weist nicht mehr die Koordinaten der frühen 1950er-Jahre auf. Die Gleichberechtigung der Frauen hat sich in allen Bereichen Bahn gebrochen, die Unauflöslichkeit der Ehe ist heute nur noch Thema romantischer Schwärmer, Patchwork-Familien gehören heute ebenso zum Alltag wie alleinerziehende

Elternteile, häufig Mütter.[94] Freilich haben sich damit nicht die oben beschriebenen Aufgaben erledigt, die Familien für die Reproduktion der Gesellschaft und ihres Wertesystems spielen. Sie bedürfen aber heute mehr denn je der staatlichen Unterstützung. Ob die Vielzahl der Förderungen durch eine eigenständige Kindergrundsicherung vereinfacht und gerechter gestaltet werden kann, ist eine der gegenwärtig geführten Debatten, mit offenem Ausgang.[95] Familienpolitik ist einem gesellschaftlichen Wandel unterworfen, der den Phänotyp der Familie betrifft. Sie ist aber auch einem wirtschaftlichen Wandel unterworfen. Ein Familieneinkommen wird heute im Vergleich zu den frühen Jahren der Bundesrepublik eben nicht mehr vorrangig durch einen Alleinverdiener bereitgestellt. Kennzeichnend aber für die Familienpolitik bleibt, dass sie aus dem Ökonomischen herausragt, ja das Ökonomische in seinem Herrschaftsanspruch begrenzt und auf jene grundlegenden Werte unserer Gesellschaft verweist, die einem liberalen Individualismus nicht in den Blick kommen. Diesen Freiraum des Humanum, den Wurzelgrund der Freiheit, gilt es zu schützen – nicht nur gegen totalisierende Ideologien, sondern auch gegen einen Übergriff von Marktprozessen. Nicht die Familie muss sich der Wirtschaft anpassen, sondern die Wirtschaft den Erfordernissen der Familie. Das ist und bleibt der weite Gestaltungsanspruch der Familienpolitik in der Sozialen Marktwirtschaft.

Gerechtigkeit

Moderne Gesellschaften sind arbeitsteilige Gesellschaften. Sie sind, wie es Soziologen formulieren würden, in hohem Maß funktional differenziert. Durch diese funktionale Differenzierung sind diese Gesellschaften erfolgreich. Rollen und Funktionen sind klar zugeteilt. Im Arbeitsleben ist man Manager, Bäcker, Polizist, Hochschullehrer, Arzt, Informatiker, Unternehmer; im Privatleben ist man Vater oder Mutter, Gärtner, Sportler, Ehrenamtler, Philatelist oder

Hobbyhandwerker. Entscheidend ist: Das Arbeitsleben ist durch eine hohe funktionale Differenzierung gekennzeichnet, in der man in der Regel nur eine Funktion wahrnehmen kann – man ist nicht Polizist und Unternehmer gleichzeitig,[96] sondern entweder das eine oder das andere. Im Privatleben sieht das ein wenig anders aus. Hier kann ein Mensch Vater und Philatelist sein, Vorstand in einer Kirchengemeinde und begeisterter Triathlet. Diese unterschiedlichen Rollen und Funktionen prägen einen Menschen ebenso wie die Arbeit, die zu seiner Identität beiträgt. Dabei können auch die unterschiedlichen Rollen miteinander in Konflikt geraten. Die häufigste Form ist dabei vermutlich der Konflikt zwischen Elternschaft und Beruf: Wie viel Zeit kann ich für meine Kinder aufbringen, wie viel Zeit muss ich im Beruf verbringen?

Eine der spannenden Fragen der Gesellschaft ist: Wie kann eine Ansammlung von Menschen, die so funktional differenziert ist, sich als Einheit empfinden? Warum führen die unterschiedlichen Rollen und Funktionen nicht zu einem hemmungslosen Individualismus, in dem jeder nur noch seinen eigenen Interessen nachgeht, ohne Rücksicht auf Verluste? Eine erste Antwort der Soziallehre darauf wäre: weil der Mensch eben ein soziales Wesen ist, auf den Mitmenschen hin angelegt. Die Individualisierung ist demnach nur möglich, wenn es das Gegengewicht einer sozialen Grunddisposition des Menschen gibt. Das war auch Grundthese einer der ersten soziologischen Untersuchungen zu dem Thema. Emile Durkheim ging in einer Schrift von 1893 der Frage nach, was denn die Bedingungen von Zusammenhalt in einer sich differenzierenden, arbeitsteiliger werdenden Gesellschaft sind.[97] Seine Antwort lautete: Eine Art solidarisches Gleichgewicht, das man als »Gerechtigkeit« bezeichnen kann. Zunächst einmal war für Durkheim klar: Arbeitsteilung setzt eine bereits integrierte Gesellschaft voraus, integriert auch über gemeinsame Moral- und Wertvorstellungen. Eine rein vertragliche Übereinkunft zur Gründung einer (arbeitsteiligen) Gesellschaft reicht nicht aus. Das war ein Argument gegen den klassischen Liberalismus, der davon ausgegangen war, dass man Gesellschaft als eine Art vertraglich vereinbartes

Austauschverhältnis begründen könne. Durkheim hingegen argumentierte: Gesellschaften mit hoher Arbeitsteilung bedürften einer organischen Solidarität, eines Gefühls der Zusammengehörigkeit. Dies erst sichere die Möglichkeit der Arbeitsteilung und die Zuversicht, eine solche Arbeitsteilung könne letztlich allen zugutekommen.

Formulieren wir es um: Die Funktionsfähigkeit einer arbeitsteilig organisierten Gesellschaft hängt damit zusammen, dass jeder diese Ordnung als fair und gerecht empfindet. Ist dies nicht der Fall, verliert sie an Legitimität und es kommt zu Verwerfungen. Gerechtigkeit ist also jene Grundbedingung gesellschaftlichen Zusammenhalts, die Voraussetzung von organischer Solidarität ist.[98] Sie ist die Tugend von Institutionen[99] ebenso wie die einer Gesellschaft zugrunde liegenden Wertvorstellungen darüber, was fair und gerecht ist. Vereinfacht ausgedrückt gibt Gerechtigkeit Kriterien dafür an, warum Menschen unterschiedlich behandelt werden können oder sollen. Es geht also im Wesentlichen um Gründe für Ungleichbehandlung, die über den Diskurs der Gerechtigkeit abgehandelt werden.[100]

Fangen wir mit einigen einfachen Beispielen an. Nehmen wir an, ein sehr renommiertes Internat hat eine Reihe von Plätzen zu vergeben. Was sollen die Kriterien dafür sein? Ein erstes Kriterium könnte die Bereitschaft der Eltern sein, eine großzügige Aufnahmespende zu tätigen – damit könnten die Schulbedingungen für alle deutlich verbessert werden. Ein zweites Kriterium könnte sein, dass die Eltern (und das Kind) einen adeligen Namen haben; das könnte das Renommee der Einrichtung insgesamt erhöhen. Alle würden davon profitieren, wenn sie dann einen Abschluss dieser Einrichtung vorweisen könnten. Ein drittes Kriterium könnte sein, Kinder von Eltern zu bevorzugen, die selbst in der Einrichtung beschult worden sind oder in den Selbstverwaltungsorganen mitarbeiten; das sorgt für Kontinuität und intakte Netzwerke. Ein viertes Kriterium könnte sein, herausragende Sportler zu bevorzugen; die Publizität, die sie genießen, könnte dann auf die Schule zurückfallen und ihr Prestige erhöhen. Eine fünfte Variante könnte sein: Nur die Leistung zählt. Die wird aus den vorangegangenen Noten und einem speziellen Eignungstest ermittelt. Eine sechste könnte sein: Es werden besonders Schüler aus einer Minorität aufgenommen, weil diese in der Schulgeschichte benachteiligt worden sind. Im Namen von Diversität und Wiedergutmachung will die Schule damit einen Beitrag zur sozialen Inklusion leisten. Eine siebte könnte sein, dass man besonders Bewerber mit Einschränkungen berücksichtigt, um damit der Idee der Inklusion Rechnung zu tragen. Und schließlich, eine achte Form wäre die Auswahl nach reinen Kriterien der Bedürftigkeit, also eine Art umgekehrter sozialer Selektion.

Diese Beispiele zeigen eine Reihe von Rechtfertigungsgründen, die mehr oder weniger plausibel sind:

- Geld und Kaufkraft als »Austausch« von Leistung
- Geburt und soziale Herkunft
- Dankbarkeit
- Verdienst
- Qualifikation
- Wiedergutmachung
- Kompensation besonderer Härten
- Bedürftigkeit

Nehmen wir ein anderes Beispiel. Eine Firma entscheidet sich, eine gut bezahlte Stelle neu zu besetzen, und sucht dafür einen qualifizierten Bewerber oder eine Bewerberin. Die fachliche Qualifikation (Leistung) sei hier vorausgesetzt. Aber zusätzliche Kriterien kann es zuhauf geben: Bei gleicher Qualifikation kann man eine Frau oder einen Behinderten einstellen, wie es im öffentlichen Dienst häufig in Ausschreibungen annonciert wird; mit eben jener Begründung könnte man sich auch für den Bewerber oder die Bewerberin entscheiden, die eine Familie zu ernähren hat (Kompensation besonderer Härten). Vielleicht ist der Firmenchef früher einmal als Freiwilliger bei der Bundeswehr gewesen und er schätzt deshalb Menschen, die einen Dienst für die Allgemeinheit geleistet haben (Verdienst, Dankbarkeit). Vielleicht war er Mitglied in einer Studentenverbindung und ein Conphilister hat ihm gesteckt, dass sein Sohn, der ebenfalls Mitglied der Verbindung ist, sich unter den Bewerbern befinde (soziale Herkunft); vielleicht hat der Unternehmer erst kürzlich erfahren, dass sein Großvater das Unternehmen arisiert hat, und er will, als Wiedergutmachung, jüdische Bewerber besonders bevorzugen. Vielleicht winkt aber auch ein großer Auftrag einer anderen Firma und der Auftrag wird an die Bedingung geknüpft, einen bestimmten Bewerber einzustellen (Austausch von Leistung). Vielleicht aber hat der Unternehmer ein besonders soziales Herz und er entscheidet sich für den Bewerber, dem ein solcher Arbeitsplatz am ehesten aus einer sozialen Schieflage hilft (Bedürftigkeit), beispielsweise etwa einer alleinerziehenden Mutter, die sich mit dem Arbeitsplatz aus dem Sozialleistungsbezug befreien könnte. Die Beweggründe können mannigfaltig sein, vor allem in Unternehmen, in denen auf eigenes Risiko gewirtschaftet wird.

Im Bereich der institutionellen Strukturen der öffentlichen Hand wird es schon schwieriger. Hier gibt es Formen der Gerechtigkeit, die sehr unterschiedlich sind: distributive Gerechtigkeit, meist in Form von Bedürftigkeit, der Kompensation besonderer Härten, seltener auch der Wiedergutmachung. Das gesamte Fürsorgesystem des SGB II (Hilfen bei Langzeitarbeitslosigkeit) ist von der Idee geprägt, dass es nicht die Schuld des Arbeitslosen ist, dass er keine Arbeit findet, sondern häufig besondere Härten vorliegen, die die Arbeitsaufnahme verhindern oder erschweren. Eine zweite Begründung ist die der Bedürftigkeit; man hilft Menschen in Not, bis sie sich selbst wieder helfen können. Die Begründungen überlappen sich und sind nicht immer sauber trennbar.

Deutlicher wird der Ausgleich besonderer Härten im Bundesteilhabegesetz, das die Integration Behinderter im Sinne der UN-Behindertenrechtskonvention umsetzt. Die Behinderung sagt nichts über den Wert eines Menschen aus und ebenso nicht über seine Qualifikation. Man stellt lediglich eine Art faire Ausgangsposition her, die es dem Menschen mit Behinderung ermöglicht, sein Potenzial ebenso zu entwickeln wie ein Mensch ohne Einschränkungen.

Wiedergutmachungen sind vor allem Opferhilfen. Sie betreffen Vermögensschäden ebenso wie biografische Beschädigungen, die einen Lebenslauf geprägt haben.

Das System institutioneller Gerechtigkeit in Deutschland ist darauf gerichtet, bestimmte Formen von Rechtfertigungsgründen systematisch auszuschließen, so den Austausch von Leistungen durch Geld oder den Rechtfertigungsgrund der sozialen Herkunft. Geld und soziale Herkunft können in Gesellschaften, die demokratisch organisiert sind und sich dem Prinzip der Chancengleichheit (beziehungsweise der Chancengerechtigkeit) verschrieben haben, keine Rolle spielen. Sie tun es sicherlich indirekt, weil Geld und soziale Herkunft die Ausgangsbedingungen bei den Kriterien verbessern, die als legitim angesehen werden, und das gilt insbesondere bei den Kriterien von Qualifikation und Leistung.[101] Aber in demokratischen Gesellschaften sind nur wenige Rechtfertigungsgründe allgemein akzeptiert: Leistung und Qualifikation sicherlich, ebenso Bedürftigkeit, Wiedergutmachung und Ausgleich besonderer Härten; erstere Rechtfertigungsgründe fassen wir unter der Rubrik »Leistungsgerechtigkeit« zusammen, die anderen unter austeilende oder distributive Gerechtigkeit. Diese beiden sind in besonderer Weise auch für die Soziale Marktwirtschaft entscheidend. Dabei lassen wir den ebenso wichtigen Aspekt der legalen Gerechtigkeit beiseite; er beinhaltet etwa, dass alle Menschen vor dem Gesetz gleich sind, dass sie rechtliches Gehör finden müssen, dass es eine Unschuldsvermutung gibt und Rückwirkungsverbot. Diese unterstellen wir in einem demokratischen Rechtsstaat als gegeben. Hier soll es lediglich darum gehen, auf einige Probleme hinzuweisen, die sich in einer Sozialen Marktwirtschaft stellen, wenn Leistungsgerechtigkeit und distributive Gerechtigkeit in ein gesundes Verhältnis zueinander gebracht werden sollen.

Das erste Problem der Leistungsgerechtigkeit stellt sich mit der Frage, wie Leistung bewertet werden soll. Welche Lohn- und Gehaltsspreizung ist noch durch unterschiedliche Leistungsniveaus gerechtfertigt, welche ist es nicht mehr? Welche Differenzierungen im Entlohnungsbereich sind gerechtfertigt, welche nicht? Eine

Differenzierung nach Geschlecht, nach Hautfarbe oder Religionszugehörigkeit scheint wenig zielführend; der Grundsatz »Gleicher Lohn für gleiche Arbeit« ist hier das übergeordnete Prinzip.[102] Er ist es aber nicht überall. So kann ich das Prinzip bei längerer Betriebszugehörigkeit ebenso außer Kraft setzen wie bei einer unterschiedlichen Entlohnung von Gewerkschaftsmitgliedern und Nicht-Gewerkschaftsmitgliedern. Im ersten Fall ist die differenzierte Entlohnung eine Prämie für lange betriebliche Zugehörigkeit, im zweiten Fall dafür, dass man das *free rider*-Prinzip einschränken will: Diejenigen, die durch ihre Mitgliedschaft in einer Gewerkschaft zu höheren Lohnsteigerungen beigetragen haben, dürfen bessergestellt werden als diejenigen, die keine Mitglieder einer Gewerkschaft sind. Das kann tarifvertraglich geregelt werden und ist in ständiger Rechtsprechung durch das Bundesarbeitsgericht auch bestätigt worden. Überdies kann es andere unterschiedliche Vertragssituationen geben, die eine Ungleichbehandlung bei gleicher Arbeit rechtfertigen. Wenn ein Unternehmer bereits drei Fachkräfte für einen Stundenlohn von 20 Euro beschäftigt, er aber eine weitere Fachkraft benötigt und diese nur für 25 Euro pro Stunde zu haben ist, dann ist dies kein Verstoß gegen den Gleichbehandlungsgrundsatz; für das Betriebsklima indes könnte es wenig förderlich sein. Umgekehrt wird aber als Verstoß gegen den Gleichbehandlungsgrundsatz betrachtet werden können, wenn der Arbeitgeber – der Arbeitsmarkt ist ein anderer – eine weitere Fachkraft für 15 Euro pro Stunde einstellt. Auch hier gibt es sicherlich Gestaltungsspielräume (etwa eine Phase der Einarbeitung), aber der Druck, gleiche Arbeit auch gleich zu entlohnen, wird hier groß sein.

Schwieriger wird es schon, wenn man sich die Entlohnungsstrukturen in einem Unternehmen selbst anschaut. Innerhalb des Gitters, das durch die Tarifvertragsparteien ausgehandelt wird, ist dies weitgehend in sich stimmig. Problematischer wird es häufig, wenn die Durchschnittseinkommen, die tarifvertraglich vereinbart sind, in Relation zu den Spitzeneinkommen gesetzt werden, die zwischen den Eigentümern und den jeweiligen Führungskräften individuell ausgehandelt worden sind. Im Durchschnitt ist diese Relation in den vergangenen Jahren gestiegen, von 1:42 im Jahr 2005 auf 1:71 im Jahr 2017. Das ist nur eine durchschnittliche Betrachtung. Betrachtet man nur die Vorstandsvorsitzenden der deutschen DAX-Unternehmen, war 2017 die Deutsche Post mit einem Verhältnis von 1:232 Spitzenreiter, gefolgt von der Heidelberg Cement mit 1:201.[103] Das alles mag gute Gründe haben, aber kann, wenn auf die Spitze getrieben, eben auch den Glauben in die Gerechtigkeit der Entlohnung unterminieren. Wie will man das 232-fache an Entlohnung von Durchschnittseinkommen im Betrieb denn in Form von Leistung rechtfertigen? Vermutlich wird das nicht möglich sein, weil Verträge mit Vorständen frei ausgehandelte Verträge sind, die nicht notwendig einen Bezug zu einer Leistung haben. In Verbindung mit einer kaum bestehenden Haftung ist das Ergebnis jedenfalls für die Glaubwürdigkeit der Maxime, dass sich Leistung lohnen müsse, desaströs und kann nicht im Interesse einer funktionierenden Marktwirtschaft sein.

Ein zweiter Bereich, in dem sich regelmäßig schwierige Abgrenzungsprobleme stellen, ist der Übergangsbereich von Leistungsgerechtigkeit und distributiver Gerechtigkeit. Er besagt ganz allgemein, dass die Einkünfte über staatliche Transferleistungen niedriger sein müssen als die Einkünfte über Arbeit. Wären sie es nicht, ginge der Anreiz verloren, eine Arbeit aufzunehmen und von seiner eigenen Leistung zu leben. Dieses sogenannte Abstandsgebot ist schwieriger umzusetzen, als es den Anschein hat. Das Bundesverfassungsgericht hat als untere Haltelinie staatlicher Transferzahlungen ein soziokulturelles Minimum postuliert, das gesellschaftliche Teilhabe ermöglichen soll. Hinzu kommen Leistungen für die Kosten der Unterkunft. Bei genauer Rechnung kann sich für den einen oder anderen, gerade im Niedriglohnbereich, der Bezug von Sozialleistungen gegenüber der Aufnahme von Arbeit damit »lohnen«; oder, anders formuliert, es wäre ein durchaus rationales Verhalten, weil der Mehrwert von Arbeit gegenüber dem Bezug von Sozialleistungen zumindest monetär nicht erkennbar ist.[104]

Gleiches gilt für die Frage der Alterssicherung. Wer ein Leben lang von der Grundsicherung lebt und nicht arbeitet, wird auch im

Alter von der Grundsicherung leben. Wer aber ein Arbeitsleben lang im Niedriglohnbereich gearbeitet hat oder häufig in Teilzeit beschäftigt war, wird auch im Alter keine Rente oberhalb der Grundsicherung erreichen können. Der Mindestlohn, um nach 40 oder 45 Jahren Vollzeit eine Rente über der Grundsicherung zu bekommen, liegt deutlich über dem gesetzlichen Mindestlohn. Dieser ist eben eine ordnungspolitische Maßnahme, keine sozialpolitische. Aber ist die dahinterstehende Botschaft, dass man nach Jahrzehnten niedrig bezahlter Arbeit ebenso gut (oder schlecht) dasteht wie derjenige, der nie im Leben gearbeitet hat?

Das Abstandsgebot beißt sich hier mit dem aus der Würde des Menschen ableitbaren Anspruch auf ein soziokulturelles Existenzminimum. Es ist der Preis menschenrechtlicher Verpflichtungen und Selbstverpflichtungen, gleichzeitig aber eine hohe Belastung für das Gerechtigkeitsempfinden und damit den gesellschaftlichen Zusammenhalt. Es ist eine normative Zwickmühle: Entweder man schränkt die Idee der Menschenwürde und die daraus erwachsenden Ansprüche ein oder man riskiert eine Gerechtigkeitslücke. Für die Soziale Marktwirtschaft sind jedenfalls die im oberen und unteren Einkommensbereich entstehenden Schieflagen ernsthafte Probleme für die organische Solidarität im Sinne von Durkheim. Gleiches gilt auch für den Kreis der Anspruchsberechtigten: Wenn für Flüchtlinge, die nie in Deutschland gearbeitet haben, soziale Ansprüche in gleicher Höhe wie für langjährig Beschäftigte im Niedriglohnbereich entstehen, dann sind kritische Nachfragen verständlich. Einen Ausweg bieten systematische Höherwertungen von Rentenansprüchen im Niedriglohnbereich; freilich wird damit die Abbruchkante nicht beseitigt, sondern lediglich nach oben verschoben.

Das Thema »Gerechtigkeit« spielt in den öffentlichen Debatten immer wieder eine Rolle und ist in hohem Maße auch für die Boulevardpresse tauglich. Angebliche oder wirkliche Missstände lassen sich trefflich skandalisieren im Namen der Gerechtigkeit. Die Wirtschaft muss darauf nicht reagieren, die Politik aber kann solche Debatten nicht ignorieren. Es trifft eben nicht zu, wie es Hayek einmal formuliert hat, dass der Begriff soziale Gerechtigkeit für freie Menschen keinen Sinn habe.[105] Menschen beobachten sehr genau, ob die Gerechtigkeit als institutionelle Tugend mit ihren eigenen Vorstellungen von Gerechtigkeit zusammenpasst, und beurteilen die Legitimität einer politischen Ordnung danach. Die politische Ordnung ist es nämlich, die den Rahmen der institutionellen Tugenden vorgibt und damit das Spielfeld definiert, auf dem das Marktgeschehen sich vollzieht. Deswegen ist eine Soziale Marktwirtschaft ohne eine Debatte über Formen der sozialen Gerechtigkeit im weiten Sinn nicht vorstellbar; gerade dies macht die Stärke der Sozialen Marktwirtschaft als einem lernenden System aus.

6

Grundprobleme der Sozialen Marktwirtschaft

Die Soziale Marktwirtschaft ist mehr als ein Wirtschaftssystem, in dem es um die Bereitstellung von Gütern und Dienstleistungen geht. Wenn es richtig ist, dass mit der Sozialen Marktwirtschaft ein Bezug zum Gemeinwohl hergestellt ist und sich dieses Gemeinwohl unter anderem in der Entfaltungsmöglichkeit des Einzelnen manifestiert, dann müssen auch einige Grundprobleme in den Blick genommen werden, die sich auch in der Sozialen Marktwirtschaft ergeben. Das erste liegt darin begründet, dass Arbeit als Dimension der Wertschöpfung eben auch der persönlichen Verwirklichung dient. Insofern ist der Arbeitsmarkt kein Markt im herkömmlichen Sinn, sondern er geht weit darüber hinaus. Zweitens schafft Wirtschaften auch Reichtum und gesellschaftliche Ungleichheit – dazu gehört auch Armut. Auch wenn man ein gewisses Maß an sozialer Ungleichheit in den Einkommen und Vermögen bejaht, ist doch auch klar, dass sich eine faire und gerechte Ordnung danach bemisst, solche Ungleichheit nicht zu groß werden zu lassen. Schließlich werden abschließend einige systemische Problematiken erörtert, die der Sozialen Marktwirtschaft eingeschrieben sind – wie vermutlich anderen Wirtschaftsordnungen ebenfalls.

Arbeit und Identität

Arbeit ist ambivalent, schon in der biblischen Tradition. Sie ist als Mühsal die Strafe Gottes nach der Vertreibung aus dem Paradies, aber gleichzeitig auch Mitarbeit am Schöpfungswerk Gottes: In der Arbeit veredelt der Mensch sich selbst und die Schöpfung.[1] Die Verweigerung der Arbeit wäre dann eine Weigerung, am Werk Gottes teilzunehmen. Sie widerspräche dem Wesen des Menschen als eines arbeitenden Geschöpfes im doppelten Sinn: Arbeit als Mittel zum Selbsterhalt und Arbeit als Selbstveredelung des Menschen und der Schöpfung. Arbeit ist also kein Selbstzweck, und die Arbeitszeit wird durch Ruhezeit abgegrenzt. Am siebenten Tag hat Gott geruht, und die jüdisch-christliche Tradition hat das aufgegriffen: durch die besondere Bedeutung des Sabbats beziehungsweise des Sonntags. Arbeit dient auch nicht der Anhäufung von Reichtümern – das macht das Gleichnis vom reichen Kornbauern deutlich (Lk 12,16–21). Die Arbeit ist auf den Menschen bezogen, auf seine Lebensumstände. Sie soll nicht Zweck an sich werden und sich auch nicht in rastloser Tätigkeit erschöpfen.

Das ist der Kern des christlichen Verständnisses von Arbeit. Folglich haben, glaubt man dem Neuen Testament, Jesus und seine Jünger auch wie selbstverständlich gearbeitet. Paulus hat dies später deutlich auf den Punkt gebracht: Wer nicht arbeitet, soll auch nicht essen (2 Thess 3,10). Das bezog sich auf die Praxis mancher Prediger, sich von den Gemeinden aushalten zu lassen. Es kann sicherlich nicht als Begründung herangezogen werden, Menschen, die nicht arbeiten können, den Unterhalt zu verweigern. Die Arbeit ist auf den Lebensunterhalt abgestimmt. Arbeit als Quelle des Reichtums ist der biblischen Tradition aber fremd.

Auf der anderen Seite steht der Arbeitsbegriff in der Ökonomie. Hier zählt Arbeit als ein Produktionsfaktor neben Boden und Kapital. Fragen nach dem Wesen des Menschen werden nicht berührt, sondern Arbeit nur als ein Faktor im Wirtschaftsleben betrachtet.

Menschen werden zu Humankapital, dem wohl beschämendsten Bild, das die Ökonomie jemals vom Menschen gezeichnet hat. Arbeit wird auf dem Markt gehandelt, sie unterliegt Angebot und Nachfrage. Der Mensch wird auf seine Nützlichkeit hin beurteilt und optimiert, die Arbeitsabläufe unterliegen streng rationalen Strukturen, am augenfälligsten in der fordistischen[2] Produktionsweise, der Zerlegung von Herstellungsprozessen in kleinste Teile, die Arbeiter dann auszuführen hatten. Hier schlich sich schnell die Produktivitätsmessung ein, die die Leistung eines Arbeiters nach der Anzahl vollzogener Arbeitsschritte in einem gegebenen Zeitrahmen beurteilte – eine fürchterliche Reduktion menschlicher Arbeit auf maschinenhafte Qualitäten, in der nichts an den normativen Gehalt von Arbeit mehr erinnert. Gegen diese Form der Arbeit hatte der Marxismus recht mit seiner Kritik einer pervertierten Austauschbeziehung und entfremdender Formen von Arbeit.[3]

Die Quelle des neuzeitlichen Arbeitsverständnisses der Ökonomie ist bei John Locke und bei Adam Smith zu suchen. Der Engländer John Locke gilt als Begründer der modernen Theorie des Eigentums.[4] Vereinfacht formuliert entsteht Eigentum dadurch, dass ich Arbeit mit den Dingen der Welt mische. Es ist meine Arbeit, folglich darf ich mir die Produkte als Eigentum aneignen. Aber Locke geht noch einen Schritt weiter: Wenn ich jemanden für Arbeit bezahle, dann darf ich mir auch das Produkt dieser Arbeit aneignen. So kann ich Reichtum anhäufen, der durch die Arbeit anderer entstanden ist. Wie dies besonders effektiv zu machen ist, hat Adam Smith geschildert: nämlich durch Arbeitsteilung. Smith wählte das Beispiel der Herstellung einer Nadel. Wenn man den Produktionsprozess in mehrere Schritte unterteilte und die Arbeit zuteilte, dann war erheblich mehr Produktivität das Ergebnis. Smith wurde so zum Vorgänger der fordistischen Produktionsweise, wenngleich er solche Praktiken aber vermutlich nicht befürwortet hätte.[5]

Die Ideen von Locke und Smith lösten die Arbeit aus den christlichen Bezügen; sie wird nicht mehr verstanden als Mittun an der Schöpfung, sondern auf das autonome Individuum bezogen.

Lebensverbesserung und Wohlstandsmehrung ergänzen die Arbeit als Mittel, den Lebensunterhalt zu bestreiten. Dies hatte zur Folge, dass aus einer wesentlich auf Bedarfsdeckung ausgerichteten Wirtschaft des späten Mittelalters und der frühen Neuzeit eine Wirtschaft wurde, die zunehmend schneller wuchs. Um es zuzuspitzen: Die Wirtschaft des Mittelalters und der frühen Neuzeit war beinahe noch eine Gleichgewichtsökonomie.[6] Mit dem Beginn der Industrialisierung ab Mitte des 18. Jahrhunderts in England wuchs die Wirtschaft rasant an. Gerade dort, wo der Prozess der Industrialisierung noch hinzukam, fiel das Wachstum besonders stark aus. Das entsprach dem Selbstbild einer Zeit, das sich dem Fortschritt verschrieb: dem Fortschritt in der Naturbeherrschung ebenso wie dem Fortschritt in der Veredelung der Menschen. Beinahe nichts schien unmöglich. Neue Absatzmärkte wurden erschlossen, immer neue Produkte hergestellt, die Wissenschaft entwickelte neue Verfahren, die Wirtschaft setzte sie um und schuf damit Wachstum.

Gleichzeitig wurde der Begriff des Fortschritts zu einem zentralen Element des Selbstverständnisses der Aufklärung und der Wirtschaftspolitik des Bürgertums. Fortschritt hieß: Der Mensch erreichte nie zuvor bekannte Höhen der Naturbeherrschung und der zivilisatorischen Verfeinerung, in der Emanzipation des Menschen von den Zwängen der Natur. Diesen Fortschritt konnte man auch im Verhältnis zu den weniger zivilisierten Völkern beobachten.[7] Fortschritt war also, im Namen des Menschengeschlechts, moralisch geboten, und damit wurde auch die Nutzung der zuhandenen Ressourcen zu einem moralischen Imperativ. Eine Folge war, dass die Erde als bloßer Gebrauchs- und Verbrauchsgegenstand gedacht wurde, ganz so wie Francis Bacon dies in seiner Utopie Neu-Atlantis beschrieben hat. Die Bewohner müssten nutzen, was überhaupt aus der Natur herauszuholen sei. Dafür müsse sie auf die »Folterbank« der Experimente gespannt werden. Nur so könne man ihr – wie einer Hexe – die Geheimnisse und Gesetze entreißen.[8]

Vor einer solchen, sehr instrumentellen Auffassung der Natur, blieb auch der Mensch selbst nicht verschont. Seine Arbeitskraft wurde schlimmer als je zuvor in den neu entstehenden Industriekomplexen ausgebeutet. Mehr noch, Arbeit wurde zu einer sittlichen Pflicht, zu des »Bürgers Zierde«, wie es in Schillers »Lied von der Glocke« hieß. Nicht zu arbeiten war die Weigerung, am Gemeinwohl mitzuwirken, und wurde folglich als asozial betrachtet. In brutaler Offenheit verkündete Joseph Townsend im Jahr 1786: »Wo man Brot ohne Last und Mühe erwerben kann, führt der Weg über Müßiggang und Faulheit zur Armut.«[9] Die Folgerung daraus war klar: Ein Freund der Armen musste sich für die Abschaffung der Armengesetze einsetzen, weil diese erst die Armut produzierten, die sie zu beseitigen vorgaben. Armut war nur ein schlechter Charakterzug, lag ganz und gar im Verschulden des Einzelnen.[10] Folglich konnte (ja musste) die Verweigerung von Arbeit bestraft werden, und zwar mit einer Einweisung in ein Arbeitshaus.[11] Freilich, die Übergänge von Fabrik, Arbeitshaus und Gefängnis waren durchaus fließend. Fabrikordnungen im 19. Jahrhundert etwa orientierten sich nicht selten an Reglements von Gefängnissen.[12] Kinderarbeit wurde erst dann verboten, als man sich der nachteiligen Wirkungen auf künftige Soldaten bewusst wurde. Am Arbeiter schätzte man die Arbeitskraft, nicht mehr; er war lediglich ein sprechender Produktionsfaktor. Das ist auch der Hintergrund des älteren Liberalismus, gegen den sich die Ordoliberalen gewandt hatten. Walter Eucken hatte unmissverständlich postuliert: »Arbeit ist keine Ware.«[13] Deswegen sei der Arbeitsmarkt auch kein Markt wie jeder andere, sondern es gehe darum, ihn menschenwürdig zu gestalten, Ausbeutung durch Schutzvorschriften ebenso zu verhindern wie eine Vermachtung, also ein Ungleichgewicht zugunsten einer Seite. Alfred Müller-Armack hatte betont, dass die Wirtschaft normativ eingebunden sein müsse. Er sprach von einem »Sozialhumanismus«, dem es darum gehe, die ganze Fülle der dem Menschen zugänglichen Werte in einer sozialen Ordnung zu gestalten – und zwar aller Menschen und nicht nur der Besitzenden, sondern auch der Arbeiter.[14] Es gehe darum, wieder die Ganzheit des Menschen in den Vordergrund zu stellen, so Müller Armack; diese Ganzheit sei auch durch die Wissenschaften infrage gestellt worden, die den Menschen in seinen verschiedenen Funktionen und Rollen betrachteten, nicht aber in seiner Ganzheit. Das führe zu »Idolbildungen«, der Überbetonung eines Aspektes des Menschen auf Kosten aller anderen.

Die größte Gefahr bestand aus Sicht der Ordoliberalen ohnehin in der »Vermassung« und »Proletarisierung« der Arbeiter, die geeignet seien, die natürliche Ordnung zu unterlaufen. Das konnte aus Sicht der Ordoliberalen durch eine Überbetonung der Arbeit als bloßer Produktionsfaktor ebenso erfolgen wie durch eine Massenarbeitslosigkeit, die letztlich zu einer Gefahr für die gesellschaftliche Ordnung selbst werden konnte. Erstaunlicherweise ist aus dieser Betrachtung aber nie systematisch eine eigenständige Philosophie der Arbeit abgeleitet worden. Anders in der katholischen Soziallehre. In *Rerum novarum* hieß es: »Die Arbeiter dürfen nicht wie Sklaven angesehen und behandelt werden. Ihre persönliche Würde, welche geadelt ist durch die Würde als Christen, werde stets heilig gehalten«. (RN, 16) Vierzig Jahre später ergänzte *Quadragesimo anno* unzweideutig, die Arbeit sei wegen der Menschenwürde, die zu achten sei, keine beliebige Ware, die auf dem Markt gehandelt werden könne. (QA, 83) So stellte die Soziallehre – bei grundsätzlicher Anerkennung der Marktwirtschaft – immer und vor allem auf den Menschen ab. Der Mensch steht im Mittelpunkt der Wirtschaft, die Wirtschaft hat ihm zu dienen.

Das zentrale Dokument zum Thema Arbeit, gewissermaßen die »Magna Charta der Arbeit«[15] aus Sicht der Soziallehre hat Papst Johannes Paul II. mit der Enzyklika *Laborem exercens* vorgelegt. Darin wird in der Betrachtung der Produktionsfaktoren von einem »Vorrang der Arbeit« (LE, 8) gesprochen; damit geht die Enzyklika über die wechselseitige und gleichgewichtige Zuordnung der Produktionsfaktoren Kapital und Arbeit hinaus. Das Kapital besteht nur aus einer Summe von Dingen, während allein der Mensch als Subjekt der Arbeit Person ist. (LE, 12,6) Der Vorrang der Arbeit vor dem Kapital unterstreicht »den Primat des Menschen im Produktionsprozess, den Primat des Menschen gegenüber den Dingen« (LE, 12,6), den »Primat der Person über die Sache, der menschlichen Arbeit über das Kapital«. (LE, 13,5)

Aus diesem Primat der Arbeit folgt, dass das Recht auf Eigentum an Produktionsmitteln nicht absolut und unantastbar ist. Denn Eigentum wird vor allem durch Arbeit erworben; außerdem ist das Eigentumsrecht dem gemeinsamen Zugang zu den Gütern, die die Erde den Menschen bietet, untergeordnet. So darf man nicht gegen die Arbeit oder nur um des Besitzes willen besitzen. Vielmehr besteht das einzige Motiv, das das Eigentum an Produktionsmitteln rechtfertigt, darin, »der Arbeit zu dienen und dadurch die Verwirklichung des ersten Prinzips der Eigentumsordnung zu ermöglichen: die Bestimmung der Güter für alle und das gemeinsame Recht auf ihren Gebrauch«. (LE, 14,3) Und darüber hinaus: Das ausschließliche Privateigentumsrecht sowie der strenge Kapitalismus sind einer konstruktiven theoretischen wie praktischen Revision zu unterziehen. Die notwendigen Reformen bestehen jedoch nicht in der radikalen Aufhebung des Eigentums an Produktionsmitteln, sondern in verschiedenen Formen von Gewinnbeteiligung oder Arbeitnehmeraktien, die jedem aufgrund der eigenen Arbeit den vollen Anspruch einräumen, Miteigentümer der Produktionsmittel zu sein. (LE, 14,5) Außerdem sind Formen der Mitbestimmung zu entwickeln, die dem einzelnen Arbeiter den Eindruck nehmen, lediglich Rädchen in einem von oben bewegten bürokratischen Mechanismus zu sein, sondern seine Eigeninitiative entfalten und ihm das Bewusstsein vermitteln, im eigenen Bereich zu arbeiten. (LE, 15,2)

Arbeit wird also in den Dienst des Menschen und der Gemeinschaft gestellt. Sie steht in vielen Dimensionen in der Sinnstiftung menschlichen Lebens.[16] Sie ist auch nicht nur Erwerbsarbeit, sondern konkretisiert sich in vielen Formen, die nicht auf Erwerb ausgerichtet sind: in der Familienarbeit, in der Erziehungsarbeit, in der ehrenamtlichen Arbeit. In dieser Fülle zielt der Arbeitsbegriff auf die mögliche Entfaltung der Person. Alle Dimensionen menschlicher Arbeit sind auf dieses Ziel hingeordnet. Der Wert der Arbeit liegt im »Dienstwert für die Entfaltung der Person«[17] und damit eben nicht nur im Bereich der Bedarfe, sondern auch der Bedürfnisse. Als ordnungspolitische Aufgabe ist sie allerdings auf die Erwerbsarbeit hingeordnet.

Damit könnte man zu einer stärker praktischen Betrachtung kommen, zu der Frage, wie sich der Anspruch, Arbeit nicht ohne Menschenwürde zu denken, in der Wirklichkeit darstellt. Dazu ist zunächst einmal festzustellen: Der Mangel an Arbeit als einem Problem der Menschenwürde ist, entgegen den Warnungen gerade der Ordoliberalen, zunehmend zu einer Aufgabe staatlichen Handelns geworden. Spätestens seit dem Stabilitäts- und Wachstumsgesetz von 1967 ist das Ziel der Vollbeschäftigung eben auch in den staatlichen Fokus gerückt, mit den unterschiedlichsten Ausgestaltungen.[18] Wichtig ist dabei auch der Zusammenhang zwischen Arbeit und der Finanzierung der Sozialsysteme. In Deutschland werden Arbeitslosenversicherung, gesetzliche Rentenversicherung, Pflegeversicherung und Krankenversicherung direkt aus dem Arbeitseinkommen sozialversicherungspflichtiger Beschäftigung bezahlt. Somit besteht ein hohes Interesse in der Stabilität von Arbeitsbeziehungen für die Finanzierung der sozialen Absicherung, ein hohes Interesse also an einer niedrigen Arbeitslosigkeit. Darüber hinaus gilt: Je höher die Beiträge zu den Sozialversicherungen, desto stärker wird Arbeit belastet und zu einem Wettbewerbsnachteil.

In der Gestaltung der Arbeit selbst sind es vor allem Schutzbestimmungen, die das normative Element von Arbeit widerspiegeln. Dazu gehören Regelungen des Arbeitsschutzes ebenso wie der Kündigungsschutz, aber auch die völkerrechtlichen Verpflichtungen aus der UN-Konvention für Wirtschaft und Menschenrechte: Die Schutzbestimmungen gelten nicht nur national, sondern Unternehmen werden auch mit Blick auf Zulieferern aus dem Ausland zu menschenrechtlichen Sorgfaltspflichten angehalten. Der zweite Bereich sind die Teilhaberechte von Arbeitnehmerinnen und Arbeitnehmern: in der Sozialpartnerschaft, der betrieblichen Mitbestimmung, aber auch Formen des Miteigentums. Durch die Teilhabe wird der identitätsstiftenden Wirkung von Arbeit besonders Rechnung getragen. Die politischen Diskussionslinien ergeben sich vorrangig an den Verwerfungslinien zu neoliberalen Ideen über den Arbeitsmarkt, etwa in der Behauptung, die Absenkung von Schutzstandards, die Prekarisierung von Arbeit durch Befristungen oder Formen der Zeitarbeit seien geeignet, das Problem von Arbeitslosigkeit zu bekämpfen. Freilich: Die richtige Balance zwischen der Sicherheit eines Arbeitsplatzes und der dispositiven Flexibilität von Unternehmen muss zumindest in der Tradition der Soziallehre mit dem Vorrang der Arbeit gegenüber dem Kapital beantwortet werden; nimmt man die Ermahnungen Müller-Armacks ernst, könnte auch in der ordoliberalen Tradition ein leichter Vorrang der Arbeit gegenüber dem Kapital konstatiert werden, denn das eine ist eine Ware, das andere nicht – und muss folglich anders behandelt werden.

Arbeit ist also weitaus mehr als eine Notwendigkeit. Arbeit ist gesellschaftliche Teilhabe, soziale Absicherung, Medium der Selbstverwirklichung und Selbstdefinition sowie Produktionsfaktor. Von daher ist natürlich die Frage relevant, was eine Arbeitsgesellschaft tut, der die Arbeit ausgeht; diese von Hannah Arendt aufgeworfene These[19] hat sich bislang nicht verwirklicht, wird aber immer wieder in neuen Variationen diskutiert. Unstreitig ist, dass sich die wesentlichen Formen der Arbeit ändern. Die bäuerlich-landwirtschaftliche Form der Arbeit ist im Wesentlichen von den Jahreszeiten abhängig; sie ist dezentral organisiert und zeitlich in Grenzen flexibel. Die industrielle Arbeit ist zentral organisiert und zeitlich häufig starr an Betriebszeiten orientiert. In der Dienstleistungsgesellschaft ist die Arbeit dezentral und zeitlich flexibel organisierbar, gerade dann, wenn sich Elemente der Digitalisierung mit Dienstleistungen vermischen. In der historischen Entwicklung ist der landwirtschaftliche Teil stark zurückgegangen, der industrielle Teil wird zunehmend durch einen starken Dienstleistungssektor ergänzt. Ein großer Teil unserer Arbeitswelt ist noch von der Industriearbeit geprägt, der Kluft zwischen Kapital und Arbeit, wie sie im Modell der Sozialpartnerschaft eingehegt ist. In den neuen Arbeitsformen verliert diese Sozialpartnerschaft indes an Bedeutung; der Rückgang der Tarifbindung spricht ebenso dafür wie die abnehmende gewerkschaftliche Organisation der Arbeitnehmerinnen und Arbeitnehmer.

Es spricht wenig dafür, dass sich Arbeit verflüchtigt, sie ausgeht oder nicht mehr ausreichend zur Verfügung steht. Es spricht aber auch wenig dafür, dass sich das von Karl Marx erträumte Reich der Freiheit verwirklichen lässt, in dem die Arbeit von ihrem entfremdenden Charakter befreit ist.[20]

Ungleichheit, Armut und Reichtum

Nehmen wir an, Sie sind verheiratet und haben eine Familie. Sie wohnen in einer hübschen Gegend, die Kinder sind wohlgeraten und geben keinen Anlass zur Klage, die ganze Familie ist bei bester Gesundheit. Sie besitzen ein Haus, haben zwei Autos und fahren zweimal im Jahr in den Urlaub. Das können Sie sich bei einem Haushaltseinkommen von über 100.000 Euro auch leisten. In Ihrem Freundeskreis und bei den Nachbarn sieht es ähnlich aus. Man trifft sich bei Straßenfesten mit den Nachbarn, fährt mit Freunden gemeinsam in den Urlaub. Das Leben ist also gut, oder es könnte gut sein.

Dieses idyllische Bild ändert sich nämlich, wenn bei den gleichen Voraussetzungen wie den oben geschilderten die äußeren Begleitumstände sich ändern. Sie verdienen also keinen Cent weniger, fahren nicht weniger in Urlaub, haben zwei Autos in der Familie und fahren zweimal im Jahr in den Urlaub. Nur: Jetzt sind es Ihre Nachbarn und Freunde, die alle mehr verdienen: Alle liegen mindestens bei 150.000 Euro, fahren häufiger in den Urlaub als Sie, dann auch noch etwas mondäner, fahren Autos, die eine Nummer größer und eleganter sind. Die gemeinsamen Urlaubsreisen mit den Freunden finden nicht mehr statt. Sie finden, diese Freunde seien ohnehin ein wenig überkandidelt. Auch die Nachbarschaftsfeste machen keinen Spaß mehr. Sie haben den Eindruck, dass man Sie nicht für voll nimmt, dass es eine unsichtbare soziale Barriere gibt. Also gehen Sie dort nicht mehr hin, nehmen am gesellschaftlichen Leben der Nachbarn nicht mehr teil.

Überzogen? Vielleicht. Aber als Menschen vergleichen wir uns mit anderen Menschen. Unsere Zufriedenheit hängt nicht davon ab, was wir haben, sondern was wir in Beziehung zu anderen Menschen haben. Das ist das Phänomen der Ungleichheit. Die spannende Frage ist: Macht Ungleichheit unglücklich oder führt sie dazu, dass Gesellschaften sich weiterentwickeln?

Es gibt tatsächlich Ökonomen die sagen: Gleichheit macht glücklich.[21] Und das würde in dem oben erwähnten Beispiel auch naheliegen. Solange alles halbwegs vergleichbar war, haben Sie sich wohlgefühlt. Ihr Unbehagen setzte ein, nachdem Sie anderen gegenüber ins Hintertreffen geraten waren. In einer Gesellschaft, in der soziale Anerkennung in hohem Maß über Statussymbole organisiert wird (Einkommen, Vermögen, Besitz), spielt das in der Tat eine wichtige Rolle; das ist aber zumindest besser als die Verteilung sozialer Anerkennung über kriegerische Heldentaten, wie wir sie beispielsweise aus den griechischen Sagen kennen. Unsere Gesellschaft funktioniert eben so: Gesellschaftliche Anerkennung und wirtschaftliche Leistung hängen eng miteinander zusammen. In dieser Perspektive bleiben Ihnen zwei Optionen. Die erste ist: Sie ziehen um und wechseln Ihren Freundeskreis. Nachbarschaft und Freunde, die zu Missbehagen Anlass geben, sind nicht der richtige soziale Umgang. Sie passen also Ihr soziales Umfeld Ihren Einkommensverhältnissen an. Die zweite Option: Sie passen Ihre Einkommensverhältnisse dem sozialen Umfeld an. Sie bitten Ihren Chef um eine Gehaltserhöhung, suchen sich einen neuen Job, der mehr abwirft, oder Sie gehen in Ihrer Firma ein Risiko ein, das einen höheren Gewinn verspricht, je nachdem. Sie nehmen also die soziale Situation, in die Sie geraten sind, als eine Wettbewerbssituation wahr und verhalten sich entsprechend.

Im zweiten Fall werden Sie also an anderer Stelle aktiv. Viele Ökonomen meinen, dass dies genau auch die Triebfeder für wirtschaftliches Wachstum sei. Eine Gesellschaft, in der alle Menschen potenziell zufrieden sind, spürt keinen Veränderungsdruck; sie will erhalten, was sie hervorgebracht hat, aber auch nicht mehr. Das gilt eben auch für fortgeschrittene Gesellschaften. Ein Veränderungsdruck ist da, solange Menschen ihre grundlegenden Bedürfnisse kaum befriedigen können. Aber in unserem Beispiel waren die Menschen saturiert, sie litten keinen Mangel und hätten durchaus die Muße, sich mit jenen Gütern zu beschäftigen, die wir im letzten Kapitel unter dem Begriff »postmaterielle Güter« diskutiert haben. Doch Menschen denken auch, wie es der Ökonom Fred Hirsch dargelegt hat, in positionalen Gütern.[22] Das sind Güter, die an Wert verlieren, je mehr Menschen sie zur Verfügung haben. Ihr Picasso an der Wand verliert deutlich, wenn fast jeder Ihrer Freunde auch einen hat. Oder nehmen Sie ein Haus in der unberührten Natur: Es ist nicht beliebig vermehrbar, ist also etwas Besonderes, es sei denn, die Planungspolitik ändert sich und weitere Grundstücke werden zur Bebauung freigegeben.

Freilich sollte man die Bedeutung von positionalen Gütern und sozialen Anerkennungsregimen nicht überschätzen. Sie sind ein Faktor in der Motivation von Menschen, aber nicht der einzige. Die Frage ist aber in der politischen (wie wissenschaftlichen) Debatte hoch umstritten: Führt Ungleichheit zu Wachstum oder verhindert Ungleichheit Wachstum? Schauen wir uns die Argumente etwas genauer an.

Dass Ungleichheit Wachstum nach sich zieht, beruht auf einer Reihe von Prämissen. Die erste ist: Menschen werden durch Ungleichheit angespornt, ihren ökonomischen Status verbessern zu wollen. Sie können dies auch, weil zum einen die Gesellschaft soziale Mobilität ermöglicht und zum anderen die Wirtschaft Anreizsysteme bereitstellt, die es möglich machen, durch mehr Leistung oder unternehmerische Initiative seinen Status zu verbessern. Diese individuellen Motivationen würden, auf eine gesamtwirtschaftliche Ebene gehoben, dazu führen, dass die Wirtschaft in ständiger Bewegung ist, expandiert: durch mehr Arbeit, Innovation, die Bereitschaft, Risiko zu tragen, sich zu verändern, aber auch durch die Optimierung von Produktionsprozessen, die Erhöhung von Effizienzen und vieles mehr. Die zweite Prämisse ist: Dieser Prozess kommt bei Menschen grundsätzlich nie an ein Ende. Sie befinden sich permanent in einer Wettbewerbssituation. Das bedeutet aber auch: Ihr sozialer Status ist permanent gefährdet durch diesen Wettbewerb, denn wo Aufstieg möglich ist, ist es Abstieg auch.

Zweifellos befinden wir uns bei diesem Gedankenexperiment fest in der Gedankenwelt eines ganz bestimmten Menschenbildes. Demnach ist das Leben des Menschen nur durch den Wettbewerb bestimmt, nur durch die Sorge um den Status, mehr noch: nur durch eine bestimmte Form des Status, der sich in materiellen oder positionalen Gütern auch messen lässt. Dass dies sich so nicht verallgemeinern lässt, das zeigt schon ein Blick in unseren eigenen Freundeskreis. Dort mögen sich solche Menschen zwar finden, aber eben auch Menschen, die ihre Erfüllung anderswo sehen, die sich aus dem Wettbewerb verabschiedet haben oder eine berufliche Laufbahn gewählt haben, in der dieser Wettbewerb weniger eine Rolle spielt. Ist ihr Beitrag zur Gesellschaft weniger wertvoll? Denken wir etwa an Menschen, die soziale Berufe ergriffen haben, die in der Seelsorge tätig sind, im Bildungswesen, an Menschen, die Risiken scheuen und deshalb lieber eine gesicherte berufliche Position einer risikohaften, aber besser entlohnten vorziehen. Leisten sie keinen Beitrag für die Gesellschaft, tragen sie nicht zum Wachstum bei? Das würden wir ernsthaft sicher nicht behaupten. Vielleicht ist ihr Empfinden materieller oder positionaler Ungleichheit weniger scharf ausgeprägt, vielleicht spielen andere Mechanismen der Anerkennung eine Rolle: etwa die Genugtuung, jemandem aus einer Krise geholfen zu haben, ein schwieriges Musikstück zu meistern, das Bewusstsein, etwas für die Allgemeinheit zu tun, oder die Freude daran, einen Schüler erfolgreich seinen Lebensweg beschreiten zu sehen.

Aus dieser Perspektive wäre ökonomische Ungleichheit ein Maßstab, der für das eigene Wohlbefinden nur eingeschränkt eine Rolle spielt: Der Nachbar hat zwar mehr Geld, aber er verdient es in einer entfremdeten Form der Arbeit und hat nicht, wie ich, ein Buch schreiben können – so oder ähnlich könnte eine solche Argumentation dann gestaltet sein. Zweifellos haben wir es mit unterschiedlichen Menschen zu tun und unterschiedlichen, ganz persönlichen Zielsetzungen, die auf je unterschiedliche Art und Weise verfolgt werden. Einen kausalen Zusammenhang mit dem Wachstum gib es sicherlich nicht, nur in einer Art Negativfolie: Eine Gesellschaft, die sehr egalitär ist, gestattet eine Verfolgung eigener Interessen und Zielsetzungen nicht. Eine Gesellschaft, die sehr ungleich ist, gestattet sie nur einer bestimmten Schicht, allen anderen (vermutlich der Mehrheit) aber nicht. Starke gesellschaftliche Ungleichheit hat also ebenso Folgekosten wie starke gesellschaftliche Gleichheit. Eine ähnlich gelagerte Debatte gibt es im Hinblick auf die Frage, ob Ungleichheit oder Gleichheit eher wirtschaftlichen Wachstumsprozessen förderlich ist. Sicher scheint: Dort, wo extreme Ungleichheit oder extreme Gleichheit vorherrschen, gibt es keine verlässlichen Wachstumspfade. Eine darüber hinausgehende enge kausale Beziehung zwischen Wachstum und Gleichheit oder Ungleichheit ist jedenfalls hoch umstritten.[23]

Um das Maß an Gleichheit beziehungsweise Ungleichheit zu beschreiben, verwendet die Wissenschaft den sogenannten Gini-Koeffizienten. Er geht von zwei Idealtypen aus: Allen gehört gleichmäßig alles (diesem Zustand wird der Wert »0« zugeordnet), und alles gehört nur Einem (diesem Zustand wird der Wert »1« zugeordnet); also: extreme Gleichheit = 0, extreme Ungleichheit = 1. Alle Werte dazwischen beschreiben Formen der Durchmischung. Mit dem Gini-Koeffizienten können Einkommensverteilungen ebenso beschreiben werden wie Vermögensverteilungen. Die OECD benennt für das Jahr 2015 folgende Werte bei der Einkommensverteilung: Deutschland 0.289, Norwegen 0.257, Russland 0.376. Die Einkommensverteilung ist also in Norwegen gleicher als in Deutschland, in Russland hingegen deutlich ungleicher als in Deutschland. Spannend ist der Gini-Koeffizient in der langfristigen Betrachtung, weil hier die Frage beantwortet werden kann: Hat die gesellschaftliche Ungleichheit zu- oder abgenommen? Im Zeitraum von 1995 bis 2014 ist die Einkommensentwicklung wie folgt verlaufen: Sie lag 1995 bis 1998 bei etwa 0.250, stieg zwischen 1998 und 2005 auf 0.290 und ist seither mit kleinen Schwankungen auf diesem Niveau geblieben.[24] Man mag sich trefflich darüber streiten, welche Gründe es für die Zunahme sozialer Ungleichheit gegeben haben mag: Die Zunahme an Arbeitslosigkeit, die Globalisierung, Zuwanderung und vieles mehr kommen in Betracht. Wichtig ist aber: Der Gini-Koeffizient liefert ein auf die Gesamtgesellschaft einigermaßen objektives Bild über die Entwicklung der Einkommensentwicklung. Ähnlich auch in anderen Staaten: In den USA stieg er von 0.430 in 1991 zunächst auf 0.46 in 1994 und 0.480 seit 2011, also ein ähnlich starker Anstieg wie in Deutschland, nur von einem höheren Niveau der Ungleichheit aus. In Frankreich hat sich die Ungleichheit zwischen 1984 und 2004 sukzessive von 0.380 auf 0.300 reduziert, um dann wieder 2010 auf 0.340 anzusteigen und danach leicht abzuflachen. Da alle hier genannten Staaten in einem ähnlichen Umfeld wirtschaftlich tätig sind, liegt der Verdacht nahe: Ungleichheit hat tatsächlich etwas mit politischer Gestaltung zu tun.

Häufig wird auf der Ebene der Einkommensentwicklung auch die Frage festgemacht, wer als »Arm« oder »Reich« gilt. Der Begriff der Armut ist bei uns mit allerlei Konnotationen behaftet. Vor unserem geistigen Auge erscheinen Gestalten aus Romanen von Charles Dickens, Menschen, die im Elend leben. Armut erscheint als Mangel an fast allem: an Essen und Kleidung, an menschenwürdiger Unterkunft, an Bildung, an Chancen. Das ist der absolute Armutsbegriff, der aber in den meisten Debatten über Armut (und Reichtum) in Deutschland nicht verwendet wird. Es wäre auch einigermaßen töricht, mit einem solchen Armutsbegriff zu operieren und die Behauptung aufzustellen: In Deutschland ist Armut ein Problem. Diese Form von Armut ist es jedenfalls nicht. Wenn wir in Deutschland von Armut sprechen, dann meinen wir »relative« Armut, und die wird als Ungleichheit gemessen. Mit anderen Worten: In jeder Gesellschaft, in der die Ungleichheit nach dem Gini-Koeffizienten größer als null ist, gibt es Armut. Sie ist auf der Einkommensebene definiert als ein Einkommen, das weniger als 40 Prozent des Medianeinkommens entspricht. Das Medianeinkommen ist nicht das Durchschnittseinkommen, sondern wird wie folgt ermittelt: Wenn alle Einkommen einer Gesellschaft betrachtet werden, dann ist das Medianeinkommen genau dort, wo genauso viele Menschen mehr wie weniger Einkommen erzielen. Es ist also das Einkommen genau in der Mitte aller Einkommen.

Nehmen wir der Einfachheit der Berechnung wegen an, das Medianeinkommen liege bei 1000 Euro.[25] Dann liegt die Armutsgrenze bei weniger als 400 Euro Einkommen. Die Grenze, ab der Reichtum definiert wird, liegt bei 200 Prozent des Medianeinkommens, also bei 2000 Euro. Dies sind rein statistische Maßzahlen, die nichts über die tatsächliche Lebenslage der Betroffenen aussagen. Sie dienen rein statistischen Zwecken. Und doch lassen sie sich auch trefflich für die politische Auseinandersetzung instrumentalisieren. Die Armut hat zugenommen, wird dann behauptet – aber an der Lebenslage der Menschen hat sich gegebenenfalls nichts geändert. Das führt zu einigen paradoxen Ergebnissen.

Schauen wir uns die Wirkungsweise des Medianeinkommens etwas genauer an. Was passiert mit der Anzahl der Armen, wenn jeder zusätzlich 1000 Euro verdient? Nichts, denn wir haben an der Relation nichts geändert. Es sind dieselben Menschen, die zuvor als arm galten, die es nun auch weiterhin sind; sie sind lediglich arm auf einem höheren Niveau. Was passiert aber, wenn jeder nur noch 400 Euro verdient? Dann gäbe es statistisch gesehen keine Armut. Das Medianeinkommen wäre 400 Euro, und da nach der Definition keiner weniger verdient als das Medianeinkommen, gibt es auch niemanden, der nur 40 Prozent des Medianeinkommens verdient und damit arm wäre. Statistisch gesehen ist also in einer völlig gleichen Gesellschaft keiner arm und keiner reich; auch dann nicht, wenn das Einkommen nicht zum Überleben reicht. Benjamin Disraeli hatte schon recht: Es gibt Lügen, verdammte Lügen und Statistiken.[26]

Ein ähnliches Phänomen mit der Statistik ereilt uns, wenn wir an die Bedarfssätze nach SGB II denken. Diese werden in einem aufwendigen Verfahren berechnet; Grundlage dafür sind die untersten 15 beziehungsweise 20 Prozent der Einkommen in der Bundesrepublik, abzüglich derjenigen, die den vollen Bedarfssatz nach SGB II bekommen – um Zirkelschlüsse zu vermeiden. Nun wird bisweilen in der öffentlichen Debatte die Anzahl der Empfänger von Leistungen nach SGB II mit der Anzahl der Armen gleichgesetzt. Der Rückschluss ist nicht ganz falsch, jedoch unvollständig, da in die Kategorie »arm« auch Menschen fallen, die eine niedrige Rente bekommen oder als Selbstständige wenig verdienen. Was passiert aber nun, wenn der Bedarfssatz deutlich erhöht wird? Wird er deutlich erhöht, haben auch Menschen Anspruch auf diese Leistungen, die vorher ein Einkommen über der Anspruchsgrenze hatten. Die Anzahl der Leistungsempfänger steigt folglich – und damit, sehr kurzschlüssig, die Anzahl der Menschen, die »arm« sind. Das vergiftet jede öffentliche Debatte über das Hilfesystem nach SGB II und stigmatisiert damit auch diejenigen, die auf dieses Hilfesystem angewiesen sind. Das ist insofern bemerkenswert, als die ganze Gesetzgebung in diesem Bereich einmal mit dem Ziel angetreten ist, verdeckte Armut zu beseitigen, und dies auch weitgehend erreicht hat!

Wer ist in Deutschland arm, wer bezieht Leistungen zum Lebensunterhalt? Hier gilt es, zwei Gruppen deutlich zu trennen. Menschen, die erwerbsfähig sind, also mindestens drei Stunden am Tag arbeiten können und nicht über die Arbeitslosenversicherung abgedeckt sind, fallen in den Geltungsbereich von SGB II, der Grundsicherung für Arbeitssuchende. Diese Förderung erstreckt sich auch auf die Familie, insbesondere auf Kinder. Da in der Regel der Bedarfssatz auf die Person berechnet wird, gibt es für die von der erwerbsfähigen Person abhängigen Kinder eigene Bedarfssätze. Wer nicht mehr arbeitsfähig ist und über kein anderweitiges Einkommen verfügt, bekommt die klassische Sozialhilfe, die in SGB XII geregelt ist. Einen Sonderfall bilden Menschen, die Leistungen nach dem Asylbewerberleistungsgesetz erhalten. Sie sind von Leistungen der Grundsicherung für Arbeitssuchende ausgeschlossen.

Will man über Armut allgemeine Aussagen treffen, so sind es diese: Je besser der Bildungs- oder Ausbildungsgrad, desto geringer die Gefahr, in Armut zu rutschen. Kinderarmut folgt Elternarmut: Die soziale Lage der Kinder ist der sozialen Lage der Eltern geschuldet. Kinderarmut ist eine abhängige Armut. Häufig findet sich Armut oder Armutsgefährdung – weniger als 60 Prozent des

Medianeinkommens – bei Alleinerziehenden, meistens Frauen. Und im Alter ist die Armut oder Armutsgefährdung bei Frauen höher; Grund dafür ist das im Rentenalter sich bemerkbar machende frühere Leitbild der Hausfrauen- oder Hinzuverdienerehe, in der Frauen in der Regel keinen oder nur einen niedrigen eigenen Rentenanspruch erworben haben.[27] Nicht jede Frau, die nicht berufstätig war, ist im Alter arm, denn häufig sind die Ehefrauen auch gut versorgt worden oder partizipieren an der Rente des Ehemannes. Wahr ist aber auch: Trennungen sind häufig zulasten der Frauen gegangen, trotz eines Versorgungsausgleichs. Armut im Alter ist also häufiger weiblich aufgrund der Lebensbiografien, aufgrund von Zeiten der Kindererziehung und der Pflege oder aufgrund von Trennungen.

Armut stellt den Staat auch vor ein unauflösbares Dilemma. Auf der einen Seite ist die politische und gesellschaftliche Grundordnung in Deutschland auf Freiheit und Selbstverantwortung hin angelegt. Auf der anderen Seite garantiert der Staat ein menschenwürdiges Existenzminimum, und zwar unabhängig von der Form der Lebensführung. Der Staat – und damit der Steuerzahler – wird zum Bürgen für den Lebensstandard nicht nur seiner Bürger, sondern aller Menschen, die einen dauerhaften Aufenthaltstitel in Deutschland haben. Dies kann man als eine Rationalitätenfalle bezeichnen: Menschen können sich eine Lebensführung, die nicht für die Zukunft vorsorgt, leisten, weil der Staat letztendlich haftet. Formen des Missbrauchs sind geradezu vorprogrammiert: Warum überhaupt noch eine niedrig bezahlte Arbeit annehmen, wenn der zu erwartende Rentenanspruch ohnehin unterhalb der Grundsicherung liegt? In wenigen Fällen kann man gegensteuern, etwa dadurch, dass eine Versicherungspflicht für Selbstständige besteht. Fallen die Selbstständigen später in die Grundsicherung, ist dies eine nachträgliche staatliche Subventionierung von Selbstständigkeit.

Schauen wir der Vollständigkeit halber noch auf die gegenüberliegende Seite des sozialen Spektrums, auf den Reichtum. Wir hatten erwähnt, dass Reichtum mit mehr als 200 Prozent des Medianeinkommens beginnt. Das scheint ein wenig kontraintuitiv zu sein; wenn man als Student nach Beendigung des Studiums dann seinen ersten Job bekommt, wäre man sofort von der Armut oder der Armutsgefährdung in den Reichtum gerutscht! Tatsächlich scheint die Zahl etwas zu niedrig gegriffen. Das Doppelte des Medianeinkommens entspricht unserem Gefühl nach eher einem durchschnittlichen Facharbeitereinkommen, und das würden wir keineswegs mit »reich« assoziieren. Aber es ist – im Bereich der Einkommen – eine statistische Kategorie ebenso wie Armut. Sehr viel interessanter ist die Frage nach den großen Vermögen, die Reichtum ja ebenfalls kennzeichnen.

Hier besitzen wir allerdings keine genauen Daten. »Armut« ist ziemlich genau erfasst, »Reichtum« nicht. Das liegt zum einen daran, dass es keine Verpflichtung gibt, Vermögen bis auf den letzten Cent offenzulegen. Sicherlich, Kapitaleinkünfte werden besteuert, aber Vermögen ist vielfältig: Es besteht in Immobilen, in Wertgegenständen, in Rechten, in Anteilen, Schmuck, Sammlungen und vielem mehr. Einen ersten Anhaltspunkt gibt die sogenannte Verteilung des Nettovermögens nach Dezilen; dabei wird die Gesamtheit der privaten Haushalte (= 100) in Zehnergruppen unterteilt, von den ärmsten 10 Prozent zu den reichsten 10 Prozent der Haushalte. Zahlen aus dem Jahr 2007 (also vor der Finanzkrise) zeigen, dass die reichsten 10 Prozent der Haushalte 2/3 des privaten Vermögens besaßen. Unterteilt man die reichsten 10 Prozent weiter, zeigt sich: Vom Gesamtvermögen aller Haushalte besitzt das reichste Prozent der Bevölkerung immer noch mehr als ein Drittel, das reichste Promille (also 0,1 Prozent der Haushalte) 22,5 Prozent des Vermögens. Wenn wir uns dagegen die andere Seite der Vermögensverteilung anschauen: Die ärmsten 20 Prozent der Haushalte »besitzen« minus 0,2 Prozent des Vermögens, sie sind also im statistischen Durchschnitt verschuldet.[28] Die Zahlen über den Reichtum sind nicht sehr genau, sie beruhen auf keinen verlässlichen Zahlen – die könnte nur eine Vermögenssteuer liefern, die aber in Deutschland (trotz eines weiter bestehenden Vermögenssteuergesetzes) seit 1997 nicht mehr erhoben wird. Darüber hinaus gibt es methodische Ungenauigkeiten: Anwartschaften auf eine Alterssicherung etwa werden in die Vermögensverteilung nicht einberechnet, obwohl sie ein Anrecht darstellen und damit systematisch den Vermögen zugerechnet werden müssten. Das sind nach einer Studie des Deutschen Instituts für Wirtschaftsforschung Beträge von etwa 4,6 Billionen Euro, also 4600 Milliarden Euro – eine unvorstellbare hohe Summe![29]

Unabhängig davon: Der Gini-Koeffizient der Vermögensverteilung in Deutschland spiegelt erheblich mehr Ungleichheit wider als in der Einkommensverteilung. Er ist auch global insgesamt höher. Für das Jahr 2015 wird die globale Vermögensverteilung mit 0.65 angegeben, die Bundesrepublik liegt deutlich darüber (0.75). Am höchsten liegt die Vermögensungleichheit in den USA (0.85).[30] Halten wir fest: Anders als die Einkommen sind die Vermögen in Deutschland sehr ungleich verteilt. Das ist immer wieder Anlass zu publizistischen Debatten und öffentlichkeitswirksamen Verkürzungen: »45 Deutsche besitzen so viel wie die ärmere Hälfte der Bevölkerung«, mit dieser Schlagzeile machte beispielsweise Spiegel Online eine Geschichte über die Vermögensverteilung in Deutschland Anfang 2018 auf.[31] Problematisch wird dies, wenn es zu allgemeinen Gefühlen der Ungerechtigkeit führt. Erste Anzeichen dafür gibt es. So haben in einer Umfrage 2016 84 Prozent der Befragten angegeben, dass der Anteil der Armen in den letzten Jahren zugenommen habe; 70 Prozent waren der Meinung, die Anzahl der Reichen sei gestiegen. Dass die Anzahl der Armen und Reichen abgenommen habe, diesen Standpunkt vertraten nur 5 beziehungsweise 9 Prozent der Befragten.[32]

Für eine Soziale Marktwirtschaft, die den Anspruch hat, dass Fairness und Gerechtigkeit in dieser Ordnung realisiert werden, wäre das eine schlechte Nachricht. Mehr noch: Wenn die Einschätzung anhält, dass die Reichen reicher und die Armen ärmer werden, kann sich dies auch zum Sprengsatz einer politischen Ordnung entwickeln. Eine solche Einschätzung muss dabei nicht auf empirisch validen Befunden aufbauen, es reicht, wenn sich das Vorurteil hält. Nicht nur 50 Prozent der Wirtschaft basieren auf Psychologie, auch bei der Frage, ob es gerecht zugeht in einer Gesellschaft, ist viel Psychologie im Spiel, und das bedeutet: Überzeugungssysteme ohne empirische Basis.

Häufig sind es solche Narrative, die sich von der empirischen Basis abkoppeln. Lange Zeit hat man argumentiert: Ungleichheit ist kein Problem, weil wir alle wie in einem Fahrstuhl gemeinsam nach oben fahren; da spielen Fragen der Ungleichheit nur eine untergeordnete Rolle, solange es allen besser geht. Freilich, diese einfache Gleichung ist politisch schon in den 1950er-Jahren in Zweifel gezogen worden. In den Jahren des Wiederaufbaus ging die Schere zwischen Vermögenden und Nichtvermögenden rapide auseinander. In seiner Regierungserklärung nach seiner erneuten Wahl zum Bundeskanzler im Oktober 1957 vermeldete Konrad Adenauer, dass eine Streuung von Besitz in weitem Umfang nötig sei, um den Staatsbürgern Selbstgefühl und das Gefühl der Zugehörigkeit zum Volksganzen zu geben Die Soziale Marktwirtschaft als irenische Formel, also befriedende Gestaltung von Wirtschaft und Gesellschaft, wirkt eben auch durch die damit verbundenen Erwartungen und Hoffnungen, durch das Gefühl, nicht ausgegrenzt zu sein, sondern dazuzugehören. Deswegen ist eines der Kennzeichen von Armut in Deutschland auch nicht die materielle Not, sondern die Ausgrenzung, der Verlust von Hoffnung und Zuversicht; mindestens ebenso wichtig wie die Deckung des soziokulturellen Existenzminimums sind deshalb in der Bekämpfung von Armut Strategien, die eine Teilhabe fördern und die Integration in die Gesellschaft betonen.[33]

Von dem Erfolg auch solcher Maßnahmen hängt ab, wie stark die Soziale Marktwirtschaft nach wie vor als irenische Formel wahrgenommen wird. In der Frühphase der Bundesrepublik lebte die Attraktivität der Sozialen Marktwirtschaft nicht von einer weitgehenden Einkommens- und Vermögensgleichheit, sondern von dem Aufstiegsversprechen und der Hoffnung, es werde einem selbst und den eigenen Kindern in Zukunft besser gehen. Es sind also weniger die objektiven Indikatoren für Ungleichheit, die eine Rolle spielen, sondern die Hoffnung auf eine bessere Zukunft. Problematisch wird der gesellschaftliche Zusammenhalt, wenn diese Hoffnung infrage gestellt wird, wenn infrage gestellt ist, dass man durch eigene Arbeit, eigene Leistung den sozialen und gesellschaftlichen Aufstieg erreichen kann.

Folge davon können gesellschaftliche Anomien sein: Das Schreckgespenst einer Abstiegsgesellschaft setzt bisher eingehegte Affekte frei, die die politische Stabilität einer demokratischen Ordnung belasten können.[34] Wenn aus dem Versprechen eines »Wohlstands für alle« die Gefahr eines Abstiegs aus der Wohlstandsgesellschaft wird, verändern sich auch die Rahmenbedingungen des gesellschaftlichen Zusammenhalts. Sozialpolitik alleine wird kaum in der Lage sein, die daraus entstehenden negativen Effekte auszugleichen.

Ordnungspolitische Sünden- und Grenzfälle

Ordnungspolitische Sündenfälle entstehen dann, wenn sich gegenüber einem gemeinwohlorientierten, ordnungspolitischen Denken Partikularinteressen im politischen Prozess durchsetzen. Das Problem dieser Sündenfälle ist nicht nur, dass eine bestimmte Interessengruppe gegenüber allen anderen bevorzugt wird, sondern mehr noch: dass aus dieser Bevorzugung ein Präzendenzfall erwächst für eine Ausweitung dieser Bevorzugung auch auf andere Akteure oder in andere Bereiche hinein. Gerade das Steuerrecht mit seinen unterschiedlichen Mehrwertsteuersätzen auf unterschiedliche Produkte ist hierfür ein immer wieder gerne zitiertes Beispiel. Eine besondere Verrücktheit hat der Bund der Steuerzahler einmal öffentlich gemacht. Ein künstlicher Weihnachtsbaum wird mit 19 Prozent besteuert. Ein echter Nadelbaum aus einer Weihnachtsbaumzucht bringt dem Fiskus 10,7 Prozent, kaufe ich hingegen im Baumarkt oder Gartencenter ein, werden nur 7 Prozent fällig. Ein Forstwirt kann den Baum für 5,5 Prozent abgeben, gehe ich zu einem Kleinunternehmer, wird keine Steuer fällig. Das steuerliche Chaos hatte 1968 mit der eigentlich guten Idee angefangen, bestimmte Güter des täglichen Gebrauchs mit einem ermäßigten Steuertarif zu versehen. Dies sollte vor allem die Grundversorgung sichern, sollte »bestimmte Güter des lebensnotwendigen Bedarfs« erschwinglich machen für Menschen, die über wenig Einkommen verfügen.[35] Aus dieser guten Absicht ist mittlerweile ein Dschungel völlig unübersichtlicher, unterschiedlicher Mehrwertsteuersätze geworden; jeder ermäßigte Satz trägt dabei den Namen eines erfolgreichen Lobbyisten.

Das ist freilich nicht nur ein Problem des Steuerrechts, sondern findet sich auch in anderen Bereichen wieder. Nun sind Privilegierungen nicht in jedem Fall schädlich; sie sind manchmal auch geboten, wenn ein erwünschter Zustand erreicht oder bestimmte Strukturen besonders gefördert werden sollen, wie beispielsweise Familien. Ein weiteres Beispiel: Wir legen aus Gründen der Subsidiarität besonderen Wert auf starke Sozialpartner; diese übernehmen Aufgaben, die für unsere Gesellschaft wichtig sind. Nun hat die Bindungswirkung der Sozialpartner nachgelassen; es sind weniger Arbeitnehmer gewerkschaftlich organisiert, teilweise finden sich Gewerkschaften in bestimmten Branchen fast gar nicht. Ebenso bei den Arbeitnehmern: Nicht jeder Betrieb muss Mitglied im Arbeitnehmerverband sein, und selbst als Mitglied ist er nicht automatisch an die vom Verband ausgehandelten Tarife gebunden. Das hat dazu geführt, dass der Gesetzgeber selbst bestimmte arbeitsrechtliche Normen in unterschiedlicher Ausgestaltung verabschiedet hat. Leiharbeit beispielsweise kann in einer Firma mit Tarifbindung anders und großzügiger ausgestaltet werden als in einem Betrieb ohne Tarifbindung. Subsidiarität kann eben auch ein Hilfestellungsgebot beinhalten: um die Institutionen der Subsidiarität gegenüber denjenigen, die eine solche Funktion nicht wahrnehmen, positiv zu diskriminieren. Das ist dann kein ordnungspolitischer Sündenfall, wenn er durch höherwertige ordnungspolitische Notwendigkeiten gerechtfertigt werden kann. Tatsächlich findet sich im Koalitionsvertrag von 2018 auch eine Experimentierklausel für tarifgebundene Unternehmen bei der Erprobung neuer, flexibler Formen der Arbeitszeitgestaltung. Auch hier wird von dem generellen Grundsatz der gleichen Rechte und gleichen Pflichten im Sinne des höherrangigen Gutes – Schutz und Ausbau der Tarifbindung – abgewichen. Auch die öffentliche Hand als Auftraggeber muss nicht alle

Firmen gleich behandeln, sondern kann die Auftragsvergabe von bestimmten betrieblichen Standards abhängig machen, wie etwa der Tariftreue. Vorstellbar wären weitere Standards, etwa in ökologischer Hinsicht. Schließlich werden auch Ideen debattiert, ob nicht die Einführung von Gemeinwohlbilanzen bei Firmen nicht nur bei der Auftragsvergabe der öffentlichen Hand besonders berücksichtigt werden sollte, sondern auch einen Einfluss auf die Höhe der zu entrichtenden Steuern haben sollte – schließlich soll das Wirtschaften ja dem Gemeinwohl dienen.[36]

Freilich gibt es auch andere Fälle, in denen kein höherrangiges Gut geschützt wird und trotzdem der Grundsatz gleicher Rechte und Pflichten durchbrochen wird. Um einige aktuellere Fälle aufzuführen: Mit der Verabschiedung des Mindestlohngesetzes 2014 sind auch Übergangsregelungen für Zeitungsausträger verabschiedet worden. Die Lobbyisten hatten ursprünglich gedrängt, die Zeitungsausträger ganz vom Mindestlohn auszunehmen, und zwar mit dem Argument des Schutzes der Pressefreiheit. Tatsächlich hat ein eminenter Verfassungsrechtler hierzu sogar ein Gutachten geschrieben.[37] Dies ist allerdings im Gesetzgebungsprozess nicht berücksichtigt worden. Im Koalitionsvertrag von 2018 findet sich dann die ominöse Passage, dass man die Rentenversicherungsbeiträge der Zeitungsausträger um 10 Prozent absenken wolle – erneut begründet mit der Pressefreiheit und dem Anspruch auf Grundversorgung mit Presseerzeugnissen. Auch hier läge ein ordnungspolitischer Sündenfall vor, eine notdürftig mit fadenscheinigen Argumenten kaschierte Interessenwahrnehmung auf Kosten der Allgemeinheit.

Muss es eine Sonderregelung für Landwirte bei der Entlohnung von Erntehelfern geben? Seit 1977 gibt es eine solche Regelung. Saisonarbeiter sind von den Sozialversicherungsabgaben befreit. Diese Regelung galt zunächst nur für eine Obergrenze von 75 Arbeitstagen pro Jahr und wurde 1979 auf 50 Arbeitstage reduziert. Im Zuge des Mindestlohngesetzes wurde die Obergrenze wieder auf 70 Arbeitstage erhöht. In aller Regel betrifft dies hauptsächlich ausländische Erntehelfer. Allerdings wird der enge, ordnungspolitisch richtige

Zusammenhang von Arbeit und Finanzierung der Sozialsysteme hier zugunsten einer Lobbygruppe durchbrochen.

Das gilt auch für eine andere Fallkonstellation. Nach § 142 SGB III hat Anspruch auf Arbeitslosengeld, wer mindestens zwölf Monate in einem versicherungspflichtigen Arbeitsverhältnis gestanden hat. Ausnahme: Überwiegend kurzzeitig Beschäftigte haben einen Anspruch schon nach sechs Monaten. Das betrifft vor allem Kulturschaffende, hauptsächlich Schauspieler mit kurzfristigen Engagements bei Film oder Theater. Sicherlich steht diese Möglichkeit auch anderen überwiegend kurzfristig Beschäftigten zu, aber die Hauptgruppe bilden zweifellos die Kulturschaffenden, ohne dass dies im Gesetz vermerkt ist. Die Regelung geht aber zurück auf eine entsprechende Lobbyarbeit dieser Gruppe. Die Frage scheint aber legitim: Warum müssen die Sozialkassen hier auch noch Kulturprojekte indirekt subventionieren?

Nehmen wir ein letztes Beispiel. Bis ins Jahr 1999 konnten Bestechungsgelder von Firmen, die im Ausland tätig waren und diese Zahlungen bei der Akquirierung von Aufträgen geleistet haben, in Deutschland als sogenannte nützliche Aufwendungen von der Steuer abgesetzt werden. Nun ist Korruption sicherlich auf vielen Ebenen problematisch, auch wenn argumentiert werden kann, es sei Ergebnis einer unvollständigen ordnungspolitischen Regulierung von Märkten.[38] Gleichwohl: Moralisch fragwürdige, in fast allen Fällen kriminelle und zumeist auch gegen die Unternehmensethik verstoßende Praktiken auch noch steuerlich zu begünstigen, ist beziehungsweise war ein ordnungspolitischer Sündenfall *par excellence.*

Ordnungspolitische Sündenfälle entstehen dann, wenn die Privilegierung auf die Tätigkeit von Interessengruppen zurückzuführen ist und sich nicht in ein übergeordnetes Gemeinwohlinteresse einordnen lässt. Ordnungspolitische Grenzfälle ergeben sich, wenn in der Idee der Sozialen Marktwirtschaft selbst Zielkonflikte und Rationalitätenfallen eingebaut sind, die sich nicht auflösen lassen, mehr noch: bei denen die Formel der »sozialen Gerechtigkeit« selbst in sich widersprüchlich zu werden scheint.

Im deutschen Sozialstaat sind systemisch eine Reihe von Zielkonflikten und möglichen Rationalitätenfallen angelegt, die immer wieder Anlass hitziger politischer Debatten sind. Nicht alle lassen sich politisch elegant auflösen, wie es die Rede von der sozialen Gerechtigkeit bisweilen suggeriert. Das Wissen darum, welche unterschiedlichen Zielvorgaben miteinander in Konflikt geraten, ist aber hilfreich bei der Bewertung der politischen Debatten. Nachfolgend seien drei Beispiele vorgestellt und abschließend ein grundlegender Zielkonflikt in der Architektur des Sozialstaats erläutert.

Das erste Beispiel ergibt sich aus der unterschiedlichen Angleichung von Rentenniveau und Grundsicherung. Bis 2010 war das Niveau der Grundsicherung an den jeweils aktuellen Rentenwert gekoppelt. Dann entschied das Bundesverfassungsgericht, dass der jeweils aktuelle Rentenwert nicht geeignet sei, die für die Sicherung des notwendigen Existenzminimums notwendigen Leistungen festzustellen. Der Gesetzgeber wurde verpflichtet, das Verfahren zur Feststellung der Regelbedarfe neu zu ordnen. Grundlage der neuen Feststellung wurde die Einkommens- und Verbraucherstichprobe, die alle fünf Jahre erhoben wird. In den dazwischenliegenden Jahren werden die Regelbedarfe fortgeschrieben. Ausgangsbasis dafür sind die Entwicklung der Preise für regelbedarfsrelevante Güter und Dienstleistungen sowie die durchschnittliche Entwicklung der Löhne und Gehälter. Die Fortschreibung der Regelbedarfe ist also vom Rentenwert entkoppelt. Schaut man sich die Entwicklung der Regelleistungen und der Renten in den seither vergangenen Jahren an, fiel die Steigerung der Regelleistungen von 2011 bis 2014 prozentual höher aus als die Rentenanpassung. In 2015 und 2016 war es umgekehrt. Dazu hat nicht zuletzt eine solide Beschäftigungslage beigetragen, die sich positiv auf die Rentenanpassung auswirkt. Kommt es allerdings in konjunkturell schwierigen Zeiten auf dem Arbeitsmarkt zu hohen Arbeitslosenzahlen, sinkt die Rentenanpassung, nicht aber die Steigerung der Regelleistungen. Resultat ist, dass das Grundsicherungsniveau gewissermaßen die Rentenanpassung überholt. Mehr Rentenbezieher, deren Rente über dem Grundsicherungsniveau lag, fallen nun darunter und können Ansprüche aus der Grundsicherung geltend machen. Neben den fiskalischen Effekten – Mehrausgaben in der Grundsicherung – kann dies psychologisch nachteilige Konsequenzen haben. Es delegitimiert die Arbeit und die Lebensarbeitsleistung. Es ist schwer, verständlich zu machen, warum die Leistungen aus Nichtarbeit schneller steigen als die Renten, deren Höhe ja nicht nur eine Arbeitsbiografie widerspiegelt, sondern die Entwicklung auf dem Arbeitsmarkt insgesamt. Nicht die Arbeit steht dann im Mittelpunkt, sondern die sozialstaatliche Sicherung, auch wenn diese von den Früchten der Arbeit bezahlt wird; Arbeit lohnt sich in einem bestimmten Lohnsegment nicht mehr, wenn sich beide Regelungssysteme auf diese Weise auseinanderentwickeln.

Ein zweites Beispiel betrifft die unterschiedlichen Regelbedarfsstufen in den Regelleistungen. Bekanntlich liegen die Regelbedarfsstufen für Singles höher als für Menschen, die in einer sogenannten Bedarfsgemeinschaft leben – um etwa 40 Euro im Monat. Grund dafür ist die Annahme, dass es in einer Bedarfsgemeinschaft zu Synergieeffekten kommt. Da aber der Staat nicht mehr nachprüft, ob eine Bedarfsgemeinschaft vorliegt – etwa durch die aus anderen Gründen umstrittenen Visitationen –, ist er entweder auf die Glaubhaftigkeit der Selbstauskunft angewiesen oder auf die offizielle Beurkundung einer Ehe oder eheähnlichen Gemeinschaft. Alle anderen Formen des Zusammenlebens kommen bis zum Beweis oder der Erklärung des Gegenteils jeweils in den Genuss der höheren Regelbedarfsstufe – ein nicht unbeträchtlicher Anreiz, das Vorliegen einer nicht amtlich beglaubigten Bedarfsgemeinschaft zu verschweigen. Das ist, um es überspitzt auszudrücken, der sozialstaatlich sanktionierte Sieg der Kommune über diejenigen Formen des bürgerlichen Zusammenlebens, gegen die sich die Kommune konstituiert hatte, und hat wenig mit dem besonderen Schutz von Ehe und Familie zu tun, die dem Gesetzgeber durch das Grundgesetz aufgegeben ist. Auflösen ließe sich der Konflikt nur durch die Abschaffung der besonderen Regelbedarfsstufe für Bedarfsgemeinschaften. Jeder erhielte also dann individuell den höheren Satz mit absehbaren Mehrausgaben von etwa einer

Milliarde Euro pro Jahr. Die in der Idee der Subsidiarität wurzelnde Annahme eines wechselseitigen Einstehens von Menschen füreinander entfiele als Zuteilungskriterium für sozialstaatliche Leistungen.

Ein drittes Beispiel. Soziale Leistungen sollen soziokulturelle Teilhabe ermöglichen. Dabei kommt es immer wieder zu scharfen Grenzziehungen zwischen denen, die von den Leistungen profitieren, und denjenigen, die diese Leistungen durch ihre Arbeit finanzieren, aber selbst nur einen Wimpernschlag davon entfernt sind, selbst leistungsberechtigt zu sein. Die Finanzierung der Nachhilfe im Bildungs- und Teilhabepaket mag eine grundsätzlich gute Idee sein, gerade auch um den Zusammenhang von sozialer Herkunft und Bildungschancen zu durchbrechen. Wenn aber die Kinder von Niedrigverdienern, deren Einkommen knapp über dieser Berechtigung liegt, davon ausgeschlossen sind, entsteht ein System falscher Anreize. Man mag sich überhaupt fragen, ob es sinnvoll ist, eine genuin staatliche Aufgabe wie die Bildung zu privatisieren und damit Anreize für die Nachhilfeindustrie zu schaffen; besser wäre es, die Schule würde der Aufgabe gerecht, Bildungschancen gleichmäßig und gerecht anzubieten. Ebenfalls in diesen Zusammenhang gehört die Frage, ob für Leistungsempfänger der Erwerb von sogenannter weißer Ware durch Darlehen oder Zuschüsse erleichtert werden soll. Sicherlich, die Regelsätze enthalten hier bereits einen Anteil, der dafür reserviert ist, doch ist es vermutlich lebensfremd anzunehmen, dass dieser Anteil sparend zurückgelegt wird. Allerdings wird gerade dies auch Menschen zugemutet, deren Einkommen knapp oberhalb des Regelbezugs liegt. Es wäre falsch, die einen durch staatlich gewährte Darlehen und Zuschüsse zu unterstützen und den anderen zuzumuten, ihre Finanzierung zu den jeweiligen Marktbedingungen auf dem Kapitalmarkt zu organisieren.

Die Anforderungen an soziokulturelle Teilhabe, ein menschenwürdiges Leben und den Bildungsaufstieg durch Qualifizierung können in einem spannungsvollen Verhältnis zu der Maxime stehen, dass sich Arbeit »lohnen« muss, es also durch den Staat keine Anreize gegen eine selbst verantwortete und erwirtschaftete Lebensführung geben darf. Das widerspricht dem Gedanken der Subsidiarität ebenso, wie es die Freiheit des Menschen bedroht. Auflösen lässt sich dieses grundsätzliche Problem aber kaum – zumal der Bezug von Leistungen, also das Leben auf Kosten Dritter, auch in der öffentlichen Wahrnehmung kein soziales Stigma trägt und längst zu einem akzeptablen Lebensstil geworden ist.

Unsere sozialen Leistungen begründen wir mit dem Recht auf ein menschenwürdiges Dasein; Paragraf 1 des Ersten Sozialgesetzbuches gibt diese Tonlage für alle Sozialgesetzbücher vor. Soziale Leistungen sind Menschenrechte, keine Deutschenrechte. Dieses Spannungsverhältnis zwischen Universalität und Partikularität ist nicht ohne Gefahr. Aus dem Diskurs der Menschenrechte heraus lassen sich nämlich sozialstaatliche Leistungen weder dem Grunde nach noch nach der Anzahl der Berechtigten begrenzen. Finanzielle Sanktionen im SGB II verstoßen dann ebenso gegen den menschenrechtlich gebotenen Schutz der Würde des Einzelnen wie Einschränkungen beim Asylbewerberleistungsgesetz oder den Sozialleistungsansprüchen für EU-Bürger in Deutschland. Deutsche Sozialstaatlichkeit würde sich in die Universalität vergießen – und tatsächlich gibt es eine Reihe von Stimmen auch aus dem kirchlichen Bereich, die genau dies bei strikter Beachtung der Menschenrechte auch für unabdingbar halten. Sie betrachten Menschenrechte als einen Hebel, um den Nationalstaat zu überwinden, als eine dynamische Kraft zur Herstellung einer globalen Ordnung, die nur dem Schutz und der Umsetzung der Menschenrechte verpflichtet ist. Die Ressource Solidarität ist allerdings nicht universalisierbar. Sie lebt von Formen der Zugehörigkeit zu bestimmten Gemeinschaften und gerade nicht von der Zugehörigkeit zur Menschheit. Überdies ist der Schutz der Menschenrechte in allen vertragstheoretischen Konstruktionen von Hobbes bis Rawls immer an eine bestimmbare und abgrenzbare Anzahl von Rechtsgenossen gebunden. Aus gutem Grund sind deshalb in der Moderne die Prinzipien der Volkssouveränität und der Menschenrechte gegenseitig konstitutiv für den demokratischen Rechtsstaat. Die notwendige Balance dieser Prinzipien nach nur einer Seite auflösen zu wollen stellt entweder die Menschenrechte zur Disposition einer Mehrheit oder löst die

Souveränität eines politischen Akteurs in der Universalität von nicht mehr einlösbaren Rechtsansprüchen auf.[39]

Die Rede von der sozialen Gerechtigkeit ist nicht vollständig, wenn sie den ihr ebenfalls innewohnenden Prinzipien von Subsidiarität und Freiheit als Bedingungen selbstverantwortlicher Lebensführung keinen Raum zu geben vermag. Die Ressource Solidarität ist eben nicht unbegrenzt belastbar, sondern findet ihr Widerlager in der verantworteten Freiheit des Einzelnen und im Rahmen einer staatlichen Ordnung, die zwar für universale Ansprüche offen ist, sich aber nicht in denselben auflöst. Sozialpolitik ist nicht die umstandslose Umverteilung im Namen einer abstrakten sozialen Gerechtigkeit oder gar universaler Menschenrechte, sondern das Auffinden der klugen Balance von unterschiedlichen normativen Anforderungen, die auch zu Zielkonflikten und Rationalitätenfallen führen können. Bisweilen werden solche Zielkonflikte erst neu geschaffen, wie es das erste Beispiel gezeigt hat. Manchmal kollidieren Subsidiarität und Solidarität, oder es gibt Abgrenzungsprobleme zwischen Solidarität und Eigenverantwortlichkeit; dies illustrierten das zweite und dritte Beispiel. Politik sollte sich aber davor hüten, diese Konflikte einseitig auflösen zu wollen. Vielleicht ist es gerade das Kennzeichen einer entwickelten Demokratie, solche Konflikte im Wissen um ihre Genese aushalten und ausbalancieren zu können. Das scheint mir allemal vernünftiger, als die gordischen Verknotungen der Sozialpolitik mit der Axt sozialer Gerechtigkeit lösen zu wollen: Die Schäden für unser Verständnis von Freiheit, Subsidiarität und Solidarität wären vermutlich kaum noch reparabel.

7

Die praktische Ausgestaltung der Sozialen Marktwirtschaft

Die mehr philosophischen Debatten über die Grundlagen, Grundprinzipien und Grundprobleme fanden eher im Hintergrund statt, lieferten aber immer die argumentative Basis in der politischen Auseinandersetzung um die Innenausstattung der Sozialen Marktwirtschaft. Gleichzeitig wird man aber auch sagen können, dass hier ein Ordnungsrahmen vorgegeben wurde, der die Möglichkeitsräume der Ausgestaltung der Sozialen Marktwirtschaft bestimmte.

Dabei gilt es festzuhalten, dass noch bis 1955 die Bundesrepublik keine volle Souveränität genoss und das Besatzungsstatut galt. Aber in diesem ersten Jahrzehnt wurden die Grundlagen des Gesamtsystems Soziale Marktwirtschaft gelegt, das bis heute für die Bundesrepublik prägend ist.

Neuorientierung und erste Weichenstellungen

Die Ausgangslage war insgesamt kritisch; die junge Bundesrepublik machte eine »Gründungskrise«[1] durch, die von der Erblast des Krieges bestimmt war. Millionen Vertriebene und Flüchtlinge strömten in die Bundesrepublik, bis 1950 aus den ehemaligen Ostgebieten und der Sowjetischen Besatzungszone insgesamt 9,4 Millionen. Die Opfer nationalsozialistischer Verfolgung warteten auf Entschädigung, die Kriegsheimkehrer auf einen Anschluss im Zivilleben. Kriegssachgeschädigte (also diejenigen, die durch den Krieg Eigentum verloren hatten) erwarteten eine Kompensation ebenso wie die durch die Währungsreform Geschädigten; der harte Währungsschnitt hatte diejenigen schlagartig verarmen lassen, die von ihrem Ersparten lebten. Hinzu kamen eine dramatische Wohnungsnot und deutliche Defizite etwa bei der Unterstützung von Familien oder den Rentenzahlungen. Nie hat vermutlich eine Demokratiegründung unter solch belastenden Umständen stattgefunden.

Auf der Habenseite stand eine doch weitgehend intakte Industriekapazität, die trotz der Zerstörungen durch alliiertes Bombardement noch die größte Europas war. Werner Abelshauser schätzt, dass das Fixkapital der deutschen Wirtschaft – also das in Sachanlagen, Lizenzen und Finanzanlagen gebundene Kapital – im Jahr 1948 den Stand von 1936 noch um mehr als 10 Prozent übertraf.[2] Es mangelte, auch durch den Zustrom von Vertriebenen und Flüchtlingen, nicht an gut ausgebildeten Arbeitskräften. Die industrielle Berufsausbildung hatte im Dritten Reich seit 1936 eine massive Ausweitung erfahren, und die deutsche Industrie, vor allem die Autoindustrie, hatte mit neuen Management- und Fertigungsmethoden gearbeitet, die sich nun gerade für die Leitindustrie Automobil als vorteilhaft erwiesen.[3] Das Wirtschaftswunder war also keine Hexerei, sondern ihm lagen konkrete Kennziffern zugrunde. Die Plötzlichkeit des Eintretens hing eher damit zusammen, dass bis zur Währungsreform die Angebotsseite sehr verhalten agierte, indirekt auch durch Erhard unterstützt. Die Auflösung der Lagerbestände vor einem zu erwartenden Geldschnitt durch eine Währungsreform war ökonomisch unsinnig.

Den größeren Rahmen der Wirtschafts- und Sozialpolitik bildete seit seiner Verabschiedung im Mai 1949 das Grundgesetz. Es bestimmte, dass die Bundesrepublik Deutschland ein demokratischer und sozialer Bundesstaat ist (Art. 20 Abs. 1 GG). Das Sozialstaatsgebot galt nicht nur für die nationale Gesetzgebung, sondern auch für die Bundesländer, ohne jedoch konkret vorzuschreiben, wie dies im Einzelfall auszusehen habe. Die besondere Bedeutung, die der Verfassungsgeber dem Demokratie- und Sozialstaatsgebot beimaß, zeigte sich darin, dass durch die sogenannte Ewigkeitsklausel des Artikels 79 Abs. 3 die in Artikel 20 GG festgelegten Grundsätze einer verfassungsrechtlichen Änderung entzogen wurden. Das traf auch für den Artikel 1 des Grundgesetzes zu, der die unantastbare Würde des Menschen postulierte und alle staatliche Gewalt dazu verpflichtete, diese zu schützen und zu achten. Freilich war dieser Schutz der menschlichen Würde von den Verfassungsgebern zunächst noch als Abwehrrecht verstanden worden. Es wurde aber zunehmend zu einem Anspruchsrecht gegen den Staat. So nimmt § 1 des Ersten Sozialgesetzbuches auf das Grundgesetz Bezug, indem es die Aufgabe des Sozialgesetzes darin sieht, dem Menschen ein menschenwürdiges Dasein zu sichern.[4] Deswegen ist die Berufung auf die Würde des Menschen – oder die Klage darüber, sie werde verletzt – fester Bestandteil sozialpolitischer Diskurse in Deutschland.

Das Eigentum wurde im Grundgesetz garantiert, gleichzeitig aber – dies ist eine Idee aus der Soziallehre – unter einen Gemeinwohlvorbehalt gestellt. »Eigentum verpflichtet«, heißt es in Artikel 14 Abs. 2 GG, und sein Gebrauch solle »zugleich dem Wohle der Allgemeinheit dienen«. Diese deutliche Einschränkung eines schrankenlosen Eigentumsverständnisses wurde ergänzt durch den Hinweis darauf, dass Enteignungen zum Wohl der Allgemeinheit zulässig seien (Art. 14 Abs. 3 GG). Damit setzte sich nicht der liberale Eigentumsbegriff durch, sondern die in der Soziallehre vertretene Rückbindung des Eigentums an das Gemeinwohl. Dies schien unter den unmittelbaren Bedingungen der Nachkriegsnot verständlich, gerade wenn es um den Lastenausgleich ging; er sollte nicht am unbedingten Eigentumsbegriff scheitern. Allerdings ist bis heute unklar, was der Gebrauch des Eigentums zum Wohle der Allgemeinheit etwa aus Sicht eines Wirtschaftsbetriebs bedeutet.

Artikel 15 GG ging noch einen Schritt weiter und bestimmte, dass Grund und Boden, Naturschätze und Produktionsmittel in Gemeineigentum oder andere Formen der Gemeinwirtschaft überführt werden können, freilich aufgrund eines Gesetzes und gegen Entschädigung. Auch wenn Artikel 15 GG bislang ohne praktische Bedeutung blieb, so bildet er nach wie vor ein Einfallstor für sehr weitgehende wirtschaftspolitische Interventionen des Staates. Ein aktuelles Beispiel bieten die Debatten um die mögliche Enteignung von Wohnungsbaugesellschaften in Berlin.

Weitere für die Wirtschaft und den Sozialstaat relevante Bestimmungen des Grundgesetzes finden sich im Freiheitsrecht (Art. 2 GG), das im Rahmen der Entfaltung der Persönlichkeit auch die wirtschaftliche Betätigung schützt, dem besonderen Schutz von Ehe und Familie (Art. 6 GG), der Koalitionsfreiheit nach Artikel 9 GG und dem Recht, Beruf und Arbeitsplatz frei zu wählen (Art. 12 GG). Das Grundgesetz schreibt damit keine bestimmte Wirtschaftsordnung vor, schützt aber innerhalb konkreter Wirtschaftsordnungen grundlegende Rechte des Einzelnen. Somit konnten sich sowohl die SPD als auch die CDU Hoffnung darauf machen, im Rahmen eines Regierungsauftrags bei den ersten Wahlen im September 1949 der Wirtschaftsordnung ihren Stempel nachhaltig aufzudrücken.

In Vorbereitung auf die Wahlen verdichtete die Union ihr Programm in den Düsseldorfer Leitsätzen über Wirtschaftspolitik, Landwirtschaftspolitik, Sozialpolitik und Wohnungsbau vom 15. Juli 1949. In diesen Leitsätzen gerann die »soziale Marktwirtschaft« – hier ist das Soziale noch kleingeschrieben – zum Konsensprogramm innerhalb der CDU. Ludwig Erhard war erst spät davon zu überzeugen gewesen, diesen Begriff als Leitbild der christlich-demokratischen Politik zu akzeptieren.[5] Gleichwohl war, unter Gesichtspunkten des Wahlkampfs, die soziale besser als die freie Marktwirtschaft zu »verkaufen«, vor allem dann, wenn für viele »Freiheit« nicht mehr bedeutete als soziale Ausgrenzung.[6] Die Währungsreform hatte nämlich zu erheblichen Turbulenzen geführt, zu flächendeckenden Protesten und sogar zum ersten Generalstreik im November 1948. Erhard, der immer eine freie Marktwirtschaft propagiert hatte, geriet argumentativ in die Defensive und erklärte sich schlussendlich mit der Begrifflichkeit der »sozialen Marktwirtschaft« einverstanden. Die Düsseldorfer Leitsätze bündelten nun die unterschiedlichen wirtschafts- und sozialpolitischen Ziele unter diesem Schlagwort, nicht ohne anzumerken, dass die eigentumsrechtlichen und gesellschaftspolitischen Grundsätze des Ahlener Programms anerkannt, aber nach marktwirtschaftlicher Seite hin ergänzt und fortentwickelt werden. Wichtig aber blieb die Akzeptanz der angestrebten Wirtschaftsordnung, und das machten die Düsseldorfer Leitsätze auch deutlich. »Die ›soziale Marktwirtschaft‹ kann nur verwirklicht werden«, formuliert der 16. Leitsatz, »wenn sie das Vertrauen aller Schichten des Volkes besitzt, d. h. wenn Unternehmer, Arbeiter, Angestellte und Verbraucher aktiv an ihrer Durchführung beteiligt werden.«

Die Düsseldorfer Leitsätze grenzen sich sowohl von der freien Marktwirtschaft liberalistischer Prägung wie von Zentralverwaltungswirtschaften ab. Unter »sozialer Marktwirtschaft« wird verstanden »die sozial gebundene Verfassung der gewerblichen Wirtschaft, in der die Leistung freier und tüchtiger Menschen in eine Ordnung gebracht wird, die ein Höchstmaß von wirtschaftlichem Nutzen und sozialer Gerechtigkeit für alle erbringt«. Ganz oben auf der Forderungsliste stand die Monopolkontrolle. Deutlich auch der Diktion Rüstows und Röpkes geschuldet finden Konzerne und Großbetriebe »nur da ihre ökonomische und sittliche Berechtigung, wo bessere Eignung und höhere Leistung sie rechtfertigen«. Den Mittel- und Kleinbetrieben soll hingegen besondere Aufmerksamkeit und Unterstützung gewährt werden. Dieses grundsätzliche Misstrauen gegen Großbetriebe wird auch im zweiten Leitsatz deutlich, in dem gesetzliche Maßnahmen zur Vertiefung einer echten Verantwortung in der Wirtschaft gefordert werden. Dabei ging es nicht nur darum, »das Schmarotzertum auf allen Gebieten auszuschalten«, namentlich auch das »unternehmerische Rentnertum« der freien Wirtschaft alten Stils. Beinahe revolutionär wirkt der Gedanke, auch angestellte Vorstandsmitglieder und Geschäftsführer von Betrieben mit Haftung zu belegen, damit »der

Gedanke der Verantwortung und des echten Leistungswettbewerbs auch in diesen Kreisen vertieft wird«. Weitere Forderungen sind die größtmögliche Streuung des Eigentums, die Förderung der Bildung von Sparkapital, Sicherung gegen Wirtschaftskrisen und Massenarbeitslosigkeit auch durch öffentliche Investitionen, die Vereinfachung des Steuerwesens, eine zentrale Aufsicht des Geldwesens und eine marktgerechte Preisbildung. Schon aus dieser kurzen Aufzählung wird deutlich, dass die Düsseldorfer Leitsätze nicht nur die ordoliberale Weltsicht widerspiegeln, sondern auch die der katholischen Soziallehre. Das betrifft in noch stärkerem Maße die sozialpolitischen Forderungen der Düsseldorfer Leitsätze. Programmatisch ist dort die Rede von der »christlichen Arbeitsordnung«, die von der Würde des arbeitenden Menschen ausgeht. Die menschliche Arbeit sei deshalb nicht als Ware anzusehen, sondern als »sittliche Leistung und Grundlage der körperlichen und seelischen Entfaltung des Menschen«. Ganz oben im Forderungskatalog steht das natürliche Recht auf Arbeit, zu erreichen über eine auf Vollbeschäftigung abzielende Wirtschaftspolitik. Die Forderung nach angemessener Entlohnung orientiert sich am Konzept des gerechten Lohns, also der Ernährung und gesellschaftlichen Teilhabe des Arbeitnehmers und seiner Familie. Kriegsopfer, Kriegsheimkehrer und Heimatvertriebene werden besonders angesprochen. Der Lastenausgleich und die Bodenreform werden besonders hervorgehoben als eine soziale Rechtsforderung und Grundlage für die Neubildung von Eigentum. Schließlich verwiesen die Leitsätze auch darauf, dass die beste Sozialpolitik nichts nütze, wenn nicht Wirtschafts- und Sozialordnung sich wechselseitig ergänzen und fördern.

Die Düsseldorfer Leitsätze waren nicht der Triumph der Ordoliberalen über die Soziallehre, wie sie bisweilen dargestellt werden, sondern spiegelten beide Grundimpulse in der Union wider. Der Historiker der CDU, Hans-Otto Kleinmann, urteilt, das Düsseldorfer Programm bedeute »eine Annäherung der christlich-naturrechtlich begründeten Solidargemeinschaft an die wettbewerbsorientierte liberale Leistungsgesellschaft«.[7] Das trifft es sicherlich mehr als die These vom Bedeutungsverlust der Soziallehre. Freilich hatte sich für die Vertreter der Soziallehre mittlerweile dreierlei getan. Zum Ersten verbot sich eine Weiterführung des Begriffs »christlicher Sozialismus« wegen der damit verbundenen Möglichkeiten der Missverständnisse im sich zuspitzenden Konflikt zwischen Kommunismus und freier Welt. Zweitens hatte der christliche Sozialismus und die dahinter liegende Idee einer Synthese zwischen Ost und West seit der Absetzung der CDU-Vorsitzenden Jakob Kaiser und Ernst Lemmer in der Sowjetischen Besatzungszone Ende 1947 deutlich an Strahlkraft eingebüßt; innerparteilich hatte dies den Aufstieg Konrad Adenauers begünstigt, der andere wirtschaftspolitische Vorstellungen hatte. Und drittens war auch den Vertretern der Soziallehre klar, dass die Grundentscheidungen durch das Leitsätzegesetz, die Währungsreform und die Orientierung auf den Westen (und damit westliche Gesellschaftsmodelle) gefallen waren und erste Erfolge zeitigten. Zwar war die Bewirtschaftung nicht vollständig aufgehoben worden und prägte für wichtige Bereiche noch eine Zeit lang die Lebensrealität der Deutschen – am längsten in der staatlichen Festlegung der Mietpreise bis zu Beginn der 1960er-Jahre. Doch entfaltete die neue Marktordnung eine Dynamik, die geeignet schien, die drängenden sozialpolitischen Aufgaben finanzieren zu können. Das war vor allem nach dem Boom des Koreakrieges der Fall. Zwischen 1950 und 1957 stieg das Bruttoinlandsprodukt real um 80 Prozent, die Arbeitslosenquote reduzierte sich von 11 auf 3,7 Prozent. Ein gutes Drittel der Ausgaben des Bundeshaushalts entfiel auf Sozialleistungen (1953); die Sozialleistungsquote war höher als in allen anderen westeuropäischen Staaten. Nur Österreich reichte knapp an die deutsche Quote heran.[8]

Darüber hinaus war die Soziale Marktwirtschaft ja kein Neubeginn in allen Bereichen, sondern baute auf bestehenden Traditionen und Strukturen auf. Die Wirtschafts- und Sozialordnung der Bundesrepublik stand in vielerlei Kontinuitäten. Dies zeigte sich zunächst und vor allem an der hohen Bedeutung, die der Begriff der Subsidiarität für die gesellschaftliche und wirtschaftliche Ordnung erhielt. Die Systeme staatlicher Sicherung sind durchgehend subsidiär organisiert. Das war eine Kontinuität zur Weimarer Republik. So werden viele Leistungen nicht durch den Staat erbracht, sondern durch freie und gemeinnützige Träger; hier gibt es heute in Deutschland insgesamt sieben große Dachorganisationen, die in regionale und lokale Strukturen aufgeteilt sind. Von ihnen werden im Wesentlichen Leistungen der Kinder- und Jugendhilfe, der Altenpflege, Kindergärten und Behinderteneinrichtungen betrieben. Sie werden dabei von staatlichen Zuwendungen unterstützt. Zweitens sind auch die großen Sozialsysteme als Versicherungen aufgebaut, so die Rente, die Pflege, der Schutz bei Arbeitslosigkeit, Unfall und Krankheit. Es gilt eine weitgehende Versicherungspflicht; Selbstständige, Beamte und Landwirte sind davon ausgenommen, weil sie zum Teil in eigenen Versorgungssystemen abgesichert werden. Und drittens sind eine Reihe der sozialen Hilfen kommunal organisiert; das betrifft die Kinder- und Jugendhilfe, die Sozialhilfe, die Hilfen bei Langzeitarbeitslosigkeit und die Zuschüsse zum Wohnen. Last not least zeichnet sich das deutsche System dadurch aus, dass die private Absicherung eher die Ausnahme bleibt.

Eine weitere Kontinuität beziehungseise Diskontinuität betraf die Sozialpartner. Schon in der Weimarer Republik spielten Gewerkschaften eine gewisse Rolle. Nach dem Krieg aber wurde die Zersplitterung der Gewerkschaften mit der Bildung des Deutschen Gewerkschaftsbundes aufgehoben. Unter dem Dach des DGB finden sich eine Reihe von Einzelgewerkschaften, die nach Sparten aufgeteilt sind – die größte davon die IG Metall, die heute mit etwas mehr als vier Millionen Mitgliedern die größte demokratische Einzelgewerkschaft der Welt ist. Dem Prinzip der Subsidiarität gemäß wurde die Gestaltung der Arbeitsbeziehungen den Sozialpartnern überlassen, von der Aushandlung des Lohns bis zu den Arbeitszeiten. Das einschlägige Tarifvertragsgesetz wurde sogar schon vor der Gründung der Bundesrepublik erlassen und galt nach der Gründung der Bundesrepublik fort. Es regelt die rechtlichen Rahmenbedingungen für Tarifverträge. Der Gesetzgeber gab den Tarifvertragsparteien einen weiten Gestaltungsspielraum und formulierte nur Mindestanforderungen etwa im Arbeitsschutz, der Mindestanzahl von Urlaubstagen, der Höchstarbeitszeit oder jüngst eines nationalen Mindestlohnes. In den arbeitsvertraglichen Beziehungen ergibt sich daraus ein gestuftes Modell: der individuelle Arbeitsvertrag, die Regelungen, die betrieblich zwischen Arbeitnehmern und Arbeitgebern festgelegt werden, der Tarifvertrag und schließlich die gesetzliche Regelung.

Wie sehr bisweilen ordoliberales Denken, die Wünsche der Besatzungsmächte und deutsche Traditionen aneinandergeraten konnten, zeigte die Geschichte der Handwerksordnung. Die amerikanische Haltung zielte auf Gewerbefreiheit ab. Ludwig Erhard intervenierte und wies darauf hin, dass ein öffentliches Interesse daran bestehe, nicht totale Gewerbefreiheit einzuführen und den großen Befähigungsnachweis im Handwerk nicht anzutasten. Erst die Bundeshandwerksordnung von 1953 regelte den Sachverhalt im Sinn der deutschen Tradition – und unter Ausklammerung derjenigen Betriebe, die seither in der amerikanischen Besetzungszone unter der Voraussetzung der Gewerbefreiheit gegründet worden waren.[9] Später sollte sich die Debatte wiederholen. Mit der Handwerksrechtnovelle von 2004 wurde die Zahl der meisterpflichtigen Handwerke deutlich reduziert. Wiederholt hatte die Monopolkommission darauf hingewiesen, dass der Meisterzwang nicht mehr zeitgemäß sei. Er stellt eine Marktzugangsbeschränkung dar, die auch europarechtliche Fragen aufwirft. Dass es mittlerweile wieder Bestrebungen gibt, diese Liberalisierung rückgängig zu machen, hat nicht nur nostalgische Gründe. Es spiegelt auch den Wunsch nach hohen Standards sowohl in der Produkterstellung als auch in der Ausbildung wider und stellt eine Art Gütesiegel dar, das durchaus Wettbewerbsvorteile verspricht.

Bewältigung der Kriegsfolgen und Wirtschaftswunder

Zu den unmittelbar drängenden Aufgaben der Bundesrepublik gehörte die Bewältigung der unmittelbaren Kriegsfolgen: die Versorgung der Kriegsopfer, die Integration der Kriegsheimkehrer, die Hilfe für Vertriebene, Flüchtlinge aus der Sowjetzone, Zuwanderer und Evakuierte, der Ausgleich für Schäden an Leib und Leben, für Schäden an beruflicher Existenz und Vermögen. Dazu bedurfte es einer guten wirtschaftlichen Lage, denn aus der Substanz heraus waren diese Aufgaben nicht zu leisten. Umgekehrt hing die wirtschaftliche Lage auch von einer sozialen Befriedung ab, zumindest so weit, dass durch soziale Unruhen die wirtschaftliche Entwicklung nicht gefährdet wurde – beinahe eine Quadratur des Kreises! Nicht alles konnte überdies dem Markt überlassen werden und bedurfte noch einer weiteren Bewirtschaftung und staatlicher Förderprogramme, vor allem im Bereich des Wohnungsbaus.

Das Bundesversorgungsgesetz aus dem Jahr 1950 regelte Renten für militärischen sowie militärähnlichen Dienst und für Zivilisten, die durch Kriegseinwirkungen geschädigt worden waren.[10] Es enthielt Bestimmungen für eine Grundrente sowie eine einkommensabhängige Ausgleichsrente, regelte Kosten der Heilbehandlung und Pflege, die Versorgung der Hinterbliebenen. Es wurde in den 1950er-Jahren durch eine Reihe von Änderungsgesetzen ergänzt und erweitert und die Versorgung schrittweise verbessert. Im Gesetz über Hilfsmaßnahmen für Heimkehrer aus dem Jahr 1950 wurden Leistungen für Menschen geregelt, die als Kriegsgefangene oder wegen ihrer Volkszugehörigkeit interniert waren. Es sah ein einmaliges Entlassungsgeld vor und eine finanzielle Übergangshilfe und enthielt Regelungen zum Fortbestand von Arbeitsverhältnissen und zum Anspruch auf Arbeitslosengeld. Das Bundesvertriebenengesetz schließlich aus dem Jahr 1953 zielte weniger auf finanzielle Kompensation, sondern auf Eingliederung der Vertriebenen, Heimatvertriebenen und Sowjetzonenflüchtlinge. Die Definition der einzelnen Gruppen ermöglichte eine bundeseinheitliche Lösung und erleichterte die wirtschaftliche und soziale Gleichstellung. Es regelte den Zugang zu staatlichen Vergünstigungen, Beihilfen und Krediten und war Rechtsgrundlage für die Umsiedlung von Flüchtlingen aus denjenigen Bundesländern, die besonders von Zuwanderung betroffen waren. Schließlich schuf es eine Gesetzesgrundlage für die Pflege des Kulturguts der Vertriebenen und Flüchtlinge.

Materielle Fragen wurden im Wesentlichen durch das Lastenausgleichsgesetz von 1952 geregelt. Es war, so der Historiker Adolf Birke, die »größte Vermögensumverteilung in der Geschichte«,[11] in jedem Fall aber der zentrale sozialpolitische Baustein in der Integration der jungen Bundesrepublik. In der Präambel des Gesetzes hieß es, man anerkenne einen als Folge des Krieges zu leistenden Ausgleich von Lasten, der sowohl die soziale Gerechtigkeit als auch die volkswirtschaftlichen Möglichkeiten berücksichtige. Begünstigt waren Menschen, die von Kriegssachschäden oder Vertreibungsschäden betroffen waren. Die Enteignung der Sparvermögen durch die Währungsreform wurde durch das Altsparergesetz von 1953 zum Teil kompensiert. Das Lastenausgleichsgesetz machte Sachvermögen, das am Stichtag der Währungsreform bestand, zu 50 Prozent abgabepflichtig. Das betraf Sachwerte über 5000 Mark. Allerdings war die Abgabe bei den Immobilien bezogen auf den Verkehrswert, nicht den Sachwert; und zweitens war die Abgabe nicht auf einen Schlag fällig, sondern war über einen Zeitraum von 30 Jahren zu entrichten. Es war also eher eine »Sondersteuer auf Vermögen« und griff in der Regel nicht in die Vermögenssubstanz ein, sondern konnte aus den Erträgen bezahlt werden.[12] Das Lastenausgleichsgesetz leistete Entschädigung für Vermögen (Immobilien, Firmen, Fabrikanlagen, aber auch an Urheberrechten und Lizenzen), stellte Ersatz für Hausrat zur Verfügung, bewilligte unter bestimmten Bedingungen eine Kriegsschadensrente. Daneben enthielt es Bestimmungen für ein zinsbegünstigtes Eingliederungsdarlehen, Darlehen zum Erwerb von Wohneigentum und Regelungen zur Wohnraumhilfe.

Die Bedeutung des Lastenausgleichs für die innere Befriedung der Bundesrepublik kann nicht unterschätzt werden – und sie wurde auch von den Zeitgenossen so gesehen. »Wenn wir knausrig sind«, so Robert Pferdmenges, der Vertraute von Konrad Adenauer und damalige Bundestagsabgeordnete, »schlagen uns die Kerls die Fensterscheiben ein.«[13] Und knausrig war die Bundesregierung nicht. In den ersten Jahren – bis 1961 – wurden 42 Milliarden DM aus dem Lastenausgleich bezahlt, aber die Gesamtabwicklung größerer

Vermögensschäden zog sich deutlich länger hin. Zum Vergleich: Der Bundeshaushalt im Jahr 1954 wies eine Abschlusssumme von 27 Milliarden DM auf.[14] Im Jahr 1987, zum 35. Jahrestag der Verabschiedung des Gesetzes, bilanzierte die Bundesregierung, es seien 57 Millionen Anträge bis Ende 1986 in der Ausgleichsverwaltung gestellt worden, die zu finanziellen Leistungen in Höhe von 130 Milliarden DM geführt hatten.[15] Darunter fielen freilich nicht nur die unmittelbaren Kriegsfolgeschäden, sondern auch Leistungen für Spätaussiedler und sogenannte Zonenschäden.

In der Familienpolitik wurde sehr lange und intensiv über einen Familienlastenausgleich debattiert. Die zugrunde liegende Frage lautete: Waren Familien förderungswürdig und eine gesamtgesellschaftliche Aufgabe, oder war es Aufgabe der Familien selbst, für ihr Auskommen zu sorgen? Das Grundgesetz gab hier wenig Hilfestellung. Es stellte Ehe und Familie zwar unter den besonderen Schutz des Staates, aber doch eher defensiv, als Verbot, in den Kernbereich der Familie einzudringen. Inwieweit man Familien finanziell fördern sollte, war Gegenstand erbitterter Debatten. Am Ende wählte man einen aus heutiger Sicht ungewöhnlichen Weg. Ausgehend von der Theorie des gerechten Lohnes, der es ermöglichte, dass ein Arbeiter sich und seine Familie ernährte – idealerweise bis zu zwei Kinder –, gab es ein Kindergeld erst ab dem dritten Kind, bezahlt von einem Fonds, der von den Arbeitgebern finanziert wurde. Erst 1964 hat man diese Praxis dann umgestellt zugunsten einer staatlichen Finanzierung des Kindergelds. Das hatte mehr praktische Gründe, weil die bisherige Regelung Selbstständige und Landwirte nicht erfasste und so Kinder erster und zweiter Klasse schuf – diejenigen, die berechtigt waren zum Bezug von Kindergeld, und diejenigen, die es nicht waren. Schon vorher hatte man den Kreis der Berechtigten auf das zweite Kind ausgedehnt. Die Fiktion des gerechten Lohnes war eben genau dies – eine Fiktion.

Heftige Debatten gab es in den 1950er-Jahren um die Frage des Miteigentums an Unternehmen. Der wirtschaftliche Aufschwung hatte zu einer Ungleichverteilung von Einkommen und Vermögen geführt, der Besorgnis erregte. Schon 1950 hatte es Vorschläge eines

Investivlohns gegeben, der die Arbeiter an dem Gewinn eines Unternehmens beteiligen sollte. Die der Soziallehre nahestehenden Politiker entwickelten weitergehende Vorschläge der Miteigentümerschaft der Arbeitnehmer an den Unternehmen; diese waren jedoch in der Union nicht mehrheitsfähig. Stattdessen wurde ab Ende der 1950er-Jahre Vermögensbildung für Arbeitnehmer auf zwei anderen Wegen beschritten: durch die Veräußerung von Volksaktien, also Aktien von privatisierten Staatsunternehmen, und durch die Sparförderung für Arbeitnehmer, die in einem eigenen Gesetz geregelt wurde. Die Grundidee war, die Arbeitnehmer an den Zuwächsen der Volkswirtschaft teilhaben zu lassen, auch durch staatliche Förderung.[16]

Weniger problematisch erschien die Mitbestimmung, die auf betrieblicher und Unternehmensebene eingeführt wurde. Das erste Gesetz war die Mitbestimmung in der Montanindustrie aus dem Jahr 1951. Es sah auf Unternehmensebene vor, dass in den Aufsichtsräten Arbeitnehmer und Arbeitgeber gleichberechtigt zu vertreten seien. Die Regelungen der Montanmitbestimmung wurden 1972 erheblich erweitert und auf andere Kapitalgesellschaften ausgeweitet. 1952 wurde ein Betriebsverfassungsgesetz erlassen, das die Beteiligungsrechte durch gewählte Betriebsräte regelt. Es war in der Sache nichts Neues, denn schon in der Weimarer Zeit hatte es ein Betriebsrätegesetz gegeben. Die Mitbestimmung auf Betriebs- und Unternehmensebene wurde in den darauffolgenden Jahren weiter ausgebaut. Sie ist heute eines der Kennzeichen der Sozialen Marktwirtschaft.

Neu war hingegen, dass es keine staatliche Schlichtungsverordnung bei Tarifauseinandersetzungen mehr gab wie in der Weimarer Republik; sie hatte auch die Möglichkeit einer Zwangsschlichtung vorgesehen. Vermutlich wäre sie in Konflikt mit der grundgesetzlich garantierten Koalitionsfreiheit geraten. Überdies hatten Gewerkschaften und Arbeitgeber eine solche Schlichtungsverordnung abgelehnt und sich auf Schlichtungsvereinbarungen der Tarifpartner geeinigt, die seither geltende Praxis sind.

Gegen den Widerstand auch vieler Vertreter der Soziallehre hatte Erhard die staatliche Bewirtschaftung knapper Güter weitgehend aufgehoben. Der Markt schien zu funktionieren, und eines der wichtigsten Gesetze zur Regulierung des Marktes wurde 1957 verabschiedet: das Gesetz gegen Wettbewerbsbeschränkung. Das war eine langjährige Forderung der Union; in den Düsseldorfer Leitsätzen stand die Verhinderung von Monopolen an erster Stelle. »Wer frei sein will, muss sich dem Wettbewerb unterwerfen«, heißt es in den weiteren Ausführungen, »und darauf verzichten, Macht auf dem Markt zu erstreben. Wer Macht auf dem Markt besitzt, d. h. wer nicht durch den Wettbewerb kontrolliert ist, darf nicht frei sein.« Diese Aussage ist eine der wenigen, die besonders in den Düsseldorfer Leitsätzen hervorgehoben ist; sie spiegelte das Mantra der Ordoliberalen von den verderblichen Wirkungen von Kartellen und Monopolen wider. Diesem Bild des Wettbewerbs lag das Leitbild einer vollständigen Konkurrenz (eines Polypols) zugrunde; gerade bei der Großindustrie fand diese Idee indes wenig Beifall. Das Gesetz gegen Wettbewerbsbeschränkungen erfüllte dann auch die hohen Erwartungen nicht. Es war schlussendlich auch für all diejenigen, die sich einen entschiedenen Eingriff der Hüter des Wettbewerbs gegen Kartelle und Monopole vorstellten, wegen der vielen Ausnahmeregelungen eine Enttäuschung. Alexander Rüstow etwa sprach von einem »unglückseligen und nachgerade völlig verpfuschten Gesetzentwurf«.[17] Ludwig Erhard beurteilte das Gesetz positiver und sprach von einem unentbehrlichen wirtschaftlichen Grundgesetz, teilte also die ordnungspolitischen Bedenken der Freiburger Schule nicht.[18] Allerdings muss es im Zuge der Aushandlung des Gesetzes zu erheblichen Konflikten gekommen sein, die Erhard nachhaltig verärgerten. Als zu seinem siebzigsten Geburtstag ein großer Empfang ausgerichtet werden sollte, strich er eigenhändig aus der Gästeliste die Vertreter des Bundesverbands der deutschen Industrie heraus, also die Vertreter der großindustriellen Interessen. »Die wollten meine Soziale Marktwirtschaft kaputtmachen«, soll er zur Begründung gegrummelt haben.[19]

Ging es bei den Fragen der Vermögensbildung und den Rechten der Arbeitnehmer im Wirtschaftsprozess um die Einhausung der abhängig Beschäftigten in den neuen Staat, betraf das Problem der Rentenkasse die soziale Absicherung nach dem Arbeitsleben. Die gesetzliche Rentenversicherung hatte Bismarck eingeführt; sie war allerdings nicht mehr als ein Zuschuss im Alter, ein sozialpolitisches Trostpflaster auf einer klaffenden Armutswunde. Die Rentenreform von 1957 ging dieses Problem innovativ an. Anstelle einer Kapitalsicherung wurde ein Umlageverfahren eingeführt, in dem nicht Kapital angespart wurde, sondern Anwartschaften. Die Höhe der Rente wurde künftig vom Einkommen des Einzelnen während der sozialversicherungspflichtigen Erwerbsbiografie bestimmt. Der zweite Paradigmenwechsel vollzog sich in der Höhe der Rente. Sie war nicht mehr statisch, sondern wurde an die Produktivitätsentwicklung gekoppelt. Sie war also nicht nur zum Zeitpunkt des Renteneintritts als den Lebensstandard sichernde Rente konzipiert, sondern durch die Dynamisierung für den gesamten Rentenbezug. Die weitergehende Vorstellung der Verknüpfung der Rentenzahlung mit einem Familienlastenausgleich setzte sich nicht durch. Adenauer verhinderte zwei weitere Ideen: die eines sozialen Ausgleichs in der Rentenversicherung zugunsten kleiner Einkommen und den Vorstoß des Finanzministeriums, den Teil der Rente, der aus Staatszuschüssen stammte, von einer Bedarfsprüfung abhängig zu machen.[20] Die Reform zeigte schnell Wirkung: die laufenden Arbeiterrenten stiegen auf einen Schlag um 65,3 Prozent, die Angestelltenrenten um 71,9 Prozent.[21] Es kam sicherlich auch nicht ungelegen, dass Wahlen anstanden; aber angesichts der langen Vorlaufzeit der Rentenreform greift man sicherlich zu kurz, darin den entscheidenden Antriebsfaktor zu sehen, zumal die Rentenvorstellungen der SPD ähnlich gelagert waren. Das Schreckgespenst der Altersarmut war für einen Großteil der Rentenbezieher mit der Rentenreform dauerhaft vom Tisch. Die Rentenreform war die nachhaltigste sozialpolitische Intervention der frühen Sozialen Marktwirtschaft, ein Erfolgsmodell bis heute. Und sie konnte, auch das ist damals den Beobachtern schon aufgefallen, recht schnell im Fall einer Wiedervereinigung auf die Menschen in der DDR ausgeweitet werden, anders als bei einer kapitalgedeckten Rente.

Mit dem Bundesbankgesetz von 1957 wurde eine zentrale Autorität für die Stabilität des Geldes geschaffen. Das war auch eine der wesentlichen Forderungen der Ordoliberalen. Walter Eucken hatte argumentiert, dass die Geldwertstabilität ein wesentlicher Pfeiler einer funktionierenden Wirtschaftsordnung sei und man vermeiden müsse, dass durch eine Politik der Geldentwertung (also der Inflation) politisch wünschenswerte Ziele wie die Vollbeschäftigung erreicht werden sollen.[22] Die neue Bundesbank bekam deshalb den gesetzlichen Auftrag, den Geldumlauf und die Kreditversorgung der deutschen Wirtschaft zu regeln mit dem Ziel, die Währung zu sichern; später wurde dies dahingehend präzisiert, die Bundesbank habe »die Preisstabilität zu gewährleisten« (§ 3 Bundesbankgesetz). Sie müsse zwar die allgemeinen wirtschaftlichen Ziele der Bundesregierung unterstützen, sei aber in ihrem Handeln unabhängig. Mit diesem Konstrukt einer unabhängigen Notenbank wollte man verhindern, dass Regierungen durch eine Ausweitung der Geldmenge politische Ziele erreichen; das übergeordnete politische Ziel war die Stabilität. Das entsprang nicht nur ordnungspolitischen Überlegungen, sondern sicherlich auch der Erfahrung der Zeitgenossen, die die Entwertung von Vermögen und Sparguthaben durch Inflation nicht nur einmal erlebt hatten. Die Unabhängigkeit der Notenbank wurde dann, auf deutsches Drängen hin, auch im Statut der Europäischen Zentralbank verankert. Die stabilitätsorientierte Geldpolitik blieb aber vor allem ein deutsches Anliegen, das von anderen Mitgliedsstaaten in der EU nicht mit dem gleichen Enthusiasmus geteilt wurde.

Schließlich bildete 1957 auch den Auftakt zu einer neuen Erfahrung, nämlich der Einbindung der Bundesrepublik in die Europäische Wirtschaftsgemeinschaft (EWG). Zuvor waren schon durch die 1951 abgeschlossene Montanunion die Wirtschaftsbereiche Kohle und Stahl aus der Hoheit nationaler Jurisdiktion genommen worden, indem eine Form des Binnenmarktes geschaffen wurde, der beispielsweise diskriminierende Praktiken ebenso verbot wie Subventionen oder die Beschränkung des Warenverkehrs. Mit der Gründung der EWG wurde Deutschlands Wirtschaft weiter in Europa eingebunden. Das Ziel der EWG, die Volkswirtschaften zu einigen und eine gemeinsame Handelspolitik zu etablieren, wurde im Laufe der Jahre erweitert: Ein gemeinsamer Markt war formell 1992 geschaffen, eine gemeinsame Währung wurde – nicht für alle Mitgliedsländer – Anfang 2002 eingeführt. Mit der Einbindung in die Europäische Wirtschaftsgemeinschaft gab die Bundesrepublik auch wirtschaftspolitische Souveränität auf. Der Wirtschaftsraum wurde durch neue Mitglieder immer wieder erweitert, erfuhr nach dem Ende des Ost-West-Konflikts eine erhebliche Ausdehnung in die früheren Länder des Ostblocks. Nationale und europäische Wirtschaftspolitik durchdrangen sich zunehmend, nicht immer zur Freude der Beteiligten.[23]

Das Jahr 1957 war ein Wendepunkt: Das Kartellgesetz war beschlossen, ebenso die Rentenreform. Die Lebenssituation begann sich zu verbessern durch einen staunenswerten wirtschaftlichen Aufschwung. Die Unterzeichnung der Römischen Verträge öffnete den europäischen Weg Deutschlands auch in der weiteren Integration der Wirtschaft. Die unmittelbare Nachkriegszeit und die Formationsphase der Sozialen Marktwirtschaft waren damit abgeschlossen.

Freilich, die Reinheit der ordnungspolitischen Lehre existierte nicht mehr – wenn sie denn je existiert hatte. Das Gesetz gegen Wettbewerbsbeschränkungen signalisierte für viele eingefleischte Ordnungspolitiker die stille Rückkehr des Korporatismus. Eine Reihe von weiteren, aus Sicht der reinen ordoliberalen Lehre problematischen Maßnahmen war notwendig, um den sozialen Frieden zu bewahren. So hatte man 1952 ein Investitionshilfegesetz beschlossen, um dem Kohlebergbau, der Energiewirtschaft und der Stahlindustrie zu helfen – ein ordnungspolitischer Sündenfall *par excellence*, aber Erhard hängte die ordnungspolitischen Grundsätze der Freiburger Schule nie so hoch, dass er nicht aus pragmatischen Gründen die Hürde überspringen konnte. Der Wirtschaftshistoriker Michael von Prollius kommt zu dem Schluss, dass nach einer ordoliberalen Phase bis zu Beginn der 1950er-Jahre nun eine Phase der Marktwirtschaft Müller-Armack'scher Prägung folgte, die weniger von ordnungspolitischen Zielen als pragmatischen Zwecken bestimmt war, der Idee der Sozialen Marktwirtschaft aber eine breite Akzeptanz verschaffte.[24] Zunehmend wurde Ordnungspolitik etwas, was in der Theorie gerne beschworen wurde, in der Praxis jedoch hinter konkreten und pragmatischen Interessen zurückzutreten hatte. Oder, anders formuliert: Ordnungspolitik im Sinne Euckens war einfach zu schön, um sie wahr werden zu lassen. Zumal dort, wo die organisierten Interessen die Schwerpunkte anders setzten. Und dass sie durchsetzungsstark waren, hatte die traurige Geschichte des Kartellgesetzes gezeigt. Es sollte kein Einzelfall bleiben.

Ausbau des Sozialstaats und Globalsteuerung

Die 1960er-Jahre sahen einen weiteren Ausbau des Sozialstaats. Das Bundessozialhilfegesetz von 1961 regelte den Bereich des Fürsorge- und Armenrechts neu. Die ersten Diskussionen dazu gingen zurück bis ins Jahr 1955, ein erster Referentenentwurf entstand 1958. Ziel war es, die vielfach zerstreuten und zersplitterten Fürsorgeregelungen in einem Gesetz zusammenzuführen und weiterzuentwickeln. Bewährte Prinzipien wie der Grundsatz der Individualisierung und der Nachranggrundsatz wurden beibehalten, ebenso die Regelungen über das Verhältnis von Sozialhilfe und den Trägern der freien Wohlfahrtspflege. Ein Kostenersatz, wie es das Fürsorgerecht bislang vorgesehen hatte, entfiel, neu eingeführt aber wurde ein Rechtsanspruch auf Leistungen nach dem Bundessozialhilfegesetz. Der Vorrang der freien Wohlfahrtspflege wurde, ganz im Sinn der Subsidiarität, besonders hervorgehoben. Die Umbenennung von Fürsorge in Sozialhilfe sollte das Stigma staatlicher Armutspolitik beseitigen, nicht nur in der Hilfe zum Lebensunterhalt, sondern auch in der Hilfe bei besonderen Lebenslagen (etwa der Hilfe zur Pflege, Blindenhilfe, Eingliederungshilfe für behinderte Menschen). Das Bundessozialhilfegesetz wurde 1976 in das Sozialgesetzbuch integriert und bestand in seiner

Grundstruktur bis zur Verabschiedung der Hartz-Gesetzgebung im Jahr 2005 fort. Aus heutiger Sicht bemerkenswert sind die im Unterabschnitt 4 (§§ 25 und 26) des ursprünglichen BSHG enthaltenen Bestimmungen zu »Folgen bei Arbeitsscheu und unwirtschaftlichem Verhalten«. So konnte bei einer Weigerung, zumutbare Arbeit zu verrichten, der Anspruch auf Hilfe zum Lebensunterhalt gestrichen werden. Mehr noch, man konnte zwangsweise in eine geschlossene Anstalt (Arbeitshaus) eingeliefert werden, wo auf die Bereitschaft hingewirkt werden sollte, sich seinen Lebensunterhalt selbst zu verdienen. Mit der Großen Strafrechtsreform 1969 wurden die Arbeitshäuser abgeschafft und damit auch diese Maßnahme – die das Bundesverfassungsgericht als verfassungskonform gebilligt hatte – hinfällig.

Mitte der 1960er-Jahre veränderte sich die Grundstruktur der Sozialen Marktwirtschaft grundlegend. Der Motor des Wachstums kam ins Stottern. Die Bereitschaft zu direkten Interventionen in die Wirtschaft stieg. In der Großen Koalition wurde 1967 das Stabilitäts- und Wachstumsgesetz verabschiedet, das als Ziel staatlicher Wirtschaftspolitik das sogenannte magische Viereck postulierte: Preisstabilität, Vollbeschäftigung, Außenhandelsgleichgewicht und Wirtschaftswachstum waren die neuen Bezugspunkte der staatlichen Wirtschaftspolitik. Nicht mehr der Unterschied von Ordnungs- und Prozesspolitik war entscheidend, wie es die Ordoliberalen immer wieder gepredigt hatten, sondern der von Makro- und Mikroentscheidungen: Die einen trifft der Staat, die anderen die wirtschaftlichen Akteure. Finanzminister Karl Schiller (SPD) sprach dann auch von einer Synthese aus Globalsteuerung und Marktwirtschaft, einer sinnvollen Synthese zwischen dem Freiburger Imperativ des Wettbewerbs und der keynesianischen Steuerung der effektiven Gesamtnachfrage, doch Ludwig Erhard sah sehr genau, was es tatsächlich war: der »Totenschein« seiner Politik.[25]

Der Globalsteuerung lag die Idee zugrunde, dass Politik das Instrumentarium hatte, die wirtschaftlichen Unsicherheiten auf den Märkten durch antizyklisches Verhalten und durch umfassende Steuerung auszugleichen. In diesem Geist war auch im Jahr 1967 eine

Änderung des Grundgesetzes erfolgt, die Bund und Länder verpflichtete, bei ihrer Haushaltswirtschaft die Erfordernisse des gesamtwirtschaftlichen Gleichgewichts zu berücksichtigen. Zwei Jahre später wurde im Rahmen der Reform der Finanzverfassung der Bund autorisiert, den Ländern Finanzhilfen für besonders bedeutsame Investitionen zu gewähren, die zur »Abwehr einer Störung des gesamtwirtschaftlichen Gleichgewichts oder Ausgleich unterschiedlicher Wirtschaftskraft im Bundesgebiet oder zur Förderung des wirtschaftlichen Wachstums erforderlich sind«. (Art. 104 a Absatz 4 GG) Der Artikel wurde 2006 neu gefasst, aber das Grundproblem der Mitfinanzierung von Länderaufgaben durch den Bund bleibt ein politisch kontroverses Thema.

Die neuen Instrumente strahlten, dem Zeitgeist verpflichtet, eine Modernität aus, die von der Möglichkeit der Abfederung von Krisen durch kluge und rationale Steuerung ausging; den irrationalen Bewegungen der Märkte wurde das vorausschauend-planerische Gestalten der Wissenschaft und der Politik entgegengesetzt. Das war ein völlig anderer Ansatz, als er bei den Ordoliberalen zu finden war: Von dem Vertrauen in Markt und Konkurrenz, die unter den richtigen Bedingungen, also der richtigen Ordnung, optimale Resultate für alle Markteilnehmer erzielen konnten, war die Globalsteuerung von Karl Schiller so weit weg wie von den normativen Überlegungen der Soziallehre, die sich ebenfalls vornehmlich in Strukturen manifestierte. Dieses Urvertrauen in technisch-wissenschaftliche Rationalität wurde als modern empfunden, jedenfalls zeitgemäßer als die Theorien der 1950er-Jahre, deren Zeit angesichts der zunehmenden Komplexität von Wirtschaft und Gesellschaft abgelaufen schien.

Gleichwohl, die Wirkung der Globalsteuerung war überschaubar. Dieter Grosser spricht in seiner Darstellung der Jahre von 1967 bis 1974 von der »Phase der Globalsteuerungsillusion«, und auch andere Wissenschaftler stellen der Globalsteuerung kein gutes Zeugnis aus.[26] Das ist angesichts der frühen Erfolge der Globalsteuerung sicherlich nicht ganz fair, denn zunächst einmal stiegen die Wachstumsraten und fiel die Zahl der Arbeitslosen. Strittig war aber, ob das ursächlich mit der Globalsteuerung zusammenhing oder auf andere Faktoren zurückführbar war. Jedenfalls war ab Mitte der 1970er-Jahre die Idee der Globalsteuerung diskreditiert. Schillers persönliche Tragik war, dass die SPD angesichts der Verheißung der Steuerbarkeit der Wirtschaft entschlossen war, die Grenzen der Belastbarkeit der Wirtschaft zu testen. Das taten auch die Gewerkschaften, die auf hohe Lohnabschlüsse drängten. Brandt schien Schiller nicht mehr ausreichend zu stützen, weshalb dieser als Minister 1972 zurücktrat. Wenig später trat er aus der SPD aus und unterstützte im Wahlkampf 1973 die CDU/CSU.

Freilich, die Zeiten hatten sich gewandelt, und Schillers Mantra von »So viel Wettbewerb wie möglich, so viel Staat wie nötig« war fortan die letzte Haltelinie in der Union, weniger in der SPD. Die vielen sozialpolitischen Initiativen sorgten für einen erheblichen Ausbau des Sozialstaats. Die Sozialleistungsquote, also der Anteil der Sozialleistungen am Bruttoinlandsprodukt, stieg zwischen 1970 und 1975 von 20,2 Prozent auf 26,3 Prozent. Nach einem leichten Rückgang in den 1980er-Jahren stieg sie – auch bedingt durch die deutsche Vereinigung – weiter auf knapp unter 30 Prozent und ist dort in etwa stabil; die 30 Prozent-Marke wurde nur einmal gerissen, nämlich 2009 als Folge der Finanzkrise. Das war weit entfernt von den 18,3 Prozent aus 1960.[27] Aber war dies nicht ein Beleg für den Weg der Bundesrepublik in einen Vollversorgungsstaat? Konservative Soziologen wie Helmut Schelsky sahen die Gefahr, dass mit einer Steigerung der Sozialausgaben der Weg vom selbstständigen zum staatlich betreuten Menschen vorgezeichnet sei. Das hingegen hätte sowohl dem ordoliberalen Grundempfinden widersprochen als auch dem Subsidiaritätsdenken der Soziallehre.

Tatsächlich markierte die sozialdemokratische Politik ein weitgehendes Gegenmodell zu den Grundideen der Sozialen Marktwirtschaft, ohne aber den Rahmen der grundgesetzlich geschützten Wirtschaftsordnung zu verlassen. Es waren wesentlich zwei Elemente, die den sozialdemokratischen Ansatz stützten: zum einen die Idee der sozialen Demokratie, die es auch auf die Wirtschaft auszudehnen galt. In diesem Geist wurden etwa das Betriebsverfassungsgesetz von 1972 und das Mitbestimmungsgesetz von 1976 beschlossen. Das Betriebsverfassungsgesetz weitete die Mitwirkungs- und Mitbestimmungsrechte gegenüber dem Betriebsverfassungsgesetz von 1952 deutlich aus. Im sozialen und personellen Bereich wurden die Rechte des Betriebsrats erweitert, die Mitglieder des Betriebsrats besonders geschützt. Das Mitbestimmungsgesetz erweiterte die Möglichkeiten der Mitbestimmung auf Unternehmensebene bei Betrieben mit mehr als 2000 Mitarbeitern.

Zum anderen legte die sozialdemokratische Regierung Gesetze auf, die zugunsten der Arbeitnehmer in die Wirtschaft eingriffen (Arbeitsstättenverordnung 1975, Jugendarbeitsschutzgesetz 1976), individuelle Arbeitnehmer gezielt förderten (zum Beispiel Gesetz über Konkursausfallgeld 1974, Gesetz über Mutterschaftsurlaub 1979) oder die insgesamt die Umfeldbedingungen von Arbeit, Bildung und sozialer Lage verbessern sollten (Bundesgesetz über die individuelle Förderung der Ausbildung 1971; Rentenreformgesetz 1972; Neufassung Bundeskindergeldgesetz 1975, Konsolidierung der Arbeitsförderung 1981).

Die Union stand diesem Anstieg der Sozialausgaben eher skeptisch gegenüber, zumal sie dahinter neue Formen der organisierten Interessen vermutete, die den Sozialstaat auf Kosten wirklich Bedürftiger aufbläht, um die eigene Klientel zu befriedigen. So hieß es in der Mannheimer Erklärung der CDU von 1975, dass zu dem Konflikt zwischen Kapital und Arbeit »Konflikte zwischen organisierten und nichtorganisierten Interessen, zwischen Minderheiten und Mehrheiten, zwischen Stadt und Land und zwischen den Machtausübenden und den Machtunterworfenen innerhalb der organisierten gesellschaftlichen Gruppen getreten (sind)«. Die »Neue Soziale Frage«, die CDU-Generalsekretär Heiner Geißler populär machte, verschob die Betrachtung auf verdeckte Armut, Kinderreichtum und die Situation der Frauen.[28] Nicht mehr die alte soziale Frage, der Gegensatz zwischen Kapital und Arbeit, bestimmte die gesellschaftliche Wirklichkeit, sondern neue Konfliktlinien zwischen organisierten und nicht organisierten Interessen. Damit war der Vorwurf verbunden, dass die Gewerkschaften nur noch Klientelpolitik machten, die wirklichen sozialen Problemlagen aber aus dem Blick verloren hatten. Das war ein harter Vorwurf, auf den die Gewerkschaften auch entsprechend gereizt reagierten, doch spiegelte diese »Neue Soziale Frage« eben auch Interessen am Rande der Gesellschaft wider, die durch die klassischen Konfliktlösungsmechanismen zwischen Arbeit und Kapital nicht mehr abgedeckt waren.

Die Betonung der »Neuen Sozialen Frage« hatte auch etwas zu tun mit der Transformation in der Beschäftigungsstruktur: Der klassische industrielle Sektor verlor an Bedeutung, während Dienstleistungen an Bedeutung zunahmen. Dieser Rückgang des produzierenden Gewerbes begann in der Zeit der sozialliberalen Koalition. 1970 waren als Höchststand noch 48,6 Prozent aller Beschäftigten dort tätig, 1980 nur noch 45,3 Prozent; bis zum Jahr 2010 hatte sich der Anteil auf 24,6 Prozent reduziert. Ebenfalls rückläufig war die Anzahl der Beschäftigten in der Land- und Forstwirtschaft, wenngleich diese Entwicklung deutlich früher begonnen hatte (1950: 22,1 Prozent; 1970: 8,9 Prozent; 1980: 5,3 Prozent; 2010: 1,6 Prozent). Deutlich waren die Zuwächse im Bereich der Dienstleistungen. Hier stieg der Prozentsatz der Beschäftigten von 33,1 Prozent (1950) über 42,5 Prozent (1970) beziehungseise 49,4 Prozent (1980) auf 73,8 Prozent im Jahr 2010.[29]

Eine weitere Veränderung war in den Werteeinstellungen der Bevölkerung zu erkennen; der amerikanische Forscher Ronald Inglehart hat dies, etwas zugespitzt, mit der Verschiebung von materiellen zu postmateriellen Werteorientierungen beschrieben.[30] Der Befund dürfte nicht überraschen, denn eigentlich war es genau das, auf was die Soziale Marktwirtschaft in der Interpretation von Ludwig Erhard abzielte, dass nämlich nach der Befriedigung materieller Bedürfnisse die Zeit gekommen sei, andere Dinge des Lebens in den Mittelpunkt zu rücken – eben die geistige und seelische Bereicherung.[31] War diese Zeit nun gekommen? Die Generation, die nach dem Krieg in Sicherheit und Wohlstand aufgewachsen war, hatte zumindest andere Prioritäten, auch andere Anspruchshaltungen als die Generation zuvor.

Die 1970er-Jahre waren die Zeit der Erprobung alternativer Lebensformen, auch die Zeit, in der das immer weiter fortschreitende Wachstum infrage gestellt wurde. Der Club of Rome hatte 1972 seine beklemmende Prognose über die Grenzen des Wachstums publiziert und damit eine breite Diskussion angestoßen.[32] Damit wurde deutlich: Die Art des bisherigen Wirtschaftens würde bald an planetarische Grenzen stoßen. Die Überschreitung dieser Grenzen wiederum würde massive Rückwirkungen auf die Art des Lebens haben. In einer begrenzten Welt, so der Grundtenor, kann es kein unbegrenztes Wachstum geben. Diese Botschaft richtete sich direkt gegen den Fortschrittsoptimismus und die Planungsgläubigkeit, die nicht nur der deutschen Wirtschaftspolitik zugrunde lag. Sie appellierte auch an den Einzelnen, sein Konsumverhalten zu überdenken. In den 1970er-Jahren war dies noch neu, würde aber die Bundesrepublik auf viele Jahrzehnte prägen. Die Verbindung von postmaterialistischen Werteorientierungen plus der Debatte über Grenzen des Wachstums war der Nährboden, auf dem eine neue und dauerhafte politische Kraft entstand, die Grünen. In den 1970er-Jahren zog die postmaterialistische Werteorientierung noch keine politische Unzufriedenheit nach sich; das änderte sich mit dem Regierungswechsel 1982 und führte zu einer Verlagerung von Parteipräferenzen von der SPD zu den Grünen.[33]

In keiner Frage spiegelte sich der Konflikt zwischen Planungs- und Fortschrittsdenken einerseits und den Fragen der Kosten dieses Denkens andererseits so deutlich wider wie in der Frage der Atomenergie. In den 1950er-Jahren erschien die friedliche Nutzung der Atomenergie als eine Verheißung: saubere Energie, gefördert nicht in schmutziger und gefährlicher Arbeit in Bergwerken, sondern hergestellt durch Ingenieure in Kraftwerken in beinahe unbegrenzter Menge. Atomkraftwerke verhießen einen blauen Himmel über dem smoggeplagten Ruhrgebiet, die Zähmung des Atoms zu friedlichen Zwecken schien den Weg frei zu machen in eine neue, moderne und saubere Welt. Doch die Gegenrechnung wurde in den 1970er- und 1980er-Jahren präsentiert: Was ist mit dem Restrisiko eines nicht beherrschbaren

Unfalls? Was mit der Lagerung des radioaktiven Abfalls? Welche Konsequenzen würde es für die Bürgerrechte haben, wenn Atomkraftwerke als technische Infrastruktur besonders geschützt werden müssen? Vor allem für die Sozialdemokraten wurde dieser Traum sauberer Energie zum Albtraum, weil der Riss von Befürwortern und Gegnern dieser Energieform zunehmend durch die SPD selbst ging.[34] Die Union hielt zwar noch länger an der Atomkraft fest, aber aus christlicher Perspektive wurden hier ebenfalls erste ernsthafte Bedenken formuliert.[35] Doch bleibt festzuhalten, dass sich die Union insgesamt durch eine größere Fortschrittsgläubigkeit auszeichnete. Konservativ sein heiße, an der Spitze des Fortschritts zu marschieren, hatte Franz Josef Strauß auf dem Parteitag der CSU in München 1968 konstatiert.[36] Mit Fortschritt war hier der technologisch-wissenschaftliche Fortschritt gemeint. Die daraus resultierende kritiklose Affirmation des Neuen verunreinigte nicht nur die Debatte um den Konservativismus, der ja die kulturellen und gesellschaftlichen Folgewirkungen von Veränderung im Blick hatte, sie erschwerte der Union auch auf lange Zeit die Anschlussfähigkeit zu Themen der Nachhaltigkeit und der Wachstumskritik. Die katholische Soziallehre hingegen setzte mit dem Thema der Bewahrung der Schöpfung einen Kontrapunkt zu dem Fetisch des wissenschaftlich-technologischen Fortschritts. Dies führte dazu, dass sich Soziallehre und Union in dieser Frage für lange Jahre auseinanderentwickelten.

Gleichzeitig schien auch eine gerade in der jungen Generation veränderte Anspruchshaltung sich bemerkbar zu machen, die auch in die Wirtschaftspolitik zurückschlug. Die klassischen Tugenden wie Fleiß oder Leistungsorientierung schienen an Bedeutung zu verlieren; der Anspruch an den Staat, für den Lebensunterhalt des Einzelnen eintreten zu müssen, wurde stärker. Helmut Schmidt hatte in seiner Regierungserklärung im September 1975 vor »überflüssigen Wildwuchs-Belastungen« des sozialen Netzes gewarnt, die aus einer Mentalität überzogener Ansprüche gegen den Staat entstehen.[37] Soziale Rechte wandelten sich von Schutzrechten zunehmend zu Anspruchsrechten, was auch in der Logik des Sozialstaats lag; die Idee der Planung des Fortschritts legte den Gedanken nahe, dass damit auch die Bedingungen des gesellschaftlichen Wohlergehens planbar seien. Das sahen nicht alle vorbehaltlos positiv, denn damit würde der Staat überfordert, ja unregierbar. So äußerte Ulrich Matz den Verdacht, der Staat sei in der gegenwärtigen (Mitte der 1970er) Situation »grundsätzlich in der Pflicht, für den technisch-wissenschaftlichen Fortschritt zu sorgen und womöglich das gesellschaftliche Glück durch Technisierung der Gesellschaft selbst zu fördern«[38] – und an einer solchen Aufgabe könne der Staat sich nur verheben und damit Legitimität einbüßen. Die Anspruchsinflation war die Geburtsstunde einer Staatsaufgabenkritik, die in konservativem Gewand daherkam, sich aber durchaus auch in der Tradition ordoliberaler Überlegungen finden konnte: Dass sich der Staat nun zu einem Glücksgenerator allgemeiner Wohlfahrt entwickelte, stellte eben auch für Ordoliberale das Menschenbild auf den Kopf. Auch für die Soziallehre war der Staat keineswegs der Garant menschlicher Glückserfüllungen, und so notierte man auch hier ein Unbehagen. Anton Rauscher etwa beklagte »grenzmoralisches Verhalten«, das sich darin zeige, dass zuvor unentgeltliche Sozialleistungen etwa der Familien oder Nachbarschaftshilfen nun zunehmend durch den Staat selbst erbracht werden.[39] Hans Maier zog daraus den Schluss, dass das Freiheitsstreben des modernen Menschen eben nicht mehr in Richtung Entstaatlichung dringe, sondern im Wunsch an der Teilhabe nach staatlichen Leistungen.[40] Das war aus Sicht des Einzelnen durchaus nachvollziehbar: Schließlich bezahlte man Steuern und Sozialabgaben, und dafür wollte man »etwas haben« – ein Verhalten, für das sich später der Begriff der »Rationalitätenfalle«[41] einbürgerte. Diese entsteht dann, wenn individuell rationales Verhalten und kollektive Rationalität miteinander in Konflikt geraten. Ein anschauliches Beispiel bietet die Gesundheitsversicherung. Wenn jeder darauf besteht, für die eingezahlten Prämien auch Leistung haben zu wollen, auch wenn sie nicht benötigt wird, hat dies fatale Folgen für das Gesamtsystem und seine Finanzierung. Das vielzitierte Anspruchsdenken, so Warnfried Dettling, möge ja moralisch verwerflich sein, es sei allerdings für den Einzelnen ökonomisch durchaus vernünftig. Deshalb seien die Probleme des Sozialstaats Ordnungs- und Steuerungsprobleme.[42] Mit anderen Worten: Es musste darum gehen, die Mentalität, das Konsumgut soziale Sicherheit sei unbegrenzt und jederzeit verfügbar, durch ordnungspolitische Maßnahmen zu ändern, beispielsweise durch Prämien für nicht abgerufene Leistungen, Zuzahlungen für bestimmte Leistungen oder Begrenzungen des Leistungsvolumens – das sollte das große Thema der 1980er-Jahre werden.

Neubau des Sozialstaats und Wiedervereinigung

Die Ausweitung der sozialen Ansprüche traf zudem auf eine schwächelnde Wirtschaft, die nicht mehr stetiges Wachstum als Voraussetzung solcher Ansprüche garantieren konnte. Im Jahr 1975 fiel das Bruttoinlandsprodukt prozentual erstmals, und eine Vielzahl ökonomischer Krisen traf die Bundesrepublik. Der Auftakt war die Erdölkrise 1973 mit den damit verbundenen Folgewirkungen: Erhöhung der Ölpreise, Erhöhung der Rohstoffpreise, symbolträchtige autofreie Sonntage. Die makroökonomischen Wirkungen waren weit gravierender und verstärkten die bereits sich abzeichnende Wirtschaftskrise. Steigende Preise führten bei einer gleichbleibenden Geldmenge zu Liquiditätsproblemen und steigenden Zinsen. Die Arbeitslosigkeit stieg zwischen 1973 und 1975 auf das Vierfache an und stieg danach kontinuierlich weiter, sprunghaft in den Jahren der Rezession etwa von 1980 bis 1982, 1993 und 1996. Das zog erhöhte Sozialausgaben nach sich und diese wiederum eine Erhöhung von Steuern und Sozialabgaben, die wiederum die Chancen wirtschaftlichen Wachstums beschränkten. Gleichzeitig belasteten hohe Tarifabschlüsse die Wirtschaft und die öffentlichen Kassen. Die zweite Hälfte der 1970er-Jahre war von einer Stagflation gekennzeichnet, einem stagnierenden wirtschaftlichen Wachstum bei steigender Inflation.

Verschärft wurden die Probleme der Wirtschaftspolitik noch durch die internationale wirtschaftliche Lage. Der ersten Ölpreiskrise folgte die zweite im Jahr 1979/1980. Die Weltwirtschaft litt insgesamt unter Wachstumsproblemen. Die USA, bislang bewährte Wachstumslokomotive, sah sich nicht in der Lage, diese Aufgabe länger zu erfüllen. Jenseits des Atlantiks waren die 1970er-Jahre die Dekade wirtschaftlicher Instabilität. Ab 1975 gab es regelmäßige Konferenzen der Staats- und Regierungschefs der wichtigsten Industrieländer, um sich über wirtschafts- und finanzpolitische Fragen auszutauschen und gegebenenfalls koordinieren zu können. Zu den Gründungsländern der G6, die sich erstmals im November 1975 in Rambouillet trafen, gehörten neben der Bundesrepublik Deutschland auch Frankreich, Großbritannien, Italien, Japan und die Vereinigten Staaten; Kanada stieß noch 1976 dazu und erweiterte den Kreis auf sieben. In dieser Formation bestand er bis 1998. Zweck war es auch, gemeinsame Maßnahmen gegen den wirtschaftlichen Abschwung zu vereinbaren. Die Volkswirtschaften waren zunehmend durch Handel miteinander verbunden und teilten dadurch auch ökonomische Probleme. Vor allem Deutschland war nach den Jahren des Wiederaufbaus zunehmend als Exportland erfolgreich. Die Weltwirtschaftsgipfel waren der Versuch, anders als in der Wirtschaftskrise von 1929 zu abgestimmten Maßnahmen zu kommen und so letztlich zu verhindern, dass Krisen in den einzelnen Staaten außer Kontrolle gerieten und das ganze System »infizierten«. Die Bundesrepublik erlebte zwar in der zweiten Hälfte der 1970er-Jahre eine Abschwächung des Wachstums und eine deutliche Zunahme der Arbeitslosigkeit, geriet aber nicht in eine allgemeine Rezession. Freilich signalisierten die gesamtwirtschaftlichen Daten aber auch, dass der Spielraum für neue Umverteilungen nicht mehr gegeben war. Die Konsolidierung des sozialen Sicherungsniveaus und des Haushalts wurde bestimmendes Thema in der Kanzlerschaft von Helmut Schmidt.

Sie blieb es auch unter Helmut Kohl und der christlich-liberalen Koalition ab 1982. Bezeichnenderweise hatte ein wirtschaftspolitisches Forderungspapier der FDP den Anlass zum Ende der sozialliberalen Koalition gegeben. Darin hatte Wirtschaftsminister Graf Lambsdorff nicht mehr als eine Abkehr von der bisherigen Wirtschafts- und Sozialpolitik gefordert. Es ging dort um vier Aktionsfelder: die Konsolidierung des Haushalts, Anreize zu arbeitsplatzfördernden Investitionen, die Eindämmung der Sozialstaatskosten und Deregulierung nach innen und außen. Dabei spielten durchaus die Erfahrungen der neuen Wirtschaftspolitik in den USA und Großbritannien unter Ronald Reagan und Margaret Thatcher eine Rolle; man wollte gegenüber der Politik der vergangenen Jahre eine Hinwendung beziehungsweise Rückwendung zu den Prinzipien der Sozialen Marktwirtschaft Ludwig Erhards.[43] Helmut Schmidt verstand es als eine Trennungserklärung des Koalitionspartners und reagierte entsprechend; die sozialliberale Koalition zerbrach, durch ein konstruktives Misstrauensvotum wurde Helmut Schmidt durch Helmut Kohl ersetzt, der sich auf eine christlich-liberale Koalition stützen konnte. Das bedeutete allerdings nicht, dass die Union die Aussagen des Lambsdorff-Papiers vorbehaltlos teilte, im Gegenteil. Helmut Kohl äußerte in der Fraktion, das Papier enthalte »Vernünftiges und weniger Vernünftiges und ganz und gar Unvernünftiges«.[44] Vor allem störte die mangelnde soziale Ausgewogenheit. So kam es auch, dass es nicht die von vielen erwartete Wende in der Wirtschafts- und Sozialpolitik gab und ebenso wenig den lautstark beklagten Sozialabbau.[45] Die neue Regierung setzte die Konsolidierungsbemühungen der Vorgängerregierung fort, freilich mit einem stärker angebotsorientierten Ansatz. Mehr noch: Nach einer kurzen Periode der Konsolidierung wurden einzelne Sozialleistungen verbessert. Das betraf die Leistungen der aktiven und passiven Arbeitsmarktpolitik, vor allem aber neue Ansätze in der Familienpolitik durch die Einführung eines Erziehungsgelds und eines Erziehungsurlaubs für Väter und Mütter. Die Anrechnung von Kindererziehungszeiten als rentenrelevante Beitragszeiten stellte insofern einen Paradigmenwechsel dar, als erstmals Kindererziehungszeiten rententechnisch mit Erwerbsarbeit gleichgestellt wurden. Anders formuliert: Die Erziehung wurde als Arbeit deutlich aufgewertet.

In den Jahren von 1982 bis 1990 kam es zu einer deutlichen wirtschaftlichen Erholung. Die wirtschaftlichen Daten 1990 signalisierten Hochkonjunktur. In diese Phase fiel die Wiedervereinigung, die für die öffentlichen Haushalte und die Sozialversicherungen eine erhebliche Herausforderung darstellte. Innerhalb kürzester Zeit musste das westdeutsche Modell der Sozialen Marktwirtschaft und der sozialen Sicherung auf die fünf neuen Länder übertragen werden. Ludwig Erhards Leitbild des »Wohlstands für alle« wurde zum neuen, alten Orientierungspunkt: So wie die Idee der Sozialen Marktwirtschaft nach dem Krieg die darniederliegende Wirtschaft der Bundesrepublik beflügelt hatte, so würde nun auch die schnelle Einführung der Sozialen Marktwirtschaft in den neuen Bundesländern aus sozialistischen Einöden blühende Landschaften machen. Ein zweites Wirtschaftswunder schien durchaus möglich. Die staatlichen Betriebe in der DDR wurden – noch unter der letzten Regierung der DDR – unter die Aufsicht der »Anstalt zur treuhänderischen Verwahrung des Volkseigentums« gestellt, die im öffentlichen Sprachgebrauch nach der Vereinigung unter dem Begriff »Treuhandanstalt« bekannt wurde. Ziel der Anstalt war es, die Wirtschaft der DDR auf die Soziale Marktwirtschaft vorzubereiten. Dazu sollten die volkseigenen Betriebe privatisiert, saniert oder gegebenenfalls stillgelegt werden. In den vier Jahren des Bestehens der Treuhand wurden 15.000 Unternehmen privatisiert oder kommunalisiert, mehr als 3700 wurden stillgelegt. Viele Millionen Arbeitsplätze gingen verloren, nicht nur durch das Wirken der Treuhand. Aber die Treuhand wurde zum Symbol einer Überwältigung, einer Kolonialisierung der neuen Länder durch eine als fremd empfundene Wirtschaftsordnung; sie wurde der negativ besetzte Erinnerungsort der Vereinigung, mit Folgen bis in die Gegenwart.[46]

Freilich, die Bedingungen der wirtschaftlichen und sozialen Transformation waren in den neuen Bundesländern anders als diejenigen in den übrigen Staaten des ehemaligen Ostblocks. Das war von Vorteil ebenso wie von Nachteil. Zwar wurden die Kosten der Vereinigung abgefedert, jedoch lagen die Arbeitskosten lange über dem

Produktivitätsniveau, weil man aus den neuen Ländern keine Sonderzone mit Niedriglohnbereich machen wollte. Die Währungsumstellung von 1:1 machte es für viele volkseigene Betriebe unmöglich, in einem freien Markt zu überleben. Die Übertragung des westdeutschen Arbeitsrechts verhinderte eine Flexibilisierung auf dem Arbeitsmarkt. Das Prinzip »Rückgabe vor Entschädigung« und die gravierenden Umweltschäden in der DDR wirkten sich investitionshemmend aus. Gleichzeitig wurden die Systeme der sozialen Sicherung aufgespannt. Ostdeutsche Frauen profitierten in der Rentenberechnung zunächst von der Vereinigung, weil sie gegenüber den westdeutschen Frauen durchweg längere Erwerbsbiografien vorweisen konnten.[47] Im Zuge der Strukturbrüche in den neuen Ländern und einer steigenden, anhaltenden Arbeitslosigkeit sowie der späteren Einführung eines Niedriglohnsektors änderte sich das für die Erwerbsgenerationen, die nicht mehr einen Großteil ihrer Erwerbsbiografie in der DDR hinter sich bringen konnten. Das Versprechen des Wohlstands für alle erfüllte sich vielfach nicht, im Gegenteil: Aus der sicheren Bahn berechenbarer Erwerbsbiografien herausgeschleudert, endete die Erwerbsphase vieler Menschen in den neuen Ländern nicht selten in niedrigen und armutsgefährdeten Alterseinkünften. Hinzu kamen Sonderprobleme, etwa der fehlende Versorgungsausgleich vieler Frauen, die in der DDR geschieden worden waren,[48] oder Sonderrenten, die im Rentenrecht der Bundesrepublik nicht darstellbar waren.

Für viele Menschen in der DDR war mithin der Begriff der Sozialen Marktwirtschaft nicht nur mit Chancen, mit Wohlstand und neuen Freiheiten verbunden, sondern eben auch mit biografischen Brüchen, sozialen Unsicherheiten und Verarmung. Zwar blieben sie deutlich bessergestellt als die Menschen in den osteuropäischen Gesellschaften, die die Transformation viel tiefgreifender und ohne jeglichen sozialen Rettungsschirm erlebten, aber die Vergleichsfolie waren eben nicht mehr die anderen Transformationsländer, sondern der Lebensstandard in den alten Bundesländern. Hier hatte man Anfang der 1950er-Jahre gemeinsam auf einem recht niedrigen Niveau von Wohlstand und sozialer Sicherheit begonnen. Nun aber gab es ein erhebliches Gefälle zwischen Ost- und Westdeutschland, und dies erforderte pragmatische Lösungen. Die Systemtransformation, dies vermerkten denn auch die Hüter der reinen ordnungspolitischen Lehre leicht säuerlich, sei eben nicht wettbewerbskonform verlaufen, nicht im Sinne der Ordnungspolitik.[49] Tatsächlich gab es wenig Bereitschaft, die DDR-Wirtschaft in den kalten Wind der reinen ordnungspolitischen Lehre zu stellen; es gab aber auch keinen Masterplan, keine einheitliche Idee, wie die Vereinigung vonstattengehen sollte. Der Forschungsbeirat für Fragen der deutschen Wiedervereinigung war 1974 aufgelöst worden. In der Deutschlandpolitik der 1980er-Jahre hatte die Regierung Kohl sich zwar von der sozialliberalen Koalition dadurch abgesetzt, dass sie die Offenheit der deutschen Frage stärker hervorhob, ansonsten aber die Politik der Vorgängerregierung fortgesetzt.[50] Der Prozess der Vereinigung war deshalb die hohe Regierungskunst der Improvisation auf allen Ebenen – beginnend mit dem Zehn-Punkte-Plan von Bundeskanzler Helmut Kohl bis hin zu den Vertragswerken, die die deutsche Einheit kodifizierten.

Die Vereinigung brachte erhebliche wirtschafts- und sozialpolitische Verwerfungen mit sich. Auch hier gab es keinen Masterplan, wie damit umzugehen sei. Da Bundeskanzler Kohl umfangreiche Steuererhöhungen zur Finanzierung der deutschen Einheit kategorisch ausschloss,[51] kam es zu einem »Vereinigungskeynesianismus wider Willen«,[52] um die Folgen der Vereinigung zu finanzieren, der wiederum die öffentlichen Haushalte belastete. Der Schuldenstand der öffentlichen Haushalte stieg schnell an und flachte ab 1995 leicht ab. Die Konsolidierung der Verschuldung wurde auch deshalb notwendig, weil es galt, die 1992 verabschiedeten Maastricht-Kriterien einzuhalten, die eine Obergrenze für die Verschuldung bei 60 Prozent des Bruttoinlandsprodukts festgeschrieben hatten.

Dies hinderte die Bundesregierung aber nicht, eines der ambitioniertesten sozialpolitischen Programme auf den Weg zu bringen: die Einführung einer Pflegeversicherung als einer neuen, der fünften Säule der Sozialversicherung.[53] Das war das Meisterwerk des langjährigen Arbeits- und Sozialministers Norbert Blüm, der in der Tradition der katholischen Soziallehre beheimatet war. Der parlamentarische Weg zur Pflegeversicherung war lang und steinig, zumal zwei Mal der Vermittlungsausschuss angerufen wurde. Als das Gesetz dann 1994 verabschiedet wurde, wurde es als Durchbruch empfunden. Nicht eine kapitalgedeckte, private Versicherung wurde eingeführt, sondern eine, die von Arbeitgebern und Arbeitnehmern finanziert wurde; als Kompensation für die Arbeitgeber wurde in allen Bundesländern (bis auf den Freistaat Sachsen) der Buß- und Bettag abgeschafft. Die Pflegeversicherung beinhaltet Leistungen nach drei (später fünf) Stufen der Pflegebedürftigkeit. Dabei gelten folgende Grundprinzipien: Häusliche Pflege hat Vorrang vor stationärer, Prävention hat Vorrang vor Rehabilitation.

Die Pflegeversicherung ist eine Pflichtversicherung; jeder gesetzlich Krankenversicherte ist automatisch in einer Pflegeversicherung versichert, für die privat Krankenversicherten gilt die Pflicht zum Abschluss einer Pflegeversicherung. Leistungen aus der Pflegeversicherung sind nicht als Vollleistung, sondern als Teilleistung konzipiert: Sie sollen bestehende subsidiäre Strukturen bei häuslicher oder teilstationärer Pflege ergänzen. Die Pflegeversicherung war und ist eine Antwort auf eine alternde Gesellschaft und damit auf mehr Pflegefälle. Sie wurde 2015 und 2016 durch die Pflegestärkungsgesetze 1 und 2 weiterentwickelt. Mit dem Pflegezeitgesetz von 2015 werden die Möglichkeiten für pflegende Angehörige verbessert, sich kurzfristig beziehungsweise länger von der Arbeit freistellen zu lassen, um Pflegeaufgaben zu übernehmen.

War das Pflegegesetz eine Antwort auf die demografische Frage, kam die Rentenversicherung durch die demografischen Probleme ebenfalls in eine Schieflage. Die Antwort darauf war eine Reihe von Änderungen im Rentensystem, die am Ende zulasten der Versicherten gingen. Das Rentenniveau sank, zur Kompensation wurde der Abschluss privater Altersversicherungen vorgeschlagen und gefördert. Zentral war die Stabilisierung des Beitragssatzes; dieser, so wurde argumentiert, sei eine Belastung des Faktor Arbeit und damit in der Globalisierung ein Wettbewerbsnachteil. Die 2008 beschlossene Erhöhung des Rentenzugangsalters auf 67 Jahre – stufenweise ab 2012 und bis 2029 – war ein weiterer Schritt. In den folgenden Jahren blieb das Rentensystem umstritten, vor allem mit Blick auf die Folgen der sogenannten Hartz-Gesetze. Diese hatten einen Niedriglohnsektor etabliert, der infolge des Äquivalenzprinzips der Rentenversicherung eben auch zu einer erheblichen Zunahme von Altersarmut in diesem Segment führen würde. Die ordnungspolitische Frage, die sich dahinter verbarg, war: Wie kann man verhindern, dass ein Arbeitnehmer nach mehreren Jahrzehnten Arbeit einen Rentenanspruch hat, der unterhalb der Grundsicherung liegt? Andernfalls wäre nämlich der Anreiz, Arbeit aufzunehmen, zumindest aus Sicht der Altersabsicherung, gering. Dass sich Leistung lohnen müsse, wäre hier nicht der Fall – und dies führte zur Debatte darüber, wie man über das Äquivalenzprinzip hinaus eine solche Lebensleistung anerkennen könnte.

Letztlich waren all diese Debatten auf die Paradigmenwechsel auf dem Arbeitsmarkt durch die Hartz-Reformen der Regierung Schröder zurückzuführen. Es ist eine Ironie der Geschichte, dass ausgerechnet unter einer rot-grünen Regierung eine neoliberal inspirierte Wende stattfand, die von einer Union, die sich in der Opposition von dem Erbe sozialstaatlichen Denkens zu emanzipieren suchte, lautstark befeuert wurde. Die Regierung Schröder löste die sogenannte Deutschland AG auf, die gegenseitige Teilhabeverschränkung wichtiger Industrieunternehmen und Banken; das Mittel dazu war die steuerliche Begünstigung von Veräußerungsgewinnen. In der Folge wurde beispielsweise die Deutsche Börse ebenso wie die Deutsche Bank internationalisiert, die Eigentümerstruktur also verändert; Anteile deutscher Unternehmen sind heute eine Minderheit.

Die Hartz-Reformen waren darauf gerichtet, den Arbeitsmarkt zu beleben und zu dynamisieren. Kernstück der Reform war die Zusammenführung von Arbeitslosenhilfe und Sozialhilfe zu einer neuen Grundsicherung nach SGB II. Die Bezieher der klassischen Arbeitslosenhilfe wurden schlechtergestellt, die erwerbsfähigen Bezieher von

Sozialhilfe wurden bessergestellt. Mit dem Gebot des »Fördern und Fordern« wurde eine neue Grundphilosophie eingeführt: Arbeitslose wurden beraten und gegebenenfalls weiterqualifiziert, im Gegenzug wurde aber auch festgelegt, dass der Bezug der Grundsicherung eine Mitwirkung des Empfängers voraussetzte, wieder in den Arbeitsmarkt integriert werden zu können. Die Grundsicherung wurde subsidiär angelegt: Wer über genügend andere Einkommensquellen (inklusive eines Vermögens) verfügte, schied aus dem Kreis der Anspruchsberechtigten aus. Wer weniger als drei Stunden pro Tag erwerbsfähig war, wurde in die neu geschaffene Sozialhilfe (SGB XII) überführt.

Soziale Marktwirtschaft in der Globalisierung

Die Hartz-Reformen stellten einen Paradigmenwechsel dar und blieben über viele Jahre der zentrale arbeitsmarktpolitische Streitpunkt. Kritiker bemängelten, dass durch die Reform Langzeitarbeitslose arm durch Gesetz würden, weil man gezwungen sei, Rücklagen aufzulösen; dass das Durchreichen von Arbeitslosengeld als Versicherungsleistung zu Arbeitslosenhilfe als Fürsorgeleistung zu schnell erfolge und damit gesellschaftliche Abstiegsängste geschürt würden; dass durch die weite Zumutbarkeit von angebotenen Stellen die Lebensleistung und die Qualifikation entwertet werde. Die Reformen, wurde argumentiert, förderten die soziale Kälte in Deutschland, sie dienten der Disziplinierung der Arbeitslosen und seien die größte Zäsur in der Wohlfahrtsstaatentwicklung seit 1945.[54] Die Reformen waren aus der Perspektive der Jahre nach der Jahrtausendwende durchaus verständlich. Deutschland hatte niedrige Wachstumsraten und die Anzahl der Arbeitslosen war hoch; der kranke Mann Europas, titelte der Economist im Juli 1999. Deutschland wurde als Land gesehen, das in seinen Strukturen nicht auf die Globalisierung vorbereitet sei, einen unflexiblen und rigiden Arbeitsmarkt habe und deshalb auch nicht in der Lage sei, unter den Bedingungen der Globalisierung dauerhaft

Wachstum zu generieren. Die Hartz-Reformen lösten diesen Stau auf; die wirtschaftlichen Wachstumsprozesse der nachfolgenden Jahre werden daher auch nicht unwesentlich auf den Erfolg der Reformen zurückgeführt.[55] Allerdings war der Preis dafür für die SPD hoch: Sie verlor einen großen Teil ihrer Basis im Protest gegen diese Reformen an die Linke, stürzte in der Wählergunst massiv ab und verlor die Bundestagswahl 2005.

Die Hartz-Reformen waren unzweifelhaft aus dem Geist des Neoliberalismus geboren; der Mensch wurde auf die Bedürfnisse des Arbeitsmarktes hin ausgerichtet.[56] Freilich kennt aber auch die Soziallehre keine Pflicht zur Solidarität, wenn der Einzelne in der Lage ist, sich selbst zu helfen. Für die Union waren die Jahre der sozialliberalen Koalition Jahre, in denen sie sich programmatisch stark an liberale Ideen anlehnte. Der Leipziger Parteitag 2003 bildete einen Höhepunkt dieser programmatischen Wende, mit denen zugleich die arbeitsmarkt- und sozialpolitischen Grundideen der Ära Kohl (beziehungsweise seines Arbeits- und Sozialministers Norbert Blüm) zu Grabe getragen wurden. Katholische Soziallehre und Union drifteten auseinander, zumal auch in der Soziallehre die Begeisterung für die Hartz-Gesetzgebung, die von der Union konstruktiv mitgetragen wurde, überschaubar war.[57] Mit dem Regierungswechsel 2005 drehte die CDU abermals ihren Kurs: Er wurde pragmatisch, sozial- und arbeitsmarktpolitisch weniger an die neoliberalen Ideologien von Deregulierung, Privatisierung und Liberalisierung angelehnt als vielmehr den Notwendigkeiten folgend, das Sicherungsniveau der Sozialen Marktwirtschaft nicht zu gefährden. Das zeigte sich etwa in den pragmatischen Maßnahmen während der Finanzkrise. So wurde das Kurzarbeitergeld von sechs auf 24 Monate erhöht, und auch die Flexibilisierung von Arbeitszeiten pufferte die Auswirkungen der Krise ab. Die Hartz-Gesetzgebung wurde beibehalten, aber ständig weiterentwickelt. Das Arbeitnehmerentsendegesetz wurde 2009 deutlich erweitert und die Möglichkeit zur Einführung branchenbezogener Mindestlöhne eingeführt. Missbräuche in der Zeitarbeit wurden gesetzlich unterbunden. Die aufwendigsten Reformen erfolgten im Bereich der Pflege und der Behindertenpolitik durch die Pflegestärkungsgesetze 2015 und 2016 und die Verabschiedung eines Bundesteilhabegesetzes 2016.

Der größte arbeitsmarktpolitische Meilenstein war aber die Einführung eines gesetzlichen Mindestlohns im Jahr 2014. Vorausgegangen waren jahrelange Debatten, in denen zunächst die Gewerkschaften ihre ablehnende Haltung gegenüber einem Mindestlohn aufgegeben hatten und diesen dann vor der Bundestagswahl 2013 zu einem zentralen Thema des Wahlkampfs machten. Die CDU hatte den Widerstand gegen einen Mindestlohn mit einem Beschluss des Parteitags von 2012 aufgegeben und ein eigenes Modell für eine verbindliche Lohnuntergrenze vorgeschlagen, ohne aber den damaligen Koalitionspartner FDP davon überzeugen zu können.

Die Begründung für einen gesetzlichen Mindestlohn beruhte auf zwei Entwicklungen. Zum einen hatte die Tarifbindung deutlich abgenommen. Viele Betriebe im Arbeitgeberverband hatten sich von der Tarifbindung freistellen lassen oder blieben dem Arbeitgeberverband fern. Gleichzeitig sank die gewerkschaftliche Bindungskraft deutlich; vor allem in den neuen Bundesländern blieb die gewerkschaftliche Bindung bei den Arbeitnehmerinnen und Arbeitnehmern deutlich unter den Werten im Westen. Die Hartz-Gesetze hatten einen Niedriglohnbereich etabliert, der schon im Zuge der Gesetzgebung zu ersten Überlegungen geführt hatte, einen Mindestlohn als Gegengewicht einzuführen. Die große Koalition verabschiedete schließlich ein Mindestlohngesetz, das die Aufgabe der Festsetzung des Mindestlohns einer Kommission übertrug. Diese wurde paritätisch von drei Vertretern der Arbeitgeber- und Arbeitnehmerseite besetzt. Ein unabhängiger Vorsitz konnte im Streitfall mit seiner Stimme eine Entscheidung herbeiführen. Die Entwicklung des Mindestlohns sollte unter anderem die allgemeine Tarifentwicklung nachvollziehen und sich zusätzlich an gesamtwirtschaftlichen Parametern orientieren. Als Einstieg waren 8,50 Euro pro Stunde vorgesehen, keine ganz willkürliche Zahl, denn sie orientierte sich am Mindestlohn in der Zeitarbeit, dem einzigen branchenübergreifenden bestehenden tariflichen Mindestlohn.

Eine weitere Folgewirkung der Eröffnung eines Niedriglohnsektors war die Rentenpolitik. Mit der projizierten Absenkung des Rentenniveaus hatte man in der Rentenreform 2001 die Idee einer lebensstandardsichernden Rente aufgegeben und eine zusätzliche private Versicherung mit staatlicher Förderung empfohlen, um die sich auftuende Rentenlücke zu schließen. Die Grundidee war, die Vorteile einer kapitalgedeckten Rente mit den Vorteilen einer gesetzlichen, von der Demografie abhängigen Rente zu verknüpfen. Durch die Finanzkrise allerdings wurde schnell klar, dass die kapitalgedeckte Rente in einem Niedrigzinsumfeld nicht den Ertrag abwerfen würde, der prognostiziert war. Folglich blieb die Rendite niedrig. Gleichzeitig verbesserte sich durch das allgemeine Wachstum das Rentenniveau der gesetzlichen Rente über die prognostizierten Erwartungen. Beides konnte jedoch wenig zur Verbesserung derjenigen beitragen, die das Geld für eine private Rentenversicherung nicht auftreiben konnten und deren Rentenansprüche im Niedriglohnbereich unterhalb der staatlichen Grundsicherung lagen. Die Frage nach einer Grundrente beschäftigte die Bundesregierung seit 2009.

In der Rentenpolitik fokussierten sich in den Jahren seit 2013 wie in kaum einem anderen Politikbereich unterschiedliche Interessen. Die Mütterrente, also die Verbesserung der Rentenanwartschaften für Mütter, deren Kinder vor 1992 geboren wurden, war von der CSU und der Frauenunion besonders gefördert worden, der abschlagsfreie Rentenbezug für Arbeitnehmer nach 45 Beitragsjahren zielte vor allem auf die gewerkschaftlich gebundene Facharbeiterschaft.[58] Die Verbesserung der Rente wegen Erwerbsunfähigkeit war ein zentrales Anliegen aus Sicht der Christlichsozialen in der CDU. Sehr kritisch gegenüber all diesen Reformen äußerten sich die Vertreter der jungen Generation. Nicht ganz zu Unrecht, denn die staatlichen Zuschüsse zur Rentenversicherung betragen um die 30 Prozent des gesamten Bundeshaushalts. Das ist gegenüber den investiven, in die Zukunft gerichteten Ausgaben viel Geld und kann auf Dauer so vermutlich nicht aufrechterhalten werden. Andererseits: Die junge Generation verdankt einen historisch einmalig hohen Lebensstandard der Arbeit der Generation der Babyboomer, die – weil sie sich selbst demografisch nicht reproduziert hat – auch erhebliche Vermögensanteile auf weniger Erben vererben wird. Das lässt die Belastungen über die Rentenpolitik in einem milderen Licht erscheinen.

Gerade am Mindestlohn lassen sich die Frontstellungen zwischen Ordoliberalismus und Soziallehre noch deutlich erkennen. Der Mindestlohn ist eine ordnungspolitische Stellgröße zur Regulierung des Wettbewerbs. Die Soziallehre hatte demgegenüber immer den gerechten Lohn propagiert, der es einem Arbeiter beziehungsweise Arbeitnehmer erlaubt, sich selbst und seine Familie zu ernähren. Das wird freilich heute über eine Kombination von Mindestlohn (beziehungsweise Niedriglohn) und staatlichen Zuschüssen gewährleistet, meistens in der Form einer Unterstützung bei den Kosten der Unterkunft oder zusätzlichen Leistungen für Kinder. Durch die Regionalisierung der Kosten der Unterkunft ist dieses System deutlich flexibler als ein rein auf einem gerechten Lohn basierendes Modell. Die Wohnkosten sind in Mecklenburg und Berlin auf den Quadratmeter gerechnet unterschiedlich, aber eine ordnungspolitische Untergrenze für einen Mindestlohn ist überall gleich sinnvoll – der Weg von Mecklenburg nach Berlin ist nicht so weit, als dass er für einen ruinösen Wettbewerb über Arbeitslöhne nicht interessant sein könnte. Die Ordnungspolitik bezieht sich immer auf die Ordnung des Wettbewerbs und hat keine unmittelbar sozialpolitischen Dimensionen. Diese stellen sich nur mittelbar ein, etwa durch Zugang zum Markt und damit bessere Chancen, Arbeit und Beschäftigung zu schaffen. Insofern ist der Mindestlohn ein Erfolg ordnungspolitischen Denkens, der aber sozialpolitisch Schlimmeres verhindert.

Die Grundphilosophie der Sozialen Marktwirtschaft hat sich nicht überlebt. Das spricht für die Stärke des Gründungskonsenses (mit all den damit verbundenen Konflikten) und die Einbindung anderer Parteien in diesen Konsens. Die Innenausstattung der Sozialen Marktwirtschaft wird aber längst nicht mehr ausschließlich getrieben von Ordoliberalen und Vertretern der Soziallehre, sondern ist auch geprägt von Netzwerkideen der Grünen – die dem Prinzip der

Subsidiarität nahestehen – und Ideen aus der Tradition der Sozialdemokratie, die dem Prinzip der Solidarität nahestehen, es aber durchaus anders definieren als die Soziallehre. Hinzu kommt nach der Vereinigung eine politische Linke, die weniger eine einheitlich gestalterische Idee mitbringt, als vielmehr sich aus den unterschiedlichsten Strömungen ihrer Geschichte speist, einem Wollen ohne einigende Idee; dort, wo sie in der politischen Teilhabe ist, sind die Politikkonzepte von denen der Sozialdemokratie nur noch in Nuancen unterscheidbar. Die Liberalen führen eine Existenz zwischen sozialliberaler Tradition und neoliberaler Hoffnung, mit durchaus unterschiedlichen politischen Perspektiven. Für die Soziale Marktwirtschaft in Deutschland muss dies alles kein Nachteil sein – solange der Gründungskonsens zwischen Ordoliberalen und Soziallehre in der politischen Mitte eine stabile Mehrheit hat.

8

Herausforderungen der Sozialen Marktwirtschaft

Die Soziale Marktwirtschaft hat sich als robust und lernfähig erwiesen; die Ideen des Ordoliberalismus und der katholischen Soziallehre bleiben nach wie vor der Begründungskern der Sozialen Marktwirtschaft in Deutschland. Die neuen Herausforderungen im 21. Jahrhundert müssen vor diesem Begründungskern eingeschätzt und angegangen werden. Im Wesentlichen drei Entwicklungen werden uns in den nächsten Jahren vor große Herausforderungen stellen oder tun dies bereits: die Globalisierung, die Entwicklungen, die mit der zunehmenden Digitalisierung und Vernetzung zu tun haben und unter dem Stichwort Industrie 4.0 und Arbeit 4.0 diskutiert werden, und schließlich die Grenzen des Wachstums und die daraus folgenden Handlungszwänge. Vieles hier liegt im Bereich der Spekulation; deswegen sollen auch nur diejenigen Aspekte betrachtet werden, die zu den Ideen der Sozialen Marktwirtschaft einen Bezug haben.

Die Globalisierung und ihre Folgen

Die Soziale Marktwirtschaft war wesentlich als eine Ordnungsidee in einem definierten, gleichwohl nicht abgeschlossenen politischen Raum konzipiert worden. Sie ist Gestaltungsphilosophie in einer konkreten politischen Ordnung, nicht jedoch der Weltwirtschaft. Wilhelm Röpke hat schon früh darauf hingewiesen, dass mit der Etablierung eines Weltstaats die ganze Erde in eine riesige Volkswirtschaft verwandelt würde; freilich sei dies, so Röpke, nicht wünschenswert, wegen der Gefahr des Umschlags in eine Weltdespotie.[1] Die europäische Idee, so erklärte er später mit Nachdruck, sei die des Dezentrismus, also der »Achtung vor dem Eigenen und Besonderen, vor dem Mannigfaltigen, den kleinen Lebens- und Kulturkreisen, und die Ablehnung jeder mechanischen Zentralisierung«.[2] Die katholische Soziallehre hat sich seit den 1960ern für die Etablierung einer wahren Weltautorität ausgesprochen, freilich als einem subsidiär aufgebauten Ordnungsmodell; hier trafen sich Röpkes Dezentrismus und die Soziallehre durchaus, ohne dass die Soziallehre die dunklen Befürchtungen Röpkes teilte. Immer wieder wird in der Soziallehre das umfassende Gemeinwohl angesprochen, »welches die gesamte Menschheitsfamilie angeht«, das »gesamtmenschheitliche Gemeinwohl«, das in der Einheit aller Menschen und Völker gründet (PT, 132; MM, 80). Mit anderen Worten: Die katholische Soziallehre ist in sich schon universal angelegt, der Ordoliberalismus nicht, weil er zunächst einen Ordnungsgedanken in einer konkreten staatlichen Ordnung beschreibt.

Der Ordoliberalismus setzt voraus, dass eine staatliche Autorität die Spielregeln des Wettbewerbs festlegt. Insofern war schon die Gründung der Europäischen Wirtschaftsgemeinschaft eine Herausforderung, weil zwar schrittweise ein gemeinsamer Markt umgesetzt wurde, aber die politischen Autoritäten in Europa eben nicht jene Regulierungsinstrumente hatten, die ein geordneter Wettbewerb erfordert.[3] Gleichzeitig wurde immer wieder bemängelt, dass in Teilbereichen eben überhaupt kein vernünftiges Marktgeschehen zu beobachten sei, vor allem in der Agrarpolitik mit der fragwürdigen Vernichtung von Lebensmitteln zur Stabilisierung von Marktpreisen. Zwar bekennt sich die Europäische Union zu den Grundsätzen der Sozialen Marktwirtschaft,[4] aber nicht zuletzt die Finanzkrise hat gezeigt, dass die Prinzipien von Haftung und Verantwortung nur unzureichend verankert sind.

Die zweite, nicht minder wichtige Frage besteht darin, ob die EU ein Wirtschaftsraum ist, der innerhalb seiner Grenzen den Wettbewerb organisiert, oder ob sie auch ein Wirtschaftsraum ist, der mit anderen Wirtschaftsräumen im Wettbewerb steht.[5] Die Frage ist angesichts der strategischen Herausforderungen aus anderen Wirtschaftsräumen nicht banal. So hatten Siemens und der französische Konzern Alstom eine Fusion erwogen, um einen gemeinsamen Konzern für den Bau von Hochgeschwindigkeitszügen als globalen Wettbewerber zu positionieren. Diese Fusion hatte die EU-Kommission allerdings im Mai 2019 untersagt. Das mag für die Wettbewerbssituation innerhalb Europas mit guten Gründen erfolgt sein, doch der große chinesische Konzern CRRC als globaler Wettbewerber ist insgesamt doppelt so groß wie beide europäischen Konzerne zusammen. Auf dem Weltmarkt hat das Verbot der Fusion mithin nachteilige Auswirkungen, weil der chinesische Wettbewerber über die Größe den Wettbewerb beeinflussen kann.

Die Frage, ob Europa ein Wirtschaftsstandort oder ein Wettbewerbsraum ist, hatte in den 1960er-Jahren auch in der Luftfahrtindustrie eine Rolle gespielt. Der Markt für die aufkommenden Düsenflugzeuge war national zu klein, um einen Gewinn zu machen, es bedurfte überdies einer anderen Struktur, um ernsthaft mit dem amerikanischen Unternehmen Boeing konkurrieren zu können. Die Etablierung des Airbus-Konsortiums als eines übernationalen Gemeinschaftsprojekts erfolgte dann unter massiver finanzieller Hilfe durch den deutschen Steuerzahler – und verhinderte letztlich eine Monopolstellung von Boeing im Luftverkehr.[6]

Die zugrunde liegende Problemstellung ist alt; in Freihandelssystemen profitieren zwar alle Beteiligten nach der Theorie, die

Versuchung, den Wettbewerb für sich selbst als Standort zu beeinflussen, ist jedoch immer naheliegend. So hatte beispielsweise im 19. Jahrhundert Großbritannien Waren aus Deutschland mit der Aufschrift »Made in Germany« versehen lassen, um vor den vermeintlich minderwertigen Produkten zu warnen.[7] Diese Form des negativen »branding« kann auch durch ein positives ersetzt werden: »Buy American« als Aufforderung zum Konsumentenpatriotismus ist mit der Idee des Freihandels ebenfalls unvereinbar, zeigt aber die Konfliktlagen, die durch nicht mehr wettbewerbsfähige Produkte dann entstehen, wenn Freihandel auf den möglichen Verlust von Arbeitsplätzen trifft. Die Regime der Streitschlichtung innerhalb der Welthandelsorganisation sind hier deutlich schwächer als die staatliche Ordnung des Wettbewerbs; das ändern auch Freihandelsabkommen nicht grundsätzlich. Der internationale Handel ist zwar als Wettbewerbsraum konzipiert, ist aber weiterhin offen für Strategien der Standortpolitik oder staatlich gestützte Unternehmensstrategien; beides wirkt auf einen fairen Wettbewerb verzerrend.

In der Globalisierung seit den 1990ern hat sich diese konflikthafte Grundstruktur von Entgrenzung und staatlicher Infrastrukturpolitik beschleunigt. Entgegen früheren Unkenrufen, die durch die Globalisierung und die Entgrenzung von Wirtschafts- und Finanzbeziehungen das Ende des Nationalstaats am Horizont zu sehen vermeinten, ist festzuhalten, dass der Nationalstaat über die nur in ihm und durch ihn geschützten Garantien des Eigentums nach wie vor der zentrale Anker der Weltwirtschaftsordnung bleibt.[8] Strittig bleibt aber, ob die Prozesse der Globalisierung nicht doch einen Zwang für eine stärkere kosmopolitische Orientierung ausüben und das Ende des Nationalstaats erzwingen.[9] Die Globalisierung geht nämlich über die ökonomische Durchflechtung der Welt mittlerweile weit hinaus. Was mit dem Begriff der Globalisierung ebenfalls gemeint ist, beinhaltet:

- Die durch die Revolution der Kommunikation mögliche Teilnahme an Entwicklungen in aller Welt; die Welt kommt gewissermaßen nicht nur in das eigene Wohnzimmer, sondern sickert in die sozialen Netzwerke hinein. Daraus erwächst eine neue Form des Wissens um Lebensumstände in entfernten Teilen der Welt. Es wächst damit auch das Wissen darum, dass Schadensbeziehungen und Sozialbeziehungen sich entkoppelt haben. Wenn beispielsweise durch die globale Erwärmung der Meeresspiegel steigt, führt dies nicht primär bei den verursachenden Ländern zu Schäden, sondern in Ländern, in denen ohnehin schwierige Entwicklungsbedingungen vorherrschen. Das lässt nicht nur die Gefahr von Klimakriegen real werden, sondern auch von Klimaflüchtlingen, die von denen Kompensation verlangen, die die Fluchtgründe verursacht haben.[10] Der Vorwurf, die Lebensweise der westlichen Industriegesellschaften sei »imperial«, ist sicherlich nicht leicht von der Hand zu weisen.[11]

- Globalisierung bedeutet zweitens, dass die wirtschaftlichen und finanziellen Prozesse sich zu einem Teil der staatlichen Steuerung entzogen haben. Das betrifft zunächst Fragen der Besteuerung; große, in vielen Staaten präsente Konzerne zahlen prozentual wenig Steuern, weil unterschiedliche Steuersätze kreative Buchführungen begünstigen: Kosten werden in Hochlohnländern verbucht, Gewinne in Niedrigsteuerländern. Resultat sind Steuergestaltungen, bei denen vor allem Digitalkonzerne erheblich weniger Steuern zahlen als Industriebetriebe. Aber auch diese haben durchaus Möglichkeiten zur grenzüberschreitenden Gestaltung von Steuersätzen. Grund dafür sind auch Staaten, die aus Standortgründen besonders niedrige Steuersätze anbieten. Deshalb ist auch im Sinne eines geordneten Wettbewerbs die Einführung von Mindeststeuern sinnvoll, um einen ruinösen Standortwettbewerb zu verhindern.[12]

- Globalisierung bedeutet drittens, dass sich Verantwortlichkeiten entlang der Lieferketten dingfest machen lassen müssen. Das ist die Grundidee der sogenannten Ruggie-Prinzipien, in denen es um Wirtschaft und Menschenrechte geht und die Eingang gefunden haben in die UN-Leitprinzipien für Wirtschaft und Menschenrechte. Die drei Säulen der Leitprinzipien sind die Pflicht der Staaten, die Menschenrechte auch gegen wirtschaftliche Akteure zu schützen; zweitens, die Pflicht von Unternehmen, die Menschenrechte auch zu schützen, und schließlich das Recht auf Wiedergutmachung, sollten durch wirtschaftliche Akteure Menschenrechte verletzt worden sein.[13] Viele Staaten, unter anderem auch die Bundesrepublik Deutschland, haben nationale Aktionspläne verabschiedet, die sich der Umsetzung der Leitprinzipien widmen.

- Globalisierung kann schließlich auch bedeuten, dass sich einzelne Staaten mit ihren Unternehmen verbinden, um sich strategische Vorteile auf den Weltmärkten zu verschaffen. Ein Megaprojekt, das durch diese Form der Zusammenarbeit geprägt wird, ist die chinesische Initiative einer neuen »Seidenstraße«, ein gewaltiges Infrastrukturprojekt, das die eurasischen und afrikanischen Wirtschaftsräume stärker miteinander verknüpfen soll, durchaus aber auch als Instrument der wirtschaftspolitischen Machtprojektion Chinas verstanden werden kann.[14] Ein weiteres Beispiel zeigt sich in der Fähigkeit, mithilfe staatlicher Subventionen Wettbewerber aus dem Markt zu drängen, Know-how abzuziehen oder sich gar in strategisch wichtige Infrastrukturen anderer Staaten einzukaufen. Die Frage lautet hier: Wie löst man den Konflikt zwischen grundsätzlicher Offenheit für den wirtschaftlichen Wettbewerb und staatlichen Sicherheitsinteressen dann, wenn Wettbewerber als verlängerter Arm der strategischen Interessen ihres Herkunftslands agieren?

Dies sind sicherlich Gründe, eine internationale (oder globale) Marktwirtschaft einzufordern. Aber eine solche internationale Soziale Markwirtschaft braucht dann eben auch robuste Regeln, die im Wege der Kooperation der Staaten nicht zu haben sind. Die Regeln einer Sozialen Marktwirtschaft stellen sich aber nicht durch bloßes Wünschen ein, sondern erfordern eine staatliche Ordnungs- und Regulierungsinstanz. Gerade mit Blick auf die Folgen der Globalisierung hat dies Papst Benedikt XVI. in seiner Enzyklika *Caritas in veritate* eindringlich gefordert.[15] Dies scheint auch umso dringlicher, als es einen engen Zusammenhang zwischen dem wirtschaftlichen Kontrollverlust von demokratischen Staaten und dem Aufkommen eines populistischen Radikalismus gibt, der sich im Namen nationaler Interesse auch gegen jede Form des Freihandels richtet. Dies scheint aus zwei Gründen bedenklich: zum Ersten, weil es die Bedingungen pluraler Demokratie selbst untergräbt;[16] zum Zweiten aber auch, weil der Satz, dass Freihandel den Frieden fördert, zu einer der beinahe unumstößlichen Weisheiten der politikwissenschaftlichen Forschungen gehört.[17]

Festzuhalten bleibt, dass die Globalisierung einen erheblichen Druck auf die Realität der Sozialen Markwirtschaft ausübt und vermutlich die Zukunft der Sozialen Marktwirtschaft nicht wenig davon abhängt, ob es gelingt, ein internationales Umfeld zu schaffen, das mit der Idee und der Praxis der Sozialen Marktwirtschaft vereinbar ist. Gelingt dies nicht, werden nationalistische Strategien die Oberhand gewinnen und vermutlich auch in Deutschland und Europa zu einer Neubewertung der Idee der Sozialen Marktwirtschaft führen. Gelingt es darüber hinaus nicht, die Schäden der Globalisierung zu kompensieren, werden schon bald die Globalisierungsverlierer ihren Anteil an einer fairen Ordnung der Weltwirtschaft einfordern – entweder indem sie direkt als Migranten von unserem Reichtum mit profitieren wollen oder sich gegen die »imperiale Lebensweise« der entwickelten Länder selbst organisieren. Beides sind wenig erfreuliche Perspektiven.

Industrie 4.0 und der Wandel der Arbeitswelt

Zeitgleich zu der Beschleunigung der Globalisierung erleben wir einen Prozess, von dem einige behaupten, er sei so disruptiv wie die Industrielle Revolution: die Digitalisierung der industriellen Produktion und wichtiger Zweige des Dienstleistungsbereiches. Eine vierte Industrielle Revolution, wie es Vordenker des Wandels formulieren, mit all den damit verbundenen Konsequenzen für die Arbeitswelt und die Arbeitsbeziehungen.[18] Die erste Industrielle Revolution erfolgte durch die Erfindung der Dampfmaschine, die zweite durch die Nutzbarmachung der Elektrizität und die Möglichkeiten der Massenproduktion, die dritte durch die Erfindung des Computers und seine Bedeutung als Speicher-, Verarbeitungs- und Kommunikationsmedium. Die vierte Industrielle Revolution ist durch eine Vielzahl miteinander verschränkter Entwicklungen gekennzeichnet, insbesondere durch die Verschmelzung von Technologien wie der industriellen Produktion und der Digitalisierung. Hinzu kommen neue Fertigungsverfahren wie der 3D-Druck, beinahe unbegrenzte Rechnerleistungen durch Quantencomputer und die Fortschritte auf dem Gebiet der Künstlichen Intelligenz und der Robotik.

Spannender als die technischen Aspekte ist allerdings die Frage, was dies alles für die Soziale Marktwirtschaft bedeutet, die Arbeit der Zukunft und die Formen der Arbeit. Einige Entwicklungen sind bereits erkennbar, andere noch nicht abzuschätzen.[19] Schwer abzuschätzen sind die Anzahl der Arbeitsplätze, die durch die vierte Industrielle Revolution verloren gehen oder neu entstehen. Eine der bekannteren Untersuchungen stammt von Carl Benedikt Frey und Martin Osborne; sie stammt aus dem Jahr 2013 und nimmt mit einer neu entwickelten Methode insgesamt etwas über 700 Berufe ins Visier und versucht die Wahrscheinlichkeit zu ermitteln, wie viele Arbeitsplätze in den nächsten zehn bis zwanzig Jahren durch die vierte Industrielle Revolution gefährdet seien. Für den amerikanischen Arbeitsmarkt haben die Autoren festgestellt, dass 47 Prozent aller Beschäftigten in Berufen arbeiten, die wegfallen könnten. Eine ähnliche, auf Deutschland angewandte Studie kam unter Verwendung der Methode von Frey und Osborne auf etwa 42 Prozent.[20] Gleichwohl sind diese Zahlen umstritten und offenbar in hohem Maß von der zugrunde liegenden Methodik abhängig. Es hängt nämlich vieles davon ab, ob alles, was das Potenzial für eine Automatisierung hat, auch automatisiert wird; und ob es eine gleichmäßige Entwicklung der Digitalisierung gibt oder eine, die durch besondere Schwerpunktsetzungen gekennzeichnet ist.[21] Gleichwohl: Ein erheblicher Anpassungs- und Veränderungsdruck auf den Arbeitsmarkt durch die vierte Industrielle Revolution ist unumstritten. Schon heute beobachten wir:

- Eine Flexibilisierung von Arbeitszeiten durch unterschiedliche zeitliche Arbeitsmodelle, durch mobiles Arbeiten und Homeoffice. Das mag häufig auch im Sinn des Arbeitnehmers sein, weil es besser als starre und unflexible Arbeiten die Vereinbarkeit von Familie und Beruf zu befördern vermag. Jedoch bleiben zwei starke Einwände. Zum einen führt die dadurch mögliche Entgrenzung der Arbeit eben auch zu einer Kolonisierung der Freizeit durch die Arbeitswelt. Auch durch noch so ausgeklügelte Systeme der Arbeitszeiterfassung kann dies nur schwerlich verhindert werden. Die Gefahr besteht, dass die in den letzten Jahren schon erheblich angestiegene Anzahl psychischer Erkrankungen durch diese Form der Kolonisierung der Freizeit noch weiter steigt. Die zweite Gefahr ist, dass durch die Flexibilisierung zeitlicher und räumlicher Art der Betrieb als sozialer Zusammenhang ausfranst. Das würde die Möglichkeiten gelebter Sozialpartnerschaft in den Betrieben erheblich einschränken und damit auch einen der Kernpfeiler der Sozialen Marktwirtschaft gefährden. Sozialpartnerschaft konkretisiert sich in der täglichen Zusammenarbeit, nicht über soziale Medien.[22]

- Eine Ausweitung der Plattformökonomien mit den unterschiedlichsten Zielgruppen. Die Plattformen haben unterschiedliche Formen.[23] Als soziale Plattformen dienen sie dem Austausch von Nutzerinnen und Nutzern, auch der Vermittlung von Know-how und Arbeitsplätzen (etwa XING, Linked In). Als virtuelle Marktplätze ermöglichen sie neue Formen

> des Tausches und des Teilens. Vermittlungsplattformen vermitteln Güter und Dienstleistungen und haben die Potenz, klassische Wirtschaftszweige herauszufordern. Beispiele hierfür sind Uber und das Taxigewerbe oder AirBnB und das Hotel- und Gaststättengewerbe. In anderen Bereichen werden Dienstleistungen angeboten, die das Angebot bestehender Unternehmen erweitern, etwa durch Lieferdienste (Deliveroo, Lieferheld). Schließlich die Crowdworking-Plattformen, die als IT-gestützte Vermittler von Dienstleistungen klar definierte Aufgaben vergeben, entweder konkret an individuell ausgewählte Spezialisten oder an eine vorher nicht definierte Gruppe von Nutzern unter Wettbewerbsbedingungen Aufträge ausschreiben.

Zwei Entwicklungen sind hier bemerkenswert. Die erste ist eine Tendenz zum Teilen: Bestimmte Produkte werden nicht mehr zu Eigentumszwecken gekauft, sondern zu Nutzungszwecken geteilt. Die digitalen Plattformen machen dies problemlos möglich. Sie sind erheblich mehr als eine bloße Fortsetzung von alten Sharing-Modellen wie etwa der Leihbücherei oder der Videothek; sie haben qualitativ und quantitativ eine neue Dimension erschlossen, die geeignet ist, das Bild unserer bisherigen Wirtschaftsordnung deutlich zu verändern.[24] Aus Automobilherstellern werden, so die Idee, Anbieter von Mobilität, wie eben auch aus den klassischen Telefonkonzernen Anbieter von Kommunikation geworden sind. Gerade dort, wo der Verkehr eine hohe Dichte hat, könnten sich individuell der Verzicht auf einen eigenen Pkw und die Mobilität über unterschiedliche Module (Öffentlicher Personennahverkehr, Fahrrad, Auto) geteilter Mobilität »lohnen«. Zweifelhaft scheint aber, ob die Möglichkeiten des Teilens die Attraktivität von Eigentum verdrängt oder lediglich ergänzt. Zu deutlich sind eben auch die Nachteile einer solchen Ökonomie des Teilens: eine Einschränkung der Unabhängigkeit und Privatheit (etwa bei geteilten Pkw oder Übernachtungsmodellen) und ein Verzicht auf professionelle Standards, die in nicht geteilten, aber geregelten

Wirtschaftszweigen üblich sind. Das betrifft eine gewisse Unsicherheit bei Übernachtungen (AirBnB gegenüber klassischen Hotels) ebenso wie bei der Mobilität (klassische Taxis gegenüber Uber). Schließlich muss ordnungspolitisch die Frage gestellt werden, ob nicht alle Marktakteure den gleichen Regulierungen unterworfen sein sollten – unabhängig von der Form des Angebots.[25] Man kann sicherlich über Crowdworking-Plattformen billig eine Arbeit verrichten lassen, doch wer dann mit welcher professionellen Ausbildung die Arbeit verrichtet, ist mitunter unklar. Schwierig erscheint auch die Frage der Haftung für Schäden beziehungsweise bei Fragen der Gewährleistung. Dies kann vertraglich fixiert werden, doch eine klassische Firma als Auftragnehmer ist leichter in die Haftung zu nehmen als ein unbekannter Anbieter über eine Arbeitsplattform – bei ihr können auch sehr viel leichter die Furcht vor Reputationsschäden eine Rolle spielen. Anders formuliert: Höhere Flexibilität erfordert ein Mehr an Vertrauen in Bereichen, die noch weitgehend unreguliert sind.

Die zweite Entwicklung ist die Veränderung der Arbeit. Gerade in den digitalen Plattformbereichen verschwimmt der traditionelle Begriff des Arbeitnehmers. Crowdworker gelten als Soloselbstständige, auch wenn sie nach ihrem Tätigkeitsprofil mitunter Arbeitnehmer sind.[26] Dies wirft Probleme der Einordnung auf. Wichtiger scheint aber, dass neben den Vorteilen der Soloselbstständigkeit (mehr zeitliche und räumliche Flexibilität) auch eine Reihe von Nachteilen lauern mit Blick auf den Arbeitsschutz, auf die Arbeitszeiten, die Bezahlung und die sozialversicherungspflichtige Absicherung. Vieles spricht dafür, solche Soloselbstständigen rentenversicherungspflichtig zu machen, damit nicht die gesetzliche Grundsicherung die nachgelagerte Subvention für selbstständige Tätigkeit wird.[27] Freilich ist noch nicht absehbar, ob und inwieweit solche Formen von Soloselbstständigkeit das Normalarbeitsverhältnis ablösen; zumindest in der Bundesrepublik gibt es keine empirischen Hinweise, die auf eine deutliche Zunahme der Tätigkeiten in der Plattformökonomie hinweisen.[28]

Mittelfristig ernst zu nehmen ist die Frage, ob sich die Finanzierung der Sozialsysteme noch durch Arbeit darstellen lässt. In Deutschland werden die Rente, die Pflege und die Gesundheit über Versicherungen finanziert, in denen Arbeitgeber und Arbeitnehmer einen Beitrag leisten; hinzu kommt die Arbeitslosenversicherung. Wenn es zu einer deutlichen Zunahme von Soloselbstständigkeit auf Kosten von klassischen Arbeitnehmerverhältnissen kommt, stellt sich die Frage nach der Zukunftsfähigkeit der Sozialversicherungssysteme. Das Gleiche gilt, wenn zunehmend Arbeit durch Automatisierung freigesetzt wird. Die oftmals beschworene Gleichung: »Wenn Arbeit die sozialen Systeme finanziert, die Arbeit aber durch Maschinen ersetzt werden, müssen die Maschinen die sozialen Systeme eben finanzieren«, ist verführerisch, aber die Möglichkeiten einer solchen Steuer auf Maschinen scheinen begrenzt. Wahrscheinlicher ist, dass bestimmte Formen der Arbeit durch Maschinen ersetzt werden, aber neue Arbeitsgebiete entstehen, die nicht automatisierbar sind. Das jedenfalls legt die Erfahrung bei anderen Industrialisierungsschüben nahe: Arbeitsplätze fallen der Automation zum Opfer, aber in der Regel entstehen neue Arbeitsplätze, die allerdings häufig höherwertig sind. Deswegen scheint die Strategie, durch Fort- und Weiterbildung die Bedingungen der Beschäftigungsfähigkeit zu verbessern, sinnvoller, als einseitig auf die Besteuerung von Maschinen zu setzen.

Eine zweite Strategie, die in diesem Zusammenhang häufig diskutiert wird, ist die Einführung eines bedingungslosen Grundeinkommens. Dieses würde, so die Befürworter, die Menschen ein Stück weit von den Zwängen des Arbeitsmarktes befreien und ein deutlich stärker selbstbestimmtes Leben ermöglichen. Kernidee des bedingungslosen Grundeinkommens ist, dass jeder in Deutschland einen bestimmten Betrag ausgezahlt bekommt, mit dem er dann eine basale, freie Lebensgestaltung arrangieren kann. Bedingungslos bedeutet, dass es keine Prüfung nach Bedürftigkeit gibt, also nicht gefragt wird, ob nicht bereits andere auskömmliche Mittel zur Verfügung stehen. Im Gegenzug werden alle sozialen Leistungen abgeschafft. Aus Sicht des Ordoliberalismus und der Soziallehre fällt schon auf: Ein solches Einkommen hat weder etwas mit Leistungsgerechtigkeit noch mit dem Prinzip der Subsidiarität zu tun.

Die Frage der Finanzierung erscheint ebenfalls umstritten.[29] Wenn wir in einer vereinfachten Berechnung einen Satz von 1000 Euro monatlich zugrunde legen, ergibt dies bei 80 Millionen Deutschen einen jährlichen Finanzierungsaufwand von 960 Milliarden Euro. Der Bundeshaushalt hatte im Jahr 2019 ein Volumen von etwas über 350 Milliarden Euro, die Gesamtausgaben der öffentlichen Hand, also Bund, Länder und Gemeinden, liegen bei etwa 1,4 Billionen Euro. Davon werden Personalausgaben bestritten (Beamte, Lehrer, Polizei, Bundeswehr), Straßen und Schulen gebaut, Infrastruktur vorgehalten, Sozialausgaben bezahlt. Das Sozialbudget insgesamt (also die Summe aller Sozialausgaben) lag 2017 bei 965 Milliarden Euro. Darin sind aber auch Leistungen aus den gesetzlichen Kassen enthalten (Rentenversicherung, Krankenversicherung, Arbeitslosenversicherung) und damit zum Teil Anwartschaften, die sich nicht einfach enteignen lassen. Es sind vermutlich Zahlen wie diese, die manchen unbedarften Beobachter zu der selbstbewussten Aussage führen, dass die Finanzierung eines bedingungslosen Grundeinkommens das kleinste Problem sei.[30] Ernsthaftere Wissenschaftler sind sich da weniger sicher, zumal bei der Finanzierung eines solchen Grundeinkommens sehr unterschiedliche Modelle zur Verfügung stehen:

- Finanzierung über die Belastung von Einkommen
- Finanzierung über Konsumsteuern
- Finanzierung über eine Besteuerung von Ressourcen
- Finanzierung über eine Besteuerung von Geldverkehr

Eine Finanzierung über die Einkommen hätte den Vorteil, dass die Ungerechtigkeit, dass selbst der Millionär ein bedingungsloses Grundeinkommen erhält, über erheblich höhere Steuern dann wieder ausgeglichen wird; aber: Der Millionär wäre in einem stark dynamisch ausgerichteten Einkommensteuertarif in einem erheblichen Nachteil, dem er sich allerdings durch eine Wohnsitzverlagerung entziehen könnte. Schwieriger wird es, wenn Leistungsträger für sich selbst die Bilanz eröffnen, wie viel Arbeit sich denn noch lohnt, denn in einem System progressiver Besteuerung steigt mit dem Lohn auch der Anteil der zu zahlenden Steuern. Leistung lohnt sich dann dezidiert nicht. Das hat dann auch Folgen für die Wettbewerbsfähigkeit eines Unternehmens oder eines Standorts und führt am Ende zu einem Abschmelzen der Steuerbasis.

Eine Finanzierung durch Konsumsteuern stößt an eine Grenze, weil schon alleine der freie Warenverkehr innerhalb der Europäischen Union ein solches Vorhaben unterläuft; die Idee scheint nur bei geschlossenen Volkswirtschaften plausibel, in denen die Verminderung der Staatsquote (also Steuern und Abgaben) 1:1 mit einer Erhöhung der Verbrauchssteuern verrechnet werden kann. Gleiches gilt für die Besteuerung des Geldverkehrs. Die Besteuerung der Ressourcen schließlich mag sogar aus Gründen des Umweltschutzes sinnvoll sein, aber die einzige wirkliche Ressource in Deutschland ist das Wissen und das Know-how der Menschen, und hier wirkt eine Besteuerung kontraproduktiv.

Schließlich ist bei allen Finanzierungsideen eines Grundeinkommens unklar, welche psychologischen Auswirkungen dies haben würde. Wie verändert ein Grundeinkommen die Bereitschaft der Menschen, Arbeit aufzunehmen? Was sind die volkswirtschaftlichen Konsequenzen? Mit anderen Worten: Selbst wenn ein solches Grundeinkommen rechnerisch darstellbar wäre von der Finanzierungsbasis, wie nachhaltig ist diese Finanzierungsbasis unter den Bedingungen eines Grundeinkommens nach einer Abfolge wirtschaftlicher Zyklen?

Die gewichtigsten Einwände gegen ein bedingungsloses Grundeinkommen kommen indes aus dem ordoliberalen und dem christlichen Menschenbild.[31] Der ordoliberale Einwand lautet: Der Staat wird in hohem Maß durch die Gewährung eines bedingungslosen Grundeinkommens selbst Akteur in der Wirtschaft und verzerrt die Wettbewerbsordnung durch die Subvention von Arbeitsplätzen. Denn letztlich wirkt in einem Wettbewerbssystem mit einem bedingungslosen Einkommen dieses als Subvention von Arbeit; die Unternehmen können ihre Kosten zulasten der Beschäftigten senken und damit gegenüber Unternehmen, die in einem Umfeld ohne bedingungsloses Grundeinkommen wirtschaften, Vorteile erzielen. Dies wäre, bei Fortdauer der Europäischen Union, ein direkter Verstoß gegen die Wettbewerbsregeln der EU. Ein bedingungsloses Grundeinkommen würde nur dann funktionieren, wenn Deutschland aus der EU ausscheidet und den Warenverkehr auf den heimischen Markt reduziert – mit ungewissen Folgen für die wirtschaftliche Leistungskraft und damit die Finanzierung des Grundeinkommens. Oder aber: Alle in der EU führen ein bedingungsloses Grundeinkommen ein, was extrem unwahrscheinlich ist. Zweitens würde jeder, der ein Grundeinkommen bezieht, dieses ohne vorherige Leistung erhalten und damit den Leistungsgedanken ebenso wie die Leistungsgerechtigkeit ad absurdum führen. Die Soziallehre würde zum einen prinzipiell aus dem Prinzip der Subsidiarität heraus ablehnende Argumente formulieren, stärker aber aus dem Prinzip der Bedürftigkeit heraus. Das bedingungslose Grundeinkommen schafft alle anderen Sozialleistungen ab. Gleichwohl gibt es viele Menschen, die unter Einschränkungen leiden, die mit dem bedingungslosen Grundeinkommen nicht ausgeglichen werden. Sie würden dann nicht mehr nach ihrer Bedürftigkeit unterstützt, sondern nur im Rahmen des bedingungslosen Grundeinkommens. Was dies für Auswirkungen für ein menschenwürdiges Leben für Menschen mit Beeinträchtigungen hat, für Menschen mit bestimmten Krankheitsbildern und -folgen, wird dann zu diskutieren sein. Das bedingungslose Grundeinkommen kennt nämlich keine Bedürftigkeit, sondern nur einen maximalen Anspruch gegen den Staat, der dann nach dem Gießkannenprinzip verteilt wird. Unter Aspekten der Teilhabegerechtigkeit wäre ein solches Prinzip eben nicht mehr inklusiv, sondern würde eine Vielzahl von Menschen als wahrhaft bedürftig zurücklassen. Sollte es deshalb richtig sein, dass Ordoliberalismus und Soziallehre nach wie vor den legitimatorischen Kern der Sozialen Marktwirtschaft definieren, dann dürfte das Modell eines bedingungslosen Grundeinkommens keine Durchsetzungschancen in der Sozialen Marktwirtschaft haben.[32]

Grenzen des Wachstums

Im Jahr 2010 hat der Deutsche Bundestag eine Enquete-Kommission mit dem sperrigen Titel »Wachstum, Wohlstand, Lebensqualität: Wege zu nachhaltigem Wirtschaften und gesellschaftlichem Fortschritt in der Sozialen Marktwirtschaft« eingesetzt. Schon der Titel der Kommission war ambitioniert, und der Abschlussbericht im Mai 2013 war entsprechend voluminös.[33] Schließlich ging es um die großen Themen: Brauchen wir Wachstum und welches? In welchem Zusammenhang stehen Wachstum und Wohlstand, Wachstum und Lebensqualität? Was bedeutet Nachhaltigkeit? Und wie ist das alles zu vereinen mit der Idee der Sozialen Marktwirtschaft?

Zunächst einmal ist festzuhalten: Wachstum, Wohlstand und Lebensqualität bilden nicht immer einen harmonischen Dreiklang. In einer frühen Phase ökonomischer Entwicklung in wenig entwickelten, armen Gesellschaften führt Wachstum zu einem Anstieg von Wohlstand und Lebensqualität, in späteren Phasen kann es zu einer Entkopplung kommen. In saturierten Gesellschaften ist Wachstum nicht mehr automatisch mit einem Mehr an Wohlstand und Lebensqualität verbunden. Wenn die Umwelt durch Wachstum Schäden erleidet, sinkt die Lebensqualität. Der Abbau oder die Zerstörung natürlicher Ressourcen kann den Wohlstand eines Volkes mindern. Ebenso sinkt die Lebensqualität, wenn die Bedingungen von Wachstum nur noch mit einer Verdichtung von Arbeit, zunehmendem Krankenstand, stärkerem Medikamentenbedarf oder der Entgrenzung von Arbeit und Freizeit gewährleistet werden kann. Es gibt Formen des Wachstums, die uns krank machen, unsere natürliche Umwelt zerstören, unsere sozialen Beziehungen beeinträchtigen.[34] Aber wollen wir deshalb auf Wachstum völlig verzichten?

Umgekehrt gilt nämlich auch: Gesellschaften, die ökonomisch nicht mehr wachsen, bekommen ein Verteilungsproblem. Das beginnt schon mit einer schmaleren Basis öffentlicher Haushalte, bei der dann nicht mehr im Modus des Sowohl-als-auch finanziert werden kann, sondern zunehmend im Modus des Entweder-oder. Und es geht weiter mit der Frage, auf was der Einzelne dann zu verzichten bereit ist. Vielleicht sind wir wie die Fahrradfahrer, die unter dem Gesetz einer andauernden Bewegung stehen, wenn sie nicht umfallen wollen. Wir haben das Spiel mit dem Wachstum und dem Fortschritt begonnen und kommen davon nicht mehr los. Die Zeiten einer Gleichgewichtsökonomie sind endgültig vorbei.

Deswegen ist der Befund, der von den globalen Grenzen des Wachstums spricht, so bedrohlich. In einem begrenzten Wirtschaftsraum (und die Erde ist genau dies) kann es kein unbegrenztes Wachstum geben. Diese Erkenntnis haben Dennis Meadows und andere in einem aufsehenerregenden Bericht 1972 formuliert; die Studien zu den systemischen Grenzen des Wachstums sind seither immer wieder verfeinert worden.[35] Überdies wissen wir heute sehr viel mehr über Grenzen der Belastbarkeit unseres Planeten, über sogenannte *tipping points*, die uns irreversible Schäden signalisieren.[36] Die Grenzen des Wachstums sind heute als die Grenzen der Belastung unseres Planeten darstellbar. Die bekanntesten sind etwa das Niveau der CO_2-Belastung, das zu einer globalen Erwärmung führt, oder die dramatische Schrumpfung der Biodiversität auf unserem Planeten. Der Befund ist also klar: Wachstum in der bisherigen Form hat Grenzen. Bedeutet das aber auch zwangsläufig, dass wir auf Wachstum ganz verzichten müssen, mit all den möglichen negativen Begleiterscheinungen?

Auf diese Frage drei eher idealtypische Antworten, wenn man die Leugnung der negativen Effekte des Wachstums einmal als irreal beiseitelässt. Die erste Antwort ist: Ja, wir müssen auf Wachstum verzichten und uns in einer Postwachstumsgesellschaft einrichten.[37] Aber hier stellt sich schon sehr schnell die Frage: Gibt es eigentlich Instrumente, in einer weltwirtschaftlich integrierten Volkswirtschaft allein aus dem gemeinsamen Wirtschaftsmodell des Wachstums auszusteigen? Zumindest fällt es schwer, sich solche Wachstumsbeschränkungen dann vorzustellen, wenn die Grundsätze des Ordoliberalismus und der Soziallehre noch eine gewisse Verbindlichkeit haben. Innovationen sind Wachstumstreiber, aber sie sind auch Ausfluss der Freiheit, der Neugier des fragenden und forschenden Menschen. Diese Freiheit massiv zu beschränken mit der Behauptung, nur so lasse sich das Problem des Wachstums erledigen, gehört eher in die Mottenkiste autoritärer Verbotsideologien.

Eine zweite Antwort lautet: Technikfolgen können durch Folgetechnik erledigt werden. Mit anderen Worten: Die Antwort auf die Probleme des Wachstums ist mehr Wachstum durch wissenschaftlichen Fortschritt. Luftverschmutzung kann durch neue Filter beseitigt werden, neue Formen der Mobilität (Hybrid, Elektromotoren oder Mobilität auf Basis von Wasserstoff) reduzieren die Umweltverschmutzung deutlich und die kohlenstoffbasierte Energieerzeugung wird durch Windkraft, Solarenergie, Biomasse oder Geothermik abgelöst. Umweltschäden können durch Geoengineering-Projekte bekämpft werden.[38] Diese prometheische Sicht auf die Bewältigung der Klimakrise zeugt von dem ungebrochenen Vertrauen in die technologische Machbarkeit der Welt.[39] Freilich, es bestehen Unsicherheiten, vor allem hinsichtlich der Frage, ob die Prozesse des Markts auch schnell genug sind, um die ökologische Katastrophe zu verhindern.

Die dritte Antwort lautet: Wir brauchen eine Große Transformation,[40] einen Umbau der Wirtschaft entlang sozialen und ökologischen Leitplanken. Nur dann ist das Überleben der Menschheit gesichert. Große Transformation bedeutet: Es bedarf einer umfassenden Veränderung von Verhaltensstrukturen, Institutionen, Konsummustern, es bedarf auch eines interdisziplinären Narrativs, das die unterschiedlichen Perspektiven unterschiedlicher Wissenschaften für die Zukunftsgestaltung zusammenbringt.[41] Vielleicht bedarf es auch eines Abschieds vom Kapitalismus, weil die zerstörerischen Potenzen tief in die kapitalistische Wirtschaftsordnung selbst eingeschrieben sind.[42]

Allerdings: Die Große Transformation beruht zu großen Teilen auf der Fähigkeit, auch mehrheitliche Unterstützung zu erfahren. Das wird dann aber schwierig, wenn die wirtschaftlichen Rahmendaten sich verschlechtern. Ironisch gewendet ist die Voraussetzung der Großen Transformation eben Wachstum und damit vorhandene

Verteilungsspielräume. Positiv gewendet: Je sozial stabiler (und damit wirtschaftlich erfolgreicher) die gesellschaftliche Ausgangsposition, desto höher könnte die Zustimmung zu einer Großen Transformation sein. Die geforderte Große Transformation ist sicherlich jenseits der Vorstellungswelt der Ordoliberalen; zu sehr schimmert hier eine Umerziehung des Menschen durch, die mit den Konzepten von Freiheit nur schwer vereinbar scheint. Aus der Perspektive der Soziallehre hingegen ist eine ökologische Umkehr vonnöten, die ins Bewusstsein bringt, wie stark der Mensch Bestandteil der natürlichen Mitwelt ist, eine neue Form der Spiritualität, die ein Verständnis von Lebensqualität jenseits des Konsums ermutigt. (LS, 222) Sosehr also der (eingehegte) Kapitalismus und das damit verbundene Wachstum positive Auswirkungen für die Menschen hatte: Die Umweltkrise ist Anlass zu einer »tiefgreifenden inneren Umkehr«. (LS, 217)

Welche der hier idealtypisch vorgestellten Antworten sich durchsetzen wird, lässt sich nicht absehen. Aber einige Erfolgsbedingungen lassen sich heute schon skizzieren. Eine erste und zentrale Erfolgsbedingung ist die Entkoppelung von Wachstum und Ressourcenverbrauch – nicht eine relative, sondern eine absolute Entkopplung. Das bedeutet: bei zunehmendem Wachstum einen stagnierenden oder gar abnehmenden Verbrauch von Ressourcen! Das kann zunächst einmal durch technische Maßnahmen gelingen: durch mehr Effizienz und Konsistenz. Mehr Konsistenz heißt: Ich muss mich bemühen, Stoffkreisläufe zu schließen und keine Abfälle zu produzieren. Das, was am Ende eines Produktionsprozesses übrig bleibt, muss wieder in einen anderen Produktionsprozess eingespeist werden können. Die Natur kennt keine Abfälle, warum sollte es die Produktion? Was, wenn beispielsweise Kohlendioxid wieder aufgearbeitet und dem Produktionsprozess zugeführt werden kann? Was, wenn ich im Bereich der Konsumption einen 100-prozentigen Recyclingeffekt erreichen kann? Abfall ist ein Produkt einer Überflussgesellschaft. Für eine Gesellschaft ohne Abfall brauchen wir auf der Produktionsseite neue Verfahren für die Schließung von Produktionskreisläufen. Auf der Konsumptionsseite brauchen wir ein neues Bewusstsein für die Abfälle im Verbrauch – notfalls auch durch eine neue Form der Besteuerung. Plastikverpackungen beispielsweise können recht einfach durch prohibitive Besteuerung ein schnelles Ende finden. Und dem zunehmenden Müll kann durch eine kreative Gestaltung der Entsorgungsgebühren Einhalt geboten werden – oder durch die Einpreisung der Entsorgung etwa der Verpackung in die Produkte selbst.

Mehr Effizienz ist der zweite wichtige Aspekt. Rohstoffe können recycelt werden und werden dadurch effizienter eingesetzt. Sie können auch langlebiger gemacht werden und sind dadurch länger im Gebrauch, oder die Produkte werden so gestaltet, dass sie einfach repariert werden können. Andere Ressourcen können weitgehend substituiert werden, wie etwa das für ein Buch benötigte Papier durch ein E-Book, können leistungsfähiger werden, wie etwa durch die Erhöhung von Speicherkapazität. Eine der wichtigsten Ressourcen aber ist die Energie. Sie ist der Motor unserer technischen Zivilisation, sorgt für die richtige Temperatur und Beleuchtung in meinem Haus oder für meine Mobilität. Wenn ein Großteil meiner Heizungsenergie durch eine schlechte Dämmung wirkungslos ist, habe ich höhere Kosten, um zum gleichen Ergebnis zu kommen. Wenn ich mit Motoren arbeite, die die Energie nur zu einem Teil umsetzen können, habe ich Energie verschwendet. Es geht also darum, den Nutzen pro eingesetzter Energieeinheit zu erhöhen. Anwendungsbeispiele finden sich viele: LED-Lampen sind um ein Vielfaches energieeffizienter als die herkömmlichen Glühlampen, Autos verbrauchen heute erheblich weniger Sprit als vor zwanzig Jahren, neue Dämmungen lassen die Energiekosten für Neubauhäuser drastisch sinken.

Allerdings gibt es hier einen Einwand aus der Verhaltensökonomie, der schon Mitte des 19. Jahrhunderts von dem britischen Wissenschaftler William Stanley Jevons beschrieben worden ist. Er besagt, dass Effizienzgewinne am Ende nicht zu weniger, sondern zu mehr Verbrauch führen; Jevons hatte dies am Beispiel des Kohleverbrauchs nachgewiesen. Bessere und effizientere Maschinen verbrauchten zwar einzeln weniger Kohle, aber der Verbreitungsgrad der Maschinen stieg an und es wurde insgesamt mehr Kohle verbraucht.

Dahinter steckt ein sehr ernstes Problem, das heute unter dem Begriff des »Rebound« diskutiert wird.[43] Ein »rebound« ist ein Rückprall; im Zusammenhang mit der Effizienz von Ressourcen werden damit Prozesse bezeichnet, die im wahrsten Sinn des Wortes ›nach hinten‹ losgehen: also Prozesse, durch die am Ende vielleicht sogar mehr Ressourcen verbraucht werden, als wenn man nichts getan hätte.

Von einem direkten Rebound sprechen wir dann, wenn beispielsweise durch sparsame Motoren der Spritverbrauch gesenkt wird – dafür dann aber mehr gefahren wird, weil es nun billiger ist. Der Effizienzgewinn wird durch ein verändertes Konsumverhalten also »aufgefressen«. Beziehungsweise die höhere Effizienz wird dazu genutzt, die Fahrzeuge bei gleichem Spritverbrauch schneller und schwerer zu machen. Oder wenn zwar alte Glühlampen durch Energiesparlampen ersetzt werden, es dafür jedoch mehr Leuchten gibt und die Lampen auch länger brennen als vorher. Von einem indirekten Rebound sprechen wir etwa dann, wenn jemand sein Haus aufwändig energetisch saniert (und damit weniger CO_2 produziert) und von den gesparten Energiekosten sich eine Flugreise nach Hawaii gönnt – die persönliche CO_2-Bilanz hat sich dadurch nicht verändert, ist vielleicht sogar schlechter als vorher.

Der Rebound-Effekt zeigt sehr deutlich, dass nicht immer eine technische Lösung für technische Probleme ausreicht. Das Verhalten des Menschen ist entscheidend, oder genauer: die Verhaltensänderung des Menschen durch die technische Lösung. Hier stößt die Behauptung an eine Grenze, dass durch technische Optimierung allein ein starkes wirtschaftliches Wachstum weiter möglich sei. Es wäre ja auch zu schön: Wenn etwa durch eine fünfmal höhere technische Effizienz der Ressourcenverbrauch um ein gleiches Maß sinken würde.[44] Damit wäre das Ziel einer absoluten Entkopplung erreicht. Entscheidend aber ist der Faktor Mensch, nicht die Technik. Deswegen bedarf es einer dritten Dimension, und das ist die Suffizienz. Meinhard Miegel hat einmal geschrieben, Wohlstand heiße nicht, viel zu haben, sondern weniger zu brauchen.[45] Das ist auch der Grundgedanke der Suffizienz oder, wie der Begriff bisweilen übersetzt wird, der Genügsamkeit. Dem liegt die Erkenntnis zugrunde: Nicht jeder Zuwachs an materiellen Möglichkeiten verbessert auch die Lebensqualität. Manchmal droht mich das immer mehr auch zu ersticken: Der amerikanische Journalist James Wallman hat dafür den Kunstbegriff »stuffocation« vorgeschlagen, eine Zusammenziehung aus »stuff« (Dinge, Zeug) und »suffocation« (Erstickung).[46] Wir ersticken an dem Zeug, an den Dingen: eine treffende Beschreibung für die saturierte, gelangweilte, sich ihrer selbst übersatten Wohlstandsgesellschaft. Jeder Haushalt in Deutschland besitzt im Schnitt 10.000 Produkte: angefangen von den Möbeln über Bücher und Bestecke bis hin zu den kleinen Dingen, die sich in Schränken oder Kisten sammeln.[47] Ratgeber empfehlen, das Leben zu entrümpeln, sich auf das Wesentliche zu konzentrieren. Aber nicht jeder ist bereit, den Trend zu einem minimalistischen Leben mitzumachen. Das ist mit Suffizienz auch nicht gemeint. Suffizienz meint nicht spartanisches Leben wie in einer Mönchszelle, sondern die Reflexion darüber, was wir wirklich brauchen. Weder Mangel noch Übermaß – mit dieser einprägsamen Formel hat Manfred Linz einmal das Gebot der Suffizienz charakterisiert.[48]

Freilich, mit diesen Überlegungen sind wir weit aus jenen Dimensionen hinausgetreten, die mit dem Begriff Soziale Marktwirtschaft und seinem Instrumentarium üblicherweise abgebildet werden. Hier geht es um kulturelle Verhaltensmuster und ihren Zusammenhang mit Wirtschaftsordnungen; die Große Transformation wäre der Versuch, durch ein bewusstes Umsteuern von Verhaltensmustern auch die Art und Weise zu beeinflussen, wie wir wirtschaften. Aus der Soziallehre wird es nicht wenige geben, die diesem Ansatz aus dem Grundgedanken der Bewahrung der Schöpfung heraus positiv gegenüberstehen; gleichwohl wird es auch viele Ordoliberale geben, die diese Idee als Frontalangriff gegen die menschliche Freiheit ansehen. Somit bleibt eine der wichtigsten Herausforderungen der Sozialen Marktwirtschaft außerhalb der klassischen Zuständigkeiten einer Wirtschaftsordnung bestehen und bewegt sich auf der Ebene, wie wir uns selbst unser Leben vorstellen wollen.

9

Über den Tellerrand der Sozialen Marktwirtschaft oder: Wie wollen wir leben?

Walther Rathenau hat einmal gesagt: Die Wirtschaft ist unser Schicksal. Das ist vielleicht etwas übertrieben, aber zumindest ist die Wirtschaft Voraussetzung dafür, unser Leben in Wohlstand leben zu können. Deswegen ist der Wirtschaftsstil ebenso wichtig wie die Wirtschaftsordnung, denn wirtschaftlicher Wohlstand ergibt sich nicht von selbst, sondern bedarf der Formen. Das war das Thema der vorangegangenen Kapitel: die Formen und Stile, die sich im Zusammenwirken von Ordoliberalismus und katholischer Soziallehre ausgeprägt haben. Aber sowohl der Ordoliberalismus als auch die Soziallehre waren sich einig: Das ist nicht alles. Wilhelm Röpke schrieb 1951, die Marktwirtschaft müsse »in eine höhere Gesamtordnung eingebettet werden, die (…) dem Menschen die seiner Natur gemäße Existenz schafft«.[1] Ludwig Erhard sekundierte, Wohlstand sei zwar die Grundlage, aber nicht das Leitbild unserer Lebensgestaltung.[2] Die christliche Tradition sieht dies ähnlich. Bei dem Evangelisten Lukas findet sich das Gleichnis vom reichen Bauern, der eine gute Ernte erwartet und seine kleine Scheune durch eine größere ersetzt; so könne er sich viele Jahre an seinem Reichtum erfreuen. Gott aber wies ihn zurecht und sagte: »Du närrischer Mensch, noch heute Nacht werde ich dein Leben von dir zurückfordern. Wem soll dann gehören, was du so groß organisiert hast? So ergeht es dem, der für sich selbst Schätze aufhäuft, aber vor Gott mit leeren Händen dastehen wird, weil er sich um einen Schatz im Himmel nicht gekümmert hat«. (Lk 12,20–21) Es geht also nicht um die irdischen Güter, sondern darum, vor Gott reich zu sein. Aber was ist dann das Leitbild, das Antworten auf die Frage nach dem »Warum« der menschlichen Existenz anbietet?

Das Zusammenleben in einer demokratischen Gesellschaft kennt keinen verbindlichen Lebenssinn und kein allgemeines Ziel. Keiner schreibt mir vor, dass ich ein Leben lang Buße tun und beten muss, um Erlösung zu finden, oder dass ich mich zugunsten der Erreichung eines höheren gesellschaftlichen Ziels mit einem bestimmten Partner zusammentun muss. Und ebenso wenig sind mir bestimmte Lebensweisen verboten, solange sie nicht mit den Freiheiten anderer in Konflikt geraten. Ob ich mich ungesund ernähre, rauche, zu viel Fett esse oder zu viel Alkohol trinke, ist ebenso meine eigene Entscheidung wie mein Leben dem Dienst an der Kirche zu widmen, mich einer Studentenverbindung anzuschließen oder meinen Lebensinhalt darin zu sehen, die Regenbogenpresse zu lesen. Die Frage, wie wir leben wollen, ist eine zutiefst moralische. Sie ist eine persönliche Entscheidung und kann nicht vom Staat vorgeschrieben werden. Der Staat kann durch Gesetzgebung Grenzen setzen und auch Anreize setzen. Aber er schreibt weder den Sinn des Lebens vor, noch hindert er mich daran, auch gegen meine wohlverstandenen Eigeninteressen zu handeln. Das ist der Kern einer Gesellschaft, die die Freiheit des Einzelnen wertschätzt.

Unser Leben ist endlich. Deswegen neigen viele Menschen dazu, ihrem Leben einen Sinn geben zu wollen. Diesen Sinn kann man finden in Zerstreuung und Bedürfnisbefriedigung, in der Gewissheit, in den Nachkommen weiterzuleben oder in religiösen Glaubenssystemen. In den meisten Fällen aber ist es die existenzielle Auseinandersetzung des Einzelnen mit seiner Endlichkeit, die diese Sinnfrage aufwirft. Das ist der Kern des Humanum. Tiere leben im Hier und Jetzt und entwerfen sich nicht auf die Zukunft hin; noch weniger stellen sie die Frage nach der Sinnhaftigkeit ihrer Existenz. Das tun nur Menschen. Aber sie tun es nicht in der Abgeschlossenheit einsamen und unvermittelten Nachdenkens, sondern immer schon in sozialen Kontexten. Menschen sind schon immer in Geschichten verwickelt, in Erzählungen, Traditionen, Denkweisen, kulturellen Reservoirs. Daraus schöpfen sie die Antworten auf ihre Fragen nach dem Sinn des Lebens. Modern ausgedrückt: Sie bedienen sich bestimmter Diskurse und entwickeln sie durch Praxis weiter, um sie dann wieder zu einem kulturellen Reservoir gerinnen zu lassen. Das betrifft vor allem eine Frage: Was ist ein gutes, ein gelungenes, ein gelingendes Leben?

Die Frage nach dem guten Leben hat schon die griechische Philosophie beflügelt. Sie spielt in der abendländischen Philosophiegeschichte eine wichtige und zentrale Rolle. Gutes Leben: Das kann bedeuten, im Einklang mit der kosmischen Ordnung zu leben (wie immer diese wahrgenommen wird), nach selbst gesetzten ethischen Maßstäben zu handeln, das göttliche Gebot zu erfüllen. In jedem Fall aber betont die Idee des guten Lebens, dass der Mensch seiner Triebhaftigkeit nicht vollkommen unterworfen ist, dass nicht dort seine Sinngebung zu finden ist. Das ist der Hintergrund der bösen Formulierung von John Stuart Mill, es sei besser, ein unbefriedigter Mensch als ein befriedigtes Schwein zu sein. Menschsein ist eben mehr als die Befriedigung der körperlichen Bedürfnisse. Gutes Leben heißt, Gründe angeben zu können für Lebensweisen. Diese Gründe gehen über das bloße »Mir war gerade danach« hinaus. Sie treten häufig in der Form moralischer Erörterung hervor, in welcher Variante auch immer – von der reinen utilitaristischen Praxis bis hin zur teleologisch geprägten Argumentation, die den Sinn oder Zweck des Lebens thematisiert. In diesem Zusammenhang ist die Rolle religiöser Überzeugungssysteme besonders wichtig.

Der deutsche Philosoph Karl Jaspers hat einmal von der Achsenzeit gesprochen, jener Zeit zwischen 800 und 200 v. Chr., als die geistige Grundlegung der heutigen Welt erfolgte, weil sich in vier zentralen Kulturräumen ein Nachdenken über die Bestimmung des Menschen aus transzendenten Bezügen heraus entwickelt hat: in China der Konfuzianismus, in Indien der Hinduismus und Buddhismus, im Orient die Propheten der jüdischen Philosophie sowie der Zoroastrismus im Iran, im Okzident schließlich die griechische Philosophie einschließlich Platon und Aristoteles.[3] In dieser Achsenzeit liegt der Übergang vom Mythos zum Logos, die Herauslösung des Menschen aus den unbefragten, festgefügten mythischen Ordnungen, das Erwachen des geschichtlichen Bewusstseins und ein Individualisierungsschub, in dem sich der Mensch betrachtend, reflektierend und fragend der Welt gegenüberstellt. Die Menschheit im Ganzen habe, so Jaspers, hier einen Sprung getan, der noch heute die Welt prägt. Die Achsenzeit habe alles assimiliert, von ihr aus erhalte »die Weltgeschichte die einzige Struktur und Einheit, die durchhält oder doch bis heute durchgehalten hat«.[4]

Das ist eine starke These, die im Lichte moderner Erkenntnisse weiterentwickelt und auch kritisch beleuchtet worden ist. Doch scheint hier zweierlei wichtig. Zum einen entstehen mit der Achsenzeit die philosophisch-theologischen Fragehorizonte, die uns auch heute beschäftigen: Was ist der Sinn des Lebens? Was ist ein gutes Leben? Welche politische und gesellschaftliche, welche soziale und wirtschaftliche Ordnung entspricht dem guten Leben? Diese Fragen scheinen global relevant zu sein, weil sich der Mensch aus den mythisch-kosmologischen Ordnungsvorstellungen gelöst hat und als Einzelner nun den Sinn seiner Existenz zu ergründen hat. Das ist eine Globalisierung einer anthropologischen Grundbefindlichkeit, lange bevor wir über das Phänomen der Globalisierung zu sprechen Anlass hatten. Anders formuliert: Der Globalisierung in der heutigen Welt mit ihrer Entgrenzung von Kommunikation, Information und ökonomischen Transaktionen steht eine ältere Globalisierung entgegen, die sich als textlich gestützte Reflexion über die Grundbedingungen des Seins beschreiben lässt.[5] Daraus entstand ein bis heute wirkmächtiges Reservoir an Antworten auf die Grundfragen des Lebens.

Ein zweiter Punkt ist entscheidend: Auch das Christentum und der Islam als religiöse Systeme außerhalb der Achsenzeit sind ohne die spirituelle Revolution dieser Epoche nicht zu denken. Sie setzen die Fragestellungen der Achsenzeit in ihren religiösen Systementwürfen fort. Überall finden sich Hinweise zum richtigen Leben, zur Lebensgestaltung. Immer wieder findet sich der Hinweis darauf, dass der Mensch »nicht vom Brot alleine« (Mt 4,4) lebt, sondern den Sinn seines Lebens anderswo findet. Die Grundbotschaft aller Weltreligionen lautet: Erfüllung und Erlösung findet man nicht in der Fülle der Dinge, sondern in einer reflektierten Lebensführung. Überbordender, ausbeuterischer Konsum, der sprichwörtliche Tanz um das goldene Kalb: Das steht quer zu den Grundintentionen aller Religionssysteme. Askese, Genügsamkeit, Suffizienz: Das sind die Achsen, um die sich das religiöse Selbstverständnis dreht, nicht Völlerei, Verschwendung und Prunksucht. Mehr noch: Alle religiösen Systeme betonen in unterschiedlicher Schwerpunktsetzung, dass der Mensch ein Teil der natürlichen Ordnung ist, dass er diese nicht zerstören darf, sondern in Frieden und Harmonie mit ihr leben soll; dass die Welt, wie wir sie kennen, ein zusammengehöriges Ganzes ist und alles darin seinen Platz findet. Angesichts der angesprochenen Grenzen des Wachstums und der bereits erkennbaren Schäden ist eine grundlegende Transformation notwendig: eine Transformation in der Art und Weise, wie wir leben und wie wir mit der Natur umgehen, sowohl mit Blick auf die Entnahme von Rohstoffen wie auf die Aufnahmefähigkeit der Natur für unsere Abfallprodukte aus Produktion und Konsumption.

Die gemeinsamen Positionen der großen Religionen sollten eigentlich Anlass zu Optimismus sein: Gegen die Kräfte der Naturzerstörung, des nicht nachhaltigen Lebens, des bloßen Konsums auf Kosten Dritter, gegen all dies machen alle religiösen Großsysteme dieser Welt mobil. Könnte nicht eine Achse der Religion, eine Gemeinschaft der Gläubigen dem rasenden Konsumwahn Einhalt gebieten und den Menschen wieder auf das verweisen, was ihm eigentlich wichtig ist? Wäre da nicht aller Anstrengung wert, die religiösen Führer zu solch einer Kooperation zu mobilisieren? Einen solchen

Versuch gibt es. Der Theologe Hans Küng hat ihn 1990 mit seinem Projekt »Weltethos« ins Leben gerufen.[6] Aus Küngs Anregungen ist eine Vielzahl von Initiativen entstanden, die die Überzeugung teilen: Kein Überleben ohne Weltethos. Nun bezieht sich das Weltethos nicht nur auf die (damals) naheliegende Frage des Überlebens der Menschheit angesichts der Zerstörungsmöglichkeiten moderner Militärtechnik – daher Küngs zweiter, zentraler Satz: Kein Weltfriede ohne Religionsfriede, ein Satz, der als normatives Postulat heute notwendiger scheint als je zuvor. Dazu bedarf es aber eines Religionsdialoges, um das Gemeinsame der großen Weltreligionen herauszuarbeiten: das Humanum, den Kern des Menschlichen. Dieser ist gefährdet durch eine Ideologie des Machbaren und eine Ideologie des Materiellen. Worin liegt aber der Kern des Menschlichen in den Traditionen der großen Religionen? Küng gibt darauf einige Hinweise, die weit über die Goldene Regel hinausgehen. Zu den gemeinsamen Grundüberzeugungen der großen Weltreligionen könnten gehören: die Überzeugung von der Gleichheit und Würde aller Menschen, die Unantastbarkeit des Einzelnen und seines Gewissens, der Wert der menschlichen Gemeinschaft, die Unterscheidung von Macht und Recht, der Glaube daran, dass Liebe, Mitleid und die Kraft des Geistes letztlich über das Böse triumphieren, die Verpflichtung gegenüber den Armen. Das alleine wäre schon nicht wenig. Wichtiger ist aber die Begründung des Humanum aus dem Geist der Transzendenz. Der Mensch geht nicht im Materiellen auf und sein Menschsein beschränkt sich nicht auf die Ansammlung irdischer Güter. Das Sein des Menschen wird durch ein Leben im Materiellen nicht entfaltet, ja es wird verfehlt, wenn es sich ausschließlich darin bewegt. Welche immensen Folgen dies hätte, wenn dies auch Leitlinien von Bildung und Erziehung wären! Vielleicht würde dies sogar dazu beitragen, eine neue Achtsamkeit des Menschen im Umgang mit der Natur zu begründen und eine Vorsicht den selbst geschaffenen technischen Möglichkeiten gegenüber.

Das Vertrauen auf die großen Religionen ist ehrenwert, doch viele Menschen, gerade in den westlichen Gesellschaften, haben keinerlei religiöse Antenne mehr. Für sie gibt es keine transzendenten Bezüge, die dem menschlichen Leben erst Sinn verleihen; der Sinn muss vielmehr im Diesseitigen gefunden werden. Wie können diese Menschen »abgeholt«, in den notwendigen Diskurs einer großen Transformation eingebunden werden? Ein solches Unterfangen scheint mit rein utilitaristischen, also auf den individuellen Nutzen bezogenen Argumenten kaum zu bewerkstelligen sein. Die Gleichung, dass es allen gut gehe, wenn jedermann sich nur um sich selbst kümmert, ist nicht nur falsch; sie ist auch menschenverachtend. Sie unterschlägt den sozialen Charakter des Menschen, die Hinordnung der menschlichen Natur auf andere Menschen. Kein Mensch ist »fertig« geboren worden, sondern braucht Zuwendung, Unterstützung, Pflege, Ansprache und Leitung, um sich zu entwickeln. Gegen Ende des Lebens sind wir häufig wieder auf Zuwendung und Pflege angewiesen; und in der Mitte des Lebens suchen wir nicht die Einsamkeit des Robinson Crusoe, sondern pflegen Freundschaften, gründen Familien und suchen die Gemeinschaft. Unser Leitbild ist nicht der bindungslose Egoist, sondern das Netz menschlicher Zuwendung.

Wir suchen unsere Sinnerfüllung in Arbeit, Familie, in den Mitmenschen, in unserer Berufung, worin diese auch immer besteht. Wir wollen »richtig« handeln, vor unseren Mitmenschen ebenso wie vor unserer inneren Instanz, dem Gewissen. Es ist unser Gewissen, das uns an der Elle der Moral misst, das uns eine Orientierung dafür gibt, was richtig und falsch ist. Diese Fähigkeit hängt eng mit unserer Vernunftbegabung zusammen. Vernunft ist nach Immanuel Kant die Fähigkeit, die über das Ordnende und Zuordnende des Verstandes hinausgeht, die Fähigkeit, unser Handeln auf allgemeine Sätze der Moral zu beziehen, ja auch die Fähigkeit, uns selbst als Person zu transzendieren und uns kritisch zu uns selbst zu verhalten, vielleicht auch ein Gefühl dafür zu bekommen, dass dieses »Ich« nicht nur eine Summe biologischer und chemischer Funktionen ist, sondern weit darüber hinausgeht, auch wenn wir nicht wissen, in welcher Form und warum. Darin liegt unsere Würde begründet. Wir sind mehr als der Stoff, aus dem wir gemacht sind, und wir können unendlich mehr. Alle kreative Kraft der Malerei, der Musik, des Tanzes legt Zeugnis davon ab, dass wir mehr im Handeln tun, als es eine reine Zweckhaftigkeit gebietet. Wir sind auch dem Wahren, dem Schönen und dem Guten verpflichtet und nicht nur dem Nützlichen. Wir sind darüber hinaus auch der spielende Mensch, der *Homo ludens*, der einige Dinge tut, die vollkommen zweckfrei der Zerstreuung und Sammlung, der Nichtnützlichkeit, der Ablenkung und der Kreativität dienen.

Unsere Schulen tun aber heute so, als ob es dieses Nützliche wäre, aus dem alles Heil komme. »Man muss die MINT-Fächer stärken!«, heißt nichts anderes als: Wir brauchen mehr Fachleute für die Umgestaltung unserer Welt, weil das nützlich ist. »Wir brauchen mehr Ingenieure!«, heißt nichts anderes als: Die Maschine des Wirtschaftswachstums muss weiter gefüttert werden, egal, was es kostet. Aber liegt in einem Gedicht nicht mehr Freude für die Menschheit als in einer Brücke? Sicher, das ist plakativ. Aber können wir uns eine Welt vorstellen ohne das Schöne, ohne die Kunst, die Malerei, die Musik, die Literatur?

Vermutlich nicht. Das liegt daran, dass diese Bereiche uns Spiegel sind und uns helfen, die Frage zu beantworten: Was bin ich als Mensch, was ist mein Wesen? In der Entfaltung dieser Seinsfrage liegt nicht nur ein Urgrund des Religiösen, sondern sie ist auch Voraussetzung für alle Formen des guten Lebens. Gutes Leben ist nicht die Geborgenheit in der Welt der Güter, sondern die Entfaltung des Menschseins. Gutes Leben gibt Antworten auf die Frage nach dem Woher und dem Wohin, gibt Orientierung. Das ist in unserer hektischen Zeit nicht eben wenig. Gleichwohl tun unsere Schulen und Bildungseinrichtungen heute so, als spiele dieses Thema für die Bildung keine Rolle. Wo, wenn nicht in den Schulen kann ich das systematische Fragen einüben, das Voraussetzung für die Entfaltung der Persönlichkeit ist? Aber darum geht es den Schulen heute nicht, sondern eher um die Heranzüchtung des Menschen in der Fabrik der allgemeinen Utilitäten (Friedrich Nietzsche). Welch eine Verschwendung, welch eine kurzfristige Bildungspolitik, die nicht die langfristigen Verwerfungen erfasst, wenn der Mensch aus dem Stadium seiner Nützlichkeit herausgeworfen wird. Haben nicht unsere gegenwärtigen politischen Nervositäten in Form eines aufgeplusterten Populismus genau damit zu tun, dass die Furcht vor dieser Ausmusterung umgeht? Hannah Arendt hat vor vielen Jahren einmal die Arbeitsgesellschaft beschworen, der die Arbeit ausgehe oder die von der Arbeit befreit würde, die aber noch nicht einmal vom Hörensagen jene höheren und sinnvollen Tätigkeiten kenne, für die sich die Befreiung lohnte.[7] Stimmt das? Sind wir tatsächlich so eingebunden in die Rationalität eines ökonomischen Systems, das von einem Zwang zum Mehr lebt? Viele Menschen würden das bejahen und sagen, dass sie für die wichtigen Dinge im Leben immer weniger Zeit haben. In der Schule werden wir auf den Ernst des Lebens vorbereitet. Im Studium geht es nicht mehr um Bildung, sondern um Ausbildung. Das Arbeitsleben frisst die Zeit der ganzen Familie; die Zahl der Krankheitsbilder, die durch Arbeitsdruck und Stress entstehen, nimmt in den letzten Jahren erheblich zu. Sehnen wir uns manchmal nach dem ganz Anderen, nach einem Ausstieg und dem Abschied von den Zwängen? Oder sind uns diese Zwänge zur zweiten Haut geworden, weil wir nichts anderes mehr kennen?

Die Frage muss wohl jeder für sich selbst beantworten. Vielleicht ist schon in der Form der schulischen und universitären Curricula ein Defizit zu konstatieren, das den gegenwärtigen Zustand eher verlängert und zementiert, als dem Menschen bei der Beantwortung der Frage behilflich zu sein, wie sein Verhältnis zu sich, anderen Menschen und der Natur denn beschaffen ist. In einem sehr klugen Buch hat Martha Nussbaum einmal auf die Bedeutung der Bildung hingewiesen: Die ist eben nicht für den Profit.[8] Sie argumentiert, dass Demokratien gerade im globalen Zeitalter auch kritische Bürger brauchen, Menschen mit Empathie, die in der Lage sind, sich in andere Menschen hineinzudenken. Die Bildung soll Menschen hervorbringen, die nicht nur mit einem gegenständlichen Wissen ausgestattet sind und einer Schulung in den Arten des Denkens, sondern auch Respekt vor anderen Menschen und Kulturen haben und in der

Lage sind, sich selbst Rechenschaft über sich selbst zu geben. Dafür, so Nussbaum, braucht es aber die Philosophie, die Kunst, den Tanz als Bestandteile unserer Bildungsidee – eine noble Vision im Zeitalter der bloßen Nützlichkeit. Aber vielleicht kann gerade diese Vision auch ein Versprechen einlösen: einen Diskurs über die Menschenrechte, der an dem Leiden der Anderen anknüpft und sich als rein diesseitig, also ohne religiöse Dimension, argumentativ behaupten kann. In unserer zusammenwachsenden Welt werden die Menschenrechte immer wichtiger, auch in der Wirtschaft.

Im Jahr 1754 schrieb Rousseau seine berühmte »Abhandlung über den Ursprung und die Grundlagen der Ungleichheit unter den Menschen«. Er wandte sich dabei gegen das mechanistische Menschenbild von Thomas Hobbes, der argumentiert hatte, den Menschen gehe es nur darum, Lust zu suchen und Unlust zu vermeiden. Dieser rein binäre Code war Rousseau zu wenig. Sicherlich, die Eigenliebe ist ein starkes Motiv menschlicher Handlung. Aber Rousseau war davon überzeugt, dass sie begrenzt werde durch den angeborenen Widerwillen, seinesgleichen leiden zu sehen. Mitleid also ist eine – für Rousseau – natürliche Disposition nicht nur des Menschen, sondern auch höherer Lebewesen. Mitleid ist »ein natürliches Gefühl und der wechselseitigen Erhaltung des gesamten Geschlechts zuträglich«.[9] Für den Menschen, so Rousseau, folge daraus, dass das Mitleid Grund für eine durch die Vernunft gefundene Maxime der Gerechtigkeit sei: Sich anderen gegenüber so zu verhalten, wie man selbst behandelt werden wolle, und das eigene Beste zwar zu fördern, aber so, dass es anderen so wenig zum Nachteil gereicht als möglich. Für Rousseau war also schon im Naturzustand angelegt, was sich in der Gesellschaft dann durch Recht und Gesetz konkretisiert, nämlich die Einhegung des Rechts des Stärkeren und der bloßen Unterwerfung unter seine Leidenschaften und Interessen im Interesse des Ganzen.

In der Encyclopédie sekundierte ein anonymer Autor unter dem Stichwort »Menschlichkeit«: »Das ist ein Gefühl des Wohlwollens für alle Menschen, das nur in einer großen & empfindsamen Seele aufflammt. Diese edle & erhabene Begeisterung kümmert sich um die

Leiden der Anderen & das Bedürfnis, sie zu lindern; sie möchte die ganze Welt durcheilen, um die Sklaverei, den Aberglauben, das Laster & das Unglück abzuschaffen.«[10] Das klingt etwas idealistisch und schwärmerisch, zumal nicht in jedem eine große und empfindsame Seele wohnt, aber doch zumindest jeder die Prädisposition dazu hat, die entsprechend gepflegt und ausgebildet werden kann. Letztlich lag Mitleid als zentrale Kategorie des Menschseins quer zu einer aufklärerischen Philosophie, die in der Vernunft und ihrer Entfaltung das zentrale Prinzip der geschichtlichen Entwicklung sah. So blieb es auch einem philosophischen Außenseiter vorbehalten, Mitleid zum zentralen Bezugspunkt seines Denkens und seiner Anthropologie zu machen: Arthur Schopenhauer. Mitleid wird bei ihm zur Grundlage der Moral. Nicht das vernünftige Abwägen, der kategorische Imperativ als einer der Vernunft geschuldeten Einsicht ist für moralisches Verhalten entscheidend, sondern die Fähigkeit des Menschen zur Identifikation und zum Mitfühlen fremden Leids. Das bezog sich bei Schopenhauer nicht nur auf den Mitmenschen, sondern auf alle empfindungsfähigen, also leidensfähigen Lebewesen. Eine solche Ethik wäre, bei konsequenter Beachtung, tatsächlich ein vollkommener Paradigmenwechsel, auch und gerade im Umgang zu unseren Mitgeschöpfen und der Welt an sich – denkt man etwa an die Theorie der Welt als eines Beziehungszusammenhangs, die Welt als »Gaia«.[11] Aber haben diese Spekulationen dieser beiden Philosophen überhaupt eine empirische Basis?

Glaubt man Lynn Hunt, ist das sehr wohl der Fall, allerdings weniger als anthropologische denn als kultursoziologische Aussage. Die amerikanische Professorin hat die Ursprünge der Menschenrechte untersucht, besser: die Bedingung der Möglichkeit, dass sich Menschenrechte als Idee durchsetzen und schließlich als naturgegeben oder »self evident« betrachtet werden.[12] Sie untersucht vor allem populäre Literatur jener Zeit, die die Innerlichkeit betont, das innere Universum des Menschen. In der Wahrnehmung des Menschen findet eine Verschiebung statt: Die scharfe Abgrenzung der Menschen untereinander, mit der auch die Entwicklung eines Schamgefühls einherging, begründete den Selbstwert jedes einzelnen Menschen als eines Universums in sich. Die Verbindung der Menschen untereinander war nicht mehr die äußere Autorität oder eine transzendentale Teilhabe am Göttlichen, sondern die Fähigkeit des Mitleides. Emotionen, Schmerzen, Leiden, Freude: Das war bei allen Menschen gleich, machte jeden einzelnen Menschen aber zu etwas Besonderem. Aus dieser kulturellen Umwertung folgte eine Neubewertung gesellschaftlicher Praktiken. Folter wurde wegen des veränderten Referenzrahmens für Schmerz und Mitleid geächtet, die Idee unveräußerlicher Rechte gewann an argumentativer Kraft, weniger als ein Argument der Vernunft als der Gefühle: Man kennt die Geltung der Menschenrechte dann, wenn einen die Verletzung dieser Rechte quält und seelisch bedrängt.[13]

Dieser Gedanke wird auch von Hans Joas aufgegriffen.[14] Demnach entstand die Idee der Menschenrechte nicht aus der jüdisch-christlichen Tradition oder einer antireligiösen Aufklärung, sondern aus dem Prozess der Sakralisierung der Person: Der Einzelne wird sakrosankt sowohl in seiner körperlichen wie seiner geistig-seelischen Integrität. Joas erklärt aus dieser Perspektive die Abschaffung der Folter wie auch der Sklaverei; sie standen quer zu dem neuen Bild des Menschen. Freilich, wird man einwenden, wenn Menschenrechte Hervorbringungen eines bestimmten kulturellen Diskussionszusammenhangs sind, dann ist ihre Universalität schwer argumentativ zu begründen; sie bleiben historisch und kulturell kontingent. Sie bleiben auch fragil, wie die Erfahrungen zeigen, wenn die Menschenrechte in das Fahrwasser der Sicherheitspolitik kommen.

Hier gilt es, einen skeptischen Einwurf zu machen. Die Idee der Menschenrechte, in all ihren Facetten global erfolgreich umgesetzt, würde einen überwiegenden Teil der globalen Probleme erledigen: Hunger, Klimawandel, ausbeuterische Wirtschaftsbeziehungen, Kriege um Rohstoffe und vieles mehr. Aber ist der Rekurs lediglich auf die Gefühle wie Mitleid dafür ausreichend? Rousseau selbst hat das Mitleid eher auf die nahe menschliche Zugehörigkeit bezogen und weniger als eine globale Tatsache betrachtet; in der Tat ist es eine wesentliche Legitimationsgrundlage auch für gesellschaftliche Solidarität.[15] Ein zweites Argument wiegt schwerer: Wenn das die Menschenrechte begründende Mitleid sich historisch entwickelt hat in einer bestimmten Kultur, dann spricht nichts dagegen, dass eine gegenläufige kulturelle Entwicklung auch wieder die Menschenrechte infrage stellt, und nichts dafür, dass sich diese kulturellen Erfahrungen ohne Weiteres auf andere Kulturen übertragen ließen. Wie ist es denn bestellt mit unserer Empathie angesichts von tausenden, die im Mittelmeer ertrinken? Die Willkommenskultur in Deutschland ist durch die Bilder von Leid und Elend sicherlich zunächst unterstützt worden, aber mittlerweile durch den Geist einer Rechenhaftigkeit ersäuft worden, der mehr auf die Nützlichkeit und die Kosten der hier Ankommenden achtet als auf die Notlage, die sie in die Flucht getrieben hat. Selbst das Innerste der Menschenrechte steht zur Disposition: Die Abu Ghraib, Guantanamo und die namenlosen Foltergefängnisse der CIA sprechen hier eine ebenso deutliche Sprache wie der Versuch der juristischen Rechtfertigung der Untat.[16]

Ist es wirklich so, dass nur die nahe Wunde uns berührt, um ein Wort von Jean Paul aufzugreifen? Rousseau jedenfalls hat es so gesehen. »Das menschliche Mitgefühl scheint sich mit seiner Ausdehnung auf die ganze Erde zu verflüchtigen und abzuschwächen, und die Nöte der Tartaren und Japaner vermögen uns nicht in gleicher Weise zu rühren wie die eines europäischen Volkes.«[17] Es ist eine Binsenweisheit: Mit dem Grad der Fremdheit sinkt der Grad der Nächstenliebe. Für die Universalität der Menschenrechte hätte dies schwierige Konsequenzen. Sie wären vornehmlich in der konkreten politischen Gemeinschaft beheimatet. Dann würde jeglicher Versuch, ein Weltgewissen als Möglichkeit zu denken, durch Überdehnung des Anwendungsraumes zum Stillstand kommen. Mehr noch: Wenn es richtig ist, dass die Begründung der Menschenrechte kulturell bedingt ist, wäre dann der Einwand von Edmund Burke und anderen, die im Namen der konkreten politischen Gemeinschaften gegen die Universalität von Menschenrechten argumentiert hatten, diese gar als »Unsinn auf Stelzen« (Jeremy Bentham) denunziert haben, nicht gerechtfertigt?[18]

Zwei Überlegungen sprechen dagegen. Die erste Überlegung hängt zusammen mit der Kodifizierung der Menschenrechte nach dem Zweiten Weltkrieg. Der Schock des Kriegs saß tief, vor allem der Schock des Holocaust. Die Allgemeine Erklärung der Menschenrechte durch die Vereinten Nationen 1948 wäre ohne diese Katastrophe nicht denkbar gewesen, ebenso wenig die große Anzahl der Staaten, die sich zur Ratifikation bereitfanden. Viele Beobachter sind der Meinung, dass sich nach 1945 die Struktur des internationalen Systems entscheidend geändert habe. Internationale Politik ist fortan nicht nur das Verhältnis von Staaten untereinander – oder transnationaler, internationaler Institutionen und Regime und ihre Wechselwirkung mit Staaten –, sondern der Einzelne taucht als Akteur, als Rechteinhaber auf der internationalen Bühne auf. Diese Entwicklung hat sich seither verstetigt: durch den Zivil- und Sozialpakt von 1966, durch eine Vielzahl an UN-Konventionen bis hin zu der von den Vereinten Nationen beschlossenen »responsibility to protect« aus dem Jahr 2005. Deklaratorisch zumindest ist der Schutz der Menschen durch das Völkerrecht weit ausgebaut; die praktische Verwirklichung hinkt indes deutlich hinterher. Aber es ist damit ein Bezugsrahmen für legitimes (und illegitimes) politisches Handeln geschaffen worden. Legitimität muss sich an den Menschenrechten und dem Urteil der Völkergemeinschaft messen lassen. Das gilt auch für die Wirtschaft. Die Debatten um Sorgfaltspflichten in den Lieferketten oder der Ausschluss bestimmter Formen der Arbeit zeigt, dass die Debatte über Wirtschaftsverflechtungen eben auch eine Debatte über die Geltung der Menschenrechte ist.

Eng damit zusammen hängt ein zweites Argument. Die Menschenrechte sind eng mit dem Aufkommen einer bürgerlichen Öffentlichkeit verknüpft. Der Kreis der schriftlichen Kommunikation, lange den Gelehrten vorbehalten, erweitert sich. Zeitschriften und Zeitungen entstehen, die ein breiteres Publikum informieren und bei der Formulierung eines Weltbildes helfen, das über die unmittelbare Lebenswelt hinausgeht. Die Legitimität von Herrschaft löst sich aus der Exklusivität monarchischen Selbstverständnisses; die bürgerliche Öffentlichkeit entsteht.[19] Das bedeutet nicht zwangsläufig die Abschaffung der Monarchie, aber doch einen spürbaren Gestaltwandel: Das Selbstbewusstsein der bürgerlichen Öffentlichkeit strebte zumindest nach Gleichheit vor dem Gesetz, häufig auch nach Teilhabe an der politischen Macht. Skandalträchtige Verletzungen der bürgerlichen Freiheit durch die Obrigkeit beschleunigten diesen Prozess. Als die Französische Revolution die Menschenrechte proklamierte, tat sie es weniger mit einem universalen Anspruch als in der Behauptung der Universalität dem Anspruch der Monarchie gegenüber: Die Menschen waren zwar alle gleich und Träger von Rechten, politisch relevant war das aber zunächst als Rechtstitel nur in einer bestimmten politischen Gemeinschaft, also in Frankreich. Ähnlich sind die Behauptungen der Universalität auch in den anderen Ländern zu sehen. Gegen die göttliche Legitimation der Herrschaft der Könige konnte sich die Legitimation der Menschenrechte nur dann behaupten, wenn sie einen ähnlich umfassenden Anspruch formulierte, der sich in der konkreten politischen Gemeinschaft konkretisierte. Man sprach also nicht, wie es Edmund Burke richtig beobachtet hatte, von den Rechten und Freiheiten eines bestimmten Volkes, sondern aller Völker, weil nur so die ungeheure Breite einer göttlichen Legitimation wettgemacht und argumentativ eingeholt werden konnte.

Die Deklaration der Menschenrechte 1948 machte erstmals mit der Universalität ernst, allerdings zunächst nur tatsächlich auf deklaratorischer Ebene. Heute aber vollzieht sich durch die Globalisierung und die Möglichkeiten des Internets eine Revolution der Wahrnehmung. Es entsteht eine globale Öffentlichkeit, in der in sozialen Netzwerken Grenzen aufgehoben sind, Informationen in Echtzeit zur Verfügung stehen. Informationen über die Lebensbedingungen in westlichen Industriestaaten dringen in jede afrikanische Hütte wie umgekehrt auch das Leiden der Menschen an jeder Stelle auf dieser Welt präsent gemacht werden kann. Wir wissen über Menschenrechtsverletzungen in China, weil die Betroffenen es kommunizieren, wir kennen die früher unsichtbaren Helden des Widerstands, weil sie auf den Informationsplattformen der Gegenwart präsent sind. Diese

Informationspräsenz kann und wird auch dunklen Zwecken nutzbar gemacht, denkt man beispielsweise an die in den sozialen Netzwerken verbreiteten Videos terroristischer Gruppen. Doch bietet das Internet eben auch die Möglichkeit einer transnationalen Allianzbildung, die die staatlichen Verletzer von Menschenrechten immer wieder in Argumentationsnot bringt. Edward Hallett Carr hat in diesem Zusammenhang schon vor langer Zeit von dem »Tribunal der Menschheit« gesprochen und darauf hingewiesen, dass dieses für das Verhalten von Staaten von Bedeutung sei.[20] Freilich, allzu hoch wird man die Wirkung dieses Tribunals nicht einschätzen, zumal der Zweite Weltkrieg und der Holocaust von einer vollständigen Missachtung dieses Tribunals getragen waren.

Und dennoch: Vielleicht ist gerade auf dieser Ebene auch ein Bewusstsein für die Verletzlichkeit unseres Planeten durch unsere Lebensweise entstanden, für die Leiden anderer aufgrund unserer Wirtschaftsweise und unseres Konsumverhaltens. Die von Hans Jonas geforderte Ethik der Fernstenliebe als Voraussetzung des kollektiven Überlebens der Menschheit füllt sich mit Dringlichkeit, weil wir durch das Internet Bekanntschaft mit dem Fernsten machen. Er ist nicht der anonyme Gegenstand des Unheils, sondern kann jederzeit mit uns in Verbindung treten: Sein Unheil wird zu unserem Mitleiden. Oder, um Rousseau noch einmal aufzugreifen: Das Leiden der Tartaren und Japaner wird plastisch und damit handlungsleitend. Das wird beispielsweise an der hohen Spendenbereitschaft deutlich, die auch in Deutschland zu verzeichnen ist, wenn Naturkatastrophen Menschen in den fernsten Winkeln dieser Welt heimsuchen. Die Bereitschaft, Nothilfe zu leisten, könnte ein Indikator dafür sein, dass uns das Schicksal der vom Unglück Geschlagenen rührt. Lässt sich diese Nothilfe auch auf die Durchsetzung der Menschenrechte ausweiten? Oder gar auf die Lösung globaler Probleme?

Es ist noch zu früh, um die Chancen der Entstehung eines echten globalen Bewusstseins abschätzen zu können, in dem sich ähnliche kulturelle Wandlungsprozesse vollziehen wie in der Entstehung der bürgerlichen Öffentlichkeit. Allerdings scheint auch klar, dass ein globales Bewusstsein ohne solche Informations- und Kommunikationsmöglichkeiten nicht möglich wäre. Ihr Vorhandensein garantiert nicht einen Wandlungsprozess oder gar eine Große Transformation, es wäre allerdings überraschend, wenn sie keine Auswirkungen hätten. Am Ende des Weges könnte stehen, dass die Existenz globaler Probleme zu einem Föderator wird: keinem externen Erzwinger von Einigkeit angesichts eines äußeren Feindes, sondern eher einem Föderator aus innerer Notwendigkeit.

Der Bürger der globalen Welt wird diese zunehmend auch als Einheit wahrnehmen. Diesen Prozess müsste das Bildungssystem unterstützen: indem es Verständnis schafft für die Andersartigkeit der Kulturen bei gleichzeitiger Anerkenntnis gleicher basaler Rechte, gleicher fundamentaler Verwirklichungschancen.[21] Davon sind wir im Augenblick noch weit entfernt, ja, wir nehmen durchaus gegenläufige Prozesse wahr: dass das Unheil dann, wenn es zu uns kommt, Reaktionen der Abgrenzung, der Leugnung, der Angst vor dem Fremden annimmt. Aber auch das ist die Realität der Globalisierung: Die Bilder der affluenten Industriegesellschaften wecken Begehrlichkeit bei den globalen Habenichtsen, die nicht zu Unrecht einen kausalen Zusammenhang zwischen ihrer entwürdigenden Situation und dem Reichtum anderer herstellen. So kommt zu den ohnehin schon drängenden Problemen auf globaler Ebene auch das der obszönen Ungleichheit in der Verteilung von Verwirklichungschancen und Vermögen dazu. Auch hier sind die Bildungseinrichtungen gefragt. Sie müssen deutlich machen, in welchem Maße unser Lebensglück von dem Leiden anderer abhängt, und daran den Diskurs anschließen, ob und inwieweit dies ethisch zu rechtfertigen ist. Auf einem Berg von Verhungerten lässt sich schlecht ein Picknick organisieren. Jedenfalls sollten wir nicht darauf hoffen, dass erst eine erneute Menschheitskatastrophe wie der Holocaust als Katalysator für eine neue Epoche der Umsetzung von Menschenrechten und basalen Verwirklichungschancen für alle wird, sondern dass die Menschheit aus Einsicht die notwendige Solidarität zeigt. Dazu gehören auch wirtschaftliche Formen der Kooperation.

Immer ist die Menschheit reich an Utopien gewesen, an Entwürfen darüber, wie ein gutes Leben gelebt werden kann im Einklang mit dem Gemeinwohl. Die klassischen Utopisten haben es sich einfach gemacht und die ideale Gesellschaft auf Inseln oder sonstige abgelegene Gebiete verlegt, in denen es kaum oder keinen Austausch mit anderen Gesellschaften gibt.[22] Das verbietet sich in einer globalisierten Welt. Häufig sind die Entwürfe der Zukunft in der realen, vernetzten Welt kriegerisch, sie sind dystopisch, schwarz, deprimierend.[23] Die Welt von Star Trek ist anders, sie ist freundlicher; sie ist eine Welt, in der die uns heute bedrängenden Menschheitsfragen längst gelöst sind. Sie wurden gelöst durch eine Mischung aus technologischem Fortschritt einerseits und einer neuen Form der Anerkennung in der nun globalen Gesellschaft. Allerdings kam dieser Wandel nicht evolutionär, sondern bedurfte einer weiteren Menschheitskatastrophe in Gestalt eines verheerenden Krieges. Nun aber sind viele Probleme technisch gelöst: medizinische ebenso wie die der Ernährung für alle, Energie ist unbegrenzt vorhanden, die Verschmutzung der Erde spielt keine Rolle mehr, und selbst dann, wenn das Artensterben zu verheerenden Konsequenzen für den Menschen zu werden droht, findet sich eine technische Lösung.[24] So faszinierend die technische Welt von Star Trek auch sein mag, sehr viel interessanter ist der in der Serie deutlich werdende Bewusstseinswandel der Menschen. Dass zunächst einmal in einer Welt von Replikatoren Mangel beinahe undenkbar ist, führt dazu, dass Märkte als Orte, in denen über Preissignale Mangel deutlich wird, nun überflüssig geworden sind. Auch Geld, also Kapital, scheint kaum noch eine Rolle zu spielen; damit entfällt auch die Realisierung von Profit als wirtschaftliche Antriebsfeder. Anerkennung wird nicht über kriegerische Heldentaten organisiert,[25] sondern über den Beitrag, den die Menschen zum Gemeinwohl leisten, als Forscher, Wissenschaftler, Entdecker, Künstler. Wirtschaftlicher Reichtum hat seine Bedeutung verloren und ist damit auch aus dem Anerkennungsregime herausgefallen. Armut ist inexistent, alle Menschen haben umfassende Verwirklichungschancen. Die Gleichwertigkeit der menschlichen Kulturen ist anerkannt: Auf dem Raumschiff arbeiten alle Kulturen zusammen, sogar in Harmonie mit außerirdischen Vertretern.

Die Macher der Serie waren nicht frei von den Einflüssen ihres eigenen gesellschaftlichen Umfelds, haben dies aber geschickt thematisiert und natürlich auch ihre Zeit gespiegelt. Sie haben uns aber auch eine Vision gegeben: die einer Welt, befreit von Kriegen, befreit von Hunger, Not und Elend, befreit von der Allgegenwart der Märkte, befreit von Ausbeutung und Unterdrückung, befreit auch vom Kapitalismus, geeint aber in der Anerkennung von Menschenrechten, geeint im Bild der Gleichheit aller Menschen, geeint auch darin, dass der Mensch forschend und erforschend über sich hinausstrebt. Eine noble Vision, die eine Möglichkeit aufzeigt, wie wir leben möchten – wenngleich es tröstlich wäre, wenn wir auf dem Weg dorthin auf eine apokalyptische Zäsur verzichten könnten, die unsere Neuorientierung erzwingt. Die notwendige Große Transformation: Bekommen wir sie aus eigener Kraft hin oder bedarf es erst (wieder) einmal eines heilsamen Schocks, um das Umdenken zu erzwingen?[26] Die Macher von Star Trek haben das, bei aller Verheißung der zukünftigen Welt, wie viele andere positive Utopien auch, skeptisch gesehen: Unsere Gegenwart und die lichte Zukunft sind getrennt durch den Einbruch der Katastrophe, die erst das neue Denken erzwingt. Es wäre allerdings verheerend, wenn am Ausgang der Sozialen Marktwirtschaft eine Apokalypse stünde. Wie, wenn aber Adorno recht gehabt hätte, dass der Fortschritt erst dort beginnt, wo er aufhört? Die Begründer der Sozialen Marktwirtschaft hingegen waren da optimistischer – die Künder der Soziallehre aus dem katholischen Glauben heraus, die Ordoliberalen häufig aus einem protestantischen Selbstverständnis. Beide glaubten fest daran, dass der Mensch mithilfe einer geeigneten wirtschaftlichen Ordnung die großen Herausforderungen bewältigen kann. Beide glaubten, dass der Mensch nicht im Materiellen aufgeht und folglich die eigentliche Bestimmung des Menschen jenseits von Angebot und Nachfrage zu finden ist. Dieser Grundoptimismus, dieses normativ reichhaltige Menschenbild macht die dauerhafte Problemlösungsfähigkeit der Sozialen Marktwirtschaft auch unter veränderten Bedingungen heute aus. Sie ist wandlungsfähig, weil sie auf einem Fundament zweier Ordnungsvorstellungen beruht, die sich immer wieder konstruktiv aneinander abgearbeitet haben. Meine Hoffnung ist, dass sie das auch in Zukunft tun werden.

Anmerkungen

1 Einleitung

1 Einführend, aber mit starkem Akzent auf der ordoliberalen Tradition: Dieter Grosser, Thomas Lange, Andreas Müller-Armack, Beate Neuss, *Soziale Marktwirtschaft. Geschichte – Konzept – Leistung.* Stuttgart 1990; Otto Schlecht, Gerhard Stoltenberg (Hrsg.), *Soziale Marktwirtschaft. Grundlagen, Entwicklungslinien, Perspektiven.* Freiburg 2001, enthält eine Reihe von Aufsätzen ebenfalls mit Schwerpunkt auf der ordoliberalen Tradition; Rolf H. Hasse, Hermann Schneider, Klaus Weigelt (Hrsg.), *Lexikon Soziale Marktwirtschaft. Wirtschaftspolitik von A bis Z.* Paderborn 2005; sehr nützlich, aber mit Schwerpunkt auf der Wirtschaftspolitik.

2 Alfred Müller-Armack, *Diagnose unserer Gegenwart. Zur Bestimmung unseres geistesgeschichtlichen Standorts.* Gütersloh 1949, S. 277.

3 Vgl. Dieter Haselbach, *Autoritärer Liberalismus und Soziale Marktwirtschaft. Gesellschaft und Politik im Ordoliberalismus.* Baden-Baden 1991; sowie neuerdings Jens Hacke, *Existenzkrise der Demokratie: Zur politischen Theorie des Liberalismus in der Zwischenkriegszeit.* Berlin 2018.

4 Deutscher Bundestag, *Schlussbericht der Enquete-Kommission »Wachstum, Wohlstand, Lebensqualität – Wege zu nachhaltigem Wirtschaften und gesellschaftlichem Fortschritt in der Sozialen Marktwirtschaft«* vom 3. Mai 2013, Drs. 17/13300.

5 Gefunden bei Daniel Villy, »Die Marktwirtschaft im katholischen Denken«, in: *ORDO*, 7 (1955), S. 23–69, 36.

6 Gelegentliche Abgesänge auf die Soziale Marktwirtschaft haben sich als verfrüht erwiesen, vgl. etwa Peter Koslowski, »Das Ende der Sozialen Marktwirtschaft«, in: *FAZ*, 11. November 2006; hingegen scheint in den angloamerikanischen Ländern das Nachdenken darüber zuzunehmen, wie der Kapitalismus, die Marktwirtschaft sozial eingehegt werden können; typisch dazu etwa Robert Reich, *Rettet den Kapitalismus: Für alle, nicht für 1 %.* Frankfurt am Main 2016, und Paul Collier, *Sozialer Kapitalismus. Mein Manifest gegen den Zerfall unserer Gesellschaft.* München 2019.

2 Ordoliberalismus und katholische Soziallehre als Quellen der Sozialen Marktwirtschaft

1 Arcadius R. L. Gurland, *Die CDU/CSU. Ursprünge und Entwicklung bis 1953.* Frankfurt am Main 1980, S. 11 ff.; dort auch das Zitat von Leo Schwering.

2 Vgl. zu den Hintergründen Rudolf Uertz, *Christentum und Sozialismus in der frühen CDU. Grundlagen und Wirkungen der christlich-sozialen Ideen in der Union 1945–1949.* Stuttgart 1981, S. 97–111.

3 Jakob Kaiser, *Wir haben Brücke zu sein. Reden, Äußerungen und Aufsätze zur Deutschlandpolitik*, hrsg. von Christian Hacke. Köln 1988.

4 Wolfgang Köhler, »Die Mission des Liberalismus«, in: *Die Zeit*, 9. August 2008. Die Protokolle der Pariser Tagung sind mittlerweile zugänglich: Jurgen Reinhoudt, Serge Audier (Hrsg.), *The Walter Lippmann Colloquium: The Birth of Neoliberalism.* Basingstoke 2018.

5 Vgl. Otto Veit, »Ordo und Ordnung. Versuch einer Synthese«, in: *ORDO*, 5 (1953), S. 3–47; grundsätzlich dazu vgl. Hermann Krings, *Ordo. Philosophisch-historische Grundlegungen.* Hamburg 1954.

6 Vgl. Walter Eucken, *Grundsätze der Wirtschaftspolitik.* Tübingen 2004, S. 372.

7 Das Buch erfreut sich heute noch einer großen Beliebtheit in Nordamerika, vor allem an Universitäten. In Deutschland ist die Rezeption überschaubar; zum 70. Erscheinungsjubiläum ist in Deutschland eine Neuausgabe erschienen: Friedrich A. Hayek, *Der Weg zur Knechtschaft.* Reinbek und München 2014.

8 Hierzu das schöne Buch von Nicholas Wapshott, *Keynes, Hayek: The Clash that Defined Modern Economics.* New York 2012.

9 Das wird an der Mont Pèlerin Society deutlich. Hayek hatte sie, in Fortsetzung des Lippmann-Kolloquiums 1938, im Jahr 1947 begründet und war lange Jahre ihr Präsident. Schon in den 1950er-Jahren nahmen die Differenzen zwischen den amerikanischen und deutschen Vertretern an Schärfe zu; am Ende traten Röpke und Rüstow aus der Society aus.

10 Zu Franz Böhm vgl. Hans Zacher, »Aufgaben einer Theorie der Wirtschaftsverfassung«, in: *Wirtschaftsordnung und Rechtsordnung. Festschrift zum 70. Geburtstag von Franz Böhm*, hrsg. von Helmut Coing, Heinrich Kronstein und Ernst-Joachim Mestmäcker. Karlsruhe 1965, S. 63–109; Alexander Hollerbach, »Wissenschaft und Politik: Streiflichter zu Leben und Werk Franz Böhms (1895–1977)«, in: *Staat, Wirtschaft, Wissenschaft in einer pluralistischen Gesellschaft. Festschrift für Paul Mikat*, hrsg. von Dieter Schwab, Dieter Giesen, Joseph Listl und Hans-Wolfgang Strätz. Berlin 1989, S. 283–299. Zu Eucken vgl. Lüder Gerken (Hrsg.), *Walter Eucken und sein Werk. Rückblick auf den Vordenker der sozialen Marktwirtschaft.* Tübingen 2000.

11 »Unsere Aufgabe«, in: *Grundtexte zur Freiburger Tradition der Ordnungsökonomik*, hrsg. von Nils Goldschmidt und Michael Wohlgemuth. Tübingen 2008, S. 27–37.

12 Walter Eucken, *Grundsätze der Wirtschaftspolitik.* Tübingen 2004, S. 255.

13 Hier wäre aus ordoliberaler Sicht beispielsweise eine Begründung für einen Mindestlohn zu finden.

14 Eucken, *Grundsätze*, S. 133.

15 Eucken, *Grundsätze*, S. 334–337.

16 Eucken, *Grundsätze*, S. 199.

17 Eucken, *Grundsätze*, S. 347–350; vgl. auch Franz Böhm, »Die Idee des Ordo im Denken Walter Euckens«, in: *ORDO*, 3 (1950), S. XV–LXIV.

18 Kathrin Meier-Rust, *Alexander Rüstow. Geschichtsdeutung und liberales Engagement.* Stuttgart 1993, S. 11.

19 Ludwig Erhard, »Franz Oppenheimer – dem Lehrer und Freund«, in: *Ludwig Erhard. Gedanken aus fünf Jahrzehnten. Reden und Schriften*, hrsg. von Karl Hohmann. Düsseldorf u. a. 1988, S. 858–864; 863. Zu Oppenheimers Werk vgl. Dieter Haselbach, *Franz Oppenheimer. Soziologie, Geschichtsphilosophie und Politik des »Liberalen Sozialismus«.* Opladen 1985.

20 So Sibylle Tönnies, »Die liberale Kritik des Liberalismus«, in: Alexander Rüstow, *Die Religion der Marktwirtschaft.* Münster 2009, S. 159–195, 179.

21 Alexander Rüstow, *Ortsbestimmung der Gegenwart. Eine universalgeschichtliche Kulturkritik. Band 1: Ursprung der Herrschaft.* Zürich 1950; *Band 2: Weg der Freiheit.* Zürich 1952; *Band 3: Herrschaft oder Freiheit.* Zürich 1957.

22 Alexander Rüstow, »Freie Wirtschaft – Starker Staat«, in: *Schriften des Vereins für Sozialpolitik*, Bd. 187, Dresden 1932, S. 62–69; der Text wurde wieder abgedruckt unter dem Titel »Liberale Interventionen« in: *Grundtexte der Sozialen Marktwirtschaft*, hrsg. von Wolfgang Stützel, Christian Watrin, Hans Willgerodt und Karl Hohmann. Stuttgart 1981, S. 221–225; sowie Walter Eucken, »Staatliche Strukturwandlungen und die Krise des Kapitalismus«, in: *Weltwirtschaftliches Archiv*, 36 (1932 II), S. 297–321.

23 Alexander Rüstow, *Ortsbestimmung der Gegenwart. Eine universalgeschichtliche Kulturkritik.* Band 1. Zürich 1950, S. 99.

24 Zitiert bei Jan Hegner, *Alexander Rüstow. Ordnungspolitische Konzeption und Einfluss auf das wirtschaftspolitische Leitbild der Nachkriegszeit in der Bundesrepublik Deutschland.* Stuttgart 2000, S. 34.

25 Haselbach, *Autoritärer Liberalismus,* S. 213.

26 Hans-Peter Schwarz, *Vom Reich zur Bundesrepublik. Deutschland im Widerstreit der außenpolitischen Konzeptionen in den Jahren der Besatzungsherrschaft 1945–1949.* Stuttgart 1980, S. 393. Zur Biografie Hans Jörg Hennecke, *Wilhelm Röpke. Ein Leben in der Brandung.* Stuttgart 2005.

27 *Die Gesellschaftskrisis der Gegenwart* (1942); *Civitas humana* (1944); *Internationale Ordnung* (1945).

28 Wilhelm Röpke, *Die Gesellschaftskrisis der Gegenwart.* Zürich 1979, S. 103–118.

29 Haselbach, *Autoritärer Liberalismus,* S. 179.

30 Eine gute Darstellung der Ideen Müller-Armacks und der Differenzen zu anderen Ordoliberalen findet sich bei Joachim Starbatty, »Alfred Müller-Armacks Beitrag zur Theorie und Politik der Sozialen Marktwirtschaft«, in: *Soziale Marktwirtschaft im vierten Jahrzehnt ihrer Bewährung*, hrsg. von der Ludwig-Erhard-Stiftung. Bonn 1982, S. 7–26.

31 Vor allem in: *Diagnose unserer Gegenwart. Zur Bestimmung unseres geistesgeschichtlichen Standorts*. Gütersloh 1949.

32 Ebd., S. 127.

33 Ebd., S. 277.

34 Ebd., S. 299.

35 Nach Matthäus 3,2; 4,17: »Kehret um, tut Buße.«

36 Zitiert nach Haselbach, *Autoritärer Liberalismus,* S. 150.

37 Alfred Müller-Armack, »Die zweite Phase der Sozialen Markwirtschaft«, in: Ders., *Wirtschaftsordnung und Wirtschaftspolitik. Studien und Konzepte zur Sozialen Marktwirtschaft und zur Europäischen Integration.* Bern und Stuttgart 1976, S. 267–291, 275.

38 In diesen Zusammenhang gehört auch die Debatte über die »formierte Gesellschaft« in den 1960er-Jahren. Die Grundidee war von Ludwig Erhard für den Bundestagswahlkampf 1965 formuliert worden: vgl. Alfred C. Mierzejewski, *Ludwig Erhard. Der Wegbereiter der Sozialen Marktwirtschaft.* München 2005, S. 302–304; ausführlich Rüdiger Altmann, *Die formierte Gesellschaft.* Stuttgart 1965; kritisch Reinhard Opitz, »Der große Plan der CDU: die ›Formierte Gesellschaft‹«, in: *Blätter für deutsche und internationale Politik*, 9 (1965), S. 750–777.

39 Mierzejewski, *Ludwig Erhard,* S. 325.

40 So Horst Friedrich Wünsche, *Ludwig Erhards Soziale Marktwirtschaft. Wissenschaftliche Grundlagen und politische Fehldeutungen.* Reinbek und München 2015, S. 68. Wünsche war ab 1973 wissenschaftlicher Mitarbeiter bei Erhard und später Geschäftsführer der Ludwig-Erhard-Stiftung in Bonn.

41 Zitiert bei Hans Jörg Hennecke, *Wilhelm Röpke. Ein Leben in der Brandung.* Stuttgart 2005, S. 139.

42 Haselbach, *Autoritärer Liberalismus,* S. 203.

43 Erhard war nicht von Anfang an dabei, aber später wichtig wegen seiner Stellung als Wirtschaftsminister; vgl. Karl Heinz Roth, »Klienten des Leviathan: Die Mont Pèlerin Society und das Bundeswirtschaftsministerium in den fünfziger Jahren«, in: *Zeitschrift für Sozialgeschichte des 20. und 21. Jahrhunderts,* Heft 2 (2001), S. 13–41.

44 Röpke, *Gesellschaftskrisis der Gegenwart,* S. 87.

45 Walter Eucken, »Staatliche Strukturwandlungen und die Krise des Kapitalismus«, in: *Weltwirtschaftliches Archiv*, 36 (1932 II), S. 297–321.

46 Hierzu Haselbach, *Autoritärer Liberalismus.*

47 Zitiert bei Hacke, *Existenzkrise der Demokratie,* S. 381.

48 Aus der Vielfalt der Literatur als beste Einführung Arno Anzenbacher, *Christliche Sozialethik. Einführung und Prinzipien.* Paderborn 1997; Anzenbacher behandelt auch die evangelische Sozialethik mit. Als Grundlagenwerk unerlässlich ist das *Kompendium der Soziallehre der Kirche*, hrsg. vom Päpstlichen Rat für Gerechtigkeit und Frieden. Freiburg 2006; hier werden die wichtigsten Aussagen der Kirche systematisch aufbereitet. Ausführlich und in unterschiedlichen Perspektiven Anton Rauscher (Hrsg.), *Handbuch der Katholischen Soziallehre.* Berlin 2008; eine kurze Einführung bietet Günter Wilhelms, *Christliche Sozialethik.* Paderborn 2010.

49 Als eine zusätzliche Ebene würde ich diejenigen noch mit aufnehmen, die den politischen Gehalt der Soziallehre popularisieren. In den letzten zwanzig Jahren waren dies vor allem Heiner Geißler und Norbert Blüm, die immer wieder, zum Teil auch kämpferisch, aktuelle Entwicklungen zum Anlass grundlegender Interventionen aus dem Geist der Soziallehre genommen haben. Beispielhaft seien erwähnt Norbert Blüm, *Gerechtigkeit. Eine Kritik des Homo oeconomics.* Freiburg 2006; Ders., *Ehrliche Arbeit. Ein Angriff auf den Finanzkapitalismus und seine Raffgier.* Gütersloh 2011; Ders., *Aufschrei! Wider die erbarmungslose Geldgesellschaft.* Frankfurt am Main 2016; Ders., *Verändert die Welt, aber zerstört sie nicht. Einsichten eines linken Konservativen.* Freiburg 2017. Heiner Geißler, *Intoleranz. Vom Unglück unserer Zeit.* Köln 2002; Ders., *Was würde Jesus heute sagen?*. Reinbek 2004; Ders., *Ou Topos. Suche nach dem Ort, den es geben müsste.* Köln 2009; Ders., *Sapere aude! Warum wir eine neue Aufklärung brauchen.* Berlin 2012.

50 Historischer Überblick bei Franz Josef Stegmann und Peter Langhorst, »Geschichte der sozialen Ideen im deutschen Katholizismus«, in: *Geschichte der sozialen Ideen in Deutschland*, hrsg. von Helga Grebing. Wiesbaden 2005, S. 599–862.

51 Etwas gönnerhaft wird Nell-Breuning behandelt bei Heinz Lampert und Albrecht Bossert, *Die Wirtschafts- und Sozialordnung der Bundesrepublik Deutschland im Rahmen der Europäischen Union.* München 2001 (14. Auflage), S. 93 f. Dort wird zunächst über die Ursprünge der Sozialen Marktwirtschaft berichtet und dann ausgeführt: »Nicht unerwähnt bleiben sollen auch die Verdienste von Wissenschaftlern, die, wie z. B. Oswald von Nell-Breuning, durch eine intensive Teilnahme an der Diskussion über Grundsatzfragen der Gesellschafts- und Wirtschaftsordnung und sozialpolitische Fragen (…) an der Klärung von Problemen der Sozialordnung erheblichen Anteil hatten und dadurch die soziale Komponente der Sozialen Marktwirtschaft akzentuierten.« Das scheint mir typisch für die verkürzende Konzentration auf die Ordoliberalen, wenn es um die Darstellung der geistigen Wurzeln der Sozialen Marktwirtschaft geht. Nell-Breunings Werk umfasst über 1800 Titel, darunter seine Dissertation über *Die Grundsätze der Börsenmoral.* Freiburg 1928; *Zur christlichen Gesellschaftslehre.* Freiburg 1947; *Wirtschaft und Gesellschaft heute,* 3 Bde. Freiburg 1956–1960; *Wie sozial ist die Kirche? Leistung und Versagen der katholischen Soziallehre.* Düsseldorf 1972; *Worauf es mir ankommt. Zur sozialen Verantwortung.* Freiburg 1983; *Gerechtigkeit und Freiheit: Grundzüge katholischer Soziallehre.* München 1985. Einführend Friedhelm Hengsbach, Matthias Möhring-Hesse und Wolfgang Schroeder, *Ein unbekannter Bekannter. Eine Auseinandersetzung mit dem Werk von Oswald von Nell-Breuning SJ.* Köln 1990.

52 Als wichtigste Schriften seien genannt: Eberhard Welty, *Die Entscheidung in die Zukunft: Grundsätze und Hinweise zur Neuordnung im deutschen Lebensraum.* Köln 1946; Ders., *Herders Sozialkatechismus. Ein Werkbuch der katholischen Sozialethik in Frage und Antwort,* bearbeitet von Eberhard Welty. Freiburg 1951–1958; Laurentius Siemer, *So sind wir Menschen.* Frankfurt am Main 1956; Nikolaus Monzel, *Katholische Soziallehre. Band 1: Grundlegung. Band 2: Familie, Staat, Wirtschaft, Kultur.* Köln 1965/1967; Arthur F. Utz, *Ethik und Politik. Aktuelle Grundfragen der Gesellschafts-, Wirtschafts- und Rechtsphilosophie. Gesammelte Aufsätze.* Stuttgart 1970; Ders., *Die soziale Ordnung.* Bonn 1986; *Sozialethik. Teil 4: Wirtschaftsethik.* Bonn 1994; *Teil 5: Politische Ethik.* Bonn 2000. Gustav Gundlach, *Die Ordnung der menschlichen Gesellschaft.* Köln 1964 (2 Bde.).

53 So André Habisch, in: »Die Unternehmensethik Joseph Höffners – eine Einführung«, in: Joseph Höffner, *Ausgewählte Schriften, Band 4,* hrsg. von Ursula Nothelle-Wildfeuer und Jörg Althammer. Paderborn 2014, S. 11–35, 17.

54 Es war eine seiner vier Promotionen, diese zum Thema *Wirtschaftsethik und Monopole im 15. und 16. Jahrhundert.* Jena 1941, 2. Auflage: Darmstadt 1969. Höffner war von 1960 an Herausgeber des *Jahrbuch für Christliche Sozialwissenschaften.* Weitere wichtige Publikationen: *Christliche Gesellschaftslehre.* Kevelaer 1962 (seither mehrere Auflagen und in 10 Sprachen übersetzt); Würdigung in: *Freiburger Schule und Christliche Gesellschaftslehre: Joseph Kardinal Höffner und die Ordnung von Wirtschaft und Gesellschaft,* hrsg. von Nils Goldschmidt und Ursula Nothelle-Wildfeuer. Tübingen 2010; Giuseppe Franco, *Von Salamanca nach Freiburg: Joseph Höffner und die Soziale Marktwirtschaft.* Paderborn 2018. Es ist vielleicht auch anekdotisch interessant: Paul Adenauer und Werner Remmers gehörten zu den Doktoranden Höffners. Adenauer hat seinen Vater häufig in sozialpolitischen Fragen beraten; Werner Remmers, lange Jahre Minister in Niedersachsen, gehörte zu den profiliertesten Köpfen des politischen Katholizismus in Deutschland.

55 Die Bildung des Evangelischen Arbeitskreises innerhalb der Union 1952 sollte dem entgegenwirken. Das katholische Zentrum wurde zwar 1945 ebenfalls wieder gegründet, blieb aber marginalisiert; dazu Ute Schmidt, *Zentrum oder CDU: Politischer Katholizismus zwischen Tradition und Anpassung.* Opladen 1987.

56 Joseph Höffner, »Katholische Soziallehre«, in: Ders., *Ausgewählte Schriften. Band 1: Perspektiven sozialer Gerechtigkeit,* hrsg. von Ursula Nothelle-Wildfeuer und Jörg Althammer. Paderborn 2015, S. 167–172, 167.

57 Zit. bei Stegmann/Langhorst, »Geschichte der sozialen Ideen«, S. 789.

58 Hans Schmid, *Neoliberalismus und katholische Soziallehre. Eine Konfrontierung.* Köln 1954; sehr viel grundsätzlicher und ausführlicher Egon Edgar Nawroth, *Die Sozial- und Wirtschaftsphilosophie des Neoliberalismus.* Heidelberg 1962.

59 Eberhard Welty, *Herders Sozialkatechismus, Band 2: Der Aufbau der Gemeinschaftsordnung.* Freiburg 1953, S. 118, 119.

60 Zum Konzept vgl. Oswald von Nell-Breuning, »Berufsständische Ordnung und Monopolismus«, in: *ORDO,* 3 (1950), S. 212–237.

61 Oswald von Nell-Breuning, »Gemeinsames und Trennendes in den Hauptströmungen der Wirtschaftswissenschaft und Wirtschaftspolitik«, in: Erich Kosiol, Andreas Paulsen (Hrsg.), *Grundsatzfragen der Wirtschaftsordnung.* Berlin 1953, S. 215–231, 218 f. Das sah Ludwig Erhard ganz ähnlich.

62 Eucken hatte dies aber durchaus im Blick, denn die realen Preise (also unter Einrechnung der Externalitäten) gehören zu seinen regulierenden Prinzipien; allerdings spielte das in den 1950er-Jahren keine Rolle, sondern wurde erst wieder mit dem Aufkommen der Grünen zu einem Thema. Anders formuliert: Hätte man Euckens Prinzipien in der Gestaltung der Sozialen Marktwirtschaft ernster genommen, hätte man ökologische Fragen schon sehr viel früher und energischer im Selbstverständnis der Sozialen Marktwirtschaft angehen können – eines zusätzlichen Epithetons als »Ökologisch-Sozialer Marktwirtschaft« hätte es nicht bedurft.

63 Erhard, *Wohlstand für alle,* S. 251.

64 Friedrich A. von Hayek, »Grundtatsachen des Fortschritts«, in: *ORDO,* 9 (1957), S. 19–42, 22.

65 Vgl. bspw. Karlheinz Paqué, *Wachstum!* München 2010; Matthias Zimmer, *Nachhaltigkeit! Für eine Politik aus christlicher Grundüberzeugung.* Freiburg 2015; eher aus konservativer Sicht Meinhard Miegel, *Exit. Wohlstand ohne Wachstum.* Berlin 2010.

66 So die Grundthese von Nawroth, *Sozial und Wirtschaftsphilosophie des Neoliberalismus.*

67 Ebd., S. 425.

68 Man könnte auch die These wagen, dass die soziologisch orientierten Ordoliberalen in erster Linie Christen, und in zweiter Linie Liberale waren. Das kann man von Hayek sicherlich nicht sagen.

69 Friedrich A. von Hayek, »Wahrer und falscher Individualismus«, *ORDO,* 1 (1948), S. 19–55.

70 Hier sehe ich einen starken Anknüpfungspunkt zum politischen Konservativismus. Dieser betont nämlich die Unvollkommenheit des Menschen und daraus folgernd die Notwendigkeit von Institutionen, die dem Handeln Rahmen und Sicherheit geben. Das betrifft vor allem Arnold Gehlen, *Urmensch und Spätkultur.* Bonn 1956, aber auch die »Schule« von Joachim Ritter in ihrer liberal-konservativen Ausrichtung; zu Letzterer Jens Hacke, *Philosophie der Bürgerlichkeit. Die liberalkonservative Begründung der Bundesrepublik.* Göttingen 2006. Diese Querverbindungen aufzuzeigen ist ein Desiderat der Forschung.

3 Kapitalismus, Fortschritt und Marktwirtschaft

1 Karl Marx, Friedrich Engels, »Manifest der Kommunistischen Partei«, in: Karl Marx, Friedrich Engels, *Werke* (MEW), Band 4. Berlin 1990, S. 459–493, 465.

2 Wer sich den Prozess der kreativen Zerstörung etwas genauer ansehen will, braucht nur den Blick auf die sogenannten disruptiven Technologien in der

Kommunikationsbranche zu werfen. Große, scheinbar unangreifbare Technologieführer verschwinden beinahe über Nacht, weil es neue Produkte gibt, die den Markt neu definieren. Zum Begriff der »schöpferischen Zerstörung« vgl. Joseph Schumpeter, *Kapitalismus, Sozialismus und Demokratie.* Stuttgart 2018, S. 136 ff.

3 Oswald von Nell-Breuning, *Kapitalismus – kritisch betrachtet.* Freiburg 1974.

4 Es gibt eine fortwährende Konjunktur antikapitalistischer Erbauungsliteratur; stellvertretend etwa Robert Kurz, *Schwarzbuch Kapitalismus. Ein Abgesang auf die Marktwirtschaft.* Frankfurt am Main 2009. Auffällig ist das schon im Titel transportierte Missverständnis, Kapitalismus und Marktwirtschaft in eins zu setzen. Der Grad der Empörung ist bei dieser Form der Literatur häufig umgekehrt proportional zum Grad der begrifflichen Reflexion und Differenzierung.

5 Werner Plumpe, *Das kalte Herz. Kapitalismus: Die Geschichte einer andauernden Revolution.* Berlin 2019, S. 601. Auch Paul Collier bestätigt dies; für ihn ist der Kapitalismus das einzige System, das in der Lage ist, Massenwohlstand zu erzeugen; vgl. Ders., *Sozialer Kapitalismus!,* S. 275.

6 Das stimmt mit der Einschränkung der Vererbung von Vermögen. Dieser leistungslose Erwerb von Vermögen wird nicht nur von der Soziallehre, sondern auch bei den Ordoliberalen kritisch gesehen.

7 Adam Smith war der Meinung, dass das Tauschen den Menschen vom Tier unterscheide. Durch den Tausch und den Wunsch nach Mehrwert entsteht nach Smith dann auch die Arbeitsteilung. Autarke Familien oder Kleingruppen benötigen keinen Tausch und können das für das Leben Notwendige selbst herstellen. Tauschhandel führt nach Smith zur Einführung von Geld und der Notwendigkeit, den Wert des Geldes stabil zu halten; das ist in aller Regel Aufgabe des Staates. Güter, die Geldcharakter annehmen, wie etwa Salz, Pfeffer, Tabak, Zucker oder Edelmetalle, unterliegen selbst dem Markt und sind in ihrem Wert volatil. Ob es allerdings tatsächlich einen zwingenden engen Zusammenhang von Tauschwirtschaft und der Entwicklung des Geldes gibt, kann man hinterfragen, denn es existieren auch Tauschökonomien, die kein Geld und auch kein Surrogat dafür entwickelt haben.

8 John Maynard Keynes, *Allgemeine Theorie der Beschäftigung, des Zinses und des Geldes.* Berlin 2006, S. 248.

9 Ich lasse hier zunächst einmal die Möglichkeit der Geldschöpfung der Geschäftsbanken außen vor.

10 Pius XIII. hat erst 1830 das Zinsverbot offiziell aufgehoben. Luther war ein Gegner des Zinses und hat diesen mit Wucher gleichgesetzt, Calvin hingegen das Zinsnehmen befürwortet. Im Islam gilt das Zinsverbot bis heute.

11 Hierzu vor allem Manfred Brocker, *Arbeit und Eigentum. Der Paradigmenwechsel in der neuzeitlichen Eigentumstheorie.* Darmstadt 1992.

12 So dezidiert Jacques Le Goff, *Geld im Mittelalter.* Stuttgart 2011.

13 Zu den einzelnen Kriterien der Abgrenzung Werner Sombart, *Der moderne Kapitalismus. Band 2.* Berlin 1987, S. 7–15.

14 Immanuel Wallerstein, *Das moderne Weltsystem, Band 1: Kapitalistische Landwirtschaft und die Entstehung der europäischen Weltwirtschaft im 16. Jahrhundert.* Frankfurt am Main 1986.

15 Das war das große Thema der Dependenztheorien vor allem in den 1960er- und 1970er-Jahren; vgl. u. a. Andre Gunder Frank, *Kapitalismus und Unterentwicklung in Lateinamerika.* Frankfurt am Main 1968; Dieter Senghaas (Hrsg.), *Peripherer Kapitalismus. Analysen über Abhängigkeit und Unterentwicklung.* Frankfurt am Main 1974.

16 Paul Mason, *Postkapitalismus. Grundrisse einer kommenden Ökonomie.* Berlin 2016.

17 Systematisch dargestellt bei Jürgen Leibinger, *Wirtschaftswachstum. Mechanismen, Widersprüche und Grenzen.* Köln 2016.

18 Grundlegend Max Weber, »Die Wirtschaftsethik der Weltreligionen«, in: *Gesammelte Aufsätze zur Religionssoziologie.* Tübingen 1947, S. 273–573; darin als Unterkapitel: »Theorie der Stufen und Richtungen religiöser Weltablehnung«, S. 536–573. Dort auch der Begriff der »weltflüchtigen Askese«.

19 Zu Bacons Sicht der Natur Carolyn Merchant, *The Death of Nature. Women, Ecology and the Scientific Revolution.* New York 1980, S. 164–190; dort auch das Zitat von Bacon auf S. 169.

20 René Descartes, *Discours de la méthode.* Hamburg 1997, S. 3.

21 Herkunft spielt immer noch eine große Rolle, etwa bei der Vererbung von Vermögen, den Chancen im Bildungssystem oder den Zugängen zu gesellschaftlichen Schichten; dies sind die »feinen Unterschiede«, von denen Pierre Bourdieu spricht.

22 Diese Tatkraft kennt aus sich heraus zunächst keine Begrenzung. Deswegen ist sie immer in Gefahr, in eine sozialdarwinistische Haltung abzurutschen, wenn sie nicht eingebunden, begrenzt wird und die kreativen Energien konstruktiv auch für die Gesellschaft nutzbar gemacht werden. Deswegen hat sich der Liberalismus auch immer wieder dagegen verwahren müssen, lediglich eine Chiffre für das Recht des Stärkeren zu sein. Der Ordoliberalismus ist eben auch als Grenzziehung eines vernünftigen, für die Gesellschaft Vorteile bringenden Liberalismus (und dem hier eingekernten Gedanken der Freiheit) zu einem sozial schädlichen Freiheitsbegriff zu verstehen.

23 Noch heute schwingt dies in der Bestimmung des Grundgesetzes nach. Die Sonn- und Feiertage, so heißt es in einer aus der Weimarer Reichsverfassung übernommenen Regelung, dienten der »seelischen Erhebung« und seien deshalb als Tage der Arbeitsruhe gesetzlich geschützt (Art. 140 GG mit Verweis auf Art. 139 WRV).

24 Max Weber, »Die protestantische Ethik und der Geist des Kapitalismus«, in: *Gesammelte Aufsätze zur Religionssoziologie.* Tübingen 1947, S. 69.

25 Man sollte das, was Max Weber als einen Zusammenhang zwischen der protestantischen Ethik und dem Geist des Kapitalismus ausführlich beschrieben hat,

nicht verabsolutieren. In den katholischen Regionen spielte ein solches Denken weniger eine Rolle. Doch der tatsächliche Erfolg dieses Denkens zeigt sich darin, dass in Deutschland es vor allem die protestantischen Regionen waren, in denen Modernisierung und Industrialisierung besonders erfolgreich waren. Im europäischen Vergleich waren es nicht die katholischen Länder, in denen Frühformen der wirtschaftlichen Modernisierung zuerst auftraten, sondern England.

26 John Locke, *Zwei Abhandlungen über die Regierung.* Frankfurt am Main 1977, S. 217.

27 Albert O. Hirschmann, *Leidenschaften und Interessen. Politische Begründungen des Kapitalismus vor seinem Sieg.* Frankfurt am Main 1980.

28 Meinhard Miegel hat dies wie folgt beschrieben: »Der Kapitalismus tritt den Menschen nicht entgegen, so dass sie sich Aug in Aug mit ihm auseinandersetzen könnten. Vielmehr befindet er sich in ihnen und lebt durch sie. Erst durch ihr Denken, Fühlen und Handeln wird er existent. Würden die Menschen anders denken, fühlen und handeln, gäbe es ihn nicht.« Meinhard Miegel, *Hybris. Die überforderte Gesellschaft.* Berlin 2014, S. 64.

29 Vgl. Jürgen Kocka, *Geschichte des Kapitalismus.* München 2013.

30 Joseph Schumpeter, *Konjunkturzyklen.* Göttingen 2010, S. 234.

31 Unter anderem: Langdon Winner, *Autonomous Technology: Technics-out-of-Control as a Theme in Political Thought.* Cambridge 1977.

32 Der »Klassiker« ist hier das weitgehende Verbot von Fluorkohlenwasserstoffen (FCKW) wegen der schädlichen Nebenwirkungen für die Ozonschicht.

33 Adam Smith, *Wohlstand der Nationen.* Frankfurt am Main 2009, S. 9–10.

34 Konsum ist mittlerweile zu einem »Kulturideal« geworden; Besitz wird zum Träger von Identität, Erinnerungen und Gefühlen; Frank Trentmann, *Herrschaft der Dinge. Die Geschichte des Konsums vom 15. Jahrhundert bis heute.* München 2017, S. 916, 924.

35 Zu den Wechselwirkungen von Konsum und Nachhaltigkeit vgl. Enquete-Bericht *Wachstum, Wohlstand, Lebensqualität,* S. 708–739.

36 Paul Mason, *Postkapitalismus. Umrisse einer kommenden Ökonomie.* Berlin 2016; Jeremy Rifkin, *Die Null-Grenzkosten-Gesellschaft. Das Internet der Dinge, kollaboratives Gemeingut und der Rückzug des Kapitalismus.* Frankfurt am Main 2016.

4 Grundlagen der Sozialen Marktwirtschaft

1 Vgl. Peter Schaber, *Menschenwürde.* Stuttgart 2012.

2 Vgl. Franz Segbers, *Ökonomie, die dem Menschen dient. Die Menschenrechte als Grundlage einer christlichen Wirtschaftsethik.* Kevelaer 2015.

3 Text in: Geschäftsstelle Deutsches Global Compact Netzwerk (DGCN), *Leitprinzipien für Wirtschaft und Menschenrechte.* Berlin 2014 (https://www.globalcompact.de/wAssets/docs/Menschenrechte/Publikationen/leitprinzipien_fuer_

wirtschaft_und_menschenrechte.pdf). Zum Hintergrund und zur Entstehung der Leitprinzipien John Gerard Ruggie, *Just Business – Multinational Corporations and Human Rights.* New York 2013.

4 Vgl. Matthias Zimmer, *Moderne, Staat und internationale Politik.* Wiesbaden 2008.

5 Wilhelm Röpke, *Civitas humana. Grundfragen der Gesellschafts- und Wirtschaftsreform.* Zürich und Stuttgart 1979, S. 393.

6 Otfried Höffe, *Demokratie im Zeitalter der Globalisierung.* München 1999.

7 So die Grundnorm in § 1 Absatz 1 des Ersten Sozialgesetzbuches.

8 Vor allem die Entscheidung vom 9. Februar 2010, BVerfGE 125, 175–260.

9 Umgekehrt gilt auch, dass durch eine Legalisierung etwa weicher Drogen der Schwarzmarkt nicht vollständig ausgetrocknet wird. In Kanada wurde 2018 Cannabis legalisiert, der schwarze Markt nahm aber zu. Dies hatte zwei Gründe: Zum einen gab es ein Angebotsproblem, weil die notwendige Menge Cannabis nicht zur Verfügung gestellt werden konnte, um die Nachfrage zu befriedigen; zweitens waren die »legalen« Drogen teurer als die auf dem Schwarzmarkt erhältlichen.

10 Oder aus kulturellen Gründen. So war bis 1986 in Deutschland die Schlachtung von Hunden erlaubt; im 19. Jahrhundert scheint der Verzehr von Hundefleisch durchaus üblich gewesen zu sein. Heute ist der Handel mit Hundefleisch durch die Tierische Lebensmittel-Hygieneverordnung sogar strafrechtlich verboten. In Großbritannien und den USA ist Pferdefleisch verboten, in Italien und Frankreich als Nahrungsmittel durchaus akzeptiert. In Europa generell ist Rindfleisch unproblematisch, in hinduistischen Ländern hingegen verboten. Die Reihe ließe sich fortsetzen.

11 Die folgenden Absätze sind inspiriert von Michael Sandel, *Justice. What's the right thing to do?.* New York 2009.

12 Und vielfach hindert der Staat Menschen nicht, er wird selbst aktiv als Akteur im Transplantationshandel; besonders China ist hier immer wieder ins Fadenkreuz geraten. Berichte über Exekutionen, um Organe entnehmen zu können, haben immer wieder auch die westlichen Medien beschäftigt. Aber auch in anderen Staaten hat es die zwangsweise Organentnahme zum Verkauf gegeben. Das Problem lässt sich sicherlich aus ökonomischer Sicht durch ein höheres Angebot lösen, aber es gibt eben auch kulturelle Bedenken gegen Organentnahmen. Nachdenklich machen sollte auch, dass die Angebote meist aus autoritär regierten Staaten kommen, die Nachfrager häufig aus Staaten, die die Menschenrechte achten – mit der Ausnahme von Oman und Saudi-Arabien.

13 Vgl. Abbot Emerson Smith, *Colonists in Bondage. White Servitude and Convict Labor in America 1607–1776.* Chapel Hill 1947.

14 Das ist die Grundlage der Verhaltensökonomik; einführend Richard Thaler, *Misbehaving. Was uns die Verhaltensökonomik über unsere Entscheidungen verrät.* München 2018.

15 Erhard, *Wohlstand für alle,* S. 270.

16 Wilhelm Röpke, *Jenseits von Angebot und Nachfrage.* Düsseldorf 2009, S. 152.

17 Alfred Müller-Armack, »Die zweite Phase der Sozialen Marktwirtschaft. Ihre Ergänzung durch das Leitbild einer neuen Gesellschaftspolitik«, in: Ders., *Wirtschaftsordnung und Wirtschaftspolitik.* Bern und Stuttgart 1976, S. 267–291.

18 Alexander Rüstow, *Ortsbestimmung der Gegenwart. Eine universalgeschichtliche Kulturkritik. Band 3: Herrschaft oder Freiheit.* Zürich und Stuttgart 1957, S. 520.

19 Das erklärt Forderungen, Familienarbeit ebenfalls zu entlohnen; dazu Angelika Krebs, *Arbeit und Liebe. Die philosophischen Grundlagen sozialer Gerechtigkeit.* Frankfurt am Main 2002.

20 Zit. bei Gerhard Streminger, *Adam Smith. Wohlstand und Moral. Eine Biographie.* München 2017, S. 170.

21 Robert Nozick, *Anarchy, State and Utopia.* Oxford 1974. Nozick liefert die fulminante Verteidigung eines Staatstypus, über den die Geschichte schon hinweggegangen ist, zumindest in Europa. In den Vereinigten Staaten selbst wird er zum Stichwortgeber von Kräften, die in staatlicher Struktur insgesamt schon eine Einschränkung persönlicher Freiheit sehen.

5 Grundprinzipien der Sozialen Marktwirtschaft

1 Friedrich A. von Hayek, *Recht, Gesetzgebung und Freiheit, Bd. 2.* Landsberg am Lech 1981, S. 98.

2 Christoph Sachße, »Subsidiarität: Leitmaxime deutscher Wohlfahrtsstaatlichkeit«, in: Stephan Lessenich (Hrsg.), *Wohlfahrtsstaatliche Grundbegriffe. Historische und aktuelle Diskurse.* Frankfurt am Main und New York 2003, S. 190–212, 200.

3 Oswald von Nell-Breuning, *Gerechtigkeit und Freiheit. Grundzüge katholischer Soziallehre.* München 1985, S. 57.

4 Das ist freilich in der Soziallehre nicht unumstritten. Die thomistische Tradition sieht im Gemeinwohl einen Wert in sich und betont den Vorrang des integrierten Ganzen vor dem der Teile. In der Tradition des Solidarismus der Neuscholastik wird das Gemeinwohl auf seine institutionelle Funktion beschränkt. Hierzu mit weiteren Nachweisen Josef Isensee, *Subsidiaritätsprinzip und Verfassungsrecht. Eine Studie über das Regulativ des Verhältnisses von Staat und Gesellschaft.* Berlin 1968, S. 30–32.

5 Zu Brauns vgl. Hubert Mockenhaupt, *Die Arbeit menschlich ordnen. Heinrich Brauns – ein Leben für die soziale Gerechtigkeit.* Trier 1990.

6 Hans-Hermann Hartwich, *Sozialstaatspostulat und gesellschaftlicher Status quo.* Opladen 1970.

7 Erhard, *Wohlstand für alle,* S. 290.

8 Regierungserklärung Konrad Adenauers vom 29. Oktober 1957, Deutscher Bundestag, Plenarprotokoll, S. 20 f. (http://dipbt.bundestag.de/doc/btp/03/03003.pdf).

9 Vgl. Christoph Sachße, »Zur aktuellen Bedeutung des Subsidiaritätsstreits der 60er-Jahre«, in: Johannes Münder, Dieter Kreft (Hrsg.), *Subsidiarität heute.* Münster 1990, S. 32–43.

10 BVerfGE 22, S. 180 ff.

11 So die Kritik des SPD-Abgeordneten Jahn; zit. bei Münder und Kreft, *Subsidiarität heute*, S. 160.

12 So der Titel einer eher polemischen Broschüre des Instituts der deutschen Wirtschaft in Köln aus dem Jahr 2004.

13 Monopolkommission, *XII. Hauptgutachten: Marktöffnung umfassend verwirklichen.* Baden-Baden 1998, Tz. 641 ff.

14 § 2 Absatz 1 BSHG; das Gesetz war von 1962 bis 2004 in Kraft und wurde dann grundlegend reformiert. Seither ist die Sozialhilfe im Sozialgesetzbuch XII geregelt, die Grundsicherung für Arbeitssuchende im SGB II.

15 Dem Problem hatte man in einer ersten Phase versucht durch regelmäßige Hausinspektionen zu begegnen; die Inspektionen liefen ein wenig auf eine Geschlechtsverkehrsinspektion hinaus und waren in hohem Maße entwürdigend – für die Inspizierten als auch die Inspizierenden.

16 Vgl. Stephen Buckle, *Natural Law and the Theory of Property: Grotius to Hume.* Oxford 1991.

17 Arthur F. Utz, »Die Eigentumslehre des Hl. Thomas von Aquin«, in: Ders., *Ethik und Politik. Grundfragen der Gesellschafts-, Wirtschafts- und Rechtsphilosophie*, hrsg. von Heinrich B. Streithofen. Stuttgart 1970, S. 376–415, 386.

18 Die beste Darstellung der Initiativen aus der Union bietet Yorck Dietrich, *Eigentum für jeden. Die vermögenspolitischen Initiativen der CDU und die Gesetzgebung 1950–1961.* Düsseldorf 1996.

19 Darstellung bei Udo Zolleis, *Die CDU. Das politische Leitbild im Wandel der Zeit.* Wiesbaden 2008, S. 109–125.

20 *Ein Gesetzesvorschlag über »Das Miteigentum von Arbeitnehmern«*, hrsg. von den Sozialausschüssen der CDA. Königswinter 1957.

21 Franz Focke, *Sozialismus aus christlicher Verantwortung. Die Idee eines christlichen Sozialismus in der katholisch-sozialen Bewegung und in der CDU.* Wuppertal 1978, S. 113 f.

22 Dietrich, *Eigentum für jeden,* S. 256–258.

23 Debatte im Deutschen Bundestag am 26. Juni 1956, Sten. Ber. II, S. 8306 D.

24 Hans Katzer, Rede in Oldenburg am 5. Juli 1969, zit. in: *Eigentum für alle*, hrsg. von der CDU Deutschland, Bonn 1969.

25 Zum Burgbacher-Plan Günter Buchstab, »Vom Mitarbeiter zum Miteigentümer. Der Burgbacher-Plan von 1969«, in: *Historisch-Politische Mitteilungen*, Heft 7, 2000, S. 269–288; dort ist der Plan auch dokumentiert.

26 Anders Müller-Armack, der sich nicht nur als Ökonom, sondern auch als christlich inspirierter Kultursoziologe verstand.

27 Erhard, *Wohlstand für alle*, S. 269 f.

28 Vgl. Marc Mathieu, *Annual Economic Survey of Employee Ownership in European Countries 2016.* Brüssel 2017.

29 Vgl. Michael Borchard und David Gregosz, »Sozialpartnerschaft als Investition in eine stabile Gesellschaft«, in: *Die politische Meinung*, Nr. 494/495, Januar/Februar 2011, S. 101–106; spezifisch am Beispiel der Automobilindustrie Heiner Dribbusch, »Sozialpartnerschaft und Konflikt: Gewerkschaftliche Krisenpolitik am Beispiel der deutschen Automobilindustrie«, in: *Zeitschrift für Politik*, 59 (2012), S. 123–143.

30 Thomas Haipeter, »Sozialpartnerschaft in und nach der Krise: Entwicklungen und Perspektiven«, in: *Industrielle Beziehungen. Zeitschrift für Arbeit, Organisation und Management*, 19 (2012), 4, S. 387–411, 409.

31 Joseph Höffner, »Neoliberalismus und christliche Soziallehre«, in: Ders., *Ausgewählte Schriften. Band 3: Wirtschaftsordnung und Wirtschaftsethik*, hrsg. von Ursula Nothelle-Wildfeuer und Jörg Althammer. Paderborn 2014, S. 289–297, 296.

32 Thomas Hobbes, *Leviathan oder Stoff, Form und Gewalt eines kirchlichen und bürgerlichen Staats*, hrsg. von Iring Fetscher. Frankfurt am Main 1984, S. 96.

33 Ebd., S. 75.

34 Franz Böhm, *Die Aufgaben der freien Marktwirtschaft.* München 1951, S. 37.

35 Wenn »survival of the fittest« heißt, dass der Größte auch eben derjenige ist, der am besten angepasst ist, dann bedeutet dies, wie es Roger Garaudy einmal formuliert hat, die Freiheit des Fuchses im freien Hühnerstall. Eine solche Überbetonung der Freiheit scheint zumindest bei von Hayek gegeben; vgl. Sibylle Tönnies, »Liberale Kritik«, S. 160.

36 Der deutsche Begriff »Wildunfall« trifft die Dimension des amerikanischen Begriffs »roadkill« nicht annähernd. Es geht beim roadkill nämlich um die hingenommenen Opfer bei normalem Verkehrsfluss, einer besonderen Form mangelnder Wettbewerbsfähigkeit bei den am Straßenrand durch Unfall verendeten Tieren.

37 Ich habe hier nur Berufe genannt, die sich auch in deutschen Namen widerspiegeln und insofern weiterleben.

38 Joseph Schumpeter, *Kapitalismus, Sozialismus, Demokratie,* S. 136 ff.; heute spricht man eher von »disruptive technologies«; vgl. Clayton M. Christensen, *The Innovators' Dilemma. Warum etablierte Unternehmen den Wettbewerb um bahnbrechende Innovationen verlieren.* München 2011.

39 Immanuel Kant, »Beantwortung der Frage: Was ist Aufklärung?«, in: *Werke*, hrsg. von Wilhelm Weischedel, Band VI. Darmstadt 2005, S. 53–61, 53; John Locke, *Über den richtigen Gebrauch des Verstandes,* Hamburg 1978, S. 4.

40 So Artikel I der Erklärung der Menschen- und Bürgerrechte; vgl. Marcel Gauchet, *Die Erklärung der Menschenrechte. Die Debatte um die bürgerlichen Freiheiten 1789.* Hamburg 1991.

41 Edmund Burke, *Betrachtungen über die französische Revolution.* Frankfurt am Main 1967; die »Reflections on the Revolution in France« sind bereits im November 1790 erschienen.

42 Armin Mohler, *Gegen die Liberalen.* Schnellroda 2011, S. 13–15.

43 Dies wird besonders deutlich in der Enzyklika *Quanta cura* von Pius IX. aus dem Jahr 1864, in der die »freigeistigen Irrlehren« feierlich verurteilt wurden; der Papst forderte, dass »alle Söhne der Katholischen Kirche sie voll und ganz zurückgewiesen, verboten und verdammt betrachten«. Was waren nun aus der Sicht der Kirche diese Lehren? Erstens, der Naturalismus und die Lehre von der ungezügelten Freiheit, vor allem aber die Meinungsfreiheit und die Religionsfreiheit, die als Freiheit zum Verderben bezeichnet wird; die Verfolgung der religiösen Orden; die Verstaatlichung der Erziehung; die Untergrabung kirchlicher Autorität durch die Behauptung des Primats staatlichen Rechts. Als Anlage war der Enzyklika eine Liste beigefügt, in der 80 Irrtümer des Zeitgeistes aufgezählt waren, gegen die sich die Kirche zur Wehr setzte (der *Syllabus errorum*). Da sich die Kirche sowohl gegen den Liberalismus als auch gegen den demokratischen Staat und seine Rechtsgarantien richtete – der moderne liberale Staat verstand sich als religionsneutral und säkular –, kam es zu Spannungen, die in Deutschland im Kulturkampf mündeten, der noch lange danach die politische Kultur bestimmte und das Verhältnis der Kirche zu den Liberalen, die sich besonders durch Angriffe gegen die Katholiken hervortaten, prägte. Die Kulturkampfjahre blieben, urteilt Thomas Nipperdey, »nicht nur die prägenden Erinnerungen, sondern auch die prägenden Erfahrungen der nachkommenden Generationen. Brückenschläge gab es an der Spitze, kaum im täglichen Leben«; Thomas Nipperdey, *Deutsche Geschichte 1866–1918. Band II: Machtstaat vor der Demokratie.* München 1993, S. 381. Die Frage, inwieweit die Kirche und die Gläubigen sich aber den Ergebnissen der Revolution von 1789 akkommodieren konnten, blieb im 19. Jahrhundert nicht nur in Deutschland virulent. Hierzu die brillante Studie von Hans Maier, *Revolution und Kirche. Zur Frühgeschichte der Christlichen Demokratie* (= *Gesammelte Schriften, Band 1*). München 2006.

44 Wilhelm Röpke, *Maß und Mitte.* Zürich 1979, S. 19 f.

45 Dies wäre lohnender Gegenstand einer sehr viel weiteren Erörterung. Gerade die Absage der Universitäten an eine klassische Bildungsidee zugunsten einer Vielzahl sinn- und nutzloser Ausbildungsgänge ist ein Problem, nicht nur deshalb, weil man in komplexer werdenden Gesellschaften auch Menschen braucht, die diese Komplexität noch auf eine Ordnung hin integrieren können; stattdessen wird durch die ungehemmte Proliferation der Studiengänge einer weiteren Spezialisierung Vorschub geleistet, die selbst immer weniger in der Lage ist, in Ganzheiten zu denken. Hinzu kommt eine Trendwende selbst in den Geisteswissenschaften, die nicht mehr auf die Bildung von Persönlichkeiten, sondern die Vermittlung verwertbaren Wissens abzielt. Zur Kritik dazu Martha Nussbaum, *Not For Profit. Why Democracy Needs the Humanities.* Princeton, Oxford 2010.

46 Albert O. Hirschmann, *Leidenschaften und Interessen. Politische Begründungen des Kapitalismus vor seinem Sieg.* Frankfurt am Main 1980.

47 Besonders überzeugend etwa bei Frank Schirrmacher, *Ego. Das Spiel des Lebens.* München 2013.

48 Robert Axelrod, *The Evolution of Cooperation.* New York 1984.

49 Es lohnt sich festzuhalten, dass der »ehrbare Kaufmann« eine individuelle Tugend ist, nicht eine von Unternehmen, und schon gar nicht von Unternehmen, die nicht inhabergeführt sind. Bei den heutigen, von angestellten Managern besorgten Unternehmen ist es üblich, sich einen Verhaltenskodex zuzulegen (*Corporate Social Responsibility*), der bei einem ehrbaren Kaufmann nicht nötig ist. André Habisch, »Unternehmensethik«, in: *Handbuch der katholischen Soziallehre*, hrsg. von Anton Rauscher. Berlin 2008, S. 591–603.

50 David Hume, *A Treatise on Human Nature*, hrsg. von P. H. Nidditch. Oxford 1978, S. 481.

51 Vgl. Gauchet, *Die Erklärung der Menschenrechte*, S. 109–116.

52 Insofern hatte die Erklärung der Menschenrechte durchaus etwas Zwiespältiges. Wer war denn der Adressat der Erklärung? Graf Mirabeau jedenfalls erklärte in entwaffnender Offenheit, man habe nicht die Rechte der Kaffern, der Eskimos, auch nicht der Dänen oder Russen erklärt (zit. bei Gauchet, *Erklärung der Menschenrechte*, S. 110). Folglich konnten es nur die Rechte der Franzosen sein, wenn und insoweit Rechte eben nicht nur appellativen Charakter haben, sondern einklagbar sein sollten. Das revolutionäre Subjekt in Frankreich, die Nation, wurde dann in der Verfassung von 1791 genauer definiert: Wer war unter welchen Umständen Franzose, wer war es nicht, und welche Regeln galten bei der Einbürgerung? Solche Fragen werden dann wichtig, wenn sich die Nation nicht nur als Quelle der Legitimation politischer Macht versteht, sondern auch den Kreis bezeichnet, innerhalb dessen der Begriff der Brüderlichkeit seinen Sinn erhält.

53 Hierzu Henning Ritter, *Nahes und fernes Unglück. Versuch über das Mitleid.* München 2005; Lynn Hunt, *Inventing Human Rights. A History.* New York 2007; Hans Joas, *Die Sakralität der Person. Eine neue Genealogie der Menschenrechte.* Frankfurt am Main 2015.

54 Vgl. Kurt Bayertz, »Begriff und Problem der Solidarität«, in: *Solidarität. Begriff und Problem*, hrsg. von Kurt Bayertz. Frankfurt am Main 1998, S. 11–53.

55 Das ist der Grund dafür, warum im Sozialgesetzbuch einschränkende Bedingungen des Bezugs sozialer Leistungen für Ausländer formuliert werden. Das gilt auch für Einschränkungen, denen (trotz der Freizügigkeit) Bürger von Mitgliedsstaaten der EU unterliegen. Hierzu vor allem die EuGH-Urteile im Fall Dano aus dem Jahr 2014 (EuGH, Rs. C-333/13), Alimanovic aus 2015 (EuGH Rs. C-67/14) und Garcia Nieto aus dem Jahr 2016 (EuGH Rs. C-299/14).

56 So sah aber Paul Lafargue, der Schwiegersohn von Karl Marx, die künftige kommunistische Ordnung als eine, die den Arbeitszwang aufhebt; er wendet sich gleichzeitig gegen den hohen Stellenwert, den Arbeit in der Gesellschaft hat (er spricht vom »Dogma der Arbeit«), und stellt dem unter anderem die Erfahrungen von »Angehörigen primitiver Völkerschaften« entgegen, die noch nicht von dem »vergifteten Hauch der Zivilisation« befleckt seien. Das kleine Büchlein ist

bewusst zugespitzt geschrieben und hat pamphletartigen Charakter: Paul Lafargue, *Das Recht auf Faulheit & persönliche Erinnerungen an Karl Marx*, hrsg. und eingeleitet von Iring Fetscher. Frankfurt am Main 1966. Während Fetscher in seiner Einleitung noch verständnisvoll einführt, spiegelt die autoritative Darstellung des Marxismus von Leszek Kolakowski die deutliche Ablehnung wider, der Lafargue und seine Schriften ausgesetzt waren und sind. Das Kapitel über Lafargue ist überschrieben mit »Paul Lafargue – der hedonistische Marxismus« und macht schnell deutlich, dass man es hier in der Theorietradition keineswegs mit einem eigenständigen Denker zu tun habe; Bedeutung habe er lediglich für die Einführung des Marxismus in Frankreich. Vgl. Leszek Kolakowski, *Die Hauptströmungen des Marxismus. Entstehung, Entwicklung, Zerfall. Band 2.* München 1978, S. 163–171. Lafargue scheint mir aber, zumindest im linken Lager, der unausgesprochene Stichwortgeber für alle diejenigen zu sein, die ein bedingungsloses Grundeinkommen propagieren.

57 Die SPD hat sich spätestens mit dem Godesberger Programm von 1959 vom Klassenkampf verabschiedet und damit auch von einem Begriff der Solidarität, der sich auf eine Klasse beschränkt; selbst im linken Lager hat die traditionelle Konnotation der Solidarität aus dem Geist der Arbeiterbewegung nur noch nostalgischen Charakter. Selbst ein Internationalismus, der unter Solidarität heute sich nicht entblödet, diese als »Zärtlichkeit unter den Völkern« zu charakterisieren, muss sich vorwerfen lassen, dass dies ein Solidaritätsbegriff auf der intellektuellen Höhe von Gartenlaubenliteratur ist.

58 Franz Böhm, »Die Idee des Ordo im Denken Walter Euckens«, *ORDO*, 3 (1950), XVI–LXIV, XVI.

59 So das Argument, aus Gründen der Pressefreiheit müsse der Zeitungsausträger vom Mindestlohn befreit werden, oder aus Gründen betrieblicher Abläufe müsse es erlaubt sein, im Servicebereich von Gaststätten die Arbeitszeitbegrenzung aufzuheben.

60 Zumal wir seit der berühmten Studie über die Arbeitslosen in Marienthal einigermaßen im Bild sind über die soziale Folgewirkung von Arbeitslosigkeit. In Marienthal hatte als Folge der Weltwirtschaftskrise die Fabrik geschlossen, die einmal Grund für die Entstehung der Arbeitersiedlung gewesen war. Auf Anregung von Otto Bauer hatte ein Team von Sozialwissenschaftlern die sozialen und gesellschaftlichen Folgen von Massenarbeitslosigkeit untersucht, die bis hin zu einem Zerfall sozialer Beziehungen führten; vgl. Marie Jahoda, Paul Felix Lazarsfeld, Hans Zeisel, *Die Arbeitslosen von Marienthal. Ein soziographischer Versuch über die Wirkungen langandauernder Arbeitslosigkeit.* Leipzig 1933.

61 Vgl. Matthias Zimmer, »Grenzen der Solidarität«, *Merkur*, 65.5 (Mai 2011), Heft 744, S. 415–423.

62 Der Begriff »Fernstenliebe« taucht erstmals bei Friedrich Nietzsche auf. »Meine Brüder«, schrieb er, »zur Nächstenliebe rate ich euch nicht: Ich rate euch zur Fernsten-Liebe.« (»Also sprach Zarathustra«, in: Friedrich Nietzsche, *Werke in zwei Bänden, Band 1.* München 1967, S. 545–778; 585). Etwas früher heißt es: »Die Ferneren sind es, welche eure Liebe zum Nächsten bezahlen, und schon wenn ihr zu

fünfen miteinander seid, muss immer ein sechster sterben« (ebd.). Das Auseinanderfallen von Sozial- und Schadensbeziehungen hat dann später Hans Jonas zu seiner Ethik der Fernverantwortung angeregt. Dessen kategorischer Imperativ lautet: »Handle so, dass die Wirkungen deiner Handlung verträglich sind mit der Permanenz echten menschlichen Lebens auf Erden.« (Hans Jonas, *Das Prinzip Verantwortung*. Frankfurt am Main 1979, S. 36.) Diese Formulierung schließt nicht nur künftige Generationen ein, sondern lenkt auch den Blick auf die Beziehungen von Wohlstand und menschlichem Leid anderswo. Nietzsches Ermahnung zeigt, dass uns das Wohlergehen der Nächsten (vor allem derer, die mit uns in einer »Volks«-Wirtschaft leben) wichtiger ist als das fremde Leid, das damit verknüpft ist.

63 *Herders Sozialkatechismus, Band 1*, bearbeitet von P. Eberhard Welty. Freiburg 1952, S. 134 f.

64 Oswald von Nell-Breuning, *Gerechtigkeit und Freiheit. Grundzüge katholischer Soziallehre*. München 1985, S. 54.

65 Das Prinzip der Reziprozität ist eng verwandt mit den in den vormodernen Gesellschaften etablierten Tauschsystemen und der Soziologie der Gabe, die vor allem von Marcel Mauss beschrieben wurde. Vgl. Alain Caillé, *Anthropologie der Gabe*. Frankfurt am Main 2008; zur Anwendung auf moderne Gesellschaften vgl. Frank Adloff, Steffen Mau (Hrsg.), *Vom Geben und Nehmen. Zur Soziologie der Reziprozität*. Frankfurt am Main 2005.

66 Institut für Sozialforschung und Gesellschaftspolitik (ISG), *Unabhängige wissenschaftliche Untersuchung zur Erforschung der Ursachen und Auswirkungen von Sanktionen nach § 31 SGB II und nach dem SGB III in NRW*. Köln 2013 (https://www.isg-institut.de/download/ISG_Endbericht_2013_Sanktionen_NRW.pdf).

67 So hat Joseph Höffner vor dem »totalen Unternehmer« gewarnt – keine Zeit mehr für Frau und Kinder, keine Zeit mehr für das Schöne, keine Zeit mehr für das Religiöse, keine Zeit mehr für Gott; Joseph Höffner, »Das Ethos des Unternehmertums«, in: Ders., *Ausgewählte Schriften, Band 4: Arbeit – Eigentum – Mitbestimmung*, hrsg. von Ursula Nothelle-Wildfeuer und Jörg Althammer. Paderborn 2014, S. 225–237, 237.

68 Ebd., S. 226.

69 Röpke, *Jenseits von Angebot und Nachfrage*, S. 345.

70 Eucken, *Grundsätze der Wirtschaftspolitik*, S. 280.

71 Ebd.; ein solcher Unternehmer hätte eben nicht eine Firma wie Monsanto aufgekauft, die wegen des Herbizids Glyphosat unkalkulierbare Prozessrisiken in sich trug; Bayer hat es getan. Als Folge verlor Bayer deutlich an Wert. Im April 2019 wurde der Vorstand von Bayer aus diesem Grund nicht entlastet; strafrechtliche oder zivilrechtliche Konsequenzen hat dies indes nicht.

72 Ebd., S. 281.

73 Joachim Schwalbach, »Ehrbare Kaufleute als Leitbild verantwortungsvoller Unternehmensführung. Geschichte und Perspektiven«, in: *Zeitschrift für Wirtschafts- und Unternehmensethik*, 17/2 (2016), S. 216–231.

74 Das wird schon an einigen Bestimmungen des Bürgerlichen Gesetzbuches deutlich, wenn etwa von »Treu und Glauben« die Rede ist (§§ 157, 242 BGB) oder die »Sittenwidrigkeit« angesprochen ist (§§ 138, 826); damit wird nicht nur eine bestimmte moralische Aufrichtigkeit vorausgesetzt, sondern auch das Wissen um den Unterschied von Legitimität und Legalität.

75 So zumindest die starke These von Francis Fukuyama, *Trust: The Social Virtues and the Creation of Prosperity.* New York 1995.

76 Vgl. Janko Tietz, »Die Millionen der Schlecker-Familie«, *Der Spiegel,* 10/2017 (https://www.spiegel.de/spiegel/schlecker-prozess-trotz-pleite-hat-die-familie-ein-millionen-vermoegen-a-1137272.html).

77 Der Firmengründer Anton Schlecker wurde zu einer Gefängnisstrafe auf Bewährung verurteilt, seine beiden Kinder erhielten eine Freiheitsstrafe ohne Bewährung.

78 Eucken, *Grundsätze der Wirtschaftspolitik,* S. 281 ff.

79 Abschlussbericht Deutscher Bundestag, Drs. 18/12700 vom 20. Juni 2017; (https://www.djt.de/fileadmin/downloads/72/Beschluesse_gesamt_final.pdf).

80 Vgl. Susanne Schmidt, *Markt ohne Moral: Das Versagen der internationalen Finanzelite.* München 2010; aus der Sicht eines Insiders vgl. Lawrence G. McDonald mit Patrick Robinson, *Dead Bank Walking: Wie Lehman Brothers zusammenbrach.* Hamburg 2010.

81 Hier vor allem Christian Felber, *Gemeinwohlökonomie.* München 2018. Ich halte die Idee der Gemeinwohlökonomie für die stärkste Alternative zum rein auf Profit ausgerichteten Modell des Kapitalismus. Die Gemeinwohlökonomie ist mit der Sozialen Marktwirtschaft und den grundgesetzlichen Rahmenbedingungen vereinbar, mehr noch: Die Gemeinwohlorientierung des Eigentums (und damit des Wirtschaftens insgesamt) im Grundgesetz steht einer Gemeinwohlökonomie grundsätzlich aufgeschlossen gegenüber. In der Verfassung des Freistaates Bayern wird explizit hervorgehoben, dass die gesamte wirtschaftliche Tätigkeit dem Gemeinwohl dient (Art. 151). Überdies hat die Gemeinwohlökonomie schon ihre Praxistauglichkeit bewiesen, weil nicht nur Unternehmen, sondern auch Kommunen eine Gemeinwohlbilanz führen. Es fehlt aber am Mut, Grundprinzipien der Gemeinwohlökonomie verbindlich durch Gesetzgebung einzuführen.

82 Die Musterfeststellungsklage, die am 1. November 2018 eingeführt worden ist, kann hier als ein erster Schritt angesehen werden; sie bedarf aber der prozessualen Erweiterung zu einer Gruppenklage. So hat es auch der Deutsche Juristentag 2018 in Leipzig gesehen; vgl. https://www.djt.de/fileadmin/downloads/72/Beschluesse_gesamt_final.pdf

83 Hierzu gab es im Wahlkampf 2017 eine lebhafte Debatte, ausgelöst durch eine hohe Abfindung einer VW-Managerin nach nur einem Jahr Tätigkeit im Betrieb. Sie erhielt dafür 12,5 Millionen Euro Abfindung und eine monatliche Rente von 8000 Euro – was auch deshalb bemerkenswert war, weil das Land Niedersachsen als Anteilseigner diesem Vertrag zugestimmt hatte.

84 »Keimzelle des Staates« stammt aus den Frankfurter Leitsätzen, die beiden anderen Zitate sind den Kölner Leitsätzen der CDU entnommen.

85 Eberhard Welty, *Die Entscheidung in die Zukunft. Grundsätze und Hinweise zur Neuordnung im deutschen Lebensraum.* Heidelberg 1946, S. 117, 119.

86 Ebd., S. 132.

87 So jedenfalls Wilhelm Röpke, *Die Gesellschaftskrisis der Gegenwart.* Zürich 1948, S. 88.

88 Heinz Lampert, »Aufgaben und Ziele der Familienpolitik«, in: Anton Rauscher (Hrsg.), *Handbuch der katholischen Soziallehre.* Berlin 2008, S. 341–353, bes. S. 343, 345.

89 Hans Willgerodt, »Familienlastenausgleich und Sozialreform«, in: *ORDO*, 8 (1956), S. 123–171, 159. Willgerodt war der Neffe von Wilhelm Röpke, lange Jahre Schriftleiter von ORDO und Nachfolger von Alfred Müller-Armack auf dem Lehrstuhl in Köln.

90 Schreiben der Bezirksregierung Koblenz an die Landesregierung Rheinland-Pfalz vom 25.10.1954, zitiert in: Ursula Münch, »Familien-, Jugend- und Altenpolitik«, in: *Geschichte der Sozialpolitik in Deutschland seit 1945. Band 3: 1949–1957*, hrsg. von Günther Schulz. Baden-Baden 2005, S. 598–651, 608.

91 Hierzu Dagmar Nelleßen-Strauch, *Der Kampf um das Kindergeld. Grundanschauungen, Konzeptionen und Gesetzgebung 1949–1964.* Düsseldorf 2003.

92 Zu den Veränderungen vgl. Ute Frevert, *Frauen-Geschichte. Zwischen bürgerlicher Verbesserung und neuer Weiblichkeit.* Frankfurt am Main 1986, S. 253–272.

93 Oswald von Nell-Breuning, *Gerechtigkeit und Freiheit. Grundzüge katholischer Soziallehre.* München 1985, S. 65.

94 Dies sei hier lediglich festgestellt, nicht bewertet.

95 Vgl. Claus Schäfer, »Kindergrundsicherung«, in: *Sozialpolitik und Sozialstaat. Festschrift für Gerhard Bäcker*, hrsg. von Reinhard Bispinck. Wiesbaden 2012, S. 117–134.

96 Das bedeutet nicht, dass es nicht Menschen gibt, die mehrere Jobs brauchen, um ihren Lebensunterhalt finanzieren zu können. Die Regel ist es aber nicht, sondern diese ist von einem Beruf gekennzeichnet, und nur einem; und dieser eine Beruf ist auskömmlich für den Lebensunterhalt und definiert häufig auch den Menschen und seine Rolle im Erwerbsprozess.

97 Emile Durkheim, *Über soziale Arbeitsteilung. Studie über die Organisation höherer Gesellschaften.* Frankfurt am Main 1992.

98 In der katholischen Soziallehre (und im normalen Wortgebrauch) ist Gerechtigkeit auch eine individuelle Tugend. Wenn im Folgenden von Gerechtigkeit die Rede ist, ist damit immer soziale, also auf das menschliche Zusammenleben insgesamt gerichtete Gerechtigkeit gemeint.

99 So jedenfalls John Rawls, der die Gerechtigkeit als erste Tugend sozialer Institutionen bezeichnet. Freilich steht dies bei Rawls in Zusammenhang mit einer

vertragstheoretischen Begründung von Gerechtigkeit, die hier nicht weiter diskutiert werden kann. John Rawls, *Eine Theorie der Gerechtigkeit.* Frankfurt am Main 1979, S. 20.

100 Zum Thema einführend Elisabeth Holzleithner, *Gerechtigkeit.* Wien 2009; Felix Heidenreich, *Theorien der Gerechtigkeit. Eine Einführung.* Opladen 2011; aus theologischer Sicht Markus Witte (Hrsg.), *Gerechtigkeit.* Tübingen 2012; mit Blick über den Nationalstaat hinaus Henning Hahn, *Globale Gerechtigkeit. Eine philosophische Einführung.* Frankfurt am Main 2009.

101 So spiegeln die Schullaufbahnen immer noch sehr häufig den sozialen Status der Eltern wider. Dafür gibt es viele Gründe: Man kann sich bessere Bildungsabschlüsse »kaufen«, das häusliche Umfeld ist vielleicht eher auf akademische Milieus ausgerichtet und vieles mehr. Gleichwohl: Bildungsabschlüsse spielen zwar eine Rolle bei der Höhe künftiger Verdienstmöglichkeiten, aber längst sind viele handwerkliche Berufe mit Einkommen verbunden, von denen mancher Akademiker nur träumen kann.

102 Die Frage von gleicher Bezahlung bei Männern und Frauen ist seit vielen Jahren ein kontroverses Thema, der »gender pay gap«, also die ungleiche Bezahlung nach Geschlecht, hat hier immer wieder für Debatten gesorgt. Das sogenannte Entgelttransparenzgesetz von 2017 versuchte vor allem durch eine individuelle und betriebliche Auskunftspflicht zur Überprüfung der Entgeltgleichheit Abhilfe zu schaffen.

103 Vgl. Marion Weckes, *Manager to Worker Pay Ratio 2017. Das Verhältnis der Vorstandsvergütung zur Mitarbeitervergütung im DAX 30.* Düsseldorf 2018 (https://www.boeckler.de/pdf/p_mbf_report_2018_44.pdf).

104 Das Argument unterstellt, es gebe keine intrinsische oder soziale Motivation zur Aufnahme einer Arbeit; das ist aber häufig der Fall. Arbeit hat eben auch soziale Aspekte sowie Aspekte der Sinnstiftung und kann nicht ausschließlich in Kosten-Nutzen-Kalkülen beurteilt werden.

105 Victor J. Vanberg, »Marktwirtschaft und Gerechtigkeit. Zu F. A. Hayeks Kritik am Konzept der ›sozialen Gerechtigkeit‹«, in: *Freiburger Papiere zur Ordnungsökonomik,* 5/2011 (https://www.econstor.eu/bitstream/10419/4358/1/05_11bw.pdf). Hayek versteht unter »soziale Gerechtigkeit« zudem auch nur die distributive Gerechtigkeit.

6 Grundprobleme

1 Im Paradies war Arbeit die Mitschöpfung (Gen 2,15); nach der Vertreibung aus dem Paradies änderte sich die Form der Arbeit, die nun als Mühsal empfunden wurde (Gen 3,19). Nicht die Arbeit war hier verflucht, sondern sie wurde unter die Notwendigkeit der Selbsterhaltung und in die Gefahr des Scheiterns gestellt.

2 Unter Fordismus wird eine Produktionsweise verstanden, die auf Massenproduktion ausgelegt ist, ein hohes Maß an Standardisierung anstrebt sowie eine hohe

Fertigungstiefe; gleichzeitig sollten die Arbeiter durch hohe Löhne instand gesetzt werden, sich auch das von ihnen hergestellte Produkt leisten zu können. Der Fordismus baute wohl nicht unwesentlich auf den Arbeiten von Frederick Winslow Taylor auf, der versucht hatte, Prinzipien des Managements wissenschaftlich zu begründen und die Zerlegung von Arbeitsabläufen effizient zu gestalten (Taylorismus). In der Vergangenheit, lässt Taylor wissen, hätten die Persönlichkeiten an erster Stelle gestanden, in Zukunft würden Organisation und das System an erste Stelle treten. Deutlicher kann man die Verachtung für den Menschen und das potenziell Totalitäre dieser Management- und Produktionsideen nicht formulieren; vgl. Frederick W. Taylor, *Die Grundsätze wissenschaftlicher Betriebsführung.* Düsseldorf 2004, S. 4. Ironischerweise passt das Taylor'sche Produktionsprinzip bestens zu der Produktionsweise im Kommunismus und wurde dort sogar zu einer Art Massenbewegung. Vgl. Anson Rabinbach, *The Human Motor. Energy, Fatigue, and the Origins of Modernity.* New York 1990, S. 272.

3 Wenn ab den 1970ern von der »Humanisierung der Arbeitswelt« die Rede war, zielte dies auch auf eine Reduzierung von tayloristischen Elementen.

4 Vgl. Manfred Brocker, *Arbeit und Eigentum. Der Paradigmenwechsel in der neuzeitlichen Eigentumstheorie.* Darmstadt 1992.

5 Smith war eben auch Moralphilosoph und betrachtete die Wirtschaft nicht als eigengesetzlich operierendes System, sondern stellte es selbstverständlich unter den Primat moralischer Überlegungen. So ist zu verstehen, warum Smith auch den »gerechten Lohn« einfordert: Es ist ein Lohn, der es einem Arbeiter erlaubt, sich selbst und seine Familie zu ernähren.

6 Aber eben nur beinahe, denn es gab tatsächlich moderate Wachstumsraten, aber eben eher im Schneckentempo. Vgl. Karl-Heinz Paqué, *Wachstum! Die Zukunft des globalen Kapitalismus.* München 2010, S. 6 ff.

7 Aus diesem Kontext stammt das Wort Rudyard Kiplings von der »Last des weißen Mannes«: Der Last nämlich, die Zivilisation und ihre Errungenschaften zu den weniger zivilisierten Völkern zu bringen, auch gegen deren Willen.

8 Vgl. Carolyn Merchant, *The Death of Nature. Women, Ecology and the Scientific Revolution.* New York 1980.

9 Joseph Townsend, *Über die Armengesetze. Streitschrift eines Menschenfreunds*, hrsg. und mit einem Nachwort von Philipp Lepenies. Frankfurt am Main 2011, S. 15.

10 Ein ferner Widerhall dieser Auffassung findet sich noch im *3. Armuts- und Reichtumsbericht* der Bundesregierung von 2008. Dort heißt es: »Dauerhafte Abhängigkeit von sozialer Fürsorge führt zu einer Verfestigung von Armut – teilweise über Generationen hinweg – und muss vermieden werden.« (S. 1)

11 Das gab es in der Bundesrepublik noch bis 1969; Ersttäter konnten bis zu zwei Jahren in ein Arbeitshaus eingewiesen werden, bei Wiederholung bis zu vier Jahren. Ziel war es, den Verurteilten »zur Arbeit anzuhalten und an ein gesetzmäßiges und geordnetes Leben zu gewöhnen« (§ 42d StGB). Dieser Paragraph wurde 1969 aufgehoben.

12 Volker Stamm, *Ursprünge der Wirtschaftsgesellschaft. Geld, Arbeit und Zeit als Mittel von Herrschaft.* Frankfurt am Main 1982, S. 117–124.

13 Eucken, *Grundsätze der Wirtschaftspolitik,* S. 322.

14 Müller-Armack, *Diagnose unserer Gegenwart,* S. 277.

15 Ernst Leuninger, *Einführung in die katholische Soziallehre,* Münster 2009, S. 191.

16 Ausführlich Michael Thielen, Matthias Zimmer (Hrsg.), *Die Zukunft der Arbeit. Christlich-soziale Perspektiven.* Sankt Augustin/Berlin 2013.

17 Elmar Nass, »Sinn und Bedeutung der Arbeit«, in: *Handbuch der katholischen Soziallehre,* hrsg. von Anton Rauscher. Berlin 2008, S. 435–443, 436.

18 Im CDU-Grundsatzprogramm von 1994 taucht hierzu erstmals auch eine Formulierung auf. Dort heißt es: »Arbeit ist die Grundlage individueller und gesellschaftlicher Existenz, damit ein wesentlicher Bestandteil des menschlichen Lebens und Möglichkeit der personalen Entfaltung. Deshalb streben wir Vollbeschäftigung an.« Grundsatzprogramm Hamburg 1994, Rdnr. 94.

19 Hannah Arendt, *Vita activa oder Vom tätigen Leben.* München 1981.

20 Karl Marx hatte prophezeit, die »klassenlose Gesellschaft« des Kommunismus werde den »totalen Menschen« schaffen und die gesellschaftliche Arbeit durch »freie Tätigkeit« ersetzen. Sie werde jedem Einzelnen ermöglichen, »heute dies, morgen jenes zu tun, morgens zu jagen, nachmittags zu fischen, abends Viehzucht zu treiben, nach dem Essen zu kritisieren, wie ich gerade Lust habe, ohne je Jäger, Fischer, Hirt oder Kritiker zu werden«. Karl Marx und Friedrich Engels: »Die deutsche Ideologie«, in: *Marx-Engels-Werke (MEW), Band 3.* Berlin 1984, S. 9–530, 33; das ist das Gegenstück zu einer Arbeit im Reich der Notwendigkeit.

21 Richard Wilkinson und Kate Pickett, *Gleichheit ist Glück. Warum gerechte Gesellschaften für alle besser sind.* Berlin 2010.

22 Fred Hirsch, *Soziale Grenzen des Wachstums: Eine ökonomische Analyse der Wachstumskrise.* Reinbek 1980.

23 Der Sachverständigenrat zur Begutachtung der gesamtwirtschaftlichen Entwicklung hat diese Frage in seinem Jahresgutachten 2015/2016 erörtert und kommt zu dem Ergebnis, dass eine Wechselwirkung zwischen Ungleichheit und Wirtschaftswachstum jedenfalls theoretisch nicht eindeutig bestimmbar sei; *Jahresgutachten* Rdnr. 499.

24 Ich entnehme dies dem *5. Armuts- und Reichtumsbericht* der Bundesregierung aus dem Jahr 2017, S. VII (http://www.armuts-und-reichtumsbericht.de/SharedDocs/Downloads/Berichte/5-arb-langfassung.pdf?__blob=publicationFile&v=6).

25 Das Medianeinkommen lag 2017 bei etwa 1670 Euro im Monat. Die Armutsgefährdung (60 % Median) beginnt dann mit weniger als 1000 Euro, die Armut (weniger als 40 % des Median) bei weniger als 670 Euro pro Monat.

26 Zumindest wird Disraeli dieses Zitat zugeschrieben, und zwar von Mark Twain. Im Original heißt es: »There are three kinds of lies: lies, damned lies, and statistics.«

27 Das galt nicht für die DDR mit einer sehr viel höheren Erwerbsquote als in der Bundesrepublik – deswegen waren die Renten von Frauen in der DDR zunächst höher als die der gleichen Generationenkohorte in der Bundesrepublik. Nach der Vereinigung nahm die Erwerbslosigkeit von Frauen in den neuen Ländern stark zu. Damit verschlechterten sich auch die Rentenansprüche.

28 Vgl. Deutscher Bundestag, *Enquete-Kommission Wachstum, Wohlstand, Lebensqualität. Schlussbericht.* Drucksache 17/13300, S. 175.

29 Die Zahl wurde für 2007 errechnet; vgl. die Studie von Joachim R. Frick und Markus M. Grabka, »Alterssicherungsvermögen dämpft Ungleichheit – aber große Vermögenskonzentration bleibt bestehen«, in: *DIW Wochenbericht*, 3 (2010), S. 2–12 (https://www.diw.de/documents/publikationen/73/diw_01.c.345838.de/10-3-1.pdf).

30 Kathrin Brandmeir u. a., *Allianz Global Wealth Report 2015.* München 2015, S. 52; (https://www.allianz.com/v_1444215837000/media/economic_research/publications/specials/en/AGWR2015_ENG.pdf).

31 Florian Diekmann, »45 Deutsche besitzen so viel wie die ärmere Hälfte der Bevölkerung«, *Spiegel Online*, 23. Januar 2018 (http://www.spiegel.de/wirtschaft/soziales/vermoegen-45-superreiche-besitzen-so-viel-wie-die-halbe-deutsche-bevoelkerung-a-1189111.html).

32 Diese Zahlen entnehme ich dem *5. Armuts- und Reichtumsbericht* der Bundesregierung, S. 109.

33 Eines der klügsten Bücher hierzu ist Georg Cremer, *Armut in Deutschland. Wer ist arm? Was läuft schief? Wie können wir handeln?.* München 2016. Die Stärke des Buches ist es, jenseits aller Sozialromantik mit einem nüchternen Blick Armut und die Defizite der Armutsbekämpfung zu analysieren. Cremer kann als langjähriger Generalsekretär des Deutschen Caritasverbandes hier auf ein großes Reservoir von Erfahrungen zurückgreifen. Dies kommt auch einem weiteren von ihm vorgelegten Buch zugute: *Deutschland ist gerechter, als wir meinen. Eine Bestandsaufnahme.* München 2018.

34 Oliver Nachtwey, *Die Abstiegsgesellschaft. Über das Aufbegehren in der regressiven Moderne.* Berlin 2016.

35 Begründung des Gesetzentwurfs zum Umsatzsteuergesetz vom 30. Oktober 1963, Drs. 4/1590, S. 17.

36 Hierzu grundsätzlich Christian Felber, *Gemeinwohlökonomie.* München 2018.

37 Die Debatte ist zusammengefasst in: Tristan Barczak, Bodo Pieroth, *Mindestlohnausnahme für Zeitungszusteller?.* Baden-Baden 2014.

38 Hierzu der instruktive Aufsatz von Bernd Schauenburg, »Korruption als Ordnungs- und Organisationsproblem«, in: Bernhard Külp, Viktor Vanberg (Hrsg.), *Freiheit und wettbewerbliche Ordnung. Gedenkband zur Erinnerung an Walter Eucken.* Freiburg u. a. 2000, S. 389–413.

39 Dahinter steht die Frage, ob das, was David Miller als »landsmannschaftliche Parteilichkeit« bezeichnet, ein legitimes Kriterium des Ausschlusses von sozialen

Leistungen sein kann oder ob die Universalität der Menschenrechte dagegen steht. Miller verteidigt die Möglichkeit von Differenzierungen nach sozialer Nähe. Grundlegend David Miller, *National Responsibility and Global Justice.* Oxford 2007; sowie neuerdings: *Fremde in unserer Mitte. Politische Philosophie der Einwanderung.* Berlin 2017.

7 Die praktische Ausgestaltung der Sozialen Marktwirtschaft

1 Begriff bei Hans Günter Hockerts, »Integration der Gesellschaft: Gründungskrise und Sozialpolitik in der frühen Bundesrepublik«, in: *Zeitschrift für Sozialreform*, 32 (1986), S. 25–41.

2 Werner Abelshauser, *Deutsche Wirtschaftsgeschichte seit 1945.* München 2011, S. 70.

3 Ebd., S. 48.

4 Diesen Bezug hat auch schon das Bundessozialhilfegesetz von 1961 vorgenommen. Dort hieß es in § 1 Absatz 2: »Aufgabe der Sozialhilfe ist es, dem Empfänger der Hilfe die Führung eines Lebens zu ermöglichen, das der Würde des Menschen entspricht.«

5 Patricia Commun, *Erhards Bekehrung zum Ordoliberalismus: Die grundlegende Bedeutung des wirtschaftspolitischen Diskurses in Umbruchzeiten.* (= Freiburger Diskussionspapiere zur Ordnungsökonomik, 04/4), Freiburg 2004.

6 Insgesamt hierzu Uwe Fuhrmann, *Die Entstehung der »Sozialen Marktwirtschaft« 1948/49. Eine historische Dispositivanalyse.* Konstanz und München 2018. Fuhrmann belegt, dass die Erzählung von der Initialzündung der Sozialen Marktwirtschaft mit der Währungsreform eine Legende ist; erst im Verlaufe der Turbulenzen des Jahres 1948 kam die CDU zu dem Ergebnis, diesen Begriff für ihre Konzeption der Wirtschaftspolitik zu verwenden.

7 Hans-Otto Kleinmann, *Geschichte der CDU.* Stuttgart 1993, S. 93.

8 Zahlen bei: Günther Schulz, »Rahmenbedingungen«, in: Günther Schulz (Hrsg.), *Geschichte der Sozialpolitik in Deutschland seit 1945. Band 3: Bundesrepublik Deutschland 1949–1957. Bewältigung der Kriegsfolgen, Rückkehr zur sozialpolitischen Normalität.* Baden-Baden 2005, S. 1–72, 42, sowie Hans Günter Hockerts, »Sozialpolitische Reformbestrebungen in der frühen Bundesrepublik. Zur Sozialreform-Diskussion und Rentengesetzgebung 1953–1957«, in: *Vierteljahreshefte für Zeitgeschichte*, 25 (1977), S. 341–372, 351.

9 Vgl. Uwe Uffelmann, *Der Weg zur Bundesrepublik. Wirtschaftliche, gesellschaftliche und staatliche Weichenstellungen 1945–1949.* Düsseldorf 1988, S. 67–69.

10 Vgl. Wolfgang Rüfner und Constantin Goschler, »Ausgleich von Kriegs- und Diktaturfolgen, soziales Entschädigungsrecht«, in: Günther Schulz (Hrsg.), *Geschichte der Sozialpolitik in Deutschland seit 1945. Band 3: Bundesrepublik Deutschland*

1949–1957. Bewältigung der Kriegsfolgen, Rückkehr zur sozialpolitischen Normalität. Baden-Baden 2005, S. 687–777.

11 Adolf M. Birke, *Nation ohne Haus. Deutschland 1945–1961.* Berlin 1989, S. 348.

12 Hans Günter Hockerts, »Integration der Gesellschaft«, in: *Entscheidung für den Westen. Vom Besatzungsstatut zur Souveränität der Bundesrepublik 1949-1955*, hrsg. von Manfred Funke. Bonn 1988, S. 39–57, 48.

13 Zitiert nach Gerd Bucerius, »Rechnung für Hitlers Krieg. Lastenausgleich – die größte Vermögensabgabe der Geschichte«, in: *Die Zeit*, 13. April 1979.

14 Hockerts, »Integration der Gesellschaft«, S. 48.

15 Horst Waffenschmidt, »35 Jahre Lastenausgleichsgesetz«, in: *Bulletin der Bundesregierung*, 81–87, 1. September 1987.

16 Vgl. Yorck Dietrich, *Eigentum für jeden. Die vermögenspolitischen Initiativen der CDU und die Gesetzgebung 1950–1961.* Düsseldorf 1996; zum Miteigentum Matthias Zimmer, »Wohlstand für alle durch Miteigentum? Die Adenauer-Jahre«, in: Heinrich Beyer, Hans-Jörg Naumer (Hrsg.), *CSR und Mitarbeiterbeteiligung. Die Kapitalbeteiligung im 21. Jahrhundert – Gerechte Teilhabe statt Umverteilung.* Berlin 2018, S. 37–45.

17 Zitiert bei Hegner, *Alexander Rüstow*, S. 161.

18 Wünsche, *Ludwig Erhards Soziale Marktwirtschaft*, S. 395–406. Jedoch sahen dies zeitgenössische Wirtschaftsautoren anders. So schrieb Leo Brawand: »Stück für Stück wurden dem Gesetzentwurf durch jahrelange Bemühungen der Industrielobby die scharfen Bestimmungen herausgebrochen und das anfängliche scharfe Verbotsprinzip in ein weicheres mit vielen Ausnahmen abgewandelt. (…) Am Ende kam ein ›Gesetz gegen Wettbewerbsbeschränkung‹ heraus, das in dem klassischen Kartell-Land Deutschland fast alles beim Alten beließ.« Leo Brawand, »Das ungerechte Wunder«, in: Karl Dietrich Bracher (Hrsg.), *Nach 25 Jahren. Eine Deutschland-Bilanz.* München 1970, S. 93.

19 Diese Anekdote habe ich selbst 1991 von Konrad Kraske gehört. Er hatte als geschäftsführender Vorsitzender der Konrad-Adenauer-Stiftung 1967 die Aufgabe, einen Geburtstagsempfang für Erhard zu organisieren. Ich hatte 1991 eine ähnliche Aufgabe, nämlich eine Liste von Einzuladenden zur Vorbereitung des Geburtstagsempfangs von Konrad Kraske mit diesem zu besprechen.

20 Winfried Schmähl, »Sicherung bei Alter, Invalidität und für Hinterbliebene«, in: *Geschichte der Sozialpolitik in Deutschland seit 1945. Band 3: 1949–1957, Bundesrepublik Deutschland*, hrsg. von Günther Schulz. Baden-Baden 2005, S. 357–437, 405.

21 Ebd., S. 425.

22 Eucken, *Grundsätze der Wirtschaftspolitik*, S. 257 ff.

23 Ein besonderes Ärgernis für viele Deutsche war die Geldmengenpolitik der EU nach der Finanzkrise. Durch die expansive Geldmengenpolitik wurde zwar der Euro als gemeinsame Währung stabilisiert, gleichzeitig aber die deutschen Sparer schleichend enteignet. Das Diktum des EZB-Präsidenten Mario Draghi vom Juli

2012, er wolle tun, was immer nötig sei, um den Euro zu retten, hat zwar die Spekulation gegen den Euro eingedämmt, war aber auch Ausgangspunkt einer häufig kritisierten Niedrigzinsphase, verbunden mit einer Geldmengenausweitung. Ein weiterer Punkt immer wieder aufflackernden Streits war die Agrarpolitik der EU. Man mag es für richtig halten, in der Landwirtschaft den Wettbewerb durch Subventionen auszusetzen, und dafür gute Gründe finden, wie beispielsweise die Sicherstellung der Nahrungsmittelversorgung oder die Pflege der Kulturlandschaften. Gleichwohl ist die Agrarpolitik mit den teilweise abstrusen Resultaten (Vernichtung von Lebensmitteln in großem Stil) ein Beispiel für die verderbliche Wirkung der Abwesenheit von Wettbewerb, die die Ordoliberalen immer thematisiert hatten.

24 Michael von Prollius, *Deutsche Wirtschaftsgeschichte nach 1945.* Göttingen 2006, S. 109.

25 Karl Schiller, »Marktwirtschaft mit Globalsteuerung«, in: Ders., *Reden zur Wirtschaftspolitik,* Bonn 1967, S. 45, 49; Erhard ist zitiert bei Wünsche, *Ludwig Erhards Soziale Marktwirtschaft,* S. 51.

26 Dieter Grosser, »Das Verhältnis von Staat und Wirtschaft in der Bundesrepublik Deutschland«, in: Ders. (Hrsg.), *Der Staat in der Wirtschaft der Bundesrepublik.* Opladen 1985, S. 48–51; Michael Prollius, *Deutsche Wirtschaftsgeschichte,* urteilt über das Stabilitätsgesetz, es sei auf der ganzen Linie gescheitert; der Steuerungsoptimismus sei eine Illusion geblieben (S. 147).

27 Vgl. http://www.sozialpolitik-aktuell.de/tl_files/sozialpolitik-aktuell/_Politikfelder/Finanzierung/Datensammlung/PDF-Dateien/abbII1a.pdf

28 Heiner Geißler, *Die Neue Soziale Frage. Analysen und Dokumente.* Freiburg 1976.

29 Vgl. https://de.statista.com/statistik/daten/studie/275637/umfrage/anteil-der-wirtschaftsbereiche-an-der-gesamtbeschaeftigung-in-deutschland/

30 Ronald Inglehart, »The Silent Revolution in Europe: Inter-Generational Change in Post-Industrial Societies«, in: *American Political Science Review*, 65 (1971), S. 991–1017; Ders., *The Silent Revolution. Changing Values and Political Styles among Western Publics.* Princeton 1977.

31 Erhard, *Wohlstand für alle,* S. 270.

32 Deutsche Ausgabe: Dennis Meadows u. a., *Die Grenzen des Wachstums: Bericht des Club of Rome zur Lage der Menschheit.* Stuttgart 1972.

33 Oscar W. Gabriel, *Politische Kultur, Postmaterialismus und Materialismus in der Bundesrepublik Deutschland.* Opladen 1986, S. 318.

34 Vgl. Jürgen Häusler, *Der Traum wird zum Albtraum. Das Dilemma einer Volkspartei. Die SPD im Atomkonflikt.* Berlin 1988.

35 Vor allem durch Robert Spaemann, vgl. seine Aufsatzsammlung *Nach uns die Kernschmelze. Hybris im atomaren Zeitalter.* Stuttgart 2011.

36 »CSU als ›konservative Kraft‹«, in: *Die Zeit*, 20. Dezember 1968 (https://www.zeit.de/1968/51/csu-als-konservative-kraft).

37 Deutscher Bundestag, Stenographischer Bericht 17. September 1975, S. 12885–12898; hier S. 12892 (http://dip21.bundestag.de/dip21/btp/07/07184.pdf).

38 Ulrich Matz, »Der überforderte Staat: Zur Problematik der heute wirksamen Staatsvorstellungen«, in: Wilhelm Hennis, Peter Graf Kielmannsegg, Ulrich Matz (Hrsg.), *Regierbarkeit. Studien zu ihrer Problematisierung. Band 1.* Stuttgart 1977, S. 82–102, 99.

39 Anton Rauscher, »Grenzmoral im Sozialstaat«, in: *Krise des Sozialstaats?*, hrsg. von Anton Rauscher. Köln 1977, S. 39–60, 53.

40 Hans Maier, »Sozialer Rechtsstaat – ein Widerspruch?, in: *Rheinischer Merkur*, 2. April 1976, S. 10.

41 Vgl. Philipp Herder-Dorneich, *Der Sozialstaat in der Rationalitätenfalle.* Stuttgart 1987.

42 Warnfried Dettling, »Die neue soziale Frage«, in: *Die neue Ordnung*, 31 (1977), S. 241–253, 244.

43 So jedenfalls dreißig Jahre später der FDP-Generalsekretär Patrick Döring, in: »Das ›Manifest der Marktwirtschaft‹ – weiterhin aktuell«, in: Gérard Bökenkamp, Detmar Doering, Jürgen Frölich, Ewald Grothe (Hrsg.), *30 Jahre »Lambsdorff-Papier«. Texte und Dokumente zum »Konzept für eine Politik zur Überwindung der Wachstumsschwäche und zur Bekämpfung der Arbeitslosigkeit« (9. September 1982).* Berlin 2012, S. 14–19, 14.

44 Zitiert bei Wolfgang Jäger, Werner Link, *Republik im Wandel 1974–1982. Die Ära Schmidt (= Geschichte der Bundesrepublik Deutschland, Band 5/II*). Stuttgart 1987, S. 249.

45 Typisch für diese Form der Empörungsliteratur etwa Peter Grottian, Friedrich Krotz, Günther Lütke, Heide Pfarr, *Die Wohlfahrtswende. Der Zauber konservativer Sozialpolitik.* München 1988.

46 Hierzu die Studie im Auftrag des Bundesministeriums für Wirtschaft und Energie von Constantin Goschler und Marcus Böick, *Wahrnehmung und Bewertung der Arbeit der Treuhandanstalt.* Bochum 2017 (https://www.bmwi.de/Redaktion/DE/Publikationen/Studien/wahrnehmung-bewertung-der-arbeit-der-treuhandanstalt-lang.pdf?__blob=publicationFile&v=22).

47 So lag 1991 der Anteil der Frauen aus Ostdeutschland, die vierzig und mehr Jahre rentenversicherungspflichtig gearbeitet hatten, bei 46,9 %, in Westdeutschland nur bei 10,4 %; Zahlen entnommen bei Gunnar Winkler, »Social Policies at a Crossroads«, in: *German Unification. Process and Outcomes*, hrsg. von M. Donald Hancock und Helga A. Welsh. Boulder 1994, S 223–243, 240.

48 Allerdings existierte der Versorgungsausgleich auch in der Bundesrepublik Deutschland erst seit 1977.

49 Gernot Gutmann, »Der Stellenwert der Ordnungspolitik bei der deutschen Wiedervereinigung«, in: *ORDO*, 48 (1997), S. 147–163.

50 Hierzu Matthias Zimmer, *Nationales Interesse und Staatsräson: Zur Deutschlandpolitik der Regierung Kohl 1982-1989.* Paderborn 1992.

51 Allerdings wurde dann 1991 der Solidaritätszuschlag eingeführt und mit den Aufgaben der deutschen Einheit sowie den finanziellen Beiträgen für den Golfkrieg begründet. Er wurde zunächst nur für ein Jahr erhoben und dann 1995 wieder eingeführt. Zum 1. Januar 1993 stieg überdies die Mehrwertsteuer von 14 % auf 15 %.

52 Klaus von Beyme, »Verfehlte Vereinigung – verpasste Reformen? Zur Problematik der Evaluation der Vereinigungspolitik in Deutschland seit 1989, in: *Journal für Sozialforschung*, 34 (1994), S. 249–269, 265.

53 Zur Entstehung vgl. Gerhard Igl, »Die Entstehung der Sozialen Pflegeversicherung und ihre Konsequenzen«, in: *Geschichte der Sozialpolitik in Deutschland seit 1945, Band 11: Bundesrepublik Deutschland 1989–1994. Sozialpolitik im Zeichen der Vereinigung*, hrsg. von Gerhard A. Ritter. Baden-Baden 2007, S. 694–717.

54 Statt vieler vgl. Christoph Butterwegge, *Hartz IV und die Folgen. Auf dem Weg in eine andere Republik?*. Weinheim 2015.

55 Über die Frage, ob und inwieweit die Hartz-Reformen nachfolgend Wachstumsprozesse generiert haben, wird auch in der Wissenschaft heftig debattiert. Vgl. Moritz Kuhn, Philip Jung, Benjamin Hartung, *What Hides Behind the German Labor Market Miracle? Unemployment Insurance Reform and Labor Market Dynamics.* (Centre for Economic Policy Research, DP 13328) London 2018.

56 Norbert Blüm hat deshalb Gerhard Schröder als »neoliberalen Musterschüler« bezeichnet; *Ehrliche Arbeit,* S. 19.

57 Besonders prononciert Friedhelm Hengsbach, *Reformspektakel. Warum der menschliche Faktor mehr Respekt verdient.* Freiburg 2004.

58 Dabei würde das Renteneintrittsalter nach 45 Beitragsjahren nicht bei 63 Jahren bleiben, sondern mit der Verlängerung des Arbeitslebens stufenweise auf 65 Jahre steigen.

8 Herausforderungen der Sozialen Marktwirtschaft

1 Röpke, *Civitas humana*, S. 388.

2 Röpke, *Jenseits von Angebot und Nachfrage*, S. 331.

3 Vgl. Alfred Müller-Armack, »Die Wirtschaftsordnung des Gemeinsamen Marktes«, in: Ders., *Wirtschaftsordnung und Wirtschaftspolitik.* Bern 1976, S. 401–415.

4 So heißt es in Art. 2 Absatz 3 des Lissabon-Vertrags von 2007: »Die Union errichtet einen Binnenmarkt. Sie wirkt auf die nachhaltige Entwicklung Europas auf der Grundlage eines ausgewogenen Wirtschaftswachstums und von Preisstabilität, eine in hohem Maße wettbewerbsfähige soziale Marktwirtschaft, die auf Vollbeschäftigung und sozialen Fortschritt abzielt, sowie ein hohes Maß an Umweltschutz und Verbesserung der Umweltqualität hin. Sie fördert den wissenschaftlichen und technischen Fortschritt.«

5 Wolfgang Kerber, »Erfordern Globalisierung und Standortwettbewerb einen Paradigmenwechsel in der Theorie der Wirtschaftspolitik?«, in: *ORDO*, 49 (1998), S. 253–267.

6 Vgl. Ulrich Kirchner, *Geschichte des bundesdeutschen Verkehrsflugbaus. Der lange Weg zum Airbus.* Frankfurt am Main 1998.

7 Maiken Umbach, »Made in Germany«, in: Etienne François, Hagen Schulze (Hrsg.), *Deutsche Erinnerungsorte. Band 2.* München 2001, S. 405–418.

8 Systematisch entwickelt bei Matthias Zimmer, *Moderne, Staat und internationale Politik.* Wiesbaden 2008.

9 So Ulrich Beck, *Die Metamorphose der Welt.* Berlin 2017.

10 Hierzu Harald Welzer, *Klimakriege. Wofür im 21. Jahrhundert getötet wird.* Frankfurt am Main 2010.

11 Vgl. Ulrich Brand, Markus Wissen, *Imperiale Lebensweise. Zur Ausbeutung von Mensch und Natur im globalen Kapitalismus.* München 2017.

12 Auf dem G20-Gipfel in Osaka im Juni 2019 wurde die Absicht erklärt, eine globale Mindeststeuer einzuführen.

13 John Gerard Ruggie, *Just Business: Multinational Corporations and Human Rights.* New York 2013.

14 Vgl. Uwe Hoering, »Auf dem Weg zum Wirtschaftsimperium: Chinas neue Seidenstraße«, in: *Blätter für deutsche und internationale Politik*, 10 (2017), S. 91–100; Frank Sieren, *Zukunft China? Wie die neue Supermacht unser Leben, unsere Politik, unsere Wirtschaft verändert.* München 2018.

15 »Um die Weltwirtschaft zu steuern, die von der Krise betroffenen Wirtschaften zu sanieren, einer Verschlimmerung der Krise und sich daraus ergebenden Ungleichgewichten vorzubeugen, um eine geeignete vollständige Abrüstung zu verwirklichen sowie Ernährungssicherheit und Frieden zu verwirklichen, den Umweltschutz zu gewährleisten und die Migrationsströme zu regulieren, ist das Vorhandensein einer echten *politischen Weltautorität* (…) dringend nötig. (…) Die ganzheitliche Entwicklung der Völker und die internationale Zusammenarbeit erfordern, dass eine übergeordnete Stufe internationaler Ordnung von subsidiärer Art für die Steuerung der Globalisierung errichtet wird und dass eine der moralischen Ordnung entsprechende Sozialordnung sowie jene Verbindung zwischen moralischem und sozialem Bereich, zwischen Politik und wirtschaftlichem und zivilem Bereich, die schon in den Statuten der Vereinten Nationen dargelegt wurde, endlich verwirklicht werden.« CiV, 67.

16 Vgl. Jan-Werner Müller, *Was ist Populismus?.* Berlin 2016.

17 Die Idee geht zurück auf Überlegungen von Émeric Crucé zu Beginn des 17. Jahrhunderts und ist im 18. und 19. Jahrhundert populär geworden; vgl. Kurt von Raumer, *Ewiger Friede. Friedensrufe und Friedenspläne seit der Renaissance.* Freiburg 1953, S. 147.

18 Klaus Schwab, *Die Vierte Industrielle Revolution.* München 2016; und Ders., *Die Zukunft der Vierten Industriellen Revolution.* München 2019.

19 So heißt es im Bericht des Ausschusses für Bildung, Forschung und Technikfolgenabschätzung zu »Chancen und Risiken mobiler und digitaler Kommunikation in der Arbeitswelt«: Es gibt »bislang nur wenige gesicherte Erkenntnisse bezüglich der praktischen Umsetzung und auch der spezifischen Auswirkungen auf die Beschäftigten. Viele Aussagen stützen sich in diesem Feld auf Experteneinschätzungen und Trendaussagen, die teils sehr widersprüchlich sind.« Deutscher Bundestag, Drs. 19/8527 (18. 3. 2019), S. 52. Überdies sollte die historische Erfahrung ein wenig vor übertriebenem Optimismus oder Pessimismus bewahren, denn schon in der ersten Welle der Automation gab es überbordende Beurteilungen nach beiden Seiten hin; vgl. Joachim Radkau, *Geschichte der Zukunft. Prognosen, Visionen, Irrungen in Deutschland von 1945 bis heute.* München 2017, S. 379 ff.

20 Carl Frey, Michael Osborne, *The Future of Employment. How Susceptible are Jobs to Computerisation?.* Oxford 2013 (https://www.oxfordmartin.ox.ac.uk/downloads/academic/The_Future_of_Employment.pdf); für Deutschland die Studie des Zentrum für Europäische Wirtschaftsforschung, *Übertragung der Studie von Frey/Osborne (2013) auf Deutschland.* Mannheim 2015 (ftp://ftp.zew.de/pub/zew-docs/gutachten/Kurzexpertise_BMAS_ZEW2015.pdf).

21 Vgl. Bundesministerium für Arbeit und Soziales (BMAS), *Weißbuch Arbeiten 4.0.* Berlin 2017, S. 47 ff.; dort auch auf S. 52 eine Prognose, die die Arbeitsplatzeffekte unterschiedlicher Szenarien bis 2030 einschätzt (https://www.bmas.de/SharedDocs/Downloads/DE/PDF-Publikationen/a883-weissbuch.pdf?__blob=publicationFile).

22 Vielleicht liegt die Zukunft der Arbeit tatsächlich in mehr Partizipation, in einer Form der Wirtschaftsdemokratie; so jedenfalls Lisa Herzog, *Die Rettung der Arbeit. Ein politischer Aufruf.* Berlin 2019. Die Voraussetzung dazu ist aber ein Betrieb als sozialer Interaktionszusammenhang. Deswegen muss es zunächst darum gehen, sicherzustellen, dass die Möglichkeiten der Flexibilisierung nicht diesen sozialen Raum auflösen.

23 Ebd., S. 56.

24 Hierzu vor allem Jeremy Rifkin, *Die Null-Grenzkosten-Gesellschaft. Das Internet der Dinge, kollaboratives Gemeingut und der Rückzug des Kapitalismus.* Frankfurt am Main 2014.

25 Heidi Dittmann, Björn A. Kuchinke, »Ordnungsökonomische Aspekte der Sharing-Economy«, in: *ORDO*, 66 (2015), S. 243–262.

26 Die Definition eines Arbeitnehmers findet sich in 611a Absatz 1 BGB. Dort heißt es: »Durch den Arbeitsvertrag wird der Arbeitnehmer im Dienste eines anderen zur Leistung weisungsgebundener, fremdbestimmter Arbeit in persönlicher Abhängigkeit verpflichtet. Das Weisungsrecht kann Inhalt, Durchführung, Zeit und Ort der Tätigkeit betreffen. Weisungsgebunden ist, wer nicht im Wesentlichen frei seine Tätigkeit gestalten und seine Arbeitszeit bestimmen kann. Der Grad der persönlichen Abhängigkeit hängt dabei auch von der Eigenart der jeweiligen Tätigkeit ab. Für die Feststellung, ob ein Arbeitsvertrag vorliegt, ist eine Gesamtbetrachtung aller Umstände vorzunehmen. Zeigt die tatsächliche

Durchführung des Vertragsverhältnisses, dass es sich um ein Arbeitsverhältnis handelt, kommt es auf die Bezeichnung im Vertrag nicht an.«

27 So auch ein Beschluss des 68. Deutschen Juristentags 2010; vgl. Beschlüsse des Juristentags 2010, S. 8 (https://www.djt.de/fileadmin/downloads/68/68_djt_beschluesse.pdf).

28 BMAS, *Weißbuch Arbeiten 4.0*, S. 57.

29 Eine der gründlichsten Analysen stammt von Michael Opielka und Wolfgang Strengmann-Kuhn, »Das Solidarische Bürgergeld – Finanz- und sozialpolitische Analyse eines Reformkonzepts«, in: Michael Borchard (Hrsg.), *Das Solidarische Bürgergeld. Analysen einer Reformidee*. Stuttgart 2007, S. 13–141.

30 So in doch erschreckender Blauäugigkeit Richard David Precht, *Jäger, Hirten, Kritiker. Eine Utopie für die digitale Gesellschaft*. München 2018, S. 137.

31 Ich lasse hier einmal das Problem der Abgrenzung der Bezugsberechtigten heraus. Wer soll denn Empfänger des Grundeinkommens sein? Alle Deutschen? Alle in Deutschland Wohnenden mit einem legitimen Aufenthaltsstatus? Nach welcher Zeit und zu welchen Bedingungen? Was tun mit Asylbewerbern, mit Geduldeten? Wie verhindert man vor allem Pull-Faktoren der Migration in ein Land mit einem auch schon im Vergleich zu anderen EU-Staaten hohen Grundeinkommen? Tatsächlich erscheint mir dieses Argument stark vor allem im europäischen Kontext mit der bestehenden Freizügigkeit.

32 Auch aus der Sicht der sozialistischen Tradition wäre hier einiges anzumerken, denn selbst im vollendeten Sozialismus endet die Arbeit nicht, sie verliert lediglich ihren entfremdeten Charakter. Für diejenigen, die in der Tradition von John Rawls über die Fragen sozialer Gerechtigkeit nachdenken, dürfte das Thema Bedingungsloses Grundeinkommen ebenfalls schwierig sein. Nach Rawls ist eine Gesellschaft dann gerecht, wenn ihre Gesetze zum Wohl der am stärksten benachteiligten Gruppen gestaltet werden. Dies ist beim bedingungslosen Grundeinkommen mit Blick auf Behinderte, chronisch Kranke oder Pflegebedürftige erkennbar nicht der Fall.

33 Deutscher Bundestag, *Schlussbericht der Enquete-Kommission »Wachstum, Wohlstand, Lebensqualität: Wege zu nachhaltigem Wirtschaften und gesellschaftlichem Fortschritt in der Sozialen Marktwirtschaft«*, Drs. 17/13300 (http://dip21.bundestag.de/dip21/btd/17/133/1713300.pdf); der Bericht hat 844 kompakt geschriebene Seiten!

34 Anschaulich dargestellt bei Meinhard Miegel, *Hybris. Die überforderte Gesellschaft*. Berlin 2014. Kritisch allerdings: Martin Dornes, *Macht der Kapitalismus depressiv? Über seelische Gesundheit und Krankheit in modernen Gesellschaften*. Frankfurt am Main 2016.

35 Dennis Meadows, *Die Grenzen des Wachstums: Bericht des Club of Rome zur Lage der Menschheit*. Stuttgart 1972; Donella H. Meadows, Jørgen Randers, Dennis Meadows, *Grenzen des Wachstums. Das 30-Jahre-Update: Signal zum Kurswechsel*. Stuttgart 2006; Jørgen Randers, *2052. Der neue Bericht an den Club of Rome. Eine globale Prognose für die nächsten 40 Jahre*. München 2012; Jørgen Randers

und Graeme Maxton, *Ein Prozent ist genug. Mit wenig Wachstum soziale Ungleichheit, Arbeitslosigkeit und Klimawandel bekämpfen.* München 2016. Einführend die sehr gute Darstellung von Ernst Ulrich von Weizsäcker, Anders Wijkam u. a., *Wir sind dran. Was wir ändern müssen, wenn wir bleiben wollen.* Gütersloh 2017.

36 Vgl. Johan Rockström et al., »Planetary Boundaries: Exploring the Safe Operating Space for Humanity«, in: *Ecology and Society*, Vol. 14, No. 2 (Dec 2009). Die Ergebnisse sind dann noch einmal präzisiert bei Will Steffen, Katherine Richardson, Johan Rockström et al., »Planetary boundaries: Guiding human development on a changing planet«, in: *Science*, 13 Feb 2015: Vol. 347, Issue 6223, 1259855 DOI: 10.1126/science.1259855.

37 Vor allem Nico Paech, *Befreiung vom Überfluss. Auf dem Weg in die Postwachstumsökonomie.* München 2012; Giacomo D'Alisa, Federico Demaria, Giorgios Kallis, *Degrowth. Handbuch für eine neue Ära.* München 2016.

38 Beispielhaft Tim Flannery, *Die Klimawende. Wie wir mit neuen Technologien unsere Atmosphäre retten.* Frankfurt am Main 2015.

39 John Dryzek, *The Politics of the Earth. Environmental Discourses.* Oxford 2005, S. 52.

40 Meist mit Verweis auf Karl Polanyi, *The Great Transformation: Politische und ökonomische Ursprünge von Gesellschaften und Wirtschaftssystemen.* Frankfurt am Main 1995. Polanyi beschreibt die Entwicklung hin zu einer Marktgesellschaft in England, die auch durch staatliches Handeln mit befördert wurde; entscheidend dabei ist, dass sich in der Großen Transformation auch eine Veränderung von Denk- und Lebensweisen manifestierte. Ähnliches haben die Befürworter einer erneuten Großen Transformation im Sinn: Nur eine grundlegende Änderung unserer Denk- und Lebensweise kann die Form der Nachhaltigkeit begründen, die wir brauchen.

41 Vgl. Uwe Schneidewind, *Die Große Transformation. Eine Einführung in die Kunst des gesellschaftlichen Wandels.* Frankfurt am Main 2018.

42 Naomi Klein, *Die Entscheidung. Kapitalismus vs. Klima.* Frankfurt am Main 2015.

43 Hierzu vor allem der *Bericht der Enquetekommission »Wachstum, Wohlstand, Lebensqualität«*, S. 435 ff.

44 Sehr abwägend und mit vielen Beispielen Ernst Ulrich von Weizsäcker, Karlson Hargroves und Michael Smith, *Faktor Fünf. Die Formel für nachhaltiges Wachstum.* München 2010.

45 Meinhard Miegel, *Exit. Wohlstand ohne Wachstum.* Berlin 2011, S. 172.

46 James Wallman, *Stuffocation. Living More with Less.* London 2015.

47 Frank Trentmann, *Herrschaft der Dinge. Die Geschichte des Konsums vom 15. Jahrhundert bis heute.* München 2017, S. 11.

48 Manfred Linz, *Weder Mangel noch Übermaß. Warum Suffizienz unentbehrlich ist.* München 2012; Uwe Schneidewind, Angelika Zahrnt, *Damit gutes Leben einfacher wird. Perspektiven einer Suffizienzpolitik.* München 2013.

9 Über den Tellerrand der Sozialen Marktwirtschaft oder: Wie wollen wir leben?

1 Wilhelm Röpke, »Der Mensch, nicht der Eintopf«, in: Ders., *Marktwirtschaft ist nicht genug. Gesammelte Aufsätze*, hrsg. von Hans Jörg Hennecke. Waltrop und Leipzig 2009, S. 253–257, 255.

2 Ludwig Erhard, »Politik der Mitte und der Verständigung«, Regierungserklärung vom 18. Oktober 1963, in: Karl Hohmann (Hrsg.), *Ludwig Erhard. Gedanken aus fünf Jahrzehnten*, S. 837.

3 Karl Jaspers, *Vom Ursprung und Ziel der Geschichte.* München 1983.

4 Ebd., S. 27.

5 Jan Assmann hat diesen Übergang als »Transformation von ritueller zu textueller Kohärenz« bezeichnet und damit in einen Zusammenhang mit der Ausbreitung der Schriftlichkeit gestellt; Jan Assmann, *Das kulturelle Gedächtnis. Schrift, Erinnerung und politische Identität in den frühen Hochkulturen.* München 1992, S. 291.

6 Hans Küng, *Projekt Weltethos.* München 1990.

7 Hannah Arendt, *Vita activa oder Vom tätigen Leben.*

8 Martha Nussbaum, *Not for profit. Why Democracy Needs the Humanities.* Princeton, Oxford 2010.

9 Jean-Jacques Rousseau, *Schriften. Band 1.* hrsg von Henning Ritter. München 1978, S. 221.

10 Annette Selg, Rainer Wieland, *Die Welt der Encyclopedie.* Frankfurt am Main 2001, S. 259.

11 Hier vor allem James Lovelock, *Das Gaia-Prinzip. Die Biographie unseres Planeten.* Frankfurt am Main 1993.

12 Lynn Hunt, *Inventing Human Rights. A History.* New York 2007.

13 »You know the meaning of human rights because you feel distressed when they are violated«; ebd., S. 214.

14 Hans Joas, *Die Sakralität der Person. Eine neue Genealogie der Menschenrechte.* Berlin 2015.

15 Vgl. Henning Ritter, *Nahes und fernes Unglück. Versuch über das Mitleid.* München 2004.

16 David Cole, »The Torture Memos: The Case against the Lawyers«, in: *New York Review of Books*, 8. Oktober 2009.

17 Zitiert bei Iring Fetscher, *Rousseaus politische Philosophie. Zur Geschichte des demokratischen Freiheitsbegriffs.* Frankfurt am Main, S. 77.

18 Material hierzu bei Christoph Menke und Francesca Raimondi (Hrsg.), *Die Revolution der Menschenrechte. Grundlegende Texte zu einem neuen Begriff des Politischen.* Berlin 2011.

19 Jürgen Habermas, *Strukturwandel der Öffentlichkeit. Untersuchungen zu einer Kategorie der bürgerlichen Gesellschaft.* Neuwied 1962.

20 Edward Hallett Carr, *The Twenty Years' Crisis 1919–1939 An Introduction to the Study of International Relations.* London 1978.

21 Hierzu Amartya Sen, *Ökonomie für den Menschen. Wege zu Gerechtigkeit und Solidarität in der Marktwirtschaft.* München 2002.

22 Einige davon sind dargestellt bei Umberto Eco, *Die Geschichte der legendären Länder und Städte.* München 2013.

23 Vgl. Hans-Peter von Peschke, *Invasion der Zukunft. Die Welten der Science-Fiction.* Darmstadt 2016.

24 Im Spielfilm Star Trek IV: Zurück in die Gegenwart. Hier droht eine Sonde außerirdischen Ursprungs durch hochfrequente Energiesignale die Erde zu zerstören. Es sind Ortungssignale für Buckelwale, die aber zu dem Zeitpunkt bereits ausgestorben sind. Kein Problem: Durch eine Zeitreise werden zwei Buckelwale aus der Vergangenheit beschafft, die auf die Signale der Sonde antworten, die daraufhin den Orbit der Erde wieder verlässt. Ein schönes Beispiel dafür, wie technische Lösungen für technisch hervorgerufene Probleme in Anwendung kommen können.

25 Bis auf die Klingonen. Aber hier fragt man sich unwillkürlich, wie eine solch archaische Gesellschaft, in der die thymotischen Sehnsüchte umfassende Befriedigung erfahren, überhaupt in der Lage gewesen sein soll, einen technischen Fortschritt zu realisieren; Formen der Anerkennung scheinen dafür nämlich nicht zu existieren. Wenn sich aber alle Anerkennung im Kampf verzehrt, wie kommt es dann zu technischem Fortschritt? Ähnliche Fragen lassen sich auch für die Ferengi stellen, eine Spezies, deren Maßstab für Anerkennung finanzieller Profit ist.

26 Also »change by design« oder »change by desaster« – eine Formulierung, die ich Hermann Ott verdanke.

Abkürzungen

Die Verweise auf die Bibel erfolgen nach der üblichen Nomenklatur (Gen = Genesis; Mt = Evangelium des Matthäus und so weiter) und der entsprechenden Kennzeichnung der jeweiligen Kapitel beziehungsweise Verse. Die im Text aufgeführten Sozialenzykliken können alle nachgeschlagen werden unter der Webseite des Vatikans (www.vatican.va) oder der Deutschen Bischofskonferenz (www.dbk.de), wo sie allerdings etwas mühsam zusammengesucht werden müssen. Die *Texte zur katholischen Soziallehre* (Kevelaer 2007) sind hilfreich und es ist zu hoffen, dass zeitnah eine Neuauflage mit den Enzykliken von Benedikt XVI. und Franziskus erfolgt. Im Einzelnen bedeuten die Abkürzungen:

CA	Centesimus annus (1991)
CiV	Caritas in veritate (2009)
GS	Gaudium et spes (1965)
LE	Laborem excercens (1981)
LS	Laudato si' (2015)
MM	Mater et magistra (1961)
PT	Pacem in terris (1963)
QA	Quadragesimo anno (1931)
RN	Rerum novarum (1891)
SRS	Sollicitudo rei socialis (1987)

Literaturverzeichnis

Abelshauser, Werner: *Deutsche Wirtschaftsgeschichte seit 1945.* München 2011.

Adloff, Frank und Steffen Mau (Hrsg.): *Vom Geben und Nehmen. Zur Soziologie der Reziprozität.* Frankfurt am Main 2005.

Altmann, Rüdiger: *Die formierte Gesellschaft.* Stuttgart 1965.

Anzenbacher, Arno: *Christliche Sozialethik. Einführung und Prinzipien.* Paderborn 1997.

Arendt, Hannah: *Vita activa oder Vom tätigen Leben.* München 1981.

Assmann, Jan: *Das kulturelle Gedächtnis. Schrift, Erinnerung und politische Identität in den frühen Hochkulturen.* München 1992.

Axelrod, Robert: *The Evolution of Cooperation.* New York 1984.

Barczak, Tristan und Bodo Pieroth, *Mindestlohnausnahme für Zeitungszusteller?* Baden-Baden 2014.

Bayertz, Kurt: »Begriff und Problem der Solidarität«, in: *Solidarität. Begriff und Problem,* hrsg. von Kurt Bayertz. Frankfurt am Main 1998, S. 11–53.

Beck, Ulrich: *Die Metamorphose der Welt.* Berlin 2017.

Beck, Ulrich: *Risikogesellschaft: Auf dem Weg in eine andere Moderne.* München 1986.

Beyme, Klaus von: »Verfehlte Vereinigung – verpasste Reformen? Zur Problematik der Evaluation der Vereinigungspolitik in Deutschland seit 1989, in: *Journal für Sozialforschung,* 34 (1994), S. 249–269.

Birke, Adolf M.: *Nation ohne Haus. Deutschland 1945–1961.* Berlin 1989.

Blüm, Norbert: *Aufschrei! Wider die erbarmungslose Geldgesellschaft.* Frankfurt am Main 2016.

Blüm, Norbert: *Ehrliche Arbeit. Ein Angriff auf den Finanzkapitalismus und seine Raffgier.* Gütersloh 2011.

Blüm, Norbert: *Gerechtigkeit. Eine Kritik des Homo oeconomicus.* Freiburg 2006.

Blüm, Norbert: *Verändert die Welt, aber zerstört sie nicht. Einsichten eines linken Konservativen.* Freiburg 2017.

Böhm, Franz: »Die Idee des Ordo im Denken Walter Euckens«, *ORDO*, 3 (1950), XVI–LXIV, XVI.

Böhm, Franz: *Die Aufgaben der freien Marktwirtschaft.* München 1951.

Borchard, Michael und David Gregosz: »Sozialpartnerschaft als Investition in eine stabile Gesellschaft«, in: *Die politische Meinung*, Nr. 494/495 (Januar/Februar 2011), S. 101–106.

Brand, Ulrich und Markus Wissen: *Imperiale Lebensweise. Zur Ausbeutung von Mensch und Natur im globalen Kapitalismus.* München 2017.

Brandmeir, Kathrin u. a.: *Allianz Global Wealth Report 2015.* München 2015 (https://www.allianz.com/v_1444215837000/media/economic_research/publications/specials/en/AGWR2015_ENG.pdf).

Brawand, Leo: »Das ungerechte Wunder«, in: Karl Dietrich Bracher (Hrsg.): *Nach 25 Jahren. Eine Deutschland-Bilanz.* München 1970, S. 83–106.

Brocker, Manfred: *Arbeit und Eigentum. Der Paradigmenwechsel in der neuzeitlichen Eigentumstheorie.* Darmstadt 1992.

Bucerius, Gerd: »Rechnung für Hitlers Krieg. Lastenausgleich – die größte Vermögensabgabe der Geschichte«, in: *Die Zeit*, 13. April 1979.

Buchstab, Günter: »Vom Mitarbeiter zum Miteigentümer. Der Burgbacher-Plan von 1969«, in: *Historisch-Politische Mitteilungen*, Heft 7 (2000), S. 269–288.

Buckle, Stephen: *Natural Law and the Theory of Property: Grotius to Hume.* Oxford 1991.

Bundesministerium für Arbeit und Soziales (BMAS): *Weißbuch Arbeiten 4.0.* Berlin 2017 (https://www.bmas.de/SharedDocs/Downloads/DE/PDF-Publikationen/a883-weissbuch.pdf?__blob=publicationFile).

Bundesregierung: *Lebenslagen in Deutschland: Der 5. Armuts- und Reichtumsbericht der Bundesregierung.* Berlin 2017 (http://www.armuts-und-reichtumsbericht.de/SharedDocs/Downloads/Berichte/5-arb-langfassung.pdf?__blob=publicationFile&v=6).

Bundesregierung: *Lebenslagen in Deutschland: Der dritte Armuts- und Reichtumsbericht der Bundesregierung.* Berlin 2008 (https://www.bundesregierung.de/breg-de/service/publikationen/der-3-armuts-und-reichtumsbericht-der-bundesregierung--729212).

Burke, Edmund: *Betrachtungen über die französische Revolution.* Frankfurt am Main 1967.

Butterwegge, Christoph: *Hartz IV und die Folgen. Auf dem Weg in eine andere Republik?.* Weinheim 2015.

Caillé, Alain: *Anthropologie der Gabe.* Frankfurt am Main 2008.

Carr, Edward Hallett: *The Twenty Years' Crisis 1919–1939. An Introduction to the Study of International Relations.* London 1978.

CDU Deutschland: *Eigentum für alle*, Bonn 1969.

Christensen, Clayton M.: *Innovators Dilemma. Warum etablierte Unternehmen den Wettbewerb um bahnbrechende Innovationen verlieren.* München 2011.

Cole, David: »The Torture Memos: The Case against the Lawyers«, in: *New York Review of Books*, 8. Oktober 2009.

Collier, Paul: *Sozialer Kapitalismus. Mein Manifest gegen den Zerfall unserer Gesellschaft.* München 2019.

Commun, Patricia: *Erhards Bekehrung zum Ordoliberalismus: Die grundlegende Bedeutung des wirtschaftspolitischen Diskurses in Umbruchzeiten* (= Freiburger Diskussionspapiere zur Ordnungsökonomik, 04/4). Freiburg 2004.

Cremer, Georg: *Armut in Deutschland. Wer ist arm? Was läuft schief? Wie können wir handeln?*. München 2016.

Cremer, Georg: *Deutschland ist gerechter, als wir meinen. Eine Bestandsaufnahme.* München 2018.

D'Alisa, Giacomo, Federico Demaria, Giorgios Kallis: *Degrowth. Handbuch für eine neue Ära.* München 2016.

Descartes, René: *Discours de la méthode.* Hamburg 1997.

Dettling, Warnfried: »Die neue soziale Frage«, in: *Die neue Ordnung*, 31 (1977), S. 241–253.

Deutscher Bundestag: *4. Untersuchungsausschusses nach Art. 44 des Grundgesetzes*, Drs. 18/12700 vom 20. Juni 2017.

Deutscher Bundestag: *Chancen und Risiken mobiler und digitaler Kommunikation in der Arbeitswelt*, Drs. 19/8527 vom 18. März 2019.

Deutscher Bundestag: *Schlussbericht der Enquete-Kommission »Wachstum, Wohlstand, Lebensqualität – Wege zu nachhaltigem Wirtschaften und gesellschaftlichem Fortschritt in der Sozialen Marktwirtschaft«* vom 3. Mai 2013, Drs. 17/13300.

Diekmann, Florian: »45 Deutsche besitzen so viel wie die ärmere Hälfte der Bevölkerung«, in: *Spiegel Online*, 23. Januar 2018 (http://www.spiegel.de/wirtschaft/soziales/vermoegen-45-superreiche-besitzen-so-viel-wie-die-halbe-deutsche-bevoelkerung-a-1189111.html).

Dietrich, Yorck: *Eigentum für jeden. Die vermögenspolitischen Initiativen der CDU und die Gesetzgebung 1950–1961.* Düsseldorf 1996.

Dittmann, Heidi und Björn A. Kuchinke: »Ordnungsökonomische Aspekte der Sharing-Economy«, in: *ORDO*, 66 (2015), S. 243–262.

Döring, Patrick: »Das ›Manifest der Marktwirtschaft‹ – weiterhin aktuell«, in: Gérard Bökenkamp, Detmar Doering, Jürgen Frölich, Ewald Grothe (Hrsg.): *30 Jahre »Lambsdorff-Papier«. Texte und Dokumente zum »Konzept für eine Politik zur Überwindung der Wachstumsschwäche und zur Bekämpfung der Arbeitslosigkeit« (9. September 1982).* Berlin 2012, S. 14–19.

Dornes, Martin: *Macht der Kapitalismus depressiv? Über seelische Gesundheit und Krankheit in modernen Gesellschaften.* Frankfurt am Main 2016.

Dribbusch, Heiner: »Sozialpartnerschaft und Konflikt: Gewerkschaftliche Krisenpolitik am Beispiel der deutschen Automobilindustrie«, in: *Zeitschrift für Politik*, 59 (2012), S. 123–143.

Dryzek, John: *The Politics of the Earth. Environmental Discourses.* Oxford 2005.

Durkheim, Emile: *Über soziale Arbeitsteilung. Studie über die Organisation höherer Gesellschaften.* Frankfurt am Main 1992.

Eco, Umberto: *Die Geschichte der legendären Länder und Städte.* München 2013.

Erhard, Ludwig: »Franz Oppenheimer – dem Lehrer und Freund«, in: *Ludwig Erhard. Gedanken aus fünf Jahrzehnten. Reden und Schriften*, hrsg. von Karl Hohmann. Düsseldorf 1988, S. 858–864.

Erhard, Ludwig: »Politik der Mitte und der Verständigung. Regierungserklärung vom 18. Oktober 1963«, in: *Ludwig Erhard. Gedanken aus fünf Jahrzehnten. Reden und Schriften*, hrsg. von Karl Hohmann, Düsseldorf 1988, S. 814–846.

Erhard, Ludwig: *Wohlstand für alle.* Köln 2009.

Eucken, Walter, Franz Böhm, Hans Großmann-Doerth: »Unsere Aufgabe«, in: *Grundtexte zur Freiburger Tradition der Ordnungsökonomik*, hrsg. von Nils Goldschmidt und Michael Wohlgemuth. Tübingen 2008, S. 27–37.

Eucken, Walter: »Staatliche Strukturwandlungen und die Krise des Kapitalismus«, in: *Weltwirtschaftliches Archiv*, 36 (1932 II), S. 297–321.

Eucken, Walter: *Grundsätze der Wirtschaftspolitik.* Tübingen 2004.

Felber, Christian: *Gemeinwohlökonomie.* München 2018.

Fetscher, Iring: *Rousseaus politische Philosophie. Zur Geschichte des demokratischen Freiheitsbegriffs.* Frankfurt am Main 1974.

Flannery, Tim: *Die Klimawende. Wie wir mit neuen Technologien unsere Atmosphäre retten.* Frankfurt am Main 2015.

Focke, Franz: *Sozialismus aus christlicher Verantwortung. Die Idee eines christlichen Sozialismus in der katholisch-sozialen Bewegung und in der CDU.* Wuppertal 1978.

Franco, Giuseppe: *Von Salamanca nach Freiburg: Joseph Höffner und die Soziale Marktwirtschaft.* Paderborn 2018.

Frank, Andre Gunder: *Kapitalismus und Unterentwicklung in Lateinamerika.* Frankfurt am Main 1968.

Frevert, Ute: *Frauen-Geschichte. Zwischen bürgerlicher Verbesserung und neuer Weiblichkeit.* Frankfurt am Main 1986.

Frey, Carl und Michael Osborne: *The Future of Employment. How Susceptible are Jobs to Computerisation?*. Oxford 2013 (https://www.oxfordmartin.ox.ac.uk/downloads/academic/The_Future_of_Employment.pdf).

Frick, Joachim R. und Markus M. Grabka: »Alterssicherungsvermögen dämpft Ungleichheit – aber große Vermögenskonzentration bleibt bestehen«, in: *DIW Wochenbericht*, 3 (2010), S. 2–12 (https://www.diw.de/documents/publikationen/73/diw_01.c.345838.de/10-3-1.pdf).

Fuhrmann, Uwe: *Die Entstehung der »Sozialen Marktwirtschaft« 1948/49. Eine historische Dispositivanalyse.* Konstanz und München 2018.

Fukuyama, Francis: *Trust: The Social Virtues and the Creation of Prosperity.* New York 1995.

Gabriel, Oscar W.: *Politische Kultur, Postmaterialismus und Materialismus in der Bundesrepublik Deutschland.* Opladen 1986.

Gauchet, Marcel: *Die Erklärung der Menschenrechte. Die Debatte um die bürgerlichen Freiheiten 1789.* Hamburg 1991.

Gehlen, Arnold: *Urmensch und Spätkultur.* Bonn 1956.

Geißler, Heiner: *Die Neue Soziale Frage. Analysen und Dokumente.* Freiburg 1976.

Geißler, Heiner: *Intoleranz. Vom Unglück unserer Zeit.* Köln 2002.

Geißler, Heiner: *Ou Topos. Suche nach dem Ort, den es geben müsste.* Köln 2009.

Geißler, Heiner: *Sapere aude! Warum wir eine neue Aufklärung brauchen.* Berlin 2012.

Geißler, Heiner: *Was würde Jesus heute sagen?*. Reinbek 2004.

Gerken, Lüder (Hrsg): *Walter Eucken und sein Werk. Rückblick auf den Vordenker der sozialen Marktwirtschaft.* Tübingen 2000.

Goldschmidt, Nils und Ursula Nothelle-Wildfeuer (Hrsg.): *Freiburger Schule und Christliche Gesellschaftslehre: Joseph Kardinal Höffner und die Ordnung von Wirtschaft und Gesellschaft.* Tübingen 2010.

Goschler, Constantin und Marcus Böick: *Wahrnehmung und Bewertung der Arbeit der Treuhandanstalt.* Bochum 2017 (https://www.bmwi.de/Redaktion/DE/Publikationen/Studien/wahrnehmung-bewertung-der-arbeit-der-treuhandanstalt-lang.pdf?__blob=publicationFile&v=22).

Grosser, Dieter, Thomas Lange, Andreas Müller-Armack, Beate Neuss: *Soziale Marktwirtschaft. Geschichte – Konzept – Leistung.* Stuttgart 1990.

Grosser, Dieter: »Das Verhältnis von Staat und Wirtschaft in der Bundesrepublik Deutschland«, in: Andersen, Uwe, Horst Bahro, Dieter Grosser, Thomas Lange (Hrsg.): *Der Staat in der Wirtschaft der Bundesrepublik.* Opladen 1985, S. 13–59.

Grottian, Peter, Friedrich Krotz, Günther Lütke, Heide Pfarr: *Die Wohlfahrtswende. Der Zauber konservativer Sozialpolitik.* München 1988.

Gundlach, Gustav: *Die Ordnung der menschlichen Gesellschaft.* Köln 1964.

Gurland, Arcadius R. L.: *Die CDU/CSU. Ursprünge und Entwicklung bis 1953.* Frankfurt am Main 1980.

Gutmann, Gernot: »Der Stellenwert der Ordnungspolitik bei der deutschen Wiedervereinigung«, in: *ORDO*, 48 (1997), S. 147–163.

Habermas, Jürgen: *Strukturwandel der Öffentlichkeit. Untersuchungen zu einer Kategorie der bürgerlichen Gesellschaft.* Neuwied 1962.

Habisch, André: »Die Unternehmensethik Joseph Höffners – eine Einführung«, in: Joseph Höffner, *Ausgewählte Schriften.* Band 4, hrsg. von Ursula Nothelle-Wildfeuer und Jörg Althammer. Paderborn 2014, S. 11–35.

Habisch, André: »Unternehmensethik«, in: *Handbuch der katholischen Soziallehre*, hrsg. von Anton Rauscher. Berlin 2008, S. 591–603.

Hacke, Jens: *Existenzkrise der Demokratie: Zur politischen Theorie des Liberalismus in der Zwischenkriegszeit.* Berlin 2018.

Hacke, Jens: *Philosophie der Bürgerlichkeit. Die liberalkonservative Begründung der Bundesrepublik.* Göttingen 2006.

Hahn, Henning: *Globale Gerechtigkeit. Eine philosophische Einführung.* Frankfurt am Main 2009.

Haipeter, Thomas: »Sozialpartnerschaft in und nach der Krise: Entwicklungen und Perspektiven«, in: *Industrielle Beziehungen. Zeitschrift für Arbeit, Organisation und Management*, 19 (2012), 4, S. 387–411.

Hartwich, Hans-Hermann: *Sozialstaatspostulat und gesellschaftlicher Status quo.* Opladen 1970.

Haselbach, Dieter: *Autoritärer Liberalismus und Soziale Marktwirtschaft. Gesellschaft und Politik im Ordoliberalismus.* Baden-Baden 1991.

Haselbach, Dieter: *Franz Oppenheimer. Soziologie, Geschichtsphilosophie und Politik des »Liberalen Sozialismus«.* Opladen 1985.

Hasse, Rolf H., Hermann Schneider, Klaus Weigelt (Hrsg.): *Lexikon Soziale Marktwirtschaft. Wirtschaftspolitik von A bis Z.* Paderborn 2005.

Häusler, Jürgen: *Der Traum wird zum Albtraum. Das Dilemma einer Volkspartei. Die SPD im Atomkonflikt.* Berlin 1988.

Hayek, Friedrich A. von: »Grundtatsachen des Fortschritts«, in: *ORDO*, 9 (1957), S. 19–42.

Hayek, Friedrich A. von: »Wahrer und falscher Individualismus«, in: *ORDO,* 1 (1948), S. 19–55.

Hayek, Friedrich A. von: *Der Weg zur Knechtschaft.* Reinbek und München 2014.

Hayek, Friedrich A. von: *Recht, Gesetzgebung und Freiheit.* Band 2. Landsberg am Lech 1981.

Hegner, Jan: *Alexander Rüstow. Ordnungspolitische Konzeption und Einfluss auf das wirtschaftspolitische Leitbild der Nachkriegszeit in der Bundesrepublik Deutschland.* Stuttgart 2000.

Heidenreich, Felix: *Theorien der Gerechtigkeit. Eine Einführung.* Opladen 2011.

Hengsbach, Friedhelm, Matthias Möhring-Hesse und Wolfgang Schroeder: *Ein unbekannter Bekannter. Eine Auseinandersetzung mit dem Werk von Oswald von Nell-Breuning SJ.* Köln 1990.

Hengsbach, Friedhelm: *Reformspektakel. Warum der menschliche Faktor mehr Respekt verdient.* Freiburg 2004.

Hennecke, Hans Jörg: *Wilhelm Röpke. Ein Leben in der Brandung.* Stuttgart 2005.

Herder-Dorneich, Philipp: *Der Sozialstaat in der Rationalitätenfalle.* Stuttgart 1987.

Herzog, Lisa: *Die Rettung der Arbeit. Ein politischer Aufruf.* Berlin 2019.

Hirsch, Fred: *Soziale Grenzen des Wachstums: Eine ökonomische Analyse der Wachstumskrise.* Reinbek 1980.

Hirschmann, Albert O.: *Leidenschaften und Interessen. Politische Begründungen des Kapitalismus vor seinem Sieg.* Frankfurt am Main 1980.

Hobbes, Thomas: *Leviathan oder Stoff, Form und Gewalt eines kirchlichen und bürgerlichen Staats*, hrsg. von Iring Fetscher. Frankfurt am Main 1984.

Hockerts, Hans Günter: »Integration der Gesellschaft: Gründungskrise und Sozialpolitik in der frühen Bundesrepublik, in: *Zeitschrift für Sozialreform*, 32 (1986), S. 25–41.

Hockerts, Hans Günter: »Integration der Gesellschaft«, in: *Entscheidung für den Westen. Vom Besatzungsstatut zur Souveränität der Bundesrepublik 1949–1955*, hrsg. von Manfred Funke. Bonn 1988, S. 39–57.

Hockerts, Hans Günter: »Sozialpolitische Reformbestrebungen in der frühen Bundesrepublik. Zur Sozialreform-Diskussion und Rentengesetzgebung 1953–1957«, in: *Vierteljahreshefte für Zeitgeschichte*, 25 (1977), S. 341–372.

Hoering, Uwe: »Auf dem Weg zum Wirtschaftsimperium: Chinas neue Seidenstraße«, in: *Blätter für deutsche und internationale Politik*, 10 (2017), S. 91–100.

Höffe, Otfried: *Demokratie im Zeitalter der Globalisierung.* München 1999.

Höffner, Joseph: »Das Ethos des Unternehmertums«, in: Ders., *Ausgewählte Schriften. Band 4: Arbeit – Eigentum – Mitbestimmung*, hrsg. von Ursula Nothelle-Wildfeuer und Jörg Althammer. Paderborn 2014, S. 225–237.

Höffner, Joseph: »Katholische Soziallehre«, in: Ders., *Ausgewählte Schriften. Band 1: Perspektiven sozialer Gerechtigkeit*, hrsg. von Ursula Nothelle-Wildfeuer und Jörg Althammer. Paderborn 2015, S. 167–172.

Höffner, Joseph: »Neoliberalismus und christliche Soziallehre«, in: Ders., *Ausgewählte Schriften. Band 3: Wirtschaftsordnung und Wirtschaftsethik*, hrsg. von Ursula Nothelle-Wildfeuer und Jörg Althammer. Paderborn 2014, S. 289-297.

Höffner, Joseph: *Christliche Gesellschaftslehre.* Kevelaer 1962.

Höffner, Joseph: *Wirtschaftsethik und Monopole im 15. und 16. Jahrhundert.* Jena 1941.

Hollerbach, Alexander: »Wissenschaft und Politik: Streiflichter zu Leben und Werk Franz Böhms (1895–1977)«, in: *Staat, Wirtschaft, Wissenschaft in einer pluralistischen Gesellschaft. Festschrift für Paul Mikat*, hrsg. von Dieter Schwab, Dieter Giesen, Joseph Listl und Hans-Wolfgang Strätz. Berlin 1989, S. 283–299.

Holzleithner, Elisabeth: *Gerechtigkeit.* Wien 2009.

Hume, David: *A Treatise on Human Nature*, hrsg. von P. H. Nidditch. Oxford 1978.

Hunt, Lynn: *Inventing Human Rights. A History.* New York 2007.

Igl, Gerhard: »Die Entstehung der Sozialen Pflegeversicherung und ihre Konsequenzen«, in: *Geschichte der Sozialpolitik in Deutschland seit 1945, Band 11: Bundesrepublik Deutschland 1989–1994. Sozialpolitik im Zeichen der Vereinigung*, hrsg. von Gerhard A. Ritter. Baden-Baden 2007, S. 694–717.

Inglehart, Ronald: »The Silent Revolution in Europe: Inter-Generational Change in Post-Industrial Societies«, in: *American Political Science Review*, 65 (1971), S. 991–1017.

Inglehart, Ronald: *The Silent Revolution. Changing Values and Political Styles among Western Publics.* Princeton 1977.

Institut für Sozialforschung und Gesellschaftspolitik (ISG): *Unabhängige wissenschaftliche Untersuchung zur Erforschung der Ursachen und Auswirkungen von Sanktionen nach § 31 SGB II und nach dem SGB III in NRW.* Köln 2013 (https://www.isg-institut.de/download/ISG_Endbericht_2013_Sanktionen_NRW.pdf).

Isensee, Josef: *Subsidiaritätsprinzip und Verfassungsrecht. Eine Studie über das Regulativ des Verhältnisses von Staat und Gesellschaft.* Berlin 1968.

Jäger, Wolfgang und Werner Link: *Republik im Wandel 1974–1982. Die Ära Schmidt (= Geschichte der Bundesrepublik Deutschland, Band 5/II).* Stuttgart 1987.

Jahoda, Marie, Paul Felix Lazarsfeld, Hans Zeisel: *Die Arbeitslosen von Marienthal. Ein soziographischer Versuch über die Wirkungen langandauernder Arbeitslosigkeit.* Leipzig 1933.

Jaspers, Karl: *Vom Ursprung und Ziel der Geschichte.* München 1983.

Joas, Hans: *Die Sakralität der Person. Eine neue Genealogie der Menschenrechte.* Frankfurt am Main 2015.

Jonas, Hans: *Das Prinzip Verantwortung.* Frankfurt am Main 1979.

Kaiser, Jakob: *Wir haben Brücke zu sein. Reden, Äußerungen und Aufsätze zur Deutschlandpolitik*, hrsg. von Christian Hacke. Köln 1988.

Kant, Immanuel: »Beantwortung der Frage: Was ist Aufklärung?«, in: *Werke*, hrsg. von Wilhelm Weischedel, Band VI. Darmstadt 2005, S. 53–61.

Kerber, Wolfgang: »Erfordern Globalisierung und Standortwettbewerb einen Paradigmenwechsel in der Theorie der Wirtschaftspolitik?«, in: *ORDO*, 49 (1998), S. 253–267.

Keynes, John Maynard: *Allgemeine Theorie der Beschäftigung, des Zinses und des Geldes.* Berlin 2006.

Kirchner, Ulrich: *Geschichte des bundesdeutschen Verkehrsflugbaus. Der lange Weg zum Airbus.* Frankfurt am Main 1998.

Klein, Naomi: *Die Entscheidung. Kapitalismus vs. Klima.* Frankfurt am Main 2015.

Kleinmann, Hans-Otto: *Geschichte der CDU.* Stuttgart 1993.

Kocka, Jürgen: *Geschichte des Kapitalismus.* München 2013.

Köhler, Wolfgang: »Die Mission des Liberalismus«, in: *Die Zeit*, 9. August 2008.

Kolakowski, Leszek: *Die Hauptströmungen des Marxismus. Entstehung, Entwicklung, Zerfall.* Band 2. München 1978.

Koslowski, Peter: »Das Ende der Sozialen Marktwirtschaft«, in: *FAZ*, 11. November 2006.

Krebs, Angelika: *Arbeit und Liebe. Die philosophischen Grundlagen sozialer Gerechtigkeit.* Frankfurt am Main 2002.

Krings, Hermann: *Ordo. Philosophisch-historische Grundlegungen.* Hamburg 1954.

Kuhn, Moritz, Philip Jung, Benjamin Hartung: *What Hides Behind the German Labor Market Miracle? Unemployment Insurance Reform and Labor Market Dynamics.* (Centre for Economic Policy Research, DP 13328) London 2018.

Küng, Hans: *Projekt Weltethos.* München 1990.

Kurz, Robert: *Schwarzbuch Kapitalismus. Ein Abgesang auf die Marktwirtschaft.* Frankfurt am Main 2009.

Lafargue, Paul: *Das Recht auf Faulheit & persönliche Erinnerungen an Karl Marx*, hrsg. und eingeleitet von Iring Fetscher. Frankfurt am Main 1966.

Lampert, Heinz und Albrecht Bossert: *Die Wirtschafts- und Sozialordnung der Bundesrepublik Deutschland im Rahmen der Europäischen Union.* München 2001

Lampert, Heinz: »Aufgaben und Ziele der Familienpolitik«, in: *Handbuch der katholischen Soziallehre*, hrsg. von Anton Rauscher. Berlin 2008, S. 341–353.

Le Goff, Jacques: *Geld im Mittelalter.* Stuttgart 2011.

Leibinger, Jürgen: *Wirtschaftswachstum. Mechanismen, Widersprüche und Grenzen.* Köln 2016.

Leuninger, Ernst: *Einführung in die katholische Soziallehre.* Münster 2009.

Linz, Manfred: *Weder Mangel noch Übermaß. Warum Suffizienz unentbehrlich ist.* München 2012.

Locke, John: *Über den richtigen Gebrauch des Verstandes.* Hamburg 1978.

Locke, John: *Zwei Abhandlungen über die Regierung.* Frankfurt am Main 1977.

Lovelock, James: *Das Gaia-Prinzip. Die Biographie unseres Planeten.* Frankfurt am Main 1993.

Maier, Hans: *Revolution und Kirche. Zur Frühgeschichte der Christlichen Demokratie* (= Gesammelte Schriften, Band 1). München 2006.

Maier, Hans: »Sozialer Rechtsstaat – ein Widerspruch?«, in: *Rheinischer Merkur,* 2. April 1976, S. 10.

Marx, Karl und Friedrich Engels: »Das Manifest der Kommunistischen Partei«, in: *Marx-Engels-Werke* (MEW) 4. Berlin 1990, S. 459–493.

Marx, Karl und Friedrich Engels: »Die deutsche Ideologie« in: *Marx-Engels-Werke* (MEW) 3, Berlin 1984, S. 9–530.

Mason, Paul: *Postkapitalismus. Grundrisse einer kommenden Ökonomie.* Berlin 2016.

Mathieu, Marc: *Annual Economic Survey of Employee Ownership in European Countries 2016.* Brüssel 2017.

Matz, Ulrich: »Der überforderte Staat: Zur Problematik der heute wirksamen Staatsvorstellungen«, in: Wilhelm Hennis, Peter Graf Kielmannsegg, Ulrich Matz (Hrsg.): *Regierbarkeit. Studien zu ihrer Problematisierung.* Band 1. Stuttgart 1977, S. 82–102.

McDonald, Lawrence G. mit Patrick Robinson: *Dead Bank Walking: Wie Lehman Brothers zusammenbrach.* Hamburg 2010.

Meadows, Dennis u. a.: *Die Grenzen des Wachstums: Bericht des Club of Rome zur Lage der Menschheit.* Stuttgart 1972.

Meadows, Donella H., Jørgen Randers, Dennis Meadows: *Grenzen des Wachstums. Das 30-Jahre-Update: Signal zum Kurswechsel.* Stuttgart 2006.

Meier-Rust, Kathrin: *Alexander Rüstow. Geschichtsdeutung und liberales Engagement.* Stuttgart 1993.

Menke, Christoph und Francesca Raimondi (Hrsg.): *Die Revolution der Menschenrechte. Grundlegende Texte zu einem neuen Begriff des Politischen.* Berlin 2011.

Merchant, Carolyn: *The Death of Nature. Women, Ecology and the Scientific Revolution.* New York 1980.

Miegel, Meinhard: *Exit. Wohlstand ohne Wachstum.* Berlin 2010.

Miegel, Meinhard: *Hybris: Die überforderte Gesellschaft.* Berlin 2014.

Mierzejewski, Alfred C.: *Ludwig Erhard. Der Wegbereiter der Sozialen Marktwirtschaft.* München 2005.

Miller, David: *Fremde in unserer Mitte. Politische Philosophie der Einwanderung.* Berlin 2017.

Miller, David: *National Responsibility and Global Justice.* Oxford 2007.

Mockenhaupt, Hubert: *Die Arbeit menschlich ordnen. Heinrich Brauns – ein Leben für die soziale Gerechtigkeit.* Trier 1990.

Mohler, Armin: *Gegen die Liberalen.* Schnellroda 2011.

Monopolkommission: *XII. Hauptgutachten, Marktöffnung umfassend verwirklichen.* Baden-Baden 1998.

Monzel, Nikolaus: *Katholische Soziallehre. Band 1: Grundlegung. Band 2: Familie, Staat, Wirtschaft, Kultur.* Köln 1965/1967.

Müller, Jan-Werner: *Was ist Populismus?*. Berlin 2016.

Müller-Armack, Alfred: »Die Wirtschaftsordnung des Gemeinsamen Marktes«, in: Ders., *Wirtschaftsordnung und Wirtschaftspolitik.* Bern und Stuttgart 1976, S. 401–415.

Müller-Armack, Alfred: »Die zweite Phase der Sozialen Marktwirtschaft. Ihre Ergänzung durch das Leitbild einer neuen Gesellschaftspolitik«, in: Ders., *Wirtschaftsordnung und Wirtschaftspolitik.* Bern und Stuttgart 1976, S. 267–291.

Müller-Armack, Alfred: *Diagnose unserer Gegenwart. Zur Bestimmung unseres geistesgeschichtlichen Standorts.* Gütersloh 1949.

Münch, Ursula: »Familien-, Jugend- und Altenpolitik«, in: *Geschichte der Sozialpolitik in Deutschland seit 1945. Band 3: 1949–1957,* hrsg. von Günther Schulz. Baden-Baden 2005, S. 598–651.

Münder, Johannes und Dieter Kreft (Hrsg.): *Subsidiarität heute.* Münster 1990.

Nachtwey, Oliver: *Die Abstiegsgesellschaft. Über das Aufbegehren in der regressiven Moderne.* Berlin 2016.

Nass, Elmar: »Sinn und Bedeutung der Arbeit«, in: *Handbuch der katholischen Soziallehre,* hrsg. von Anton Rauscher. Berlin 2008, S. 435–443.

Nawroth, Egon Edgar: *Die Sozial- und Wirtschaftsphilosophie des Neoliberalismus.* Heidelberg 1962.

Nell-Breuning, Oswald von: »Berufsständische Ordnung und Monopolismus«, in: *ORDO*, 3 (1950), S. 212–237.

Nell-Breuning, Oswald von: *Die Grundsätze der Börsenmoral.* Freiburg 1928.

Nell-Breuning, Oswald von: »Gemeinsames und Trennendes in den Hauptströmungen der Wirtschaftswissenschaft und Wirtschaftspolitik«, in: Erich Kosiol, Andreas Paulsen (Hrsg.): *Grundsatzfragen der Wirtschaftsordnung.* Berlin 1953, S. 215–231.

Nell-Breuning, Oswald von: *Gerechtigkeit und Freiheit: Grundzüge katholischer Soziallehre.* München 1985.

Nell-Breuning, Oswald von: *Kapitalismus – kritisch betrachtet. Zur Auseinandersetzung um das bessere »System«.* Freiburg 1974.

Nell-Breuning, Oswald von: *Wie sozial ist die Kirche? Leistung und Versagen der katholischen Soziallehre.* Düsseldorf 1972.

Nell-Breuning, Oswald von: *Wirtschaft und Gesellschaft heute,* 3 Bde. Freiburg 1956–1960.

Nell-Breuning, Oswald von: *Worauf es mir ankommt. Zur sozialen Verantwortung.* Freiburg 1983.

Nell-Breuning, Oswald von: *Zur christlichen Gesellschaftslehre.* Freiburg 1947.

Nelleßen-Strauch, Dagmar: *Der Kampf um das Kindergeld. Grundanschauungen, Konzeptionen und Gesetzgebung 1949–1964.* Düsseldorf 2003.

Nietzsche, Friedrich: »Also sprach Zarathustra«, in: Friedrich Nietzsche, *Werke in zwei Bänden,* Band 1. München 1967, S. 545–778.

Nipperdey, Thomas: *Deutsche Geschichte 1866–1918. Band II: Machtstaat vor der Demokratie.* München 1993.

Nozick, Robert: *Anarchy, State and Utopia.* Oxford 1974.

Nussbaum, Martha: *Not for profit. Why Democracy Needs the Humanities.* Princeton 2010.

Opielka, Michael und Wolfgang Strengmann-Kuhn, »Das Solidarische Bürgergeld – Finanz- und sozialpolitische Analyse eines Reformkonzepts«, in: Michael Borchard (Hrsg.): *Das Solidarische Bürgergeld. Analysen einer Reformidee.* Stuttgart 2007, S. 13–141.

Opitz, Reinhard: »Der große Plan der CDU: die ›Formierte Gesellschaft‹«, in: *Blätter für deutsche und internationale Politik,* 9 (1965), S. 750–777.

Paech, Nico: *Befreiung vom Überfluss. Auf dem Weg in die Postwachstumsökonomie.* München 2012.

Päpstlicher Rat für Gerechtigkeit und Frieden (Hrsg.): *Kompendium der Soziallehre der Kirche.* Freiburg 2006.

Paqué, Karl-Heinz: *Wachstum! Die Zukunft des globalen Kapitalismus.* München 2010.

Peschke, Hans-Peter von: *Invasion der Zukunft. Die Welten der Science-Fiction.* Darmstadt 2016.

Plumpe, Werner: *Das kalte Herz. Kapitalismus: Die Geschichte einer andauernden Revolution.* Berlin 2019.

Polanyi, Karl: *The Great Transformation. Politische und ökonomische Ursprünge von Gesellschaften und Wirtschaftssystemen.* Frankfurt am Main 1995.

Precht, Richard David: *Jäger, Hirten, Kritiker. Eine Utopie für die digitale Gesellschaft.* München 2018.

Prollius, Michael von: *Deutsche Wirtschaftsgeschichte nach 1945.* Göttingen 2006.

Rabinbach, Anson: *The Human Motor. Energy, Fatigue, and the Origins of Modernity.* New York 1990.

Radkau, Joachim: *Geschichte der Zukunft. Prognosen, Visionen, Irrungen in Deutschland von 1945 bis heute.* München 2017.

Randers, Jørgen und Graeme Maxton: *Ein Prozent ist genug. Mit wenig Wachstum soziale Ungleichheit, Arbeitslosigkeit und Klimawandel bekämpfen.* München 2016.

Randers, Jørgen: *2052. Der neue Bericht an den Club of Rome. Eine globale Prognose für die nächsten 40 Jahre.* München 2012.

Raumer, Kurt von: *Ewiger Friede. Friedensrufe und Friedenspläne seit der Renaissance.* Freiburg 1953.

Rauscher, Anton (Hrsg.): *Handbuch der Katholischen Soziallehre.* Berlin 2008

Rauscher, Anton: »Grenzmoral im Sozialstaat«, in: *Krise des Sozialstaats?*, hrsg. von Anton Rauscher. Köln 1977, S. 39–60.

Rawls, John: *Eine Theorie der Gerechtigkeit.* Frankfurt am Main 1979.

Reich, Robert: *Rettet den Kapitalismus: Für alle, nicht für 1 %.* Frankfurt am Main 2016.

Reinhoudt, Jurgen und Serge Audier (Hrsg.): *The Walter Lippmann Colloquium: The Birth of Neoliberalism.* Basingstoke 2018.

Rifkin, Jeremy: *Die Null-Grenzkosten-Gesellschaft. Das Internet der Dinge, kollaboratives Gemeingut und der Rückzug des Kapitalismus.* Frankfurt am Main 2014.

Ritter, Henning: *Nahes und fernes Unglück. Versuch über das Mitleid.* München 2005.

Rockström, Johan et al.: »Planetary Boundaries: Exploring the Safe Operating Space for Humanity«, in: *Ecology and Society*, Vol. 14, No. 2 (Dec 2009).

Röpke, Wilhelm: »Der Mensch, nicht der Eintopf«, in: Ders.: *Marktwirtschaft ist nicht genug. Gesammelte Aufsätze*, hrsg. von Hans Jörg Hennecke. Waltrop und Leipzig 2009, S. 253–257.

Röpke, Wilhelm: *Civitas humana. Grundfragen der Gesellschafts- und Wirtschaftsreform.* Zürich und Stuttgart 1979.

Röpke, Wilhelm: *Die Gesellschaftskrisis der Gegenwart.* Zürich 1979.

Röpke, Wilhelm: *Internationale Ordnung.* Zürich 1945.

Röpke, Wilhelm: *Jenseits von Angebot und Nachfrage.* Düsseldorf 2009.

Röpke, Wilhelm: *Maß und Mitte.* Zürich 1979.

Roth, Karl Heinz: »Klienten des Leviathan: Die Mont Pèlerin Society und das Bundeswirtschaftsministerium in den fünfziger Jahren«, in: *Zeitschrift für Sozialgeschichte des 20. und 21. Jahrhunderts*, Heft 2 (2001), S. 13–41.

Rousseau, Jean-Jacques: *Schriften*. Band 1, hrsg. von Henning Ritter. München 1978.

Rüfner, Wolfgang und Constantin Goschler: »Ausgleich von Kriegs- und Diktaturfolgen, soziales Entschädigungsrecht«, in: Günther Schulz (Hrsg.): *Geschichte der Sozialpolitik in Deutschland seit 1945. Band 3: Bundesrepublik Deutschland 1949–1957. Bewältigung der Kriegsfolgen, Rückkehr zur sozialpolitischen Normalität.* Baden-Baden 2005, S. 687–777.

Ruggie, John Gerard: *Just Business: Multinational Corporations and Human Rights.* New York 2013.

Rüstow, Alexander: »Freie Wirtschaft – Starker Staat«, in: *Schriften des Vereins für Sozialpolitik*, Bd. 187. Dresden 1932, S. 62–69.

Rüstow, Alexander: *Ortsbestimmung der Gegenwart. Eine universalgeschichtliche Kulturkritik. Band 1: Ursprung der Herrschaft.* Zürich 1950; *Band 2: Weg der Freiheit.* Zürich 1952; *Band 3: Herrschaft oder Freiheit.* Zürich 1957.

Sachße, Christoph: »Subsidiarität: Leitmaxime deutscher Wohlfahrtstaatlichkeit«, in: Stephan Lessenich (Hrsg.): *Wohlfahrtstaatliche Grundbegriffe. Historische und aktuelle Diskurse.* Frankfurt und New York 2003, S. 190–212.

Sachße, Christoph: »Zur aktuellen Bedeutung des Subsidiaritätsstreits der 60er-Jahre«, in: Johannes Münder, Dieter Kreft (Hrsg.): *Subsidiarität heute.* Münster 1990.

Sachverständigenrat zur Begutachtung der gesamtwirtschaftlichen Entwicklung: *Zukunftsfähigkeit in den Mittelpunkt. Jahresgutachten 2015/2016.* Wiesbaden 2015.

Sandel, Michael: *Justice. What's the right thing to do?.* New York 2009.

Schaber, Peter: *Menschenwürde*. Stuttgart 2012.

Schäfer, Claus: »Kindergrundsicherung«, in: *Sozialpolitik und Sozialstaat. Festschrift für Gerhard Bäcker*, hrsg. von Reinhard Bispinck. Wiesbaden 2012, S. 117–134.

Schauenburg, Bernd: »Korruption als Ordnungs- und Organisationsproblem«, in: Bernhard Külp, Viktor Vanberg (Hrsg.): *Freiheit und wettbewerbliche Ordnung. Gedenkband zur Erinnerung an Walter Eucken.* Freiburg u. a. 2000, S. 389–413.

Schiller Karl: »Marktwirtschaft mit Globalsteuerung«, in: Ders., *Reden zur Wirtschaftspolitik.* Bonn 1967, S. 41–54.

Schirrmacher, Frank: *Ego. Das Spiel des Lebens.* München 2013.

Schlecht, Otto, Gerhard Stoltenberg (Hrsg.): *Soziale Marktwirtschaft. Grundlagen, Entwicklungslinien, Perspektiven.* Freiburg 2001.

Schmähl, Winfried: »Sicherung bei Alter, Invalidität und für Hinterbliebene«, in: *Geschichte der Sozialpolitik in Deutschland seit 1945. Band 3: 1949–1957,*

Bundesrepublik Deutschland, hrsg. von Günther Schulz. Baden-Baden 2005, S. 357–437.

Schmid, Hans: *Neoliberalismus und katholische Soziallehre. Eine Konfrontierung.* Köln 1954.

Schmidt, Susanne: *Markt ohne Moral: Das Versagen der internationalen Finanzelite.* München 2010.

Schmidt, Ute: *Zentrum oder CDU: Politischer Katholizismus zwischen Tradition und Anpassung.* Opladen 1987.

Schneidewind, Uwe und Angelika Zahrnt: *Damit gutes Leben einfacher wird. Perspektiven einer Suffizienzpolitik.* München 2013.

Schneidewind, Uwe: *Die Große Transformation. Eine Einführung in die Kunst des gesellschaftlichen Wandels.* Frankfurt am Main 2018.

Schulz, Günther: »Rahmenbedingungen«, in: Günther Schulz (Hrsg.): *Geschichte der Sozialpolitik in Deutschland seit 1945. Band 3: Bundesrepublik Deutschland 1949–1957. Bewältigung der Kriegsfolgen, Rückkehr zur sozialpolitischen Normalität.* Baden-Baden 2005, S. 1–72.

Schumpeter, Joseph: *Kapitalismus, Sozialismus und Demokratie.* Stuttgart 2018.

Schumpeter, Joseph: *Konjunkturzyklen.* Göttingen 2010.

Schwab, Klaus: *Die Vierte Industrielle Revolution.* München 2016.

Schwab, Klaus: *Die Zukunft der Vierten Industriellen Revolution.* München 2019.

Schwalbach, Joachim: »Ehrbare Kaufleute als Leitbild verantwortungsvoller Unternehmensführung. Geschichte und Perspektiven«, in: *Zeitschrift für Wirtschafts- und Unternehmensethik*, 17/2 (2016), S. 216–231.

Schwarz, Hans-Peter: *Vom Reich zur Bundesrepublik. Deutschland im Widerstreit der außenpolitischen Konzeptionen in den Jahren der Besatzungsherrschaft 1945–1949.* Stuttgart 1980.

Segbers, Franz: *Ökonomie, die dem Menschen dient. Die Menschenrechte als Grundlage einer christlichen Wirtschaftsethik.* Kevelaer 2015.

Selg, Annette und Rainer Wieland: *Die Welt der Encyclopédie.* Frankfurt am Main 2001.

Sen, Amartya: *Ökonomie für den Menschen. Wege zu Gerechtigkeit und Solidarität in der Marktwirtschaft.* München 2002.

Senghaas, Dieter (Hrsg.): *Peripherer Kapitalismus. Analysen über Abhängigkeit und Unterentwicklung.* Frankfurt am Main 1974.

Siemer, Laurentius: *So sind wir Menschen.* Frankfurt am Main 1956.

Sieren, Frank: *Zukunft China? Wie die neue Supermacht unser Leben, unsere Politik, unsere Wirtschaft verändert.* München 2018.

Smith, Abbot Emerson: *Colonists in Bondage. White Servitude and Convict Labor in America 1607–1776.* Chapel Hill 1947.

Smith, Adam: *Wohlstand der Nationen.* Frankfurt am Main 2009.

Sombart, Werner: *Der moderne Kapitalismus.* Berlin 1987.

Spaemann, Robert: *Nach uns die Kernschmelze. Hybris im atomaren Zeitalter.* Stuttgart 2011.

Stamm, Volker: *Ursprünge der Wirtschaftsgesellschaft. Geld, Arbeit und Zeit als Mittel von Herrschaft.* Frankfurt am Main 1982.

Starbatty, Joachim: »Alfred Müller-Armacks Beitrag zur Theorie und Politik der Sozialen Marktwirtschaft«, in: *Soziale Marktwirtschaft im vierten Jahrzehnt ihrer Bewährung,* hrsg. von der Ludwig-Erhard-Stiftung. Bonn 1982, S. 7–26.

Steffen, Will, Katherine Richardson, Johan Rockström et al.: »Planetary boundaries: Guiding human development on a changing planet«, in: *Science,* 13 Feb 2015: Vol. 347, Issue 6223, 1259855 DOI: 10.1126/science.1259855.

Stegmann, Franz Josef und Peter Langhorst: »Geschichte der sozialen Ideen im deutschen Katholizismus«, in: *Geschichte der sozialen Ideen in Deutschland,* hrsg. von Helga Grebing. Wiesbaden 2005, S. 599–862.

Streminger, Gerhard: *Adam Smith. Wohlstand und Moral. Eine Biographie.* München 2017.

Stützel, Wolfgang, Christian Watrin, Hans Willgerodt, Karl Hohmann (Hrsg.): *Grundtexte der Sozialen Marktwirtschaft.* Stuttgart 1981.

Taylor, Frederick W.: *Die Grundsätze wissenschaftlicher Betriebsführung.* Düsseldorf 2004.

Thaler, Richard: *Misbehaving. Was uns die Verhaltensökonomik über unsere Entscheidungen verrät.* München 2018.

Thielen, Michael und Matthias Zimmer (Hrsg.): *Die Zukunft der Arbeit. Christlich-soziale Perspektiven.* Sankt Augustin und Berlin 2013.

Tietz, Janko: »Die Millionen der Schlecker-Familie«, in: *Der Spiegel,* 10/2017 (https://www.spiegel.de/spiegel/schlecker-prozess-trotz-pleite-hat-die-familie-ein-millionen-vermoegen-a-1137272.html).

Tönnies, Sibylle: »Die liberale Kritik des Liberalismus«, in: Alexander Rüstow, *Die Religion der Marktwirtschaft.* Münster 2009, S. 159–195.

Townsend, Joseph: *Über die Armengesetze. Streitschrift eines Menschenfreunds,* hrsg. und mit einem Nachwort von Philipp Lepenies. Frankfurt am Main 2011.

Trentmann, Frank: *Herrschaft der Dinge. Die Geschichte des Konsums vom 15. Jahrhundert bis heute.* München 2017.

Uertz, Rudolf: *Christentum und Sozialismus in der frühen CDU. Grundlagen und Wirkungen der christlich-sozialen Ideen in der Union 1945–1949.* Stuttgart 1981.

Uffelmann, Uwe: *Der Weg zur Bundesrepublik. Wirtschaftliche, gesellschaftliche und staatliche Weichenstellungen 1945–1949.* Düsseldorf 1988.

Umbach, Maiken: »Made in Germany«, in: Etienne François und Hagen Schulze (Hrsg.): *Deutsche Erinnerungsorte,* Band 2. München 2001, S. 405–418.

Utz, Arthur F.: »Die Eigentumslehre des Hl. Thomas von Aquin«, in: Ders., *Ethik und Politik. Grundfragen der Gesellschafts-, Wirtschafts- und Rechtsphilosophie«,* hrsg. von Heinrich B. Streithofen. Stuttgart 1970, S. 376–415.

Utz, Arthur F.: *Die soziale Ordnung.* Bonn 1986.

Utz, Arthur F.: *Ethik und Politik. Aktuelle Grundfragen der Gesellschafts-, Wirtschafts- und Rechtsphilosophie. Gesammelte Aufsätze.* Stuttgart 1970.

Utz, Arthur F.: *Politische Ethik.* Bonn 2000.

Utz, Arthur F.: *Sozialethik. Teil 4: Wirtschaftsethik.* Bonn 1994.

Vanberg, Victor J.: »Marktwirtschaft und Gerechtigkeit. Zu F. A. Hayeks Kritik am Konzept der ›sozialen Gerechtigkeit‹«, in: *Freiburger Papiere zur Ordnungsökonomik,* 5/2011 (https://www.econstor.eu/bitstream/10419/4358/1/05_11bw.pdf).

Veit, Otto: »Ordo und Ordnung. Versuch einer Synthese«, in: *ORDO,* 5 (1953), S. 3–47.

Villy, Daniel: »Die Marktwirtschaft im katholischen Denken«, in: *ORDO,* 7 (1955), S. 23–69.

Waffenschmidt, Horst: »35 Jahre Lastenausgleichgesetz«, in: *Bulletin der Bundesregierung,* 81–87, 1. September 1987.

Wallerstein, Immanuel: *Das moderne Weltsystem. Band 1: Kapitalistische Landwirtschaft und die Entstehung der europäischen Weltwirtschaft im 16. Jahrhundert.* Frankfurt am Main 1986.

Wallman, James: *Stuffocation. Living More with Less.* London 2015.

Wapshott, Nicholas: *Keynes, Hayek: The Clash that Defined Modern Economics.* New York 2012.

Weber, Max: »Die protestantische Ethik und der Geist des Kapitalismus«, in: *Gesammelte Aufsätze zur Religionssoziologie.* Tübingen 1947, S. 17–206.

Weber, Max: »Die Wirtschaftsethik der Weltreligionen«, in: *Gesammelte Aufsätze zur Religionssoziologie.* Tübingen 1947, S. 273–573.

Weckes, Marion: *Manager to Worker Pay Ratio 2017. Das Verhältnis der Vorstandsvergütung zur Mitarbeitervergütung im DAX 30.* Düsseldorf 2018.

Weizsäcker, Ernst Ulrich von, Anders Wijkam u. a.: *Wir sind dran. Was wir ändern müssen wenn wir bleiben wollen.* Gütersloh 2017.

Weizsäcker, Ernst Ulrich von, Karlson Hargroves und Michael Smith: *Faktor Fünf. Die Formel für nachhaltiges Wachstum.* München 2010.

Welty, Eberhard: *Die Entscheidung in die Zukunft: Grundsätze und Hinweise zur Neuordnung im deutschen Lebensraum.* Köln 1946.

Welty, Eberhard: *Herders Sozialkatechismus. Ein Werkbuch der katholischen Sozialethik in Frage und Antwort,* bearbeitet von Eberhard Welty. Freiburg 1951–1958.

Welzer, Harald: *Klimakriege. Wofür im 21. Jahrhundert getötet wird.* Frankfurt am Main 2010.

Wilhelms, Günter: *Christliche Sozialethik.* Paderborn 2010.

Wilkinson, Richard und Kate Pickett: *Gleichheit ist Glück. Warum gerechte Gesellschaften für alle besser sind.* Berlin 2010.

Willgerodt, Hans: »Familienlastenausgleich und Sozialreform«, in: *ORDO,* 8 (1956), S. 123–171.

Winkler, Gunnar: »Social Policies at a Crossroads«, in: M. Donald Hancock und Helga A. Welsh (Hrsg.): *German Unification. Process and Outcomes.* Boulder 1994, S. 223–243.

Winner, Langdon: *Autonomous Technology: Technics-out-of-Control as a Theme in Political Thought.* Cambridge 1977.

Witte, Markus (Hrsg.): *Gerechtigkeit.* Tübingen 2012.

Wünsche, Horst Friedrich: *Ludwig Erhards Soziale Marktwirtschaft. Wissenschaftliche Grundlagen und politische Fehldeutungen.* Reinbek und München 2015.

Zacher, Hans: »Aufgaben einer Theorie der Wirtschaftsverfassung«, in: *Wirtschaftsordnung und Rechtsordnung. Festschrift zum 70. Geburtstag von Franz Böhm,* hrsg. von Helmut Coing, Heinrich Kronstein und Ernst-Joachim Mestmäcker. Karlsruhe 1965, S. 63–109.

Zentrum für Europäische Wirtschaftsforschung: *Übertragung der Studie von Frey/Osborne (2013) auf Deutschland.* Mannheim 2015 (ftp://ftp.zew.de/pub/zew-docs/gutachten/Kurzexpertise_BMAS_ZEW2015.pdf).

Zimmer, Matthias: »Grenzen der Solidarität«, in: *Merkur,* 65.5 (Mai 2011), Heft 744, S. 415–423.

Zimmer, Matthias: »Wohlstand für alle durch Miteigentum? Die Adenauer-Jahre«, in: Heinrich Beyer und Hans-Jörg Naumer (Hrsg.): *CSR und Mitarbeiterbeteiligung. Die Kapitalbeteiligung im 21. Jahrhundert – Gerechte Teilhabe statt Umverteilung.* Berlin 2018, S. 37–45.

Zimmer, Matthias: *Moderne, Staat und internationale Politik.* Wiesbaden 2008.

Zimmer, Matthias: *Nachhaltigkeit! Für eine Politik aus christlicher Grundüberzeugung.* Freiburg 2015.

Zimmer, Matthias: *Nationales Interesse und Staatsräson: Zur Deutschlandpolitik der Regierung Kohl 1982–1989.* Paderborn 1992.

Zolleis, Udo: *Die CDU. Das politische Leitbild im Wandel der Zeit.* Wiesbaden 2008.

Über den Autor

Matthias Zimmer (1961–2023) war Politikwissenschaftler, Publizist und CDU-Sozialpolitiker. Von 2009 bis 2021 war er als direkt gewählter Abgeordneter für Frankfurt am Main Mitglied im Deutschen Bundestag. Er war über viele Jahre Landesvorsitzender der Christlich-Demokratischen Arbeitnehmerschaft (CDA) in Hessen und stellvertretender Bundesvorsitzender der CDA. Zimmer studierte in München und in den USA und wurde 1991 in Hamburg promoviert. 2006 folgte die Habilitation in Köln.